南京大学考古文物系
系　列　教　材

中国文物学教程

周晓陆　殷　洁　张晋政　编著

南京大学出版社

目　录

下编　文物学实践技术

导　读

　　文物，是人类社会的产物，文物的存在是一种世界性的普遍现象。可以利用文物资料，对人类进行多方面的教育；文物在人们历史观和世界观、审美意识、组织管理能力等的培育和形成方面，都发挥着独特作用；文物凝聚着人类历史的经验和教训，人们甚至可以利用文物，对未来社会发展做出一定的预测和探讨；文物对于人类社会进步的作用是广泛而复杂的。

　　文物学属于人文社会科学的一部分，它是历史学科的物质化表达；文物学科与考古学科，既有着密切的联系又有着多方面的不同，文物学是考古学的姊妹学科，而并非同一学科。

　　通过对《中国文物学教程》（以下都简称为"本教程"）的学习，读者能够基本上掌握中国文物学的理论体系基础以及本学科的实践操作方法。

　　本教程分为两个大的板块。

　　第一个板块，是文物学"基本理论"编，包括第一章到第四章。这在高等教育中是必须掌握的，也是文物事业管理与实践的基本前提准备。

　　第一章，介绍了关于"文物"的定义，定义是整个学科的基础。中外古今都有对文物多方面的定义，或多或少触及了文物的本质要素，但都显得不够尽善尽美。本教程编者使用了和其他研究者不同的表达，做了更加科学、准确、完备的定义，同时建立了有关文物时代"下限"的理论考量标准。

　　第二章，讨论了文物的"属性、价值和作用"。对于文物的"属性"——这一文物学中不可忽视的基础性问题展开深入的讨论，弥补以往许多文物论著中的不足。研究文物的"价值"是文物学理论的重心所在，文物的社会"作用"取决于对文物的价值认识。因此，这一章是理论板块的核心部分。

　　第三章，简略叙述了"中国文物学简史"。了解事物的发展史是建立与这一事物有关学科的基础，文物学也一样。编者把中国文物学简史粗略地划分为前金石学时期、金石学的诞生时期、金石学的发展时期和受考古学影响时期这几个阶段，并提出了当今文物学科的重建问题。本章还附有外国文物简史介绍。

　　第四章，讨论"文物学"的学科本体问题，包括学科的定义、学科的建立、学科的研究方法、学科特性、相关学科联系，等等。本教程编者明确地提出了文物学是"研究文物和文物运动的科学"这一命题，这有异于以往其他的相关研究。尤其重要的是，本章讨论了文物学和其他学科的关系，特别是试图厘清文物学科与考古学科之间的关系。

第二个板块，是中国文物学的"实践技术"编，包括第五章到第十章。文物学相关技术源自文物学理论的指导，在强调管理、分析、研究等动手能力的同时，也还需在技术层面讨论相关理论问题。

第五章，讨论"文物藏品的来源、定名和分级"问题。其中，很重要的是讨论了文物和博物馆"藏品"之间的关系。文物的"分级"是文物管理（包括可移动文物和不可移动文物）的重要方法，本章试图阐述文物分级的重要性和对国家现行的文物分级制度进行分析。

第六章，讨论文物的"分类"，包括文物的分类原则和方法，并提出本教程对文物分类法的设计。文物的分类问题是全世界文物学家、博物馆学家、收藏家共同关注的重大问题，涉及对文物的认识、文物收藏和管理、文物的数字化管理技术、文物能否发挥积极作用等多个层面。由于文物存在的广泛性和复杂性，完善的文物分类法至今未见推出。本章是"实践技术编"的核心章节之一。

第七章，讨论文物"建档"。本章讲了文物建档的意义和文物建档的技术，重点在于做到"物、账、卡"的高度一致，"卡"是文物档案的核心部分。本教程编者首次明确提出文物档案的定义就是文物的"静态描述和动态记录"，其中，静态描述是基础，动态记录则使档案更为完整。本章提出了文物的电脑管理，文物本体二维码应用等问题。第七章也是"实践技术编"的核心章节之一。

第八章，文物的"鉴定"。主要介绍了文物鉴定工作的必要性、基本原则、基本流程和基本方法。编者在广泛的社会实践经验总结的基础上，提出了几个"三字经"式的概述，概括了文物鉴定的基本方法和鉴定结果的基本表达方式，等等。这一章，是社会上关注文物事业的人们最感兴趣之处。

第九章，是关于文物的"保管"。这里的"保管"是指对文物本体的技术性的保管，本章中还提到新技术、新材料的应用。本教程编者探讨了严格按质地保管、文物的最佳保管条件、"大区域小空间"理念、新材料在文物修护上的实用性和适用性等操作性很强的问题。

第十章，介绍现行的文物相关法律法规、文物的行政管理制度、文物教育事业以及合法的文物商业等。

结合使用本教程进行教学，可以考虑有一到两次的社会实习。第一次的实习任务主要是了解各类文物在社会中的普遍分布，以及对各类文物有一定观察与认知；第二次的实习任务是了解与文物相关的法制、行政管理、商业，等等。

本教程教学的成绩考核方法，包括平时作业和卷面考试。

本书适用于普通高校本科文物学、考古学、博物馆学等专业的基础课程，也适用于本科跨专业的通识选修课程，可以作为相关学科硕士研究生所修课程的基本教材或辅助教材，也可以作为文博社会教育的教材读物，亦可供具有高中以上文化水平者自学之用。

上　编

文物学基本理论

第一章 文 物

第一节 词源流变

关键词："文物"一词的源流　金石学

"文物"是现代国际社会生活中，一个常见的热门话题；是历史学、考古学、收藏学等学科的重要专业术语；对于文物学学科而言，当然是最重要的关键词。但是，对于"文物"这一概念的掌握，人们往往莫衷一是、难尽其详。在当今社会上，"文物"和"藏品"的概念时常发生混淆，文物部门、博物馆等在本馆的收藏之外，也往往不自觉地排斥更多对文物的认证。因此，对"文物"必须有正确认识，要溯源、辩证，并且提出明确的界说。

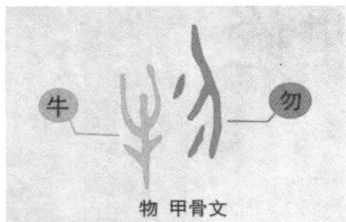

图1-1　"物"字的本义可能指杂色的牛

从汉字的单字来看："文"字本义为笔画，转义为用纹样做记录；"物"字本义可能是指杂色的牛（图1-1），一说早年牛耕的形象，后假借为实物、事物的"物"。[1]

"文物"一词在中国古代文献中第一次出现于春秋时期，其原意与典章制度相关。《左传·桓公二年》记载："夫德，俭而有度，登降有数，文物以纪之，声明以发之；以临照百官，百官于是乎戒惧而不敢易纪律。"[2]这里的"文物"一词，和现在使用的"文物"意思差别非常大，这里说的是古代职官管理中的礼乐典章制度（图1-2），"文物"就

图1-2　《左传》书影

---

〔1〕　徐中舒：《古器物中的古代文化制度》，商务印书馆2015年版，第8页。
〔2〕　［春秋］左丘明：《左传》，岳麓书社2001年版，第93页。

是把这些纪律条文,用文字记录在某件东西之上。

《后汉书·南匈奴传》中记载有"制衣裳,备文物"。这句话体现了东汉时期南匈奴政权的汉化过程,说明他们将原先的典章制度改换为中原汉人的典章制度,向当时的中央政权靠拢。[1]典章制度作为"文物"的含义一直沿用到隋唐。隋唐时代重新实现了大统一,非常留心于礼制的建设。隋代考察了前代的制度,"后齐天子亲征纂严,则服通天冠,文物充庭"[2]"梁元会之礼,未明,庭燎设,文物充庭"。[3]在此基础上建立隋制,"正旦及冬至,文物充庭,皇帝出西房,设御座"。[4]当时朝请郎阎毗议天子的车驾制度,说南朝刘宋"帝王文物,旒旍之数,爰及冕玉,皆同十二"。隋炀帝大业三年(607),"始行新令。于时三川定鼎,万国朝宗,衣冠文物,足为壮观"。[5]唐太宗所倚重的"贞观名相"杜如晦,其时"与房玄龄共掌朝政。至于台阁规模及典章文物,皆二人所定,甚获当代之誉"。[6]唐代大诗人杜甫的诗《行次昭陵》中有:"文物多师古,朝廷半老儒"之句。唐景龙三年(709)《贺兰敏之墓志铭》中有:"暨乎圣皇再造区宇,重悬日月。于是恩谕扣玉,礼晟镕金。文物振其威。口明畅其气。赠持节秦州都督,赠太子少傅。"[7]这里也都是指典章制度的意思。因此,从春秋时期直到唐代,"文物"在文献中的最初含义是典章制度。在有些情况下,"文物"也有文化、文明或文治等一些含义,如《旧唐书·经籍志》记载:"晆等《四部目》及《释道目》,并有小序及注撰人姓氏,卷轴繁多,今并略之,但纪篇部,以表我朝文物之大。"[8]

到了魏晋南北朝时期,"文物"又有了新的含义,也就是"文采物色"。文物是指建筑、服装配饰甚至食物非常美好、丰富、饱满,有时也指人物富有风情姿色。"文采物色"一意,在魏晋南北朝的文献中多有反映。晋代的葛洪在《抱朴子·诘鲍》中写道:"宫室居处则有堵雉之限,冠盖旌旗则有文物之饰。"[9]意思是说,读书人的用品非常鲜亮好看。南朝刘勰的《文心雕龙·章表》中也说:"《诗》云'为章于天',谓文明也。其在文物,赤白曰章。"[10]这句话是在解释,《诗经》中描写的社会文明气象是通过"文物"传达出来的,物件上有白的、红的色彩,表现得非常鲜明。史家称颂南朝梁武帝"制造礼乐,敦崇儒雅,自江左以来,年逾二百,文物之盛,独美于兹"。[11]唐代《执失善光墓志铭》载:"天地氤氲,厥初生人。爰有父子,乃立君臣。文物岁广,徽章日新。谁可匡时,唯公济代。归此天朝,去彼

〔1〕 [南朝宋]范晔:《后汉书》,中州古籍出版社1996年版,第862页。

〔2〕 [唐]魏徵等:《隋书》卷八《礼仪志三》,中华书局1973年版,第159页。

〔3〕 [唐]魏徵等:《隋书》卷九《礼仪志四》,中华书局1973年版,第182页。

〔4〕 [唐]魏徵等:《隋书》卷八《礼仪志三》,中华书局1973年版,第159页。[唐]魏徵等:《隋书》卷九《礼仪志四》,中华书局1973年版,第182页、184页。

〔5〕 [唐]魏徵等:《隋书》卷六八《阎毗传》,中华书局1975年版,第1595页。[唐]魏徵等:《隋书》卷二六《百官志上》,中华书局1973年版,第720页。

〔6〕 [后晋]刘昫等:《旧唐书》卷六六《杜如晦传》,中华书局1975年版,第2468页。

〔7〕 张鸿杰主编:《咸阳碑石》,三秦出版社1990年版,第62页。

〔8〕 [后晋]刘昫等:《旧唐书》卷一九下《僖宗本纪》,中华书局1975年版,第709页。

〔9〕 [晋]葛洪著,张松辉、张景译注:《抱朴子·外篇》,中华书局2013年版,第106页。

〔10〕 [南朝梁]刘勰著,王志彬译注:《文心雕龙》,中华书局2014年版,第85页。

〔11〕 [唐]李延寿:《南史》卷七《梁本纪·武帝》,中华书局1975年版,第225—226页。

荒裔。"[1]"文物"的这层含义,是强调一些重要或贵重的用品,或者人物气质新鲜明亮的表面感觉,还没有直接指向一定的某些物品本身。

南北朝之后,"文物"一词才逐渐转为对一定的某些物品的专指。南朝谢庄在《宋孝武帝哀策文》里用"文物空严,銮和虚卫",形容帝王出行时车马的情形。建平三年(晋成帝咸和七年,332),十六国后赵开国皇帝石勒死,预嘱秘葬,因而"夜瘗山谷,莫知其所。备文物虚葬,号高平陵"。[2] 南朝时"侯景之乱",逼死梁武帝、废黜简文帝,"迎豫章王栋即皇帝位,升太极前殿,大赦天下,改元为天正元年。有回风自永福省,吹其文物皆倒折"。[3] 在武周垂拱四年(688)十二月,武则天设坛于洛水之北,亲拜洛而受图,其时"皇太子皆从,内外文物百僚、蛮夷酋长,各依方位而立。珍禽奇兽,并列于坛前。文物卤簿,自唐以来,未有如此之盛者也"。[4]《王行恭墓志铭》(贞元三年,787)记载:"王氏姓原,邈数千岁,谱牒称最,为世所知,故无毕载。公讳行恭,字仁翔,晋州襄陵人也。祖讳尚代,任会州刺史。父讳超越,任左武卫左郎将。文物承家,绂冕相继。"[5] 唐僖宗广明元年(880)十二月,"壬辰,黄巢居大内,僭号大齐,称年号金统。悉陈文物,踞丹凤门为赦"。[6]"文物"的意思在发生变化,渐渐地物化,开始有了对物品的指向。

到了隋唐时期,"文物"的意思和现在比较接近了。《史记·张仪列传》有"出兵函谷而毋伐,以临周,祭器必出"等语,唐司马贞《史记索隐》解释:"凡王者大祭祀,必陈设文物、轩车、彝器等,因谓此为祭器也。"[7] 唐代诗人骆宾王在《夕次旧吴》中写道:"文物俄迁谢,英灵有盛衰。"[8] 指古代的遗物突然改变了去向,表现出一种文化替代。诗人杜牧的《题宣州开元寺水阁》中有"六朝文物草连空,天淡云闲今古同",[9] 这和现在的文物概念更为接近。隋唐时期颜师古在《等慈寺碑》里提到这样的话——"收亡隋之文物",显然是指隋代的遗留物。[10]

因此,"文物"一词词意从东周时期到隋唐时期逐渐发生变化,最后趋近于现在的含义。

在中国,"金石学"是文物学的前身。金石学作为有中国特色的与古代文化有关的一门学问,它源自先秦时代,直到宋代最终确立。关于金石学的研究对象、研究范围等问题,一直存有争议。朱剑心于 20 世纪 30 年代在《金石学》中提出了金石学的范畴(参见知识链接 1-1)。简单地说,"金"就是金属器,在中国古代比较有特色的是青铜器;"石"则是

[1] 张沛编著:《昭陵碑石》,三秦出版社 1993 年版,第 215 页。
[2] [唐]房玄龄等:《晋书》卷一百五《载记第五·石勒》,中华书局 1974 年版,第 857 页。
[3] [唐]姚思廉:《梁书》卷五六《侯景列传》,中华书局 1973 年版,第 857 页。
[4] [后晋]刘昫等:《旧唐书》卷二四《礼仪志四》,中华书局 1975 年版,第 925 页。
[5] 张沛编著:《昭陵碑石》,三秦出版社 1993 年版。
[6] [后晋]刘昫等:《旧唐书》卷一九下《僖宗本纪》,中华书局 1975 年版,第 709 页。
[7] [元]脱脱等:《辽史》卷五五《仪卫志一》,中华书局 1974 年版,第 899 页。
[8] [唐]骆宾王著,陈熙晋笺注:《骆临海集笺注》,中华书局(上海)1961 年版,第 184 页。
[9] 王启兴主编:《校编全唐诗·中》,湖北人民出版社 2001 年版,第 2709 页。
[10] [后晋]刘昫等:《旧唐书》卷一九四上《突厥上》,中华书局 1975 年版,第 5154 页。

古代石制品以及部分有文字的玉器。总的来说,金属器、玉石是金石学研究的重点。现在一般认为,金石学研究的对象,全部包含于文物学研究范畴之内,它既是中国文物学的源头,又成为中国文物学的一个分支,其研究内容主要表现为金石文物及上面的刻铭。[1]

受到金石学的一些影响,文物在中国还常常被叫作"古器物""古物""古器""骨董""古董""古玩",等等(参见知识链接1-2),但"文物"仍然是比较普及、恰当和正式的称呼。中国古籍中有关"文物"的一系列相关词意和现代意义上的"文物"概念,在所指向的器物上有着较大的重合度,但是在对"文物"性质的深入表述上,还有重大的分歧。例如,现代文物学的研究已经大幅度地摆脱了金石学的窠臼;现代文物学和考古学、艺术史学及许多学科的相互联系与影响日渐紧密、深入;现代文物学已经远离了"把玩"的范畴,进入了历史学科的研究领域。因此,现代"文物"概念可以涵盖历史上所有相关的概念,并以它们为出发点,上升到近现代科学学科的水平。

第二节　近现代中国对文物的定义

关键词:古物学　《中国大百科全书·文物　博物馆卷》《中华人民共和国文物保护法》

一般情况下,人们将1840年鸦片战争作为近现代中国开始的时间,本书也采用这种划分方式。

一、定义的变化

清代末期,随着殷墟商代甲骨文、敦煌藏经洞文献、西部地区汉晋简牍、明清大内档案等陆续被发现,对它们的相关研究逐步展开,一大批古代遗物引起了比以往更深入、更广泛的关注,旧金石学的诸多缺陷也更显得突出。此时,罗振玉提出了"古器物学"的概念:"古器物之名,亦创于宋人。赵明诚撰《金石录》,其门目分古器物铭及碑为二;金蔡珪撰《古器物谱》,尚沿此称。嘉道以来,始于礼器之外,兼收其他古物。至刘燕庭、张叔未诸家收罗益广。然为斯学者,率附庸于金石学也,卒未尝正其名。今定之曰古器物学。盖古器物能包括金石学,金石学固不能包括古器物也。方今地不爱宝,古器日出,此斯学发达之时也。"[2]罗氏著有《雪堂藏古器物目录》,谈及了比较广博的古器物收藏范围:"兹录所载,凡前贤所未见,固不仅明器、甲骨、竹木已也。若有文字之矢族、马衔、三代之弩机、周

〔1〕　朱剑心:《金石学》,浙江人民美术出版社2015年版,第5页。
〔2〕　罗振玉:《与友人论古器物学》,收入《罗振玉学术论著集》第九集《面城精舍杂文甲乙编(又〈永丰乡人〉四稿)》,上海古籍出版社2010年版,第145—146页。

秦之符、周汉之权、彝器、机轮、斧弩之范、门关之籥、兵器之蒺藜之类，不可具述。"[1]

图 1-3　古物陈列所

民国三年（1914），在北平（今北京）明清皇宫建筑群的外朝，成立了带有国家公共博物馆性质的"古物陈列所"（图 1-3）。此前一年的 12 月 24 日颁布的《古物陈列所章程》开宗明义规定："古物陈列所掌握关于古物保管事项，隶属于内务部。"民国四年（1915），江苏省在南京设立"古物保护所"，展陈南京明故宫遗物等文物。民国十七年（1928），国民政府在教育部下设立了"中央古物保管委员会"。民国十九年（1930）的六月，当时的国民政府颁布了《古物保存法》，[2]这是中国进入近现代以来的第一部针对文物的国家立法，这部法律在全世界文物保护法规的历史上也是比较早出现的。其中提道："本法所称古物是指与考古学、历史学、古生物学及其他文化有关之一切古物而言。前项古物之范围及种类，由中央古物保管委员会定之。"这句话所说的"古物"的涵盖内容已经远远超过了古代中国传统的金石学，将一切古物都包含在其概念内，具有一定的时代进步性，但是其中有一处重要观点讹误：就是把古生物学的东西归属于"文物"范畴。次年三月公布的《〈古物保存法〉实施细则》标志着该法的具体指导实施。民国二十一年（1932）五月，《中央古物保管委员会组织条例》颁布，确立了国家文物保护管理机构的组成和工作原则。民国二十四年（1935），行政院又颁布了《采掘古物规则》，旨在有效管理考古发掘。

民国十八年（1929）三月，朱启钤等在北平创办了"中国营造学社"，他们的创社初衷是"就此巍然独存之文物，作精确之标本"。[3] 其中，"文物"是指当时北平的古建筑以及按《大清会典》和《清工部工程做法》所绘制的"营造法式图"，作为不可移动文物的古建筑占据了主体部分。民国二十四年（1935），北平市政府成立了"北平文物整理委员会"，主要职责就是修缮、维护古代建筑，同时做相应的整理、研究工作，这里"文物"的基本内涵主要是指以古代建筑为代表的不可移动文物，显然是物质性的遗存。同年，北平市政府秘书处编辑出版了《旧都文物略》，把"一方阐扬文化，发皇吾国固有深厚伟大精神；一方刻画景物于天然，或人为之庄严锦丽境域，斟酌取舍，刻意排比，一一摄取真景，辅以诗歌，俾个中妙谛，轩豁呈露。阅者既感浓厚兴趣，而于先民规范，执柯取则，亦资以激励奋发。"[4]作为其编纂主旨，按卷帙分为"城垣略""宫殿略""坛庙略""园囿略""坊巷略""陵墓略""名迹略""河渠关隘略""金石略""技艺略""杂事略"诸篇，不可移动文物成为该书的主要内容，而礼仪典章用物或帝王仪仗等传统"文物"内容，以及相关工艺技术、礼仪习俗、娱乐生活

---

[1]　罗振玉：《雪堂藏古器物目录》，收入《罗振玉学术论著集》第七集《雪堂藏古器物目录（外五种）》，上海古籍出版社 2010 年版，第 4 页。

[2]　李晓东：《民国文物法规史评》，文物出版社 2013 年版，第 110 页。

[3]　朱启钤：《中国营造学社缘起》，《中国营造学社汇刊》第一卷第一册，影印民国十九年七月刊本，知识产权出版社 2006 年版，第 2 页。

[4]　北平市政府秘书处：《旧都文物略》卷首《例言》，中国建筑工业出版社 2005 年版。

等内容只占很少部分。

1949 年之前,中国共产党所领导的解放区在文物立法和文物保护方面也做出了贡献。20 世纪 40 年代后期,一些文物工作者提出了很多与文物保护工作相关的建议,成为现在的文物学的基础。1947 年,山东省民主政府成立了解放区第一个文物保护管理机构——胶东文物管理委员会。同年 9 月,山东省成立了省级文物管理委员会,管理文物的范围既包括古代的礼器、祭器、古建筑,也包括古代的生产工具、生活用具和工艺品。[1]

中华人民共和国成立伊始,就十分关注文物保护工作,1950 年 5 月 24 日,中央人民政府政务院"为保护我国文化遗产,防止有关革命的、历史的、文化的、艺术的珍贵文物及图书流出国外",[2]特颁发了《禁止珍贵文物图书出口暂行办法》。此后,由政务院以及后来的国务院所颁布的有关保护文物的法令法规类文件,都沿用了"文物"一词。1953 年,中央财政经济委员会颁布的《私营企业统一分类规定》中把传统的古玩行业改称为"文物业"。

二、有关辞典、教材中的定义

现代的多种中文辞书之中,也对文物的概念做出了解释,但也有诸多不足之处,列举如下:

《现代汉语词典》收录词条:"文物:历代遗留下来的在文化发展史上有价值的东西,如建筑、碑刻、工具、武器、生活器皿和各种艺术品等。"[3]这个定义中提到的"东西"都是文物,但由于例分了许多细目,难以涵盖全部内容;"有价值"这个表达也不够准确,因为文物都是有价值的,只是存在价值大小之别;其次,非物质文化遗产是有价值的,但其中比如传统技艺部分,并不属于文物;此外,历史上遗留下来的有价值的东西,有些并不属于文物,比如动植物标本、矿物标本、自然科学遗产等。

《辞海》的解释为:"遗存在社会上或埋藏在地下的历史文化遗物",详细包含五条[4],由于它给文物做出了很多具体且过于拘泥的限定,致使每一条限定都可能产生悖论。比如:其中一条释义为"与重大历史事件、革命运动和重要人物有关的、具有纪念意义和历史价值的建筑物、遗址、纪念物等",导致和重大事件无关的文物难以纳入这一定义范围;另一条释义为"反映各时代社会制度、社会生产、社会生活的代表性实物",不利于界定不具备代表性的文物(参见知识链接 1 - 3)。

《辞源》的定义为:"典章制度;具有历史、艺术价值的古代遗物。"[5]这个定义从价值角度出发,但没有提到科技价值和特殊商品价值,显得并不完整。另外,仅仅提到"遗物"

〔1〕 俄军:《文物法学概论》,兰州大学出版社 2006 年版,第 16 页。
〔2〕 国家文物事业管理局编:《新中国文物法规选编》,文物出版社 1987 年版,第 1 页。
〔3〕 中国社会科学院语言研究所词典编辑室编:《现代汉语词典》,商务印书馆 2002 年版。
〔4〕 夏征农主编:《辞海》,上海辞书出版社 1999 年版。
〔5〕 商务印书馆编辑部编:《辞源》,商务印书馆 1983 年版。

也是不完整的,还应包含"遗迹"。

《汉语大辞典》的定义为:"历代相传的文献古物。""历代相传"强调了传世文物,而忽略了现代考古发现的文物,存在明显的缺失。另外,"文献"作为文物是指载体本身,如宋代版本、元代版本、明代版本、清代版本,等等,但现代出版的文献一般不算文物。这样的定义又牵涉到当代的一些物品能否作为文物的问题。

在两部主要的文物学教材以及《中国大百科全书》中,也谈到了"文物"的定义。

李晓东在《文物保护法概论》《文物学》等教材性著作中指出:"文物是什么?""我国所称的文物是人类在社会活动中遗留下来的具有历史、艺术、科学价值的遗迹和遗物。也可以说,文物是历史上人们创造的或与创造活动有关的物质文化和精神文化的遗存,具有历史、艺术、科学价值,是重要的有形文化遗产。""我们可以明确以下几点:第一,文物一般具有历史、艺术、科学三个方面的价值。具体到每一件文物,不一定都具有三个方面的价值,但至少要具有其中两方面的价值,否则就不能称其为文物。第二,文物应是重要的、有代表性的实物。不具备这一点也不宜作为文物保护。第三,国家保护的文物具有广泛性,应是反映历代社会制度、社会生产、社会生活、文化艺术、科学技术等方面的有代表性的实物。各个方面的文物之间,具有广泛和密切的联系。只有全面保护各个方面的文物,才能使文物的价值不受到损害。文物是中国对有形文化遗产的总称。就不同类别的文物而言,又有不同的名称。"[1]这一段定义没有什么大的问题,后面他强调了"三大价值",这与本教程的提法有些不同,他又提出"重要的、有代表性的"定义,本教程认为在谈一般的、普遍的文物定义时,没有必要强调这几点。

吴诗池编著的教材《文物学概论》中,有关于"文物"的定义:"凡具备历史价值、科学价值、艺术价值、纪念价值的文化遗迹、遗物均属文物。""文物的年代下限的划分不统一,有的国家把近百年的文物划为非文物,而中国虽把文物下限延伸到当代,但被列为文物的也仍具有文物应具备的基本特征。"[2]他的定义与李晓东定义大同小异。在吴诗池定义中,本教程认为,"纪念价值"是属于"历史价值"之内的属性,没有必要独立列出考量,在谈到"下限"问题之后的文字,有表达不清之处。

在《中国大百科全书·文物　博物馆卷》的前言中,谢辰生的定义是到目前为止中国的文物定义中比较完善、比较好的,比载入该书中的"文物"词条更好一些:

"文物是人类在历史发展过程中遗留下来的遗物、遗迹。各类文物从不同的侧面反映了各个历史时期人类的社会活动、社会关系、意识形态以及利用自然、改造自然和当时生态环境的状况,是人类宝贵的历史文化遗产。"

"文物是指具体的物质遗存,它的基本特征是:第一,必须是由人类创造的,或者是与人类活动有关的;第二,必须是已经成为历史的过去,不可能再重新创造的。"

"当代中国根据文物的特征,结合中国保存文物的具体情况,把文物一词作为人类社会历史发展进程中遗留下来的、由人类创造或者与人类活动有关的一切有价值的物质遗

---

〔1〕　李晓东:《文物保护法概论》,学苑出版社,2002年,第3—4页。

〔2〕　吴诗池:《文物学概论》,上海文艺出版社,2002年,第26—27页。

存的总称。"〔1〕只是在谢辰生的定义中"有价值"这个词是多余的,因为一切物质文化遗存都有一定价值。

三、相关法规的定义

在与文物相关的法律法规中,也涉及了对文物的定义。

1982 年 11 月 19 日通过的《中华人民共和国文物保护法》(后文简称《文物保护法》)(图 1-4)并没有"文物"或者"中国文物"的定义,只是谈到了"被保护文物"的界定,在这一点上,后来经过几次修订的 2017 年版与 1982 年版差别不大。《文物保护法》第二条对所保护的文物的范围做了明确规定:"在中华人民共和国境内,下列文物受国家保护:(一)具有历史、艺术、科学价值的古文化遗址、古墓葬、古建筑、石窟寺和石刻、壁画;(二)与重大历史事件、革命运动或者著名人物有关的以及具有重要纪念意义、教育意义或者史料价值的近代现代重要史迹、实物、代表性建筑;(三)历史上

图 1-4 《中华人民共和国文物保护法》书影

各时代珍贵的艺术品、工艺美术品;(四)历史上各时代重要的文献资料以及具有历史、艺术、科学价值的手稿和图书资料等;(五)反映历史上各时代、各民族社会制度、社会生产、社会生活的代表性实物。"

该法使用大量"代表性""重要""典型"等用语来定义文物,是不够精确的,例如许多文物刚被发现的时候没有人意识到是否重要,随着研究的发展才发现其重要价值。

就中华民族文物保护范围来说,这与联合国的相关公约有所不谐。1952 年以来,联合国通过一系列关于文化财产保护的公约,规定各个国家政府对通过非法手段盗窃、盗掘、盗运出境的文物,因战争原因被掠夺或低价卖向海外的文物,有追索的权利。中国在近代历史上,有许多文物都因为非法掠夺等原因流到了国外,因此,凡是属于中华民族的遗产,都应该受到国家法律的保护,而不仅仅限于"在中华人民共和国境内"。

《文物保护法》中还有一段很重要的文字:"具有科学价值的古脊椎动物化石和古人类化石同文物一样受国家保护。"这就从学科意义上讲明白了,即这些东西并不是文物,而对它们的保护力度和保护方式和文物是一样的。古生物的化石不属于文物,自然意义上或生理意义上的人类遗骸也不属于文物。当然,对人类而言,情况较为复杂,大量的人类骨骼化石经过人类社会处理,而且判断人骨所属的个体在生前有没有从事社会行为也非易事,因此很难界定其是否具有文物属性。从纯粹的体质人类学上说,这种人骨反映了人类体质发展的某一阶段,可以不算是文物;然而根据考古发掘成果来看,已经有一些史前的头骨上出现了开颅的痕迹,或者骨头上留有战争的伤痕,又可以算作文物(图 1-5)。总

---

〔1〕 中国大百科全书出版社编辑部:《中国大百科全书·文物 博物馆卷》,中国大百科全书出版社 1992 年版。

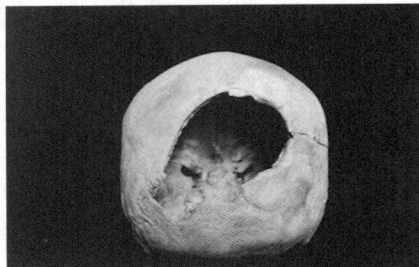

图 1 - 5　新疆维吾尔自治区小河墓地中发现距今约 3600 年的头骨上可能存在开颅手术留下的痕迹

而言之,古人类化石算不算文物,是仍然存在着争议的问题。

文物保护已经成为一种国家行为,国家以立法的形式对文物进行保护,十分重视文物保护工作,这是重大的进步,尽管有关定义还不尽完美。

1960 年 7 月,文化部、对外贸易部发布的《关于文物出口鉴定标准的几点意见》规定:以 1949 年为主要标准线,凡在 1949 年以前(含 1949 年)生产、制作的文物、图书"原则上一律禁止出口"。出于特殊原因,由国家主导的"有计划地组织出口"的一般文物,则划定了清乾隆六十年(1795)和宣统三年(1911)两条控制线。2007 年 6 月 5 日国家文物局发布《文物出境审核标准》,新标准仍以 1949 年为主要标准线,但具体规定:"凡在 1949 年以前(含 1949 年)生产、制作的具有一定历史、艺术、科学价值的文物,原则上禁止出境。其中,1911 年以前(含 1911 年)生产、制作的文物一律禁止出境。""少数民族文物以 1966 年为主要标准线。凡在 1966 年以前(含 1966 年)生产、制作的有代表性的少数民族文物禁止出境。"相比旧"意见",新"标准"的最大变化在于把"一律禁止出境"文物的年限由 1795 年下延到了 1911 年,把"少数民族文物禁止出境"的年限由 1949 年下延到了 1966 年。此外,其他不同性质的文物和艺术品则各有不同禁止出境的年限,有些甚至限制到当下,一些仍在世的艺术家的作品也在禁限之列(参见知识链接 1 - 4)。

第三节　国际对文物的现代定义

关键词: 国际定义　联合国教科文组织　《简明不列颠百科全书》

世界上其他国家对于"文物"(集合名词)的表述,也有着各自习惯使用的名词,其内涵和外延的界定同样不尽相同。

17 世纪欧洲英文和法文中"Antique"一词和后来的"文物"有所关联。一说此词源于拉丁文的"ante",原意是"古代的、以前的";另一说认为英文的"Antique"源于法文,开始作为名词使用时,主要是指古希腊、古罗马的文化遗物,后来发展为泛指各个时代的艺术品(图 1 - 6)。相关的学术或学科,则通常写作"Antiquarianism"。

图 1 - 6　英国《Antique》杂志插图

随着文物保护意识的不断加强,一些国家的"文物"概念不再局限于古代艺术品,也逐渐包含了不可移动的古建筑、古遗址和古墓葬等,甚至包括"有一定年代的工业制品"(参见知识链接1-5)。

1932年8月9日,希腊共和国的第5351号法律《古物法》生效,第一条和第二条规定:"一切古物,无论是可移动的,还是不可移动的;无论是古代的,还是近代的;只要是在希腊的河流、湖泊、海域以及公共、宗教团体和私有土地上发现的,都是国家的财产。""第一条所指的文物,应包括所有的建筑物、雕塑品、书画、刻印艺术以及其他一切艺术品,如各类大建筑物和建筑性古迹,建筑物的雕刻、地基、排水沟、道路、城墙、墓葬、石器、雕像、浅浮雕、人物塑像、铭文、图片、马赛克、艺术品、陶器、武器、装饰品以及其他任何材料做的一切制品,包括宝石和钱币。此外,属于基督教早期或希腊中世纪的物品亦包括在本法的范围之内。"[1]

1939年6月1日,意大利共和国的第1089号法律《关于保护艺术品和历史文化财产的法律》生效,第一条规定:"下列具有艺术、历史、考古和民族学价值的不动物和可动物,系本法调整的对象:(1)涉及古生物学、史前史和原始文明的物品;(2)具有古钱币学价值的物品;(3)具有珍奇特点的手稿、手迹、通信、重要文件、古书、典籍、印刷品和铭刻。具有艺术或历史价值的别墅、公园和花园也包括在上述物品之列。"[2]

1983年8月12日,埃及共和国的《文物保护法》生效,"总则"规定:"凡史前、历史上各时代直至一百年前的与各种文化、艺术、科学、文学和宗教有关的一切具有考古价值或历史意义的动产和不动产均属文物。这些文物都是在埃及领土上出现的或与其历史有联系的各种文明的标志。人类遗骸和同时期的生物遗骸也属于文物。"[3]

1985年6月25日公布的《西班牙历史遗产法》"绪言"说:"根据本法规定,历史遗产既包括可移动文化财产,还包括具有人类学和考古学价值的不可移动文化财产,博物馆、国家档案馆、图书馆以及文献性和书目性遗产。简言之,本法旨在推动保护在最广泛意义上人类活动所制造出来的物质文化,不受其所有权、使用权、年代及经济价值的限制。"[4]

在日本国,人们称文物为"有形文化财",这涵盖了两个意思:一、它是属于日本民族的文化财产;二、它和戏曲、诗文等无形的文化(财)遗产相对。按重要程度分为三个级别:国宝级、重要文化财和一般文化财。管理级别有国家、县级、地方、个人之分。

在现代,联合国教科文组织在通过的一系列的有关文物保护的公约中有"cultural property"和"cultural heritage"两种不同的表述,结合所述实际内容,中国一般把前者译为"文化财产",大多是指的可移动文物,后者译为"文化遗产",通常是指的不可移动文物。有两份文件中提出了关于"文物"的详细范畴:一份是联合国教科文组织于1970年11月

---

[1] 国家文物局法制处编:《外国保护文化遗产法律文件选编》,紫禁城出版社1995年版,第15—16页。

[2] 国家文物局法制处编:《外国保护文化遗产法律文件选编》,紫禁城出版社1995年版,第49页。

[3] 国家文物局法制处编:《外国保护文化遗产法律文件选编》,紫禁城出版社1995年版,第3页。

[4] 国家文物局法制处编:《外国保护文化遗产法律文件选编》,紫禁城出版社1995年版,第106页。

14 日在巴黎通过的《关于禁止和防止非法进出口文化财产和非法转移其所有权的方法的公约》,其中规定,"文化财产"是"对于考古、史前史、历史、文学、艺术和科学都具有重要意义"的,其中没有将手工绘制的设计手稿包括在内(参见知识链接 1 - 6)。另一份是 1972年 11 月 16 日联合国教科文组织制定的《保护世界文化和自然遗产公约》,其中第一条给出了文化遗产涵盖的范围:"古迹:从历史、艺术或科学角度看具有突出的普遍价值的建筑物、碑雕和碑画、具有考古性质的成分或构造物、铭文、窟洞以及景观的联合体;建筑群:从历史、艺术或科学角度看在建筑式样、分布均匀或与环境景色结合方面具有突出的普遍价值的单立或连接的建筑群;遗址:从历史、审美、人种学或人类学角度看具有突出的普遍价值的人类工程或自然与人的联合工程以及包括有考古地址的区域。"[1]文件中提到的"文化财产",大致相当于我国讲的遗物,是可以移动的。其中关于人种学的说法非常含糊,没有说明是自然人种学还是社会人种学,社会人种学类似于民族学,而自然人种学研究对象的实物不是文物。

《简明不列颠百科全书》被认为是当今世界最知名,也是最权威的百科全书之一。虽然《简明不列颠百科全书》中文版的版权已经属于中国大百科全书出版社,但是其中关于"文物"的定义,是由国外专家撰写的,在国际上认可程度很高(参见知识链接 1 - 7):"具有美学价值、历史价值和财务金融价值的古代遗物。过去,antique 一词指古希腊罗马的文化遗迹;后来逐渐指历代和各地的装饰艺术,不论是宫廷的、资产阶级的还是农民的,均属文物这一范畴。为了关税的目的,法律对于文物有各种规定。根据 1930 年美国关税条例规定,凡 1830 年以前制作的艺术品免收税金。在国际上,一般把这一年定为'文物'的时代下限。美国在 1966 年通过新的关税条例,准许'自免税进口之日报单提出算起,凡一百年以前所制作的文物'概予免税进口。"[2]

因此,国际上惯例认为,"文物"是指一百年前制作的具有历史、艺术、科学价值的实物。尽管如此,不同国家对于文物的下限乃至文物的概念仍有着不同的定义,与本书中探讨的"文物"一词并不能很好地对应(参见知识链接 1 - 8)。

第四节　本教程对于文物的定义

关键词:文物定义　遗物遗迹　下限　数量问题

本教程对文物的定义,是全书之中关于文物的基本概念的表述,应当是非常简洁明了的,可能是文字最为简短的,只有一句话:"文物是人类社会的遗物和遗迹"。在这个定义中,包括三个最基本的要素:人类社会、遗物遗迹、时间下限。

---

〔1〕　联合国公约与宣言检索系统:https://www.un.org/zh/documents/treaty/files/whc.shtml。

〔2〕　[美]美国不列颠百科全书出版公司编著,中国大百科全书出版社《不列颠百科全书》国际中文版编辑部编译:《简明不列颠百科全书》第一卷,中国大百科全书出版社 1999 年版,第 363 页。

一、人类社会

这里的"人类"当然包括单独个体的人类，更重要的是指人类社会群体。人类社会已经有了数百万年的历史，普遍的农业定居也有了万年以上的历史。文物所关注的范围，是不分时代、不分地区、不分种族的全人类历史的遗物和遗迹，文物同时反映了具体时代、具体地区和具体人们的遗存。

文物不是人类社会以外的纯粹的自然物，如动植物、矿石标本，陨石、化石标本，纯自然状态下的人类骨骼等。有些被社会以及媒体广泛认为是文物的东西，比如重要的化石、恐龙蛋等，尽管得到了和文物相似的保护待遇，其实并不属于文物。比较难以界定的则是人体本身。例如，意大利佛罗伦萨的伽利略博物馆中藏有一截指骨，它原本是存放于坟墓中的伽利略本人的遗骸，但在数百年前被重新挖出，进行特殊处理后成为一件单独的藏品，从这个角度上看，它是经过处理的标本，又属于文物的范畴。

二、遗物与遗迹

文物是物质化的遗产。人类的遗产一般分为物质文化遗产和精神文化遗产，纯粹的精神文化遗产不是文物，例如：《诗经》《楚辞》《莎士比亚全集》的诗句不是文物，京剧、秦腔、越剧、芭蕾舞不是文物，非物质文化遗产中的技艺本身不是文物。脱离了"物质"的属性的人类文化遗产都不属于文物。如果精神文化遗产附丽于物质文化遗产之上，即成为文物，譬如：近现代的出版机构出版的《诗经》纸质书不能被称为文物；但是湖北荆州郢城遗址南郊夏家台战国楚墓中出土的竹简上留有《诗经》部分词句的墨迹，这批竹简显然是文物（图1-7）。

图1-7 夏家台战国楚墓出土竹简

但是应当指出，任何时代的文物都直接或间接地反映着当时的社会文化、精神文明发展，文物有作为精神文明承载体和折射物的功能。文物的根本性质是物，也是对一定时代精神文化的物化和折射。

遗物，可以从单件文物出发，对科学研究来说，往往是由单件上升到群体的。现代文物学的研究更注重对文物群体的研究；即便是对单件文物的研究，比较成熟的文物研究者也会考虑它和群体的关系。在这里，"群"有两个含义：一是某个单体文物与同时代的各种器物的关系，例如同是西汉时代的铜器、玉器、陶器、漆器，等等，它们彼此之间的关系，这是横向的群；二是在"文物"同类器物随着时间发展、变化的表现，如陶罐，新石器时代的、商代的、西周的、西汉的陶罐，等等，这是纵向的群。

遗迹，是指人类作用于自然的痕迹，或者人类连续性的工作、工程的遗存，有许多往往是不可移动的，有的留在了大地山川上，有的与自然融为一体。例如，自然形成的河流不是文物,但京杭大运河的河体以及沿岸的码头、港口都是文物(图1-8),现在把大运河整体视为重要文物。人们现在越来越认识到环境与人类发展、活动的互动关系,一些山区没有人类活动留下的遗存,但水质、空气受到破坏和污染,这些算不算是文物?应该如何界定?这些仍有待相关定义进一步完善。

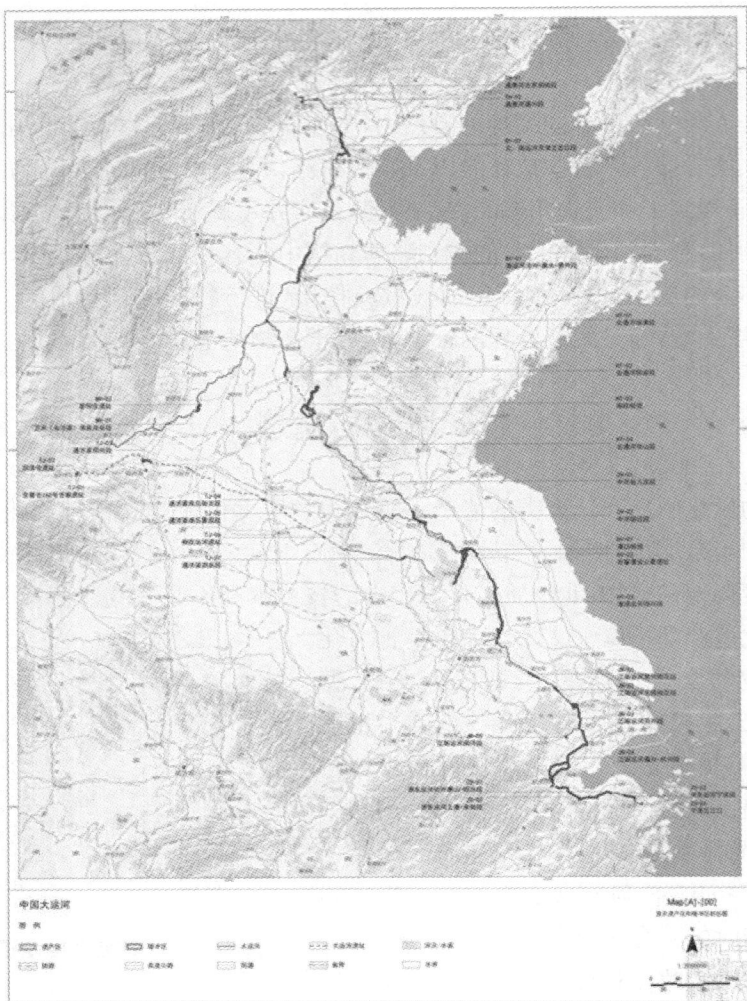

**图1-8　中国大运河区位图。2014年,中国大运河成功申遗,
其码头遗址乃至河体等都可以视为文物**

在"文物"的定义之下,一般认为"遗迹"的体量会比"遗物"要大很多。其实遗物或遗迹的本身体量与认定其是否为文物没有必然的关系。只要符合定义,文物不受体量影响,既可以大到如万里长城,也可以小到新石器时代栽培的谷粒,它们都是文物,但在计件、计量上可能会产生一些认识上的分歧,例如:万余公里长、无法计重的中国万里长城算作一件文物;河姆渡遗址出土一粒人工栽培水稻,长约0.3厘米,重不到1克,也算作一件文物。(图1-9)

图 1-9 万里长城和一粒人工栽培水稻文物

三、文物的下限

文物不是当下所不断生产的、频繁使用的物件,文物也应当无法再生产。所以,文物应当存在时间下限,因为它是遗物,而不是目前的现存物,这是考古界、文物界、收藏界的共识。但是文物的下限究竟划定在什么时候,这个问题长期以来都没有得到解决。美国规定了以"100 年"作为文物的下限,有其进步性、合理性并且逐渐为世界所公认,可是仍然存在着问题。例如,美国收藏了二战中党卫军的标志和朝鲜战争、越南战争的遗物,对将它们视为文物的收藏工作没有遵循 100 年的规定,突破了这个下限。

本教程在此提出一种新的观点——文物的时间定义应当有三个下限,即制作下限、使用下限和事件下限。

1. 制作下限

当文物的制造技术不再作为主导技术使用,已经退出生产舞台,之前使用该技术的产品都是文物。例如,旧石器时代的石器打制技术、新石器时代的石器磨制技术,在实验性、表演性的博物馆等场所还存在,但整体已经退出了生产领域。又如,中国古代青铜器铸造过程中使用的泥范法技术,自工业化生产之后就逐渐不再占主导地位。因此,用打制、磨制法制作的石器和用传统泥范法铸造的金属器,这些在当时主导技术氛围下产生的遗物都是文物(图 1-10)。

2. 使用下限

这个下限紧随着制作下限,但会有一个滞

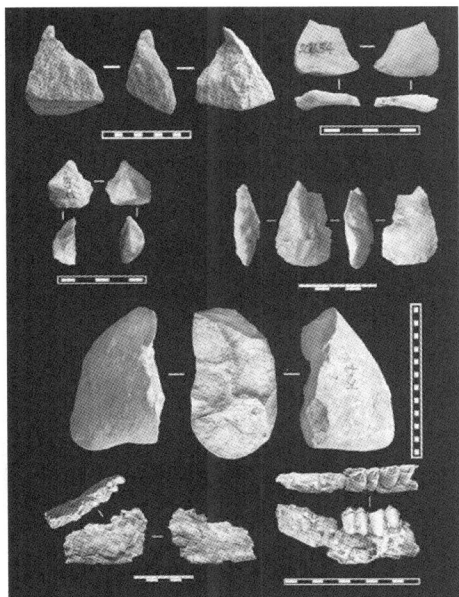

图 1-10 旧石器照片

后的过程。譬如,在中国古代的瓷器中,口沿部分略微凸起的"唇口碗",在北宋以后逐渐消失了,原因在于做唇口的工艺成本高、产量低;但是,唇口碗停止生产的时间应当早于唇口碗彻底不被人们使用的时间;从这一技术不再被倡导到人们完全放弃使用这种碗,有着一个相对缓慢的过渡期;以至于北宋中期的覆烧技术兴起之后,这类唇口碗才逐渐淡出人们的视线。又例如,主要以燃煤水蒸汽为动力的蒸汽机车头部(火车头),到了 1950 至

1970 年之间开始被电气机车和柴油发电机车取代,但是在一些国家和地区甚至到 21 世纪初叶还有极少量蒸汽机车的使用;其实早在二战结束之后,蒸汽机车在一些国家和地区就已经停止生产了,但已经制造出的蒸汽机车还可以继续运行若干年,因此,它的制作下限是早于使用下限的,完成了它的使用下限,这些蒸汽机车就成了文物(图 1-11)。

图 1-11　火车头照片

3. 事件下限

人类的历史事件是三维的,包含时间、地点、参与人物等诸多因素,其中,人和物的相互关系显得更为重要。一个重大历史事件不可能按照"三要素"重新再来一次,一般来说,重大历史事件结束后,将造就出一批"遗物"也就是文物。这一点很重要,但在实际界定中,有时会稍显模糊,较难处理。例如,中华人民共和国的国旗——五星红旗总体上不符合前述两个下限,不是文物;但是,在 1949 年 10 月 1 日,毛泽东主席在北京天安门广场上升起的中华人民共和国的第一面五星红旗,见证了新中国成立的历史时刻,便成为具有世界历史性的重要文物。又例如,1952 年,由艺术家董希文创作的油画《开国大典》,反映的是 1949 年中华人民共和国中央人民政府成立典礼的场景,但是在画成多年之后、并且公开发表之后,又由于多种原因几经修改,因此,从历史事件下限的角度上看,这幅油画不仅仅反映了新中国成立这一历史事件,后来的修改稿也包含了艺术家本人在油画初稿完成之后所经历的政治风波,原画作者已去世,几次的改动稿也成为历史文物(图 1-12)。

图 1-12　董希文油画《开国大典》

由此来看,中国 1979 年小岗村,美国"9·11"事件,2008 年汶川大地震,2011 年日本大地震,等等,都留下了一批文物。因为文物是人类社会的遗物和遗迹,历史事件下限的认定就显得非常必要。

一般来说,符合上述这"三个下限"之一的遗物或遗迹就是文物,这是关键的认证标准。作为"文物",不应当以它们是否珍贵来判断,不受到具体遗存完整或者残破的区别对待,也不受到文物体量和数量的限制,这些原则,是和作为藏品对待的文物是有选择上的重大区别的。

四、文物的数量问题

文物数量的估计是一个很重要的问题,按照本教程的定义和"三个下限"的认定,文物数量在实际中会大到无法统计,这是一个事实。必须指出,文物的基本任务,是有助于物质化地复原历史,这个任务理论上是可以成立的,复原历史应更倚重实物佐证,实物也给后人真实的感受,文字文献毕竟有空洞不实的地方。从复原一个历史事实的角度来说,需要的文物数量较文物总量而言并不算大。文物的理论估计数量如此,但是,没有任何一个人、一个组织或一个国家目前所拥有的文物,能够完整无缺地复原任何一个具体时间乃至一天的历史场景。

中国国有博物馆、文物保护单位、控股与文物科研院所等相关单位收藏的文物有数千万件,全世界最大的两个文物收藏国——英国和美国的所有收藏有一亿多件,全世界的文物收藏总量大约超过两亿件。如果具有数百万年历史的人类每天提供一件值得收藏的物品,数量也远远不止这些,可见目前能够掌握、收藏的文物的数量还是很少。根据常识,全世界的收藏品里有大量的重复品,真正具有典型意义的只有几千万件。把文物数量估计得再大些,对文物收藏工作的影响也不大;反之,为了更好地利用文物复原历史,人们应当尽可能多地扩充文物藏品的数量。

"文物"显然不受存世(不等于"馆藏")数量限制,不受所谓"珍贵""具有代表性、典型性"等属性的限制。值得注意的是,文物不等于藏品,藏品也不等于文物,不是所有文物都能成为藏品。"珍贵"的、"具有代表性、典型性"的文物,几大价值有比较集中的反映的文物才可能成为藏品。所以,人们应当认识到,单从数量上考量,文物和藏品并不是同一概念。关于文物与藏品的关系,本教程在后面的章节还要加以讨论。

知识链接

知识链接 1-1

朱剑心在《金石学》一书中提出,金石学的范畴包括:金以钟、鼎、彝器为大宗(祭祀用的为大宗),旁及兵器、度量衡器、符玺(古时符牌、玺印是一类,现不放在一类中)、钱币、镜鉴等物。石以碑碣(长碑短碣)墓志为大宗(墓志是散文,包含姓名、籍贯、年岁、死亡地;墓志铭必须在后面有韵文),旁及摩崖(用自然石面镌刻的文字图像,有时候石窟也归在其中)、造像(不仅包括宗教造像,还有社会性造像、动物像)、经幢(南北朝—隋唐最多)、柱础、石阙等物。[1]

知识链接 1-2

1."古器物"

宋至明代"古器物"一词使用得比较多,含义也基本一致,大体上是指现在所说的可移动文物,一般不包括书画。"古器物"之名最早见于北宋末赵明诚编纂的《金石录》,南宋《嘉泰会稽志》中有"古器物"一门,著录"五宝剑"及古铜、玉、砖等器物。[2] 金人蔡珪著有《古器物谱》。元代编成的《文献通考》收录官私金石学著作名录,对于各书中所著录的彝器等多用"古器物"来表述。如《考古图》十卷,"其作书于元祐七年,所纪自御府之外凡三十六家所藏古器物,皆图而录之";《宣和博古图》三十卷,"宣和殿所藏古器物,图其形制而记其名物,录其款识,品有总说,以举其凡,而物物考订,则其目详焉。然亦不无牵合也";《金石录》三十卷,"本朝诸家蓄古器物款识,其考订详洽,如刘原父、吕与叔、黄长睿多矣,大抵好附会古人名字"。[3] 明人记载,永乐时有滕用亨,曾参与修撰《永乐大典》,其人"善鉴古器物、书画"。[4]

2."古物"或"古器"

古文献中的"古物"含义略同"古器物",但会涉及一些不可移动文物。

《世说新语》记载:"韩康伯母隐古几毁坏,卞鞠见几恶,欲易之。答曰:'我若不隐此,汝何以得见古物?'"[5] 唐人记载,"汉明帝时,西域以白马负佛经送洛,因立白马寺,其经函传在此寺。形制淳朴,世以为古物,历代藏宝"。[6] 明末宋应星曰:"春秋时郜大鼎、莒二方鼎,皆其列国自造,即有刻画,必失《禹贡》初旨。此但存名为古物。"[7]

"古物"有时也和"古器"互换使用。北宋核定度量衡之制,翰林丁度等人考证:"晋泰始十年(274),荀勖等校订尺度,以调钟律,是为晋之前尺。勖等以古物七品勘之……当时以勖尺揆校古器,与本铭尺寸无差。"[8]

"古物"的概念中还包含书画,明朝中叶,"南京守备太监钱能与太监王赐皆好古物,收

[1] 朱剑心:《金石学》,浙江人民美术出版社 2015 年版,第 5 页。

[2] [宋]沈作宾修,[宋]施宿纂:《嘉泰会稽志》卷一三"古器物",《宋元方志丛刊》影印清嘉庆十三年刻本,中华书局 1990 年版,第 6957—6959 页。

[3] [元]马端临:《文献通考》卷一八八《经籍考十五·经·仪注》,卷二百七《经籍考三四·史·目录》,万有文库"十通"本,中华书局 1986 年版,第 1602 页、1711 页。

[4] [明]焦竑:《玉堂丛语》卷七"巧艺",中华书局 1981 年版,第 257 页。

[5] [南朝宋]刘义庆撰,钱振民点校:《世说新语》,岳麓书社 2015 年版,第 151 页。

[6] [唐]李百药:《北齐书》卷一九《韩贤传》,中华书局 1972 年版。

[7] [明]宋应星:《天工开物·冶铸第八·鼎》,引自杨维增编著:《天工开物新注研究》,江西科学技术出版社 1987 年版,第 173 页。

[8] [元]脱脱等:《宋史》卷七一《律历志四·崇天历》,中华书局 1977 年版,第 1608 页。

蓄甚多,且奇。五日,令守事者舁书画二柜至公堂,展玩毕,复循环而来。中有王右军亲笔字、王维雪景、韩滉题扇、惠崇斗牛、韩幹马、黄筌醉锦卷,皆极天下之物"。[1] 明清时期的"古物"也包括碑刻或碑帖,"朱简讨云:'曾于庙市见五代石敬瑭家庙碑,梁周翰撰,文翰虽不甚工,亦是古物,惜未购之。'此碑石今不知所在。"[2] 同在《池北偶谈》一书中,"古物"还包括古器物和古树:"鄢陵刑部尚书刘公䂊,前刑书璟子也。性嗜琴,尝蓄一蕉叶琴,其轻如蝉翼,盖古物也。"[3] 一般来说,"古物"的外延大于"古器物",和今日"文物"的概念接近。

3. "骨董"与"古董"

"骨董"一词最早是指杂项器物,内涵与古物无关。南宋时杭州等地把"七宝"店铺笼统称为"骨董行":"买卖七宝者谓之骨董行……官巷花作,所聚奇异飞鸾走凤,七宝珠翠,首饰花朵。"[4] "七宝"是指以首饰、日用器皿为主的珠宝玉器,并非古物。

从明代中后期到清初比较多见用"骨董"来表述多种文物,又写作"古董"。万历时期(1573—1620),洛阳古代中小型墓葬多被盗掘,"三吴所尚古董皆出于洛阳"。[5] 除彝器外,宋元名窑瓷器此时也加入古董行列,"宋、元时龙泉华琉(琉华)山下,有章氏造窑,出款贵重,古董行所谓哥窑器者即此"。[6] 明末清初人张岱称:"中国之大古董、永乐之大窑器,则报恩塔是也。"同书"仲叔古董"条,记其叔葆生"精鉴赏,得白定炉、哥窑瓶、官窑酒匜"等物,富于收藏。[7]

4. "古玩"

"古玩"一词见于元曲,杂剧《包待制智赚生金阁》中有:"若到人家里,见了那好古玩、好器皿,琴棋书画,他家里倒有、我家里倒无,教那伴当每借将来。"[8] 明代后期,"古玩"一词始多见于文人笔下,《七修类稿》云:"书画、古玩,自有国而言,至宋徽宗之世可谓极备,观其《书谱》《画谱》《博古》《考古图》可知矣。"[9]

"古玩"的词义来源应该与古代"珍玩""秘玩""玩器""玩好""玩赏之物"等有关,与"古董"的内涵大致相同。元末明初,陶宗仪记元朝之制:"天历(1328—1330)初,建奎章阁于

[1] [明]陈洪谟著,盛冬铃点校:《治世馀闻》,中华书局1985年版,第44页。

[2] [清]王士禛著,勒斯仁点校:《池北偶谈》卷一八《谈艺八·石敬瑭家庙碑》,中华书局1982年版,第442页。

[3] [清]王士禛著,勒斯仁点校:《池北偶谈》卷二二《谈艺三·刘尚书琴 故藩址》,中华书局1982年版,第524页,533页。

[4] [宋]吴自牧:《梦粱录》卷一三"团行",中国商业出版社1982年版,第105页。

[5] [明]王士性著,吕景琳点校:《广志绎》卷三《江北四省》,中华书局1981年版,第38页。

[6] [明]宋应星:《天工开物·陶埏第七·白瓷附:青瓷》,引自杨维增编著:《天工开物新注研究》,江西科学技术出版社1987年版,第159页。

[7] [明]张岱著,马兴荣点校:《陶庵梦忆》卷一《报恩塔》、卷六《仲叔古董》,中华书局2007年版,第12页、77页。

[8] [元]武汉臣:《包待制智赚生金阁杂剧》第一折,王学奇主编:《元曲选校注》第四册下卷,河北教育出版社1994年版,第4328页。

[9] [明]郎瑛:《七修类稿》卷一八《义理类·奇物不可守》,上海书店出版社2001年版,第185页。

西宫兴圣殿之西廊，为屋三间，高明敞爽。南间以藏物，中间诸官人直所，北间南向设御座，左右列珍玩，命群玉内司掌之……给史八名，专掌秘玩之物。""今上即位，改奎章阁曰宣文……至于器玩之陈，非古制作，中法度者，不得在列。"〔1〕其中"珍玩""秘玩之物""器玩"等，与"古玩"词意相近。清高宗曾因督府官员"有购觅古玩充贡者"而戒敕："内府所藏古器珍玩何物不有，岂藉外间贡物以为观美。"〔2〕"骨董""古董""古玩"可能更注重观赏品鉴，而"古物"则不止于此。

清代"古玩"一词见于官书。康熙三十九年(1700)十月，清圣祖命皇四子胤禛准备进献仁寿皇太后的六旬万寿礼物中有"通天犀、珍珠、汉玉、玛瑙、雕漆、官窑等古玩九九，宋元明画册卷九九"等。〔3〕

"古玩"一般仅指器物，书画类与之并列而言。崇祯十七年(1644)，李自成进兵北京，驸马都尉永固(明光宗女婿)城破时殉国，"公主已先一年薨，枢尚在寝。生子女四人，(永固)悉以黄绳系之椽旁。聚古玩书画环绕殡宫，杂置积薪，焚之"。〔4〕嘉道间，废礼亲王昭槤记载，康熙朝索额图和明珠"二相皆有绝技，索好古玩，凡汉、唐以来鼎镬盘盂，索相见之，无不立辨真赝，无敢欺者。明相好书画，凡其居处，无不锦卷牙签，充满庭宇"。〔5〕

知识链接 1-3

《辞海》对文物范围的详细界定包括：

　　（1）与重大历史事件、革命运动和重要人物有关的、具有纪念意义和历史价值的建筑物、遗址、纪念物等；

　　（2）具有历史、艺术、科学价值的古文化遗址、古墓葬、古建筑、石窟寺、石刻等；

　　（3）各时代有价值的艺术品、工艺美术品；

　　（4）革命文献资料以及具有历史、艺术和科学价值的古旧图书资料；

　　（5）反映各个时代社会制度、社会生产、社会生活的代表性实物。〔6〕

知识链接 1-4

根据 2002 年《中华人民共和国文物保护法》相关规定，国家馆藏一、二、三级文物，乾

---

〔1〕　[元]陶宗仪:《南村辍耕录》卷一"宣文阁"段，中华书局 1959 年版，第 27 页，28 页。

〔2〕　[清]庆桂等:《清高宗实录》卷一○八"乾隆四十一年十月辛丑"，《清实录》影印皇史宬等处旧藏清抄本，中华书局 1986 年版，第 656 页。

〔3〕　[清]马齐等:《清圣祖实录》卷二○一"康熙三十九年十月辛酉"，《清实录》影印皇史宬等处旧藏清抄本，中华书局 1986 年版，第 50—51 页。

〔4〕　[明]钱𬳿:《甲申传信录》卷三"大行骖乘·戚臣"，据神州国光社 1951 年版复印，上海书店 1982 年版，第 38 页。

〔5〕　[清]昭槤，何英芳点校:《啸亭杂录》卷一○《索明二相博古》，中华书局 1980 年版，第 325 页。

〔6〕　夏征农主编:《辞海》，上海辞书出版社 1999 年版，"文物"条。

隆六十年(1795)以前的文物,1949 年以前生产、制作的具有科学、历史、艺术价值的我国少数民族文物,与我国近现代运动、重大历史事件和重要人物有关的具有重要纪念意义和历史价值的文献资料、图书资料、纪念物,我国各时期有代表性的书画家作品等,除经国务院批准运往国外展览的外,一律禁止出境。[1]

知识链接 1-5

《韦氏词典》中对于"antique"的定义原文如下:

a relic or object of ancient times(古代的遗迹或者遗物)

A:a work of art, piece of furniture, or decorative object made at an earlier period and according to various customs laws at least 100 years ago;(较早时期制作的艺术品、家具或装饰品,依据各种海关法规,制作年份必须至少在 100 年以前)

B:a manufactured product(such as an automobile)from an earlier period.(有一定年代的工业制品,例如汽车)[2]

知识链接 1-6

1970 年 11 月 14 日联合国教育、科学及文化组织大会在巴黎通过的《关于禁止和防止非法进出口文化财产和非法转移其所有权的方法的公约》中,文物包括以下几点:

(a) 动植物、矿物、人体骨骼珍贵藏品和标本,古生物学具有重要研究价值的实物。

(b) 和历史有关的文化财产,包括科学史、技术史、军事史及社会史;与国家领袖、思想家、科学家、艺术家生活有关的文化财产及和国家重大事件有关的文化财产。

(c) 考古发掘成果(包括正式发掘和秘密发掘在内)或考古发现成果。

(d) 已被拆卸的艺术或历史纪念建筑或考古遗址的组成部分。

(e) 100 年以上的古物,如手稿、钱币和雕刻印章。

(f) 具有人种学研究价值的实物。

(g) 具有艺术价值的文化财产。如:① 图片,完全用手工,不管用什么材料和在什么质地上制作的绘画及草图(用手工绘制的工艺设计图和手工装饰的工业制品不包括在内);② 用任何材料制成的雕塑及雕塑艺术品原件;③ 雕版印刷品及平版印刷品的原稿;④ 用任何材料制成的艺术集合物和综合画原作。

(h) 单个收藏或成批收藏的珍贵手稿及善本书、古书、公文及有特殊意义的出版物(历史、艺术、科学、文学等)。

---

[1] 《中华人民共和国文物保护法》,载《中华人民共和国全国人民代表大会常务委员会公报》,2015 年 3 月,第 638—648 页。

[2] [美]韦伯斯特著:《韦氏词典》,梅里亚姆—韦伯斯特公司 1957 年版,"antique"条。

（i）单个收藏或成批收藏的邮票、印花税票及类似的票证。

（j）档案，包括录音带、照片、电影摄制档案。

（k）100 年以上的家具和古老的乐器。

知识链接 1－7

《简明不列颠百科全书》中"antique 文物"词条的释义全文如下：

> 具有美学价值、历史价值和经济价值的古代遗物。过去，该词只指古希腊罗马的文化遗存；后来逐渐指历代和各地的装饰艺术，不论是宫廷的、资产阶级的还是农民的，均属这一范畴。为了关税目的，法律对于文物有各种规定。1930年美国关税条例规定，凡 1830 年以前制作的艺术品免收税金。在国际上，一般把这一年定为'文物'的年代下限。1952 年由联合国教育、科学及文化组织发起，17 个国家签署《佛罗伦萨协定》，一致认为"对于有关教育、科学和文化方面的资料，应撤出国际间的障碍，以畅其流通"。后来，各参加国为了履行协定而制定了有关文物的法律。如美国在 1966 年通过新的关税条例，准许"自免税进口报单提出之日算起，凡一百年以前所制作的文物"概予免税进口。其他参加国也都实行了类似的法令。按照一般惯例，文物现指一百年以上的具有历史价值和艺术价值的物品。文物收藏几乎是与历史记载同时开始的，起初是保护神庙的珍品。英国于 1857 年创立现名维多利亚和阿尔伯特的博物馆；1863 年在维也纳建立大型的公立文物收藏馆；1882 年巴黎成立装饰艺术博物馆；1897 年纽约市库珀艺术和建筑联合学院也创办装饰艺术博物馆。在 20 世纪，收藏文物成为群众所喜爱的一项活动。[1]

知识链接 1－8

世界各国对于文物的下限定义不同，且关于文物的概念也不一致，本书中提到的"文物"一词有时不能直接套用到其他国家的概念中直接对应。英文中的"antique"偏向于被收藏的、有一定年代的小型物件；而"cultural relics"则偏重于物品、遗迹和习俗等原先存在的文化环境消失后，人们对于这些有纪念意义的东西的称呼。因此，直接将"文物"翻译为这两个词都或多或少地不符合英文语境。

中文"文物"英译时一般写作"relics"或"cultural relics"，其内涵既包括可移动文物，也包括了不可移动文物。

在日本，人们用"文化财"的概念来称呼文物以及民间传统习俗、信仰等，这是一个非常大的范畴，近似"文化遗产"（cultural heritage）的概念。"重要文化财"类似于中国的珍

---

〔1〕 中国大百科全书出版社、美国不列颠百科全书合作编译：《简明不列颠百科全书》，中国大百科全书出版社 1985 年版，"antique"条。

贵文物和文物保护单位,它由"有形文化财"中较为重要的部分制定而来,而"重要文化财"中重要的部分会被再指定为国宝。其中,"重要美术品"可能是"重要文化财·美术品"的简写。日本的"有形文化财"根据内容分为建筑和美术品,"重要文化财·美术品"还有着更细致的分类。

参考文献

1. 朱剑心:《金石学》,浙江美术出版社 2015 年版。

2. 李晓东:《文物学》,学苑出版社 2005 年版。

3. 中国大百科全书出版社编辑部:《中国大百科全书·文物　博物馆》,中国大百科全书出版社 2004 年版。

本章自测

1. "文物"一词在中国古代有哪几种主要表达?"文物"的含义在中国是如何演化的?

2. 目前,国际上普遍认可的"文物"定义是什么?

3. 文物包括哪三个要素?其意义何在?

4. 理解本教程的文物定义。

5. 解释文物的三个时间下限。

第二章　文物的属性、价值和作用

研究文物的"属性",是为认识、研究文物的"价值"所做的必要准备;研究文物的"作用",实际是了解社会对于文物价值的反映。显然,价值研究是对文物的科学研究体系的核心环节所在。

第一节　文物的属性

关键词:物质属性　社会属性

所谓"属性",是指事物所具有的性质特征,任何事物都会有多种属性或多重属性。"文物属性"是指文物的物质性质特征和文物的社会地位特征,本节只讨论总体意义上的一般的文物属性,至于具体到每一件文物,它的属性表达要更为复杂一些。

一、物质属性

文物的物质属性,是指文物物质本体存在的基本特征。有的研究者把文物的"物质属性"称之为"自然属性",但是自然属性不能囊括一些后起的、复杂的物质属性,例如对于自然界原先所没有的陶瓷、玻璃、金属、纸张,等等,它们具有"物质属性"但是不能称为具有"自然属性"。讨论物质属性不仅仅是为了准确地认识文物的物质特征,也为讨论文物的社会价值作了铺垫,而且对于文物的收藏管理有一定的基础作用。单纯的物质属性可能和大自然贴近一些,而复杂的物质属性所表达的则离大自然越来越远。

1. 单纯物质属性

单纯物质属性,大致等同于"自然属性",指基本不改变文物本体的理化性质,文物用材的温度、pH 值、渗透压、化学组成等处于稳态(相对平衡状态)。具有单纯物质属性的文物取材于大自然,运用物理加工手段直接制成。制造文物的材料包括土、沙、石、玉、自然金属、陨石、木、竹、藤、草、骨、角、牙,等等。单纯物质属性的文物经历了一些物理、力学、机械的活动,比如打制、磨制、切割、编织、拼装、组合,等等,这些活动都属于物理活动,并没有改变文物的理化特性。

单纯物质属性,反映了人们对自然产物的认识、选取、生产、应用。对自然产物的认识和选取包括对其在大自然的存量、产量的认识,还包括对材料的颜色、光泽、硬度、适用程度(与效率无关)、加工程度的认识。研究这部分文物可以复原当时的自然环境,了解相关材料存量的多少,了解部分自然物质对于人类的审美吸引程度。

单纯物质属性的文物形式可以分析为三种:一种是单一的存在物,如打制、磨制石器——手斧,砣制琢磨的玉石器——商代玉蝉;一种是同质或异质的共同存在物,如编织物——衣物,镶嵌物——大汶口文化象牙松石牌;一种是同质或异质的组合存在物,如由石制矛尖、木制手柄的石锛,藤缠绕而成的长矛,等等。这类遗物是文物的鼻祖,是人类社会最早的文物(图2-1)。它们存在的时间最长,几乎与人类历史一样悠久,但随着人类历史的发展,尤其是进入新石器时代之后,单纯物质属性的文物在种类和数量比例上都是趋小的。

图 2-1　单纯物质属性的文物举例:商代玉蝉

2. 复杂物质属性

和漫长的人类历史相比,复杂物质属性的文物诞生的时间很晚,从全世界范围来看,大约在距今一万年左右出现了制陶业。一般来说,陶器出现是复杂物质属性的文物诞生的标志(参见知识链接2-1)。制陶的过程中,通过水、火的综合作用改变了物质的理化性质,从而第一次获得了自然界没有的物质(图2-2)。制陶业诞生和发展以后,又出现了冶炼金属、玻璃、瓷器、生化材料、塑料、工程材料,等等,这些人类的产品日益增多,总体的数量呈不断膨胀的趋势。复杂物质属性文物的出现和发展,反映了人们掌握和改造物质材料能力的进步和深化(图2-3)。

图 2-2　复杂物质属性的文物举例:　　　　图 2-3　复杂物质属性的文物举例:
　　　　鹳鱼石斧图彩陶瓮　　　　　　　　　　　商代兽面纹铜钺

复杂物质属性的文物的成因或制成途径有以下多种:

水成:往往是后一道工序的铺垫和前提,需配合其他操作进行。

火成:水成有时不完全改变物质属性,而火能够打破物质的稳态,极大改变物质属性,比如金属的冶炼、陶瓷的烧制、玻璃的熔制,等等。

　　研磨:一般情况下,研磨只是用力量改变物质的体积大小,并不改变物质的理化属性;但是,在有些条件下则会改变、或参与促进改变物质的理化属性,如中国的书画颜料,用动物产品、矿物产品、植物产品进行复杂的融合,通过研磨达到需要的发色效果;如火成、生物技术造成时的对于材料的颗粒化要求。

　　生物技术:酒是历时久远、最常见的运用发酵技术的产品,还有一些食品、药品、制革产品;现代生物技术的运用使产品更为复杂多样。

　　综合:上述几种主要途径的复合方式。

　　其他:过去、现在以及未来,人类所掌握的其他创造具有复杂物质属性产品的途径是复杂多样的,很难估计人类利用自然、改造世界的能力上限。

二、社会属性

　　文物的"社会属性",表现了文物作为人类社会的遗物或遗迹的最本质特征,表达了文物的"前世今生"。最为简洁、直接地认识、研究文物,往往首先加以关注的是它的"社会属性"。

　　文物的社会属性,在本教程中第一次地表达为"6W"性,即:什么国家或地区,(Where);什么时代或时间,(When);什么人物,(Who);为了什么需要,(Why);用什么方法,(Which);制成了什么物品,(What)。不同时代、国家地区、类别、功用的文物,皆可用"6W"表达其社会属性。

　　例如:"秦始皇兵马俑"文物(图2-4),其社会属性可以这样解读:在中国的关中地区,陕西西安东郊发现(Where),秦王朝时(When)的司空职官和制陶工匠(Who),为了给秦始皇帝陪葬(Why),用制陶方法(Which),制成了士兵和军马俑形军阵(What)。

　　又例如:"希腊红陶彩绘瓶"文物(图2-5),其社会属性可以这样解读:在古希腊地区

图2-4　社会属性文物举例:秦始皇兵马俑

图2-5　社会属性文物举例:希腊红陶彩绘瓶

（Where），古希腊时代（When）的艺术家、工匠（Who），为了容物、运动会奖励、祭祀等（Why），运用制陶法加彩绘的方法（Which），制成红陶彩绘瓶（What）。

"6W"性是可以在全世界通用的各个时代文物的社会属性表达方式，它反映了人和物的相互作用，反映了物在人类社会中的存在，叠加之时代因素，是研究文物的重点所在。在介绍某一件文物时，能按"6W"性说明，也就基本完成了对其社会意义的介绍。

三、两种属性不可分割

对所谓文物属性的讨论，是文物研究的基本出发点。分析文物的物质属性和社会属性，是一种科学的认识、研究。和一切事物属性的多重性一样，对于具体的文物，两种属性实际上是不可分割的。

从赋形的角度来看，"物质属性"决定了每一件文物的三维外观，是文物社会属性的物化本体，在材料选取和加工制作的过程中，本身即具有社会化的作用（图2-6）。

从功用的角度来看，"社会属性"表达了文物是一种特殊的社会存在，体现了人们对它所具有的物质属性的认识、获取、改造、使用以及文物本身价值在人类社会中的进一步延长（图2-7）。

图2-6　文物的两种属性不可分割：
唐三彩持盘女俑

图2-7　文物的两种属性不可分割：
商后母辛青铜觥

第二节　文物的价值

关键词:历史价值　科技价值　艺术价值　特殊商品价值

"价值"一般是指事物存在的用途和积极作用,在中国,许多官方文件与学者的表述中,"文物的价值"具有客观性,文物一般具有历史、艺术和科学三方面的价值(下面简称"国家价值论")。在《简明不列颠百科全书》等国际性文献的表述中,文物具有"历史价值""审美价值"与"金融商贸价值"[1](下面简称"国际价值论")。文物的价值问题是文物学理论的核心问题。以上两种提法基本正确,但是还有一些不足。本教程提出的文物价值论,与上述两种关于文物价值的表述有着一些异同。

一、对文物价值的认识

1. 所有的文物的价值量,是一种客观的存在,不管人们认识到与否,文物的总的价值都不以人的意志为转移。人们所研究的"文物的价值"只能是一种相对的评判,总体上是评定其价值量的一个相对体系。这些评判,在多数情况下比较符合文物的客观的价值量,少数时候也可能有所背离。

对于每一件文物的客观的最大价值量,人们的认识只能够不断地逼近之,而不能够穷尽它,小到个别文物,大到文物群体,都将是如此。人们无法把握群体的或个体的文物所包含的所有信息即最大价值量,这也是文物研究之所以诱人之处。

2. 认识"文物价值"的基本出发原点,是一种个体的认识行为。人们面对某一件新见的文物,首先产生的是个体的、具体的、微观的认识,其中包含了个人的兴趣喜好、研究或拥有或推荐国家收藏的愿望,这和一个人的文明素质、知识水平、文物意识都息息相关,乃至可能产生即便不喜欢、不认可也要尽力保护文物的一些矛盾的感情。同时,这种对于文物价值的个体判断和认识,也受到时代制约,但是应当指出,过去对所谓古董的认识和人们现在利用它们认识社会、认识人类使用的历史与审美的历史是不同的,毕竟现代人们的眼界和认识手段都远远超出了前人。

3. 认识文物的价值,最终是一种群体性社会认知行为。人们对文物价值的认识,又是一种必然由个体而发展为群体的社会认识行为,在认识群体又会有层次上的差别,例如群众的一般欣赏层次和专家的专业意见工作是有差别的。现代人们对文物的欣赏、鉴定及对文物价值的认识,往往先是由专家出发引导,对大众有普及传递作用,从而演变成一种社会群体认识。文物有其客观的固有的价值,这种价值本身并不由鉴定家最终确认,它

---

[1]　中国大百科全书出版社和美国不列颠百科全书合作编译:《简明不列颠百科全书》,中国大百科全书出版社 1985 年版,"antique"条。

会经历由学者到大众,再由大众到专业的不断循环上升的认识过程。但是,对于具体的时代和社会群体而言,文物的价值确实需要相对稳定的、公众比较认可的阐发和揭示。社会总体对某一文物价值存在大致的同一或相近的评价,这点最终与某个特定的专业群体对同一文物价值的评价一般相差不远(图2-8)。

图2-8 对文物的价值认识举例:元 黄公望《溪山雨意图》

二、文物的四大价值

本教程与其他文献对文物价值的表述有一些差异,但是这些差异不是根本性的,只是反映了分析角度的不同。本教程认为,文物一般具有"四大价值":

1. 历史价值

本教程文物的"历史价值"的提法,和"国家价值论"以及"国际价值论"的提法完全一致。文物之所以具有历史价值,是因为它们是人类社会历史的产物。一般地说,历史价值主要来源于文物的社会属性,既来自人类的生产生活,又反映了人类社会的方方面面。它又部分地来自文物的物质属性,体现了一个时代的人、社会群体对某种物质材料的认识、提取、加工和使用状况。每一件文物都有其固有的历史价值,没有历史价值的文物是不存在的(图2-9)。文物的历史价值可以分作广义的、普遍的、一般的历史价值,还有狭义的、具体的、特殊的历史价值。

图2-9 文物历史价值举例:西汉长沙马王堆出土的素纱禅衣

广义的历史价值是一种普遍价值,没有大小、轻重之分,在时代的平面上不强调其可比性。例如:博物馆收藏的秦代铜权、秦始皇兵马俑,以及不被博物馆收藏的、残碎的秦代的砖头瓦片,都具有反映秦时一般社会生产生活的历史价值。人们对于广义的历史价值,往往采取了默认态度,一般不做历史价值大小的比较性判断。

人们在对于文物的认识或者研究,乃至于收藏、欣赏之中,习惯更多地着眼于狭义的、具体的、特殊的历史价值,这是具有一定可比性的。这种具体价值可以从三个方面去考虑：一是制造，反映了时代的需求，需要并且制造出了这样的物品（个体或者群体）；二是应用，即基于时代社会生活的需要，是如何使用这些物件的；三是应用之后，它们对于历史的影响。针对具体事件、具体人群和具体历史人物的相关文物，与针对一般事件、日常生活、一般人群的文物，它们之间具体历史价值的大小悬殊，因为它们在历史上所起的标志作用是不同的。例如：出土于陕西西安临潼区的西周青铜器"利簋"（图 2-10），它为西周灭商的历史提供了重要的实物和出土文献依据，它的具体价值当然要高于一般的没有铭文的西周青铜器。又例如：毛泽东抗日战争中在延安撰作的《论持久战》第一版原版本，其具体历史价值要高于后来的本书版本，当然也要远远高于同时期的同类文献著作（图 2-11）。

图 2-10　文物历史价值举例：西周利簋

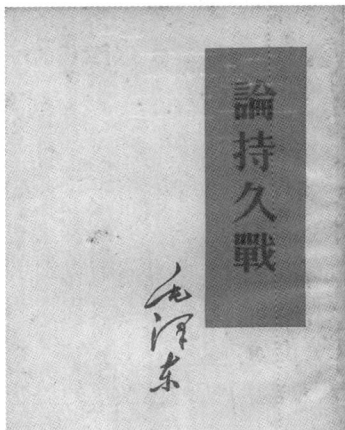

图 2-11　毛泽东著作《论持久战》原版封面

2. 科技价值

本教程所谓的文物的"科技价值"，在"国际价值论"中没有提及，大约他们的研究中把有关内容带入了"历史价值"，这是不尽合理的。"国家价值论"中称之为"科学价值"，其与本教程对于此概念内涵的阐述是基本一致的，但是"科学价值"这一提法是不够准确的；"科学"往往是指一个体系，如果用这个词，那也就应当把历史科学、艺术科学都囊括在内；又，"科学"的提法有一定的抽象性，难于具体把握。本教程所谓的文物"科技价值"和"国家价值论"中称之为"科学价值"，实际上是指文物所反映的各个时代制作的、工程的、技术的进步，是具体的、是可以量化把握的。

文物的科技价值，同样来源于文物的自身属性。文物的科技价值实际上是反映了人和自然、人和环境的关系，也反映了人本身能力的发展，这些当然主要来自社会属性。比起文物的历史价值的分析，文物科技价值中物质属性往往要偏重一些，因为文物的科技价值更加要求人们从它的物质本体上去深入分析。科技价值并不是普遍的价值，而是可以比较的价值。不存在没有科技价值的文物，只是每一件文物所包含的科技价值量是有差异的，有的可能存在巨大的差异（图 2-12）。

科技价值表现在各个时代的遗存之上，成为每一个时代生产力进步的直接标本。有些是古代科技场馆的直接遗存，有些是科技史的具体的单件文物（图 2-13）。文物往往

图 2-12　文物科技价值举例：战国水晶杯，战国时期残砖，作为比较

又是技术进步与否的标尺，包括选材、加工、改造、装配，直至使用的物质生产过程，以及对当时人民生活的影响。某些工业、手工业、农林牧业的工具类文物，是还原制作、加工过程，或者农林牧业生产过程的必要观察物。某些古建筑类文物，是人类建筑史发展全面的或部分的佐证。以度量衡具文物为代表，成为一个时代技术计量的标志，也是技术进步的间接反映。食品、卫生类文物，反映了人类食品科技的发展，以及科技对于卫生事业的影响。各个大洲和国家、地区关于科技类文物的发现和研究，可以看到人类科技进步的不平衡以及各个地区之间的交流与影响。

图 2-13　河南登封古代天文台建筑

图 2-14　文物科技价值举例：唐鎏金银香薰

例如，1963 年出土于陕西省西安市东南郊沙坡村窖藏的唐代鎏金银香薰（图 2-14），它的香囊由两个半球组成，有子母口可以扣合。下半球内装有两个同心圆机环和一个盛放香料的香盂。大机环与外层球壁连接，小机环分别与大机环和香盂相连。使用时，由于香盂本身的重力作用和两个同心圆机环的机械平衡作用，无论香囊如何滚动，里面的盛香小盂都可以保持水平状态，香料不会倾撒。这件文物的精巧设计可以体现当时的科技水

平,其原理与后来的航海陀螺仪相似,同时也反映了当时对于室内清洁的要求。

3. 艺术价值

本教程文物的"艺术价值"的提法,和"国家价值论"的提法相一致;艺术价值在"国际价值论"中被称为"审美价值",它的所指,从字面上看可能比"艺术价值"的范围稍宽一些,两者本质应当是基本一致的。囿于习惯,本教程依然称之为"艺术价值"。

文物的"艺术价值",少量地来源于物质属性的自然部分,如大自然的金属、宝石、玉石等,古代人们直观地认为这些是美好美丽的物质。艺术价值也逐渐地来自人类对复杂物质属性的掌握和人们出于审美的普遍制作,还有工匠和艺术家们的刻意创造,因此,它们最主要的还是来源于社会属性。

文物的艺术价值是具体价值,具有可比性,甚至同一个时代、同一个作家的产品都有一定的可比性,大部分文物具有大小不等的艺术价值。极少部分文物没有艺术价值,例如,新石器时代江苏海安青墩遗址人类遗留粪便中的水稻残壳,这粪便遗存标本的历史价值、科技价值都很高,但是没有艺术价值。又例如,先秦时期的湖北大冶铜绿山遗址出土的冶铜矿渣,同样历史价值、科技价值都很高,但没有什么艺术价值。

一切物质材料、艺术作品的文物艺术价值都产生于两者:一个是选材,一个是制作。前一种是为了生活的选取,它必须是美的,材料和功能的相适合本身就是一种美。而后一种是有意识的美的制作,是指艺术家按照审美规律的主动创造,可以称作艺术行为、艺术劳动、艺术创作,艺术家基于对客观事物感受与主观灵感而创作,体现着艺术家的审美思想。

这里需要指出:艺术家按照审美规律的主动创造,有的不能以物质化形式留存下来,例如:诗歌、音乐、舞蹈,等等。其中一些,可以附丽于物质材料而间接地保留下来,例如:新石器时代马家窑文化的舞蹈纹彩陶盆,东周时期记载有《诗经》内容的简牍,古希腊时代绘有音乐舞蹈形象黑红绘彩陶器(图 2 - 15),唐代胡人音乐舞蹈纹玉带板,等等。作为以建筑、雕刻、绘画为代表的物质化遗存,当然是文物艺术价值的醒目表现,这也是世界艺术史的古代部分往往充斥这些物化的艺术文物的根本原因。当一个时代过去之后,一位艺术家去世之后,他的艺术作品当然就成了文物;一些成为历史发展证物的

图 2 - 15　古希腊音乐舞蹈内容彩绘陶器

艺术品,即便艺术家还健在,也有可能因为是历史的证物而成为重要文物艺术品。不言而喻,艺术品之间艺术价值的大小,也是有明显差异的。

文物的艺术价值是因审美而产生的,美的元点就是"适合"。美原本是一种应激机制,人借助美感增强本身对自然、对社会的适应性,人们的美感即对美的认识,是一种不断上升的过程,来源于人对自然、环境、自身的综合认识。美有地域性、人群性,受到自然环境和人群社会的影响,存在着地区之间、民族之间、国家之间美的认同差异。美也是有历史

性的,不同历史阶段对美感的获得是不一样的,审美在不断进步。历史上存在过的"美",尤其是物化为美的"文物",会不断加入后来的人们对美的存在的再认识。美既有前人对后人的传递,也有同时代人之间的平面传递,美的传承性有时也体现出文化趋同性。现在文物工作的任务之一,就是要利用文物把历史的美还原。文物是数百万年来人类的主动创造物,故而是美的集合体。

实用与美必须结合,表现在实用物品的"适合"性上,实用不断对美提出要求(参见知识链接2-2)。政治、宗法的文物也会包含美的要素,政治的需要也可以创造出美来,例如,中国北京天安门(图2-16),从美学意义上分析,不仅具有作为造型艺术在视觉上的"优美",还具有作为建筑在功能上的实用之美,更具有政治作用下在人们心灵上的"崇高"之美。

图2-16　文物艺术价值举例:北京天安门

宗教情结主要有几个来源:对出生原点的回顾,引发对祖先的崇拜,造成了敬畏祖先的陵墓、祠堂,等等(图2-17)。对人主观外在世界的敬畏,引发对从自然神到多神再到一神的崇拜即神性的崇拜,造成了祭坛和各种宗教寺庙教堂。人们出于信仰和尊敬,会把当时最美的艺术品献出来,作为祭品、供品,或者用具、法器。真正与宗教有关的艺术品都是宏伟庄严、精致美好的(图2-18)。

图2-17　唐代乾陵

图 2 - 18　文物艺术价值举例：敦煌莫高窟佛像

　　总体来看，人类艺术品的创作有漫长复杂的历史发展过程。从艺术品产生的几个方面来看：艺术附会于实用物品的部分会正常地发展，随着人们实用的需求而不断有所微调，往往是在不经意间发生变化；政治和宗法上的美的创制会有所分歧，会因为时代、地域、民族、教育，等等因素有此起彼落的发展。而纯粹的艺术品创作，只要和平的、民主的因素不断扩大，人们的思想和艺术是自由的，那它就是个不断扩大的过程。从文物中可以发现，人们对艺术规律认识最少的时候，往往是艺术创作能力最为强盛的时候；而当人们对艺术规律认识十分完备的时候，也往往就是创造力相对薄弱的时候，从这一角度可以知道人们对于古代艺术品的激赏（图 2 - 19、图 2 - 20）。

图 2 - 19　文物艺术价值举例：宋汝窑天青
釉弦纹三足樽

图 2 - 20　文物艺术价值举例：
南宋哥窑鱼耳瓷炉

4. 特殊商品价值

　　文物的"特殊商品价值"在"国际价值论"中被称为"金融商贸价值"，在我国现行的文物法规及相关文件上有提及合法的文物商业，但是基本不言及"特殊商品价值"或者"金融商贸价值"这一点。本教程认为,首先,称之为"金融商贸价值"是不够准确的,因为文物并不满足人们的基本物质生活需求,而社会普遍的金融商贸活动是基于日常生活的;其次,文物在一定条件下会以价格来表示自身的价值,这种表达依据市场价值规律而体现出来,供给与稀缺程度决定着价格走向;再次,文物是特殊的商品,具有不能再生产的特性,不是不间断生产着的商品。西方称其为"金融价值",是西方文物市场已经比较成熟,每件文物可以较为客观地标价,成为国民经济体系的组成部分。可是,我国目前基本上回避在理论上、教育上的认真讨论,是欠妥当的。

　　文物的特殊商品价值是常被社会忽略和不被公开认可的价值,人们需要认清的是,客观上每一件文物都具有特殊商品价值。即使在中国非常特殊的年代,周恩来总理还提出过文物商业"少出高汇,细水长流"的正确方针;现在社会存在着合法的国营文物商店、合法的古旧艺术品交流市场和拍卖活动;当然,也存在着地下的、不合法的文物买卖。研究文物的"特殊商品价值",应当提到日程上来了。

　　人们可以看到近年出现的关于中国古代文物获得的较高价位,例如,2003年上海博物馆以450万美元的价格收购了南宋《淳化阁帖》(图2-21)。2012年享誉国际的苏富比拍卖公司以2.786亿港元的价格拍出了北宋汝窑天青釉葵花洗。同时也应当看到,即便是极普通、不被重视、不予收藏的文物,也可以有较低或极低的价格表达。

　　文物的特殊商品价值主要来自文物的社会属性,文物上面凝聚着前面提到的三大价值,某件文物一旦三大价值比较高,它的商品价位就可能比较高。它部分地来自文物的物质属性,有些就是自然界的价位比较高的贵金

图2-21　《淳化阁帖》

属、宝石等材料;更多的是因为人改造了自然,创造了自然界所没有的东西。文物的特殊商品价值取决于前三种价值的综合体现,部分地与材质珍稀程度相关,同时也受人们的收藏行为、收藏心理影响。没有不具备特殊商品价值的文物,只是价值大小有所不同。

　　只有认清文物的特殊商品价值,更好地使全社会全面地认识文物的价值,更好地以法制手段管理、保护文物,才能进一步规范和完善相关文物拍卖和收购流程。在合法、爱国的底线之上,文物在一定条件下、一定场合是可以作为"特殊商品",按价值规律运作,其紧缺程度、认识和需要、收藏研究的人数等决定了它的一定时期的价格。

　　文物的特殊商品价值,还在于它也体现了明显的"品牌"意识。以中国文物为例,所谓"品牌"的主要类别包括书画、陶瓷、青铜器、金银器和玉器,等等。此外,"品牌"也指某个时代的代表性器物或者名家作品等。主要类别与著名作品的"品牌"地位会使部分文物获得较高的价位,反之则价位比较低(图2-22)。在各种形式、场合的交流中,例如,在拍卖

会、交流会上,部分文物会由于收藏者、欣赏者不理性的追捧产生不合理的价位,这也是由文物商品价值的特殊性决定的。

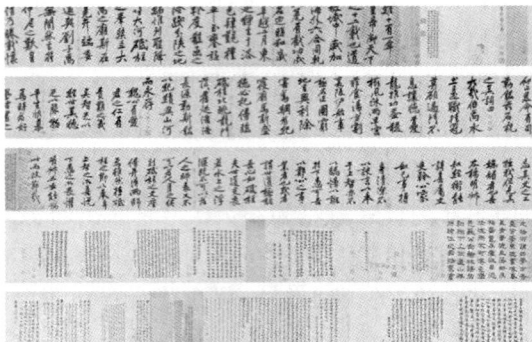

图 2‑22   文物特殊商品价值举例:黄庭坚《砥柱铭》

三、文物价值的研究

1. 文物的根本价值

文物的"根本价值"指一个国家、地区的文物价值量的总和,乃至上升到全人类的所有文物所具备的价值。人们对文物的根本价值的研究,从总体上看,主要是围绕以下几个方面:

(1)将文物视为国家、民族的历史证物。人具有反思能力,能反思自身长达数万年的历史,这种反思需要有物证支撑。国家、民族的发展都经历了漫长时间,大量的文物物证将提供可以把握的历史证据。

(2)将文物视为国家、民族的历史形成的本质体现。对于丰富的国家、民族的历史,对于不同国家、民族的基本品格、素质,单以文字文献难以全面把握,通过人类的骨骼遗存也难以把握,只有通过大量文物资料的补充研究才能形成更准确的认识。可以把文物作为国家和民族文化的库底、老本,看作国家和民族文化发展的重要源头。

(3)人类文明进程的标志和异同区分资料。人类文明进程的标志应该是有差异的,文物把一个民族的特质固定在可见的、触手可及的物件上,通过分析、比较可以把握人类文明进程中的异同、交流、互补以及融合。

(4)人类文明物化的百科全书体系。各个民族和全体人类都以文物作为根据,对三百万年以来的人类文明进程有个大概了解。工业文明以后,认识文明发展的历程才可能依赖于其他技术手段的记录,但文物所表达的一切仍然不可或缺(图 2‑23 至图 2‑26)。

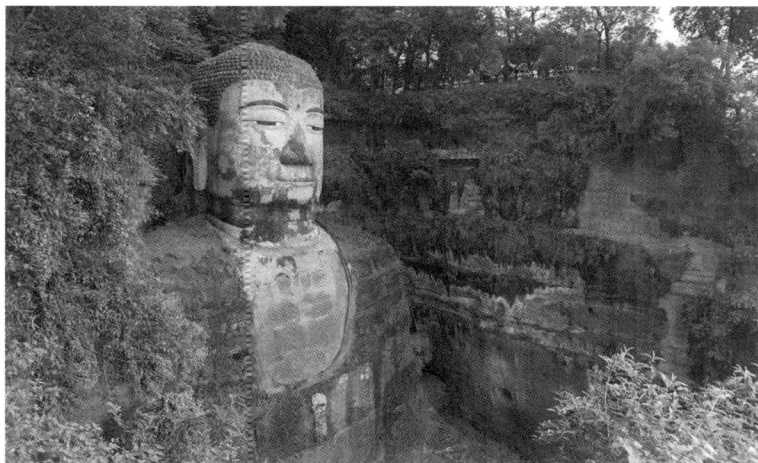

图 2 - 23　文物价值研究举例：乐山大佛

图 2 - 24　文物价值研究举例：红山文化玉龙

图 2 - 25　文物价值研究举例：明孝端皇后凤冠

图 2 - 26　文物价值研究举例：汉代金缕玉衣

2. 价值认识的波动

文物价值研究的本质是对价值量的认识,对文物价值的认识是动态的。所谓价值研究,它反映着一定时期、一定条件下人们对文物价值量的相对认识,而文物的绝对价值本身并不因为人们的认识而变大或变小,下文说的"趋大""趋小",是指人们的认识活动实际上受到一定的局限之下的认识,因此是阶段性的,不完整的。随着认识越来越深刻,人们认识到的文物价值一般来说趋大,也有一些情况下会趋小;人们对于文物价值量认识的趋大或者趋小,会引起文物市场价格的波动。

文物价值认识趋大一般有三种情况:时间、存量和认识深入。随着时间的推移,文物离人们的时代距离越来越远,价值也就可能越来越高;文物的存世量越少,相对价值越高;认识的加深、新问题的发现、典型标本的出现、更精美的代表作出现等因素会使价值趋大,这些动态变化就文物个体看可能是偶然的,但是就文物群体而言更应当是必然的。

文物价值认识趋小的情况包括:当同一类文物的存世数量大批出现时,反映在文物个体上的价值认识会相应变小;当更加典型的标本出现时,原标本相对的价值认识会降低;当具体的真伪问题出现时,即经后来判断原来的标本为"伪作"时,会贬低之前的价值认识。

第三节　文物的作用

关键词:历史研究　科技史研究　艺术功用　特殊商品价值的作用

作用即事物的功用,也就是事物的价值量的实际反映。文物的价值源于文物的属性,而其作用源于文物的价值。人们谈到事物的作用时,往往指出的是其正面的作用,对文物而言,大量的、主要的正面作用是肯定的,它们反映了人类的历史进程和经验。同样,一些反向的、负面的"作用"也不容忽视,这是人类历史收获的、凭借文物记取的必要教训。

一、历史研究之用

这是文物的"历史价值"发生的作用,借助于对文物所包含的历史信息的研究,可以很好地认识历史、还原历史。文物是历史学教育中可以眼见、手抚的可信的实物教材。

1. 实物史料作用

对人类社会历史研究而言,文献史料组织严密,逻辑性较强,起着"纲"的作用,但是较少反映人类基本的生产、生活的方方面面,也较少反映文字诞生之前的人类生产、生活状况。以文物为代表的实物史料,有着"眼见为实"的特点,反映了人类社会生活的各种"目",在面广量大的问题上提供了很好的补充;在没有文字记载的"史前社会",考古学和文物学资料起着关键性的史料作用。从理论上说,实物史料所能涵盖的方面应当是人类物质生活的所有方面,但具体的、单个的文物的弱点是没有贯穿性的提纲的作用,相对比较零散,彼此之间的逻辑性比较薄弱。实物史料和文献史料存在的缺陷是不一样的,两者应当互补,离开实物史料的(即文物学的和考古学的)历史学研究是不完整的研究。实物史料里常有人们不认识的东西,问题在于如何解释每一个具体的遗物、遗迹。而面对文献史料常令人费解的,是事情发生的具体过程及具体的物与物、物与人、物与事件的关系问题。

2.“证史、纠史、补史”作用

这里的“史”即历史文献的记载。文物在历史研究的过程中,可以起到对于历史文献的“证史、纠史、补史”的作用。

在证史方面,例如,明朝嘉靖年间大礼议事件后,嘉靖帝生身父母安葬的显陵由诸侯王陵提升改建成了帝王陵,显陵中帝王规制的石象生群以及双宝城设计即与史料相互印证(图2-27)。

在纠史方面,例如,司马迁《史记·秦始皇本纪》记载:“三十五年(前212)……先作前殿阿房……阿房宫未成。”又《史记·项羽本纪》载:“项羽引兵西屠咸阳,杀秦降王子婴,烧秦宫室,火三月不灭,收其货宝妇女而东。”班固《汉书·五行志下》载,秦“复起阿房,未成而亡”。杜枚《阿房宫赋》有:“六王毕,四海一;蜀

图2-27　文物证史作用举例:明显陵石象生

山兀,阿房出。覆压三百余里,隔离天日。……楚人一炬,可怜焦土。”诸多文献记载项羽攻入咸阳后曾火烧阿房宫,然而2002年10月至2004年12月,考古工作者对阿房宫遗址进行了全面考古勘探,仅发现残留的夯土墙和以板瓦、筒瓦残片为主的建筑文物倒塌堆积,并未发现被大火焚烧的建筑遗存。据此,阿房宫考古队得出了阿房宫并未建成的结论,也就不存在项羽火烧阿房宫之事(图2-28)。

图2-28　文物纠史作用举例:阿房宫遗址现状

图 2‑29　文物补史作用举例：河姆渡文化陶器

在补史方面,对于史前时期的历史考察,文献资料几乎为空白,因此文物可以发挥很好的补史作用。例如,河姆渡遗址的发现,在 1987 年的遗址发掘中出土了大量稻壳,在已经炭化的稻壳中可以看到稻米,分析结果确认这是七千年前的稻米。水稻的栽培使大量余粮的囤积成为可能,随之而来的是贫富差别的出现,文化发展也进入了新的阶段。同时,从出土陶器的纹饰(图 2‑29)以及动物骸骨等信息可以判断,河姆渡人已经开始饲养猪、狗等家畜。

3. 文物研究使历史学成为完整的科学

只有使文字文献的历史学和物质化的历史学结成一体,才能使历史学成为完整的科学。[1] 完整的历史学科包括文献、口述史、民族民俗史、考古学、文物学,等等。

二、科技史研究的作用

这主要是由文物的"科技价值"产生的作用。文物是科技史学习、研究的无法代替的必要教材。

1. 科技史料作用

中国古代文献中关于科学技术发展的记载不甚明晰,这和西方特别是文艺复兴以后的情况很不相同。中国古代有许多科技的发展或被视为"奇技淫巧",或被认为不登大雅之堂,在文字文献上并无记录,文物则能够起到补充作用。例如,中国自汉代以来的天文学建筑遗存,各个时代的各种质地的天文学文物,许多时代的墓葬天文图,表达了中国古代天文学的高度发达。又例如,发掘出土的商周陶范可用于研究和了解青铜器的铸造技术(图 2‑30)。

图 2‑30　文物的科技史研究作用举例：陶范

2. 科技方法借鉴作用

一般来看,当科技水平越是相对低下、原始、粗放,它和人的本性,和自然结合得越为和谐。而当科技发展越尖端,人改造自然的能力越强,人类物质生活水平大幅度提高,但是实际上却越背离了自然本原。这种矛盾将长期存在,文物的研究有助于借鉴古代的经验和技术,取得人类社会在科技层面的正面的可持续发展的历史动力。

例如,位于今四川省成都市西部的都江堰水利工程(图 2‑31),始建于秦昭王末年(约前 256—前 251),是蜀郡太守李冰父子在前人鳖灵开凿的水利基础上组织修建的大型水利工程,由建筑在岷江之上的分水鱼嘴、飞沙堰、宝瓶口等部分组成,两千多年来一直发

---

[1] 物质史料或实物史料比文物的范围更宽泛,它还包括人类活动的环境。

挥着防洪灌溉的积极作用,使成都平原成为水旱从人、沃野千里的"天府之国",是全世界迄今为止年代最久、唯一留存并仍一直使用,以无坝引水为特征的宏大水利工程,对今天的水利工程建设具有深远的启发、借鉴作用。

图 2 – 31　文物的科技史研究作用举例:战国都江堰

3. 文物有助于相关技术的恢复

当时代需要提高人们的生活水平,使社会生活更加人性化,与大自然更加和谐相处时,会需要回溯、思考、恢复某些技术,这种恢复可能是本质意义上的进步。例如,位于今山西省朔州市的应县木塔(图 2 – 32),建于辽清宁二年(宋至和三年,1056),金明昌六年(宋庆元元年,1195)增修完毕,全塔采用纯木结构,无钉无铆,具备超强的抗震能力,屹立千年不倒。其轻质韧性材料的应用,其结构设计和榫卯等零部件的合理妥当,对今天的建筑尤其是高层建筑设计仍具有一定的启发性。

图 2 – 32　文物的科技史研究作用举例:辽金应县木塔

4. 科技发展的尺度

科技史的发展,是一步一步向前行的,每行进一步,都有着与之相适应的标志尺度。在这方面以代表历代的度量衡制度发展的文物最为典型,它们反映了社会生产、生活中与计量科技有关的标准,是影响着社会政治制度、经济制度的重要组成部分(图 2-33)。

图 2-33　文物的科技史研究作用举例:
战国秦商鞅量

5. 科技发展预测作用

人类社会的生产科技发展,既是一个整体,也是一个延续不断的进程,文物是科技发展的物证,它们组织构成了科技史的、整体的发展坐标系。于是,文物群体就成了科技发展坐标系中一个个无法取代的点,点与点之间"画出来"生产科学技术史演进的曲线,人们认识、研究、把握这样的曲线走向,对未来可能达到的水平做一般的预测,这是有关人类进步的很重要的工作。

三、对艺术史以及艺术创作的功用

主要源自文物的审美价值,即"艺术价值"。文物是艺术史学习、研究的不可或缺的教材,也是许多艺术技术门类的必要教材。

1. 艺术史料作用

对人类的丰富多彩的艺术发展历史而言,面广量大的艺术史料从石器时代的石玉器、木竹漆器、骨角牙器、陶器,到各个历史时期的生产的和艺术有关的作品,包括瓷器、金属器、玻璃器、雕塑、绘画、书法、工艺美术作品,等等,一概都属于文物的范畴。这些,都是直接的艺术史料(图 2-34)。

在有关的文献中,也记载有音乐、舞蹈、绘画、杂技艺术的发展,但是这些需要文物遗存作为诠释性的间接的实物艺术史料。另一方面,一些雕塑、绘画、石窟艺术文物,又在其间反映了各个时代的艺术活动、艺术用器、艺术表演场景,例如:乐器、画具、陈设、戏剧舞台、群体舞蹈、杂记场面,等等,也成为间接的艺术史料(图 2-35)。

图 2-34　"威伦道夫的维纳斯"

图 2-35　汉画像石中舞乐

在现代,无论哪一个国家、地区、民族的艺术发展史,离开了文物,都是不可能完成的。

2. 创作借鉴作用

在艺术发展史上,任何地区、民族的艺术都必须借鉴历史传统,这种借鉴要求有具体文物的参照。艺术是有个性的,是独立的审美和创造美的活动,它提倡艺术意义上的个性表达。没有传统参照物的艺术发展是盲目的,无论是忠实继承还是时代个性化表达,在本质上都是基于、参照艺术史料的实践,都是一种借鉴。例如,中国现代陶瓷艺术,基本上都吸取了越窑、邢窑、定窑、磁州窑、耀州窑、龙泉窑、景德镇窑、宜兴紫砂等的陶瓷艺术成就。又例如,明代沈周等文人画家参考和借鉴了元代黄公望的《富春山居图》,再融合、创新自己的艺术手法和思想追求,逐渐衍生出明代水墨画吴门画派独特的艺术风格(图2-36)。

图2-36　明代沈周《庐山高图》

3. 审美、欣赏、愉悦的作用

这是指艺术表现在大众消费层次上的作用,人类除了一般生活、生产活动之外,是需要有艺术生活的。就"审美、欣赏、愉悦"这三者而言,审美作用层次更高,也更深入一些,人们或许能够从文物艺术中悟到社会生活的哲理问题、人生的本质问题、人类甚至宇宙的一些规律,能将美学和人生、世界结合起来,利用美获得一种科学的、正确的世界观。欣赏则较为简单,就是从文物之中体味、认识到一种对美的表达。愉悦则层次更低一些,指人们在面对文物时,仅仅追求生活中的愉悦感,一种文化艺术的氛围。任何人都有基本的审美需求,人类社会群体也应当对美的历史有不同层次的需求。依照美学认识的原理,无论是审美、欣赏,还是愉悦,都需要一定的距离感,所谓"距离产生美",而文物本身的时空暌违就是和观众最具有距离感的,文物是应对这种艺术审美需求最好的对象(图2-37、图2-38)。

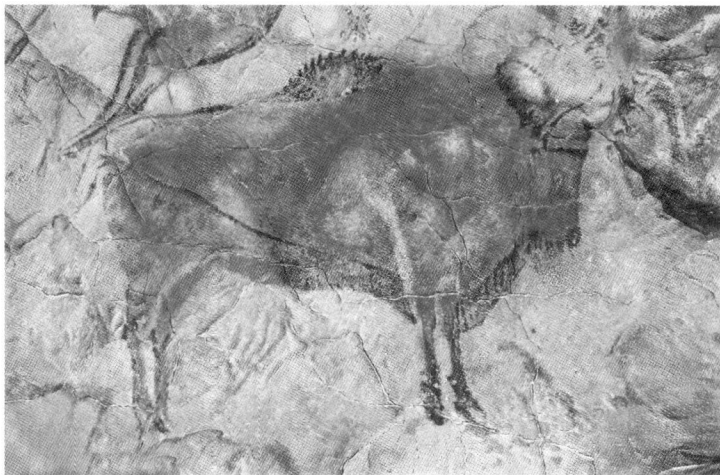

图2-37　文物艺术功用举例:阿尔塔米拉洞窟岩画

图 2‑38　文物艺术功用举例：元赵孟頫《饮饲图卷》

四、特殊商品价值所带来的作用

在我国，由于对文物的"特殊商品价值"研究不够，因此对其作用的了解与研究也比较零碎，这种状况应当改变。研究文物的特殊商品价值，有着各方面的重要意义，也是文物学研究、教育的重要方面。

1. 一般的经济作用

在一定合法的条件下，文物是可以进入社会经济生活的，例如，以文物变现、抵押，作为遗产、馈赠，或成为市场经济门类之一，等等。中国现代市场经济还处在发展的初级阶段，文物作为特殊商品在市场经济中的作用、在国民经济体系中的地位，以及文物作为遗产和将来的遗产法以及多种复杂的金融关系如何接轨还没有定论。人们应该考虑怎样对待这种情况，在相关法律配套的前提之下，怎样通过经济杠杆以成体系地、合法合理地对文物市场、个人文物遗产进行及时的调节和管理。

人们由于没有很好地认识文物的特殊商品价值，及它在国民经济中的作用，实际上不仅减少了税源，而且对文物也没有起到很好的保护作用，对合法的市场流通也没有起到培育、保护的作用。

2. 依法管理、保护文物的重要手段

目前人们对于文物被盗窃、被损坏等现象的危害性的认识，一般偏重于从历史价值、科技价值、艺术价值的角度考虑，于是，在面对大量实际工作的时候存在很大差池。有的文物历史价值很高，但特殊商品价值较低，可以举半坡博物馆藏一级文物磨光石斧，历史价值很高，但类似的在合法文物市场只值百十元，但是因为级别高而投入了很大保护力量；再举南京博物院藏 1940 年代制造贺寿的鎏金银塔，文物级别很低，保护力度很小，但是贵金属价格本身就很高；从以上两例可以看出，不研究文物的特殊商品价值，会造成保护力度上的失衡。

在依法打击文物盗窃犯罪时，认识文物的特殊商品价值也有实际的作用，例如，作案的标的物不是历史价值意义上的珍贵文物，但是经济上非常值钱，这就应当按刑法量刑，

视为盗窃国家财产的严重经济犯罪。

认识文物的特殊商品价值，应当学习国际上的先进经验，对于国家馆藏文物，也可以包括非国有博物馆收藏的文物，人们在确定每一件藏品的基本价格的基础上，积极地为文物投入社会保险，这样，可以有效地通过使用社会的力量对文物进行保护。

3. 国际、馆际或交流，或征集文物的合理比价

各个国家、各个馆藏的文物种类分布是不平衡的，出于展示教育和科学研究的需要，要有文物征集与交流交换，换言之，文物应处在一种合理的动态之中。在文物征集工作中或进行文物交流时，不可纠缠于概念，生搬硬套文物等级和其他三大价值，也要寻求相近似的经济价值与价格作为标尺，做到基本对等、合理。这在馆与馆之间交流是这样，在博物馆向社会征集文物藏品时，也是这样。要做到价格合理，避免"价低伤民"，低价购买表面上看是使出让者受到一定的损失，实际长此以往，人们就不会再把精美的文物卖给国家博物馆，最终损失的是国家。

4. 与国际接轨

国际市场经济制度建立之后，去除一定的人为因素，以金钱为基本比价衡量事物会比较准确，这是一种进步。文物在国际市场经济中是有价格的，国内在受到国家管控的国营文物商店、古旧艺术品交流市场也是有价格的，人们在国际、国内讨论与文物相关的问题的时候应考虑经济价值，例如，出展的文物保险费用，这是文物事业中的国际语言之一。

不谈文物的特殊商品价值，不谈在社会中文物事业应有的经济作用，就是缺乏以法制对文物进行保护的意识，实际上也是对各国文物遗产的不尊重。既然强调文物的重要性，就应该准确地度量它，其中重要的一点，就是包括用经济手段度量（图2-39、图2-40）。

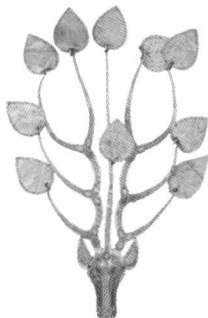

图2-39 文物特殊商品价值所形成的作用
举例：南北朝马头鹿角形金步摇

图2-40 文物特殊商品价值所形成的
作用举例：清包金手镯

五、文物综合的、根本的作用

1. 文物的教育作用

文物是全人类认识自身、认识所在国家和地区、认识世界的重要实物教材。人类获得认识无非通过三个途径，即面对人群、文献和实物世界，文物就是反映历史上的实物世界

图 2-41　文物教育作用举例：六朝五联罐

的一种重要教材。对于人类、世界、中国、时代、自身来说，人们通过欣赏文物的美、了解文物的作用，可以反过来认识自己，反思自己在当今的作用，反思自己所从事的事业、自身能力的发挥，可以和世界或历史做一个参照、比较（参见知识链接 2-3），这样有助于建立自己科学、正确的世界观、历史观、价值观。

例如，可以通过新石器时代中后期的石器、陶器、玉器和器物上的刻画符号等文物，了解人类由史前社会迈向阶级社会、国家文明的历程。又例如，可以通过对六朝早期的五联罐（图 2-41）的观察和学习，了解六朝的风土民俗、陪葬制度等信息，也可以了解中原士族南渡，中国经济中心南移的状况。

2. 文物的启示作用

（1）为人的责任。当代人们对于周围环境、自己的家庭与客观外部世界应当有一种什么样的责任感，对于所热爱的大自然、自己的国家、这个世界应当有何种责任感，文物都有启示作用。受过简单文物教育的人，都对历史、人类社会，乃至家庭都会存在爱的、善的基本的感情，因为人们通过比较文物可以体会到进步的艰难，可以知道建设世界的不易和当代人的责任（图 2-42）。

（2）社会的设计。人类的设计有几种基本形式——社会形态设计、生活形态（生活方式）设计、具体物质材料和器件的功用性设计。

图 2-42　大汶口文化陶鬶

基于此，人们从古代文物之中可以总结出一些规律来。文物教育实际上是一种责任感和设计能力的综合教育。

例如，观察全球由石器时代向青铜时代演进的文物群，观察英国由农耕、畜牧经济进入工业革命的文物群，观察中国辛亥革命之后的近现代文物群，都可以看到积极的社会形态设计的成果，和人类社会的不断进步。又例如，出土于河北省满城县窦绾墓的西汉青铜长信宫灯（图 2-43），灯体为一当时的跽坐宫女形象，神态极为恬静优雅；其结构设计十分精巧，整体由头部、躯干、右臂、灯座、灯盘和灯罩六部分组

图 2-43　文物启示作用举例：西汉长信宫灯

成;通过整体设计配合实现了两项功能:首先,通过对嵌于灯盘凹槽之中的弧形罩板的左右调节,可以完成对灯光照射方向和亮度的调节功能;其次,燃灯的油烟通过袖管虹吸进中空的躯干部位,烟垢再落沉于水中,达到了除烟功能;这些体现了当时贵族生活状态的人性化设计,同时包含着手工业制作中精巧的低碳设计理念;这些都对现代工业设计具有很好的启发作用。

3. 文物的敬畏效应

文物,可以使人们对大自然环境、国家社会的历史、自身的祖先遗产,抱有一种由衷的敬畏(图2-44)。这种敬畏,是对大自然亿万年演进规律的敬畏,是对人类作为生物中比较发达的一支,艰苦努力数百万年的步伐的敬畏,当然也包含着对我们祖先——中华民族先祖的数万年奋斗历史的敬畏。人们所看到的世界和历史是不可轻薄的,破坏社会秩序、社会公理等有悖常理的事,破坏和平、发动战争等恶行,往往都是由于轻薄历史、蔑视教训而造成的,人们要重视文物在这方面的很严肃的很好的训导作用,规范、制约人的行为的作用。

例如,意大利罗马城遗址,宫殿、凯旋门、斗兽场、大浴场、水槽、石柱,等等,无不叙述着曾经的辉煌和无尽的沧桑(图2-45)。又例如,中国的万里长城,蜿蜒巍峨,给人以雄伟、壮阔之感,象征着无法战胜的中华民族,使人怀想历史上中外之间的战争与交流,使人缅怀祖先,肃然起敬。

图2-44 文物的敬畏效应举例:东晋瓯窑青瓷点彩牛形灯

图2-45 文物的敬畏效应举例:意大利罗马城遗址

第四节　一些相关的问题

关键词：民族文物　外国文物　文物的复制、仿制品　中外文物异同

本节谈到的一些问题，都与考量文物的价值和作用有关，稍加罗列出来，以供学习研究时思考，也供做具体文物工作时参考。

一、关于民族文物

1. 强调民族识别物

在中华大地上，自古以来生活着数以十计的兄弟民族，各个民族在居住地域、发展阶段、生活传统、文化艺术、宗教信仰等方面的不同，使各民族在实际生活中产生了各具自身特点的遗物，例如，各民族的服装（图2-46、图2-47）、房屋、生活用具、宗教场所与法器，等等均属于民族文物。民族文物表达了各民族制作与使用的特点，因为各民族之间往往有不同，因此又可以视为"民族识别物"。不具有民族识别作用的物品，一般不能作为民族文物，例如，一些不具备民族特征的筷子、桌椅、电器等日常用品。

图2-46　民族文物举例：鄂伦春族镶边狍皮女袍　　图2-47　民族文物举例：清鸟羽式萨满服

2. 古代民族和现当代民族文物

由于学科的时代性要求和藏品征集工作的习惯，目前，民族文物的研究对象一般指向现（当）代民族，而非古代民族。

中国古代民族的发展比较复杂，要注意各地历史上各民族交流和融合，在古代文物中区别哪些属于民族文物，是非常困难的。在某些时代，用"匈奴文物""鲜卑文物""吐蕃文物""西夏文物""蒙古文物"，等等概念，其中既有古代民族遗物、遗迹的意义，又有每个地方政权或者社会组织遗存的意义。中华民族有多次民族融合的过程，定义古代民族文物

需要慎重讨论，要放在特定的时代去仔细考虑。

二、关于"外国文物"

目前，在我国尚没有大型的"外国文物"博物馆，这是我国博物馆事业的一个缺项，这与开放的文化大国的地位不符。文物的国际交流也是文化交流的一部分，能够充分体现国际间文化的相互依存、相互交流、相互影响的关系（参见知识链接 2-4）。

对于具体所谓的"外国文物"，值得讨论的地方很多。有外国生产、外国使用的文物而之后见于中国的，例如，国家图书馆收藏的马克思手稿。也有外国生产、作为礼品或者贡品而中国使用的文物，如陕西历史博物馆收藏的玛瑙来通杯。也有外国生产、为了继续推广使用"洋货"的物品，例如，19 世纪末到 20 世纪初传入中国的美孚灯（图 2-48）。还有中国生产、输向外国使用的文物，例如，外销瓷、外销商品画，从文化内容又分为中国式和外国式的。另有原中国生产的手工艺品、艺术品，输往了外国，后来又由国外输返中国的文物。

图 2-48 "外国文物"举例：美孚灯

"外国文物"的准确定义仍然有充分讨论的必要。

三、文物的复制、仿制品问题

本教程认为的文物鉴定，没有绝对意义上的真假概念，是有相对指向、针对意义上的真假问题。例如，北宋仿制西周青铜鼎，广义上是真文物，是北宋时代的文物，但是它的标准指向西周时期，即成为宋代仿制品、赝品。又例如，清代仿宋官窑瓷器，广义上是真文物，是清代文物，但它也是针对宋代瓷器的仿制品。

文物的"复制品"是按照文物的基本形制原样复制而成的，包括材料、大小、重量、纹饰、铭文、式样，等等，可以乱真，甚至迷惑专家。文物的"仿制品"则是对原有文物基本风貌的一种模仿，允许有一定的差别，在专家眼里很容易将其和仿制对象区别开来。在有针对性地进行真伪讨论时，它们一般都可以被称为"赝品"。

文物的复制、仿制是人类的特有行为。除人类以外，其他的动物尽管有行为、色泽、鸣叫、形态的"作假"或者"伪装"，但是不会利用另外的物质去"造假"。文物的复制和仿制，有的是为了艺术鉴赏和再鉴赏，有的是为了作为历史学和艺术史学的教具，这些本身是具有正面作用的；而有的在旅游场合、在古代艺术品交流场合，为了经济牟利，这就是起到负面的作用了。必须指出，这些文物的复制品、仿制品在经历一段时间之后，只要满足了"三个下限"，当然也就成了文物，也是人类社会、历史当中事关文化、经济活动的一种见证。

四、中国和其他地区、国别文物的异同

中国是一个在亚洲东部、地理环境相对封闭的古老国家,长期以来,这块土地在稳定的农业社会基础上,又逐渐建立了最为完备的中央集权政治体制,中华文化又往往被视为东方文化的典型性的代表。东方这种生活环境、生活方式以及统治方式,和世界其他地区有许多不同,产生的历史文物往往也不一样。本教程这里所说的文物"异同",是指东西方两大文化体系的中心区的文物比较,不是指边缘区互相有影响的文物。

1. 中国和其他地区、国别文物的相同点

各国、各地的文物在物质材料的选材方面,都比较广泛。文物在覆盖社会内容方面,涵盖了社会生产生活各个方面。文物都具有历史价值、科技价值、艺术(审美)价值和特殊的商品价值;文物在发挥作用方面,都是各个地区、国家、民族的历史文化证物。

2. 中国和其他地区、国别文物的不同点

世界许多国家和地区在文明进程和文物发展史上会有所缺断,而东西方两大文明的发展并未中断。一是以埃及两河到希腊罗马的,再到以基督教文明为主体的,再由文艺复兴、启蒙运动、工业革命而过渡到近代的西方古代文明,发展脉络是清晰的。二是以中华文明为代表的东方文明,由远古、上古、中古、近古而发展到近代,发展脉络清晰,没有中断;这样,也使得相关的文物体系发展没有中断。

中国古代传统上"以农立国",这在文物上的反映明显。在中国北方的旱作农作物体系和南方水作农作物体系都非常完整,各种生产工具、加工工具、生活用具、储藏遗存相对齐全,脉络清晰,体系完整。全世界的各种主要农作物,最迟到明代也传入中国,它们具体的与培育、种植、收藏、加工有关的文物体系也是完整的。

世界上有的地区农业文物不够完整,但有比较完整的成体系的航海、游牧类文物,这是中国缺少的。目前在中国发现的游牧类文物不少,但不够完整,这是因为地域、时间系统发展不够完整或相关民族系统不够完整。

中国有比较充分反映东方专制制度的历史文物,具有系统性、典型性。中国反映各阶级、阶层的文物有所缺失,反映奴隶社会、封建社会的文物不够典型,体现早期资本主义发生、发展的文物不够充分。

中国的文物两极分化表现特别严重,豪华的皇室贵族的文物和最普通人民的生活遗留物很多,而能够确认的自由民、地主、官僚等相对居中的阶层的遗物比较少。这也证明了中国古代社会,长期没有很完整的中间阶层,甚至没有很稳定的官僚阶层。

在中国由于地理、气候、资源等影响,如热带文物、寒带文物、多雨地带的文物等品种有所缺失。

宗法、宗教等因素造成中外文物在特点上具有很大不同。国内外民族习俗原因也造成了多种文物特点的不同。

3. 文物与文化交流、民族融合

地域移动、宗教传播等因素,都会造成各国、各地区、各民族文物的交流与融合,形成比较复杂的情况。

世界上各大宗教,在中国本土都有发展的空间,其中有的因素在文物上的反映不是本土的(图2-49),而有的因素又在中华大地上融汇发展,例如,印度半岛传来的佛教逐渐成为中华本土宗教之一,产生了有中国特色的佛教文物。文物的交流和融合,也会产生审美影响和使用影响。

图2-49 西安何家村出土唐镶金兽首玛瑙来通杯

知识链接

知识链接2-1

"陶器的发明,是人类社会发展史上划时代的标志。这是人类最早通过化学变化将一种物质改变成另一种物质的创造性活动。也就是把制陶的粘土,经水湿润后,塑造成一定的形状,干燥后,用火加热到一定的温度,使之烧结成为坚固的陶器。这种把柔软的粘土,变成坚固的陶器,是一种质的变化。是人力改变天然物的开端,是人类发明史上的重要成果之一。……陶器的发明,标志着新石器时代或野蛮时代的开始,它成为人类日常生活中不可缺少的用具,并继续扩大到工具的领域。陶器的出现,促进了人类定居生活的更加稳定,并加速了生产力的发展。直到今天,陶器始终同人类的生活和生产息息相关,它的产生和发展,在人类历史上起了相当重要的作用。……陶器的产生是和农业经济的发展联系在一起的,一般是先有了农业,然后才出现陶器。"[1]

知识链接2-2

贡布里希关于艺术与实用的关系论述如下:

"如果人们所说的艺术是指建庙筑屋、绘画雕塑或编织图案这类工作,全世界就没有一个民族没有艺术。……我们上溯历史走得越远,艺术必须为之服务的目的就越明确,也越奇特。我们离开城镇到乡村去,最好离开我们文明化的国家到生活方式跟人们远祖相近的民族中去。就能看到那里的艺术目的跟过去一样明确,一样奇特。……绘画和雕塑是用来行施巫术的。……这一切也许看起来跟艺术没有什么关系,事实上这些情况对于艺术却有多方面的影响。艺术家的许多作品就是打算在这些古怪仪式中使用的,重要的也就不是雕塑或绘画在我们看来美不美,而是它能不能'发挥作用';也就是说,它能不能

---

〔1〕 中国硅酸盐学会:《中国陶瓷史》,文物出版社1980年版,第一章"新石器时代的陶器",第1页。

实施所需要的巫术。"〔1〕

知识链接 2-3

"文物作为教材,有自己独到的特点。它的教育作用是其他手段所不能代替的。首先,文物是人类社会生产和生活的物质文化遗存。它既是物质文化,又是精神文化,如书画、善本古籍,是以物质品形式表现的精神产品。它作为历史的见证,真实性强,具有很强的说服力。其次,文物是直观的、形象的物质文化遗存,具有强大的感染力。这种直观的感染力和说服力,是别的任何教育手段不能代替的。

在进行爱国主义教育中,一般都讲中国是世界上的文明古国之一,有悠久的历史和灿烂的文化。如何使群众更好地理解和接受这些道理,文物会发挥它独特的作用。所谓悠久历史和灿烂文化,不是空的,有遍布全国各地的古建筑、石窟寺、古石刻、古遗址和古墓葬以及发掘出土的数以万计的各类文物,作为例证。它们是悠久历史和灿烂文化的体现和见证。人们通过参观这些丰富多彩的文物,会从直观的、形象的感受中,了解中国古老的文明,学习中国悠久的历史和灿烂的文化,领悟中华民族的伟大,一种骄傲和自豪感会油然而生。文物在爱国主义教育中这种巨大的感染力是其特有的价值和作用。"〔2〕

知识链接 2-4

"我一向主张文化产生多元论。说文化只是一个地区或一个民族的产品,即使不是法西斯极端民族主义的思想,至少也含有民族歧视的因素,是与历史事实相违的。当人类初成人类时,当由狩猎者变为采集者时,为了生存,人类就会开始交流经验。哪一种动物能吃,好吃,哪一种植物能吃,好吃,这样的经验都需要交流。范围一扩大,组成了部落,部落与部落间的交流,就成了逐渐扩大的文化交流的滥觞。这种交流,对人类的生存与繁殖,对人类社会的进步所起的作用是决不可缺少的。……随着人类历史的发展,交流的范围日益扩大。物质方面固然可以交流,精神方面何独不然?宗教信仰可以交流,已为人类历史所证明。天文、历算、科学、技术等等的交流也屡见不鲜。至于哲学、文学,特别是民间故事的交流,更是司空见惯。……有一条阳关大道,这就是撰写文化交流史。从中国来说,就是撰写中外文化交流史。写文化交流史,能够以具体生动的事例,来说明人类的互相依存,说明人类的相辅相成,说明人类文化中你中有我、我中有你的情况。不必空讲大而空的道理,而读者自然就能油然产生友谊与感情,团结与安定从而出现,难道这还不算是一条阳关大道吗?"〔3〕

---

〔1〕 [英]贡布里希著,范景中译:《艺术的故事》,生活·读书·新知三联书店出版社 1999 年版,第 39—43 页。

〔2〕 李晓东著:《文物学》,学苑出版社 2005 年版,第 126—127 页。

〔3〕 季羡林:《中国文化研究》,载楼宇烈等主编:《中外文化交流史》丛书序,湖南教育出版社 1997 年版,第 1—3 页。

参考文献

1. 李晓东:《文物学》,学苑出版社 2005 年版。

2. 吴诗池:《文物学概论》,上海文艺出版社 2005 年版。

3. [英]贡布里希著,范景中译:《艺术的故事》,生活·读书·新知三联书店出版社 1999 年版。

本章自测

1. 文物有哪些属性?

2. 文物有哪些价值?

3. 文物有哪些作用?

4. 正视文物的特殊商品价值,建立缜密的文物相关制度,制定完善的文物相关法律,迫在眉睫。对于这些你有何看法?

第三章 文物研究简史

本章所述文物研究简史是随着收藏活动的出现和逐渐扩大,(关于收藏和藏品的一些概念,请参见本教程第五章第一节)文物不断被发现、确认的历史,更是文物认识与研究不断发展的历史。从旧石器时代后期有意识的收藏发端,到夏、商、周三代出现的国家收藏,到秦汉、魏晋南北朝、隋唐不断壮大的皇室珍藏和私人收藏逐渐兴盛,到了宋代,终于形成一套具有完整研究理论和方法的中国文物研究学科——金石学。相对于前朝零星的文物研究,宋代及之后的金石学家的一系列著录、著作,将文物研究推向了系统化、规范化的道路。传统金石学在清代康、雍、乾时期达到又一高峰,而后受到西方以考古学为代表的新学科理论与研究方法的冲击,随着金石学的没落,文物学研究开始了向新型学科转变。

在本章最后以一小节,极为简略地介绍国外文物学的状况。

第一节 前金石学时期

关键词:石器时代的收藏 窖藏 玉府 天府 汉"三阁"

前金石学时期是指从中国大地上有近似文物收藏的现象开始,直到作为一门学科的金石学正式出现之前的有关文物收藏和研究的历史。这一段时间很长,就与文物相关的情形看,可再分为石器时代、先秦、秦汉、魏晋南北朝、隋唐等各有特点的五个阶段。

一、文物收藏在中国的起源

在现代中国的古老疆域之中,收藏的历史最早可以追溯到旧石器时代后期。从历史的角度看,人们生活必需品之外的,被赋予某种包含审美性、怀旧追溯性并满足好奇心的收藏,本质上都是文物性收藏,早在距今约3.4万年至1.6万年的山顶洞人文化遗址中,就有用朱砂染色的贝壳项链随葬的情况出现,项链并非生活必需品,因而这种出于好奇心和审美感的行为,应属收藏的范畴(图3-1)。在当时,这种行为是否有出于对历史感的追求的因素尚不可知,但或可视为中国文物或珍稀物品收藏的起点。

在新石器时代发生了人类历史上迄今为止最为深刻的革命,人类定居、农业产业发展和制陶业的诞生使得社会生产力不断发展,于是人们开始有闲暇的时间、精力来关注更多

图 3-1　山顶洞文化穿孔贝壳

的收藏品,收藏活动逐渐普遍。此时的艺术与收藏活动往往是由人体本身向外扩展的,如纹身、衣服等,还有对于本体美化的物化表达,如石刻、陶塑等。

以下分类介绍新石器时期比较普遍的几种收藏。

1. 陶塑、石雕、彩陶的收藏

中国新石器时代的陶塑、石雕、彩陶的制作与有意识的收藏,可能出于某种宗教崇拜。新石器时代早期,在北京东胡林遗址、河北徐水南庄头遗址及一些南方洞穴遗址中,均发现有陶塑。到了新石器时代中晚期,在黄河、辽河、淮河、长江、珠江,等等大江大河流域,出现了普遍的陶质、石质艺术品的创作和收藏,并且形成了各自地区性的特点(图 3-2)。当时从西到东,形成了甘青地区马家窑文化、黄河中游仰韶文化、黄河下游大汶口文化,以及江淮地区数个彩陶艺术中心,其中大量的彩陶作品是当时的收藏品。

图 3-2　仰韶文化鹰形陶鼎

2. 玉器的制造与收藏

中国的新石器时代的艺术成就,以“太行山—南岭”一线为界,东边是成熟的制玉艺术,而西边玉文化的发展并不突出,即使在新石器时代最发达的仰韶文化中,艺术品也主要集中在陶塑和彩陶上,中国早期玉文化在沿海呈“C”形分布,如石峡文化、崧泽—良渚文化、大汶口文化、龙山文化、红山文化等,均有比较多的玉器出土,这些早期玉雕工艺品的宗法特色相较于陶塑、石雕更加明显(参见知识链接 3-1),在西部齐家文化也有相当数量的玉器出土。环太湖地区的崧泽—良渚文化玉器,以琮、璧以及复杂的配饰组合为代表(图 3-3);内蒙古东部、辽河流域的红山文化,以玉龙、玉猪、玉鸟、玉人造型为多(图 3-4)。这些出土玉器中,有的具有强烈的原始宗教和氏族宗法性质,有的可能象征着当时的酋长权力,还有的属于装饰品。但共同的是它们大都在等级较高的墓葬或窖藏中出现,这意味着它们是作为一种收藏品,随葬也可以看作逝者所占有的另一类收藏。

图 3-3　良渚文化玉琮

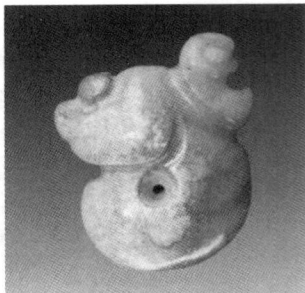

图 3-4　红山文化猪首佩

3. 早期窖穴收藏

窖穴是考古学中经常遇到和处理的重要古代人类遗存,考古学发掘中遇到的窖穴时代特点是十分清楚的,它们的性质也比较清楚。早期的窖穴的用途大致有三种:一是收藏生活必需品,其中最典型的就是粮食;二是收藏和直接物质生活没有什么关系的物品,包括一些宗法活动后放进去的器物,如前面所提到的玉器等;三是作为垃圾堆、垃圾坑;新石器时代的窖穴是中国早期文物的富集点。例如,甘青地区新石器时代后期齐家文化窖穴之中,即出土了海贝壳、玉器、陶器,等等。

4. 墓葬的随葬

墓葬是考古学非常重视的古代人类遗存,从旧石器时代后期,人们就有将"宝物"为先人随葬的习俗,这是一种尊敬祖先的特殊收藏方式。例如,上海崧泽文化墓葬里出现了山东大汶口文化的彩陶杯、壶。例如,在仰韶文化晚期墓葬里则出土了崧泽文化的石器、玉器等,显然是当时即被有意识地当作类似文物的东西,由异地获得来收藏的。又例如,甘青地区马家窑文化墓葬之中,常见有大量彩陶随葬,这是对当时艺术品的收藏与肯定(图 3-5)。

图 3-5　马家窑文化出土随葬场景

本时段小结:在本教程的叙述中,石器时代跨越了旧石器时代和新石器时代,石器时代是所谓的"史前时代",即没有文字记载的时代。据目前所获得的考古学资料,现今的中国大地上的收藏历史,开始于旧石器时代晚期,初步发展于新石器时代。在中国新石器时代中晚期,已经出现了早期青铜器、早期文字、大型城市与政治中心,早期阶级国家也已经出现。这一时段有没有专门的社会收藏部门,尚未可知,但是有东方特色的收藏活动已经出现,并且逐渐具有了一定的规模,成为东方文物收藏与研究的起点。

二、先秦时期收藏与研究

1. "夏"

在中国历史上的"夏王朝"是否存在,一直是一个存在争议的问题。从理论上来说,确认夏代或夏王朝必须满足三个条件：第一，作为一个王朝，在时代上要早于商王朝；第二，在地域上要和传统文献所指出的豫西、晋南地区相吻合，并已进入国家形态；第三，还必须借助于考古学出土的第一手含文字的文物资料，揭示这个王朝的基本官僚体制和统治管理方式。就目前所能掌握的文献与考古资料而言，"夏文化"作为考古学文化，即一支晚于龙山文化而早于商文化，已进入早期国家形态，存在于豫西、晋南地区，与古籍文献所载时空较为一致的上古时代的考古与文化基本成立；但是，对于"夏王朝"本身仍在更深入的探索之中。直至目前，历史学上的"夏王朝"和考古学上的"夏文化"概念，还是有着一定差异的。

在豫西、晋南，"二里头文化"或更早一些的"陶寺文化"遗址，即大致相当于夏文化时期、甚至比夏文化还要更早一点的遗址里出现了一些与礼制相关的藏品，如陶质龙盘、鳄鱼皮做的鼓、青铜铃、镶嵌松石铜牌、青铜爵，等等（图3-6至图3-8），这些使用和保藏是与早期的收藏活动有一定关系的。夏文化的收藏活动实际上是继承了新石器时代晚期的收藏活动，更注意其宗法价值和艺术价值，并且上升到了早期国家组织收藏的层面。后世的一些神话传说和部分史书中提到禹铸"九鼎"的故事，多少反映了当时对王权正统的重视（图3-9）（参见知识链接3-2）。

图3-6　陶寺文化龙盘　　　　图3-7　陶寺文化铜铃　　　　图3-8　陶寺文化土鼓

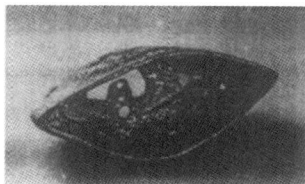

图3-9　汉画像石《泗水捞鼎图》

与"二里头文化"时间和地域都比较接近，在陕西神木石峁遗址，出土了令世人震惊的大型宫殿基址，还出土了精美的石刻建筑构件，出土了较大数量的玉制品。这是一个比较发达的、进入了阶级国家阶段的方国政治中心所在。其间有一些石质构件、玉器，是属于统治者所宝藏的（图3-10）。

图 3‑10　石峁遗址出土石雕构件

2. 商

在历史记载上,商代是继"夏王朝"而起的伟大王朝。古老的商民族达到了一定高度的社会组织和生产管理水平,商人喜欢征伐、狩猎、交换,等等,非常活跃,具有很多古代东部文化的特征。

在商代,已经出现了王家即国家收藏,国王和大贵族的收藏特点很明显,并且收藏的范围很广,包括大型青铜器、石器、玉器、象牙器、漆木器、高级陶器、作为酒器的早期青瓷器,等等(图 3‑11)。商代有了为王家收藏的官吏,可能在"小臣"、巫者、卜者之列。商代在文化官吏上往往巫、吏不分,巫为了绝地通天,就常借助一些宗法之物。

图 3‑11　商代妇好墓出土玉器

图 3‑12　殷墟出土成坑的甲骨文

主要是在河南郑州、安阳等商代故都,以及附近的河北、山东和山西等地,发现非常多的商代窖藏,部分地区密集程度非常高。这些窖藏性质复杂,有些是用于祭祀活动的青铜祭器的收藏,有些可以认定是当时的档案库,其中发现了整坑的甲骨文整齐地堆积,应为有意识的收藏(图 3‑12)。

商代达到了中国历史上青铜器发展的第一个高峰期,出土地点已经到达黄河、长江流域的广大地区。商代青铜器品种多样,酒器、祭器、武器、工具一应俱全,有的体型巨大(图3-13),制作精美,青铜器的花纹繁密、图案神秘,商代青铜器许多铸有铭文、族徽,从铭文上就说明是贵族、官吏家庭的收藏物(图3-14)。商人有厚葬的习俗,商王、商王配偶和其他大贵族的墓葬,往往随葬有青铜器、玉器、骨角牙器、陶瓷器、漆木器,等等,极为精美,数量惊人,也是当时文物收藏的重要形式。这方面经考古发掘出土的最重要例证有安阳商王一号陵墓、安阳殷墟妇好墓,还包括一些中小型墓葬。

图3-13　司母戊大方鼎　　　　图3-14　青铜器上的族徽

3. 西周

西周是继商代而起的伟大王朝。原来古老的周民族和夏民族社会状况比较相似,都是以农业为基础,社会状态较为稳定,在商代疆域的西部逐渐发展壮大;到了西周文王时,已经能够对强大的商王朝构成威胁;到了西周武王时,终于团结多方诸侯,一举灭商。西周时代第一次建立了大一统的王朝,西周大一统是建立在血缘政治基础之上的、以宗法制维系的。

西周的天子收藏和大小贵族收藏已经非常普遍,当时已经有了对国家和天子负责的官署、官吏。成书于战国或更晚的《周礼》追述记载:"天府掌祖庙之守藏与其禁令,凡国之玉镇、大宝器藏焉。""玉府掌王之金玉、玩好、兵器,凡良货贿之藏。""天府"和"玉府"即收藏场所,其掌管官员称为"簿录",负责登记造册,这是文献中有关文物收藏职署官吏的最早明确记载。

西周青铜器的发展仍然处于巅峰阶段,精致程度可以和商代相媲美,数量则远远大于商代,出土地点要广于商代,已经在商代基础上扩展到了辽河流域、北方草原地区、长江以南地区、四川地区;西周青铜器宗法礼制性色彩极为强烈,出现了服从于宗法制度的成套的青铜礼器。西周青铜器上明确出现"子子孙孙永宝(用)"字样(图3-15),该类青铜器尚未发现明确属于天子收藏的例子,主要属于诸侯贵族的收藏。西周大中型墓葬中,常见青铜器随葬。在西周中晚期,在陕西宝鸡、长安等地,出现了许多青铜器窖藏,有的收藏有大量重要青铜器(图3-16),它们的出现往往是由于国家动乱、贵族逃亡掩埋,也有的是有意识地留传于后世。

图 3‑15   "子子孙孙永宝用"铭文

图 3‑16   陕西眉县杨家村西周青铜器窖藏

这一时期,在陕西、山西、河南、山东等地,也有一些依附随葬与窖藏的数量较大的玉器收藏。西周玉器比商代的体型更小,常常成套出现,生活气息更浓,风格非常写实,有鸟、鱼、蚕等造型(图 3‑17、图 3‑18)。在黄河流域、长江南北,还出现了早期青瓷器的窖藏(图 3‑19)。

西周时期的收藏礼制特征非常明显,出现了阶级阶层区别,常常为成套化的表现。

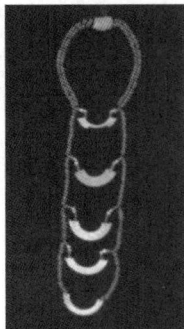

图 3‑17   三门峡西周梁姬墓出土玉器

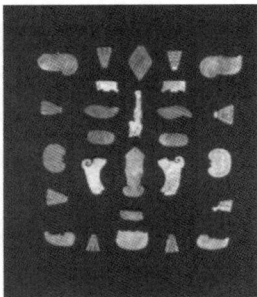

图 3‑18   西周玉幎目

图 3‑19   西周青瓷器

4. 东周

西周后期,政治腐败,诸侯分离,犬戎入侵关中,平王东迁,历史进入了东周时期。东周时期大致分为前后两段,前段为春秋时期(前 770——约前 476),后段为战国时期(前 476——前 221)。在这一段时期,西周宗法制度日渐崩溃,诸侯独立,新的生产力在成长,新的生产关系在不断调整,思想文化非常活跃,旧有的大一统的宗周风格的物质产品被各地区强烈的地域化的风格所取代,诸侯国君、大小贵族、士人百姓的墓葬中,各都邑城镇的窖藏中,都出土了地域特色鲜明、具有收藏性质的物品(图 3 - 20)。

图 3 - 20　1. 秦金器,2. 吴越瓷器,3. 楚漆器,4. 三晋青铜器

这一时期有关文物收藏的文献记载很多。除了周天子有宗庙收藏,诸侯也有他们自己的收藏,如《春秋·恒公二年》载:"夏四月,取部大鼎于宋。戊申,纳于大庙。"可见,大庙(太庙)是诸侯收藏文物的场所之一。此外,当时的一些名人,如教育家、社会活动家孔子的家庙里也有收藏。孔子还是第一个见诸文字记载的文物鉴定家,进入各国的太庙"每事问",表达了虚心向历史、向文物求教学习的态度,在《国语》中即叙述了他在中原的陈国考证"肃慎氏之贡矢"的故事(参见知识链接 3 - 3)。

由于青铜器在实用之外具有更加浓厚的政治意味。各国对于青铜器都十分重视,楚庄王"问鼎中原"就流露出取周而代之的意思。强国为了据有更多的铜器,会向其他相对弱小的国家索要,甚至发动战争,《韩非子·说林下》中记载:"齐伐鲁,索谗鼎,鲁以其雁往。齐人曰:'雁也。'鲁人曰:'真也'"[1]鲁国为了避免铜器被掠走,制作赝品送往齐国,这是古代中国最早关于文物复制、仿制品的记载。

本时段小结:先秦时代包括"夏"、商、西周、东周(春秋、战国),这一时代的文物收藏现象非常显著,从窖藏和墓葬可以得到证明。若将三代的收藏特点做总结,大致有以下几个方面:宝物、文物的收藏活动,是以王朝最高统治者为中心,从商代开始,贵族、诸侯也有了收藏活动,文物的收藏和政治礼制有了关系。商代可能已有关于收藏的官署和专门管理人员,到了周代已经有了明确的文献记载。当时相当于文物范围的收藏主要包括青铜器、玉器、王室档案(甲骨文和青铜铭文)等,也包括精美的雕塑、陶瓷器、金银器。"文物"一词的汉字辞源也在东周时出现,[2]中国古代文物的复制、仿制行为也开始见诸文献记载。本阶段不仅是文物收藏事业的发展时期,也是文物学研究初见端倪,中国文物学的前身金石学萌芽的时期。

---

〔1〕　[战国]韩非著,张觉点校:《韩非子》,岳麓书社 2015 年版,第 72 页。

〔2〕　《左传·桓公二年》载:"夫德,俭而有度,登降有数,文物以纪之,声明以发之,以临照百官。"见杨伯峻编著:《春秋左传注》,中华书局 2016 年版,第 89 页。其中"文物"一词指礼乐典章制度,在第一章中已有介绍。

三、秦汉收藏与研究

1. 秦

经历了东周时代越来越深刻的分裂、动荡、战争,源于基本生产形态的相似性和政治管理的一致性,中国古代社会又一次提出了大一统的客观要求,秦始皇帝在公元前221年又一次统一了中国,建立了影响深远的秦帝国。这次统一是以地缘政治为基础的高度中央集权,在中央建立绝对的皇权和三公九卿制,在地方实行郡县制,大力推行了车同轨、统一货币与度量衡、书同文字等一系列有利于大一统的措施。

秦的文物收藏在其统一之前即有记载,考古出土的有关窖藏、墓葬为数不少。秦兼并六国,建立秦帝国之后,在咸阳原上恢复六国宫殿的行为不仅仅是一次古建、文物的迁建、仿制,也一定包含了前代和六国的收藏。秦朝建立后,中央部门一级都设有府、库,有收藏财货、宝物、武器等区别,因此收藏的规模不会小。在秦的壮丽宫室中,钟鼓、宝物、美人充斥。在秦泥封的遗物中曾出现"采珠""采青丞印"之名(图3-21),推测可能与具体掌管收藏的官员有关。

图 3-21　秦泥封

需要指出的是,秦朝在"焚书坑儒"时,销毁了一些文物文献,开了很坏的先例。但是其破坏的范围不会很大,反而是项羽军队进入咸阳后的纵火破坏更大,宏伟的秦都城近百年没有恢复旧观。

2. 两汉、三国

秦末社会大动荡,起义暴动风起云涌,生产蒙受了大规模破坏,汉初的经济处于慢慢恢复的阶段,西汉初期不应当有很大规模的收藏活动,在文、景之后才会有所发展(参见知识链接3-4)。到了西汉中晚期,汉代自身的文化面貌凸显,"丝绸之路"畅通,成为中国古代物质文化发展的高峰。王莽时期由外戚专权,建立了"新朝",推行了短时期的"托古改制",在物质文化面目上企图恢复理想的周制,留下了醒目的痕迹。东汉时期豪强崛起,中央集权疲弱,最终酿成天下大乱;东汉后期,形成魏、蜀、吴三个割据政权,生产、文化都受到很大破坏,物质文化遗存的地域性再次显现。

西汉时代有专门进行收藏的"三阁",即天禄、石渠、兰台,它们在中国文化、文物史上有突出地位。除此之外的太仓、武库也是收藏文物财宝的地方。西汉武帝时,出现了中国古代历史上第一个有明确记载的青铜文物鉴定家李少君,《史记·孝武本纪》载:"少君见上,上有故铜器,问少君。少君曰:'此器齐桓公十年陈于柏寝。'已而案其刻,果齐桓公器。一宫尽骇,以少君为神,数百岁人也。"[1]西汉宣帝时,也有京兆尹张敞正确鉴定西周青铜器"美阳鼎"的记录(参见知识链接3-5)。除了西汉帝陵的巨大收藏之外,西汉诸侯王陵

---

[1] [汉]司马迁撰:《史记》,中华书局1982年版,第319页。

之中,也普遍收藏有前代的或者域外的重要文物,目前已经考古发现证实(图3-22)。

图3-22　广州越秀区西汉南越王陵出土文物

　　王莽"新朝"托古改制时,以大量先秦文物作为借鉴。如度量衡使用周尺,制作嘉量(图3-23);按自己的想法做出与楚国钱币类似的布币、刀币等。王莽时期使用的篆字,风格在秦篆和齐鲁篆之间。

　　两汉时期对于皇家的藏品·常组织文人进行释读,政府也鼓励进行出土文献的研究整理。西汉早期被分封在山东

图3-23　王莽嘉量

的鲁恭王,在拆孔子东周时期老宅时,于夹壁墙中发现用蝌蚪文(毛笔)写的古文典籍,引起了官府和民间的高度重视;这些资料在学者校勘、编次的基础上,经皇帝钦定颁行天下;这是中国古典文献、古文物的一次重要出土。此外,还有西汉司马迁作《太史公书(史记)》、东汉班固作《汉书》(尤其天文志、律历志),均有考察或使用大量古迹、古物资料。东汉许慎编撰了中国最早的汉字字典《说文解字》,他对西周和商代文字采用得很少,书中通过比对分析不同质地的文物上的古文字,收录战国到秦的文字很多,给后人留下了丰厚的文字学、文物学遗产。东汉熹平至光和年间(172—183),汉灵帝下令校正儒家经书,并将其刊刻在石碑上,树立于太学,史称"熹平石经";熹平石经是中国历史上最早的官定儒家经本,后在战乱中流散损坏,宋代以后偶有残碑出土,至今发现和收集了8800余字,其中部分收藏于西安碑林博物馆、河南博物院以及洛阳博物馆(图3-24)。

图3-24　熹平石经残片

　　到了东汉末年,董卓专权,献帝西迁长安后,西京大

乱,大量青铜器、玉石器、竹书、帛书毁于战争。三国时期文物事业呈现混乱状态,历史上的重要文物"秦传国玺"在战乱中丢失;盗墓活动在中国的出现最迟不晚于新石器时代,但曹魏军中还设有"发丘中郎将""摸金校尉",公开盗掘古墓,以求宝货;南方地区青瓷制造业得到了大发展,中国历史上最重要的青瓷窑口——越窑浮出水面。

本时段小结:秦汉时代完成了大统一,除了自身物质文化的生产非常发达,对于古代的文物、出土文献也给予了很高的重视。从新莽、东汉到三国时期,文物收藏与管理陷入了混乱。

四、两晋南北朝的收藏与研究

三国归晋,在短暂的统一之后,由中原大乱,进而导致天下分裂,先是十六国与东晋对峙,后来形成了南北朝对峙。

西晋时代的武库与秘府,是中央的收藏机构。南朝梁设有天府,梁元帝"雅有才艺,自善丹青,古之珍奇,充牣内府",天府内收藏的书画据说达十万余件。梁元帝败于西魏后,"将降,乃聚名画法书及典籍二十四万卷,遣后阁舍人高善宝焚之。帝欲投火俱焚,宫嫔牵衣得免"。[1]

继承了曹魏时期官方组织的盗墓,魏晋南北朝时期盗墓现象很多,南齐高帝第十子也曾盗掘青铜器。西晋武帝咸宁五年(279),盗墓贼不准在河南汲郡盗墓(据考为战国时魏国的一个国君墓),发现大量带文字竹简;简长二尺,每简四十字,分为两行,据载为黑漆书写;晋武帝将其收藏于秘府,派专人整理,耗费将近二十年,整理出古书十六种七十五篇,包括《易经》《国语》《周书》《穆天子传》等,其中最主要的一本著作是《纪年》,又叫《汲冢纪年》《竹书纪年》,记载了从夏商周开始一直到魏安釐王二十九年或魏襄王二十九年的史事,《竹书纪年》因为所记录的先秦历史同《史记》等口径不尽相同,引起了历代研究者的关注;《竹书纪年》今已散佚。清人根据各种记载辑出古本《竹书纪年》,而后来的所谓今本《竹书年纪》为伪书;这是我国古典文献的一次重要发现、收获和整理。

这一时期,中国的文化、科技获得了发展,在文学创作、科技发展中有大量对文物资料的运用,如北魏郦道元《水经注》中记述了大量的古城、墓葬、寺庙、碑碣等古迹。这一时期反映了东西方文化艺术的交流,在中国北方,出现了以敦煌莫高窟、大同云冈、天水麦积山、洛阳龙门为代表的佛教石窟艺术宝藏(图3-25);在江苏丹阳、南京、句容等地出现了极为精美的帝王、大贵族陵墓石刻(图3-26)。北方墨拓技术的发明,使得石刻文字能够以拓片的形式流传得更快、更广。然而,由于社会动荡,大量文物在战争中被损毁,这种情况一直延续到隋。北周武帝时,发动了比较彻底的毁佛运动,破坏了大量佛教文物。

---

〔1〕　〔唐〕张彦远著,俞剑华注释:《历代名画记》卷一"叙画之兴废",上海人民美术出版社1964年版,第8—9页。

图 3-25 大同云冈石窟

图 3-26 江苏丹阳六朝陵墓石刻

本时段小结：这一阶段继承两汉三国的文物收藏与研究，文物分布表达了明显的南北方差异。佛教艺术发达，南方制瓷业发达，中国书画艺术走上了纯粹艺术品之路。

五、隋唐的收藏与研究

隋朝灭南方的陈朝，综合北方、南方文化，又一次完成了统一，隋朝政治、经济、外交政策的失败，使它成为一个短命王朝。唐在隋代政治、经济基础上，获得明显进步，同时文化艺术事业也有较大的发展，将中国古代社会的发展，推向了又一个高峰。

隋代建立了明确的文物收藏机构，即在东都洛阳观文殿后，东设妙楷台，藏古代文物、书法，西设宝迹台，藏古器、古画。隋朝在平南方陈朝时，认为陈朝的金属、玉石等文物不吉利，将之统统销毁，造成一次大损毁。

唐代初叶武德五年(622)，唐把隋收藏的竹书、文物用大船运到长安，在过三门峡砥柱时不慎翻船，运回的文物十不及一二，这又是中国古代文物的一次大劫难。[1]

李唐皇室出于对王羲之父子书法的仰慕，在民间大量收集王氏书法，至今仍有如"萧翼赚兰亭"的故事流传；唐太宗寻得《兰亭序》后令重臣临写(图 3-27)，又用《兰亭序》和王羲之的其他一批书法为其随葬，既反映了他的宝爱的心理，又见其自私残忍的破坏文物的行为。

唐代还出现了中国比较早的书画艺术专著，张彦远所著《历代名画记》，此前也有类似的集成，但仅此本流传至今；该书共十卷，前三卷为论述部分，后七卷则是唐以前画家的传记，共计 370 人。张彦远还著有《法书要录》十卷，是中国最早的书法学论著。除此之外，

---

[1] [唐]张彦远著，俞剑华注释：《历代名画记》卷一"叙画之兴废"记载："隋帝于东京观文殿后起二台，东曰妙楷台，藏自古法书；西曰宝迹台，收自古名画。炀帝东幸扬州，尽将随驾，中道船覆，大半沦弃。"

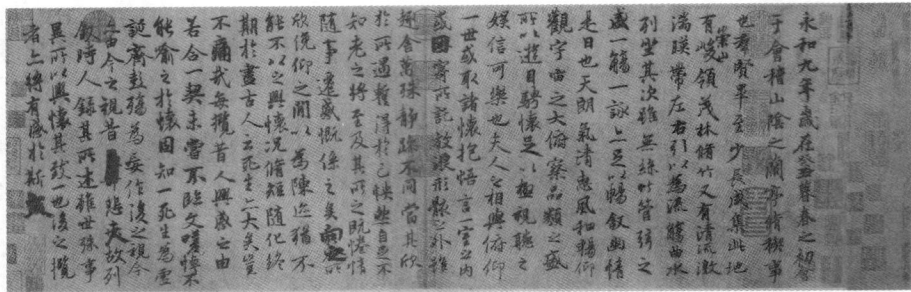

图 3 - 27　《兰亭序》冯承素神龙本

还有裴孝源的《贞观公私画史》,对魏晋以来秘府、佛寺和私家所藏的古画进行辑录名目、品评高下。

　　在唐代,陕西凤翔出土十件东周秦石鼓(图 3 - 28),实际上是鼓形的碑碣,上面以诗歌的形式记载了秦王狩猎的故事,其历史学、书法、文字学、文学价值极高,是中国古代文物史上的大发现;石鼓出土以后立即引起人们关注,也有人试图释读其文字,韩愈诗中说"张生手持石鼓文,劝我试作石鼓歌。"[1]就是记录张籍持石鼓文拓片这一情景。据记载中国书法墨拓技术出现在南北朝时期,但传世最早的书法墨拓本是唐拓本唐太宗书《温泉铭》。唐代,是以洛阳龙门石窟为代表的佛教雕塑艺术发展的又一个高峰期(图 3 - 29)。

图 3 - 28　收藏在故宫博物院的秦石鼓

图 3 - 29　龙门石窟卢舍那大佛

　　在隋唐时期,瓷器、玉器、金银器等多个领域都取得了不俗的成就。浙江越窑瓷器是中国青瓷的鼻祖,越窑也是中国瓷器史上影响最大的瓷窑之一,在唐代烧成了青瓷的最高级别瓷器——秘色瓷(图 3 - 30)。南方越窑与北方善烧白瓷的邢窑,共同创造了隋唐时代"南青北白"的制瓷业格局。在唐朝对外开放的政策下,经济贸易、对外交通发达,许多工艺品如长沙窑瓷器等远销海外,同时,中亚的诸多金银器也通过贸易进入中原,对当时

---

〔1〕 [唐]韩愈:《石鼓歌》,《全唐诗》卷三四〇,中华书局 1960 年版,第 3811 页。

的手工业制造产生了一定影响。1970 年 10 月,陕西西安南郊何家村(故唐长安城兴化坊内)发现一处唐代窖藏,在两个腹径 60 厘米、高 50 厘米的大瓮和一个高 30 厘米的银罐中存贮了 1000 余件文物,其中的金银器、玛瑙羚羊首角杯等都是盛唐手工业的杰作。[1] 窖藏中还包括古钱币 500 余枚,分为 40 余种,材质有金、银、铜等[2],不仅有战国时期刀布币、秦汉半两五铢钱、王莽刀泉货布诸品及南北朝以来各式铸币,甚至还包括波斯库思老二世银币、东罗马希拉克略金币和日本和同开珍等外国货币。成系列的历代钱币集中出土,表明无论该窖藏主人是何身份,这都是一种有意识的文物收藏行为(图 3‐31)。

图 3‐30　法门寺地宫出土秘色瓷　　　图 3‐31　西安何家村出土唐代进口外国货币

　　本时段小结:隋唐时代是中国古代的又一个发展高峰,政治、经济、对外交流都达到了一个空前的水平,文物的收藏事业有所进步,人们所关注的文物品类也丰富起来,书画类文物开始了著录研究,这些,为北宋时代金石学的出现做了很好的预热。

第二节　金石学的诞生和发展

关键词:金石学　学科原则　学科方法　代表人物与著作

　　到了北宋时代金石学得以正式确立,这是人类文物学研究中的一件大事,它标志着中国式文物学的出现。关于"金石学"的起源与发展有着不同的说法,一般认为滥觞于先秦

---

〔1〕 陕西省博物馆革委会写作小组、陕西省文管会革委会写作小组:《西安南郊何家村发现唐代窖藏文物》,《文物》1972 年第 1 期;陕西历史博物馆等:《花舞大唐春——何家村遗宝精粹》,文物出版社 2003 年版。

〔2〕 韩建武等:《西安南郊何家村唐代窖藏出土的钱币》,《西部金融·钱币研究增刊》(2008 陕西省钱币学会论文汇编),2008 年。

时期,宋代是金石学的成熟时期。本书认为,金石学作为一门学科,应该有其相应的学科特点和学科方法,而宋以前的学者往往只是在所属时代的学术研究范围内就文物发表意见,可以看作是金石学的前期准备过程,但尚未形成完成的、系统的学科。金石学的正式诞生和初步发展,时间跨越了五代、两宋(包括西夏、辽、金)、元等几个朝代。

一、五代的收藏与研究

五代十国是中国的大分裂时期,各国、各地区之间经济、文化发展很不平衡,有的国家手工艺品、文房用品制作,都达到了很高的水平。这一时期,已经处于金石学诞生的前夜。

唐末佑国军节度使韩建、后梁时永平军节度使刘鄩,在长安城内原唐代尚书省的西隅建立了"碑林",这是世界上最早的一所官办的、保存至今的、国家级的、专门收藏、研究石刻文物和古代文献、汉字艺术的专业博物馆(图3-32)。南唐和蜀国都设有国家画院制度,书画水平比较高。

图 3-32　碑林

南唐国主李煜不惜以重金监制"澄心堂纸",这是中国纸张史上名纸的开端(图3-33)。此外,南唐还出现了以制墨者命名的墨——廷珪墨(图3-34)。

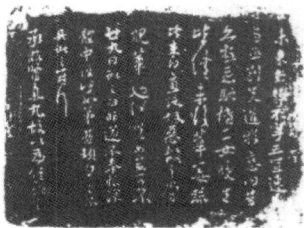

图 3-33　传用澄心堂纸作李公麟《五马图》　图 3-34　传用澄心堂纸、廷珪墨所作《淳化阁帖》

五代时期,秘色瓷进一步发展,成了吴越地区钱氏政权向中原输出的一大商品。当时

的秘色瓷虽为高档商品,但比之唐代产量有所上升,质量有
所下降。与此同时在中国北方出现所谓"柴窑",其瓷器有
"青如天,明如镜,薄如纸,声如磬"的特点,这或为五代时期
耀州瓷的最高水平作品(图3-35)。

后周显德二年(955),朝廷下诏两京地区(长安、洛阳)
以及诸道府、州府,凡铜像、器物等古物,限令在五十天内全
部打毁,又一次对古代文物造成六破坏。

图3-35 五代耀州窑提梁壶

二、金石学的诞生与宋代的收藏研究

1. 宋代金石学的诞生

宋代结束了唐末以来的大动乱,迎来前所未有的开放繁荣的局面;宋代的文化、艺术
重心大为下移,走出了宫廷,走向市井民间,中下层官吏、市民百姓的文化艺术水准相应提
高。宋代重文治、抑武力与提倡理学,带来了包括历史学和古文字学在内一大批学科的飞
跃发展,这为"金石学"的成熟奠定了社会的与学理的基础。

宋代是雕版印刷成熟、活字印刷诞生、印刷业普及的时代。除了印刷术外,中国独有
的、出现不晚于南北朝时期的墨拓技术,经过隋唐时代的发展,至宋代墨拓作品已经非常
精美了。宋代科学技术的进步为金石学的发展提供了技术支持。

中国书、画、印作为独立的艺术品种,其出现时间并不相同。书法在东汉时即有作为
艺术独立的迹象,而绘画的独立则不晚于南北朝时期,中国画科的分立成熟大体在隋唐时

图3-36 张择端《清明上河图》局部

期,作为全面的纯粹艺术创作的开始是
在宋代。宋代建立的画院,宋代帝王几
乎人人善书,以宋徽宗赵佶为代表,成为
中国历史上仅见的帝王书画艺术家、艺
术理论家和艺术领导者、管理者;在宋代
实现了中国书画真正的全面繁荣(图3-
36)。从苏轼、米芾的文论、书迹中所见,
到了宋代中国艺术印章的创作才开始突
破实用范畴而进入纯粹艺术领域。书画包括文人治印,成为中国文物中醒目的代表,它们
在宋代的发展,起到了关键的作用。

中国瓷器经历了隋唐、五代的发展,到了宋代达到中国瓷器艺术史上的最高峰。宋
代,形成了多为皇室服务的汝、官、哥、定、钧五大名窑体系(图3-37),另外还有一些有重
大影响的窑系如磁州窑、耀州窑、饶州窑、吉州窑、建窑、龙泉窑,等等,它们的作品亦各具
特色,有的粗犷质朴、有的文静雅致、有的精雕细镂,对瓷器纯粹美的追求达到空前绝后的
阶段,也是瓷器依靠釉色和造型取胜的巅峰(图3-38)。到了元代以后的瓷器就往往借
助器型和釉料以外的语言,如绘画、书法等来表达对美的追求。

宋代瓷器、书画等的大发展是金石学诞生的艺术背景。

图 3-37　北宋定窑白釉刻花鱼纹碗

图 3-38　宋建窑曜变天目盏

图 3-39　《清明上河图》店铺局部照片

宋代皇室以帝王为代表在首都建了大量殿阁进行收藏。宋徽宗收藏的古器达六千多件,收在崇政殿、宣和殿中,后又建保和殿、稽古阁、博古阁、尚古阁等,这样便于集中研究,不再分散存放。加之文人、百姓的雅集、亮宝、斗茶等文化欣赏活动,市场上文物肆铺的出现(图3-39)。这些是金石学产生的宫廷组织、社会管理背景。

2. 宋代的收藏研究

宋代对以青铜器和石刻为代表的文物研究盛行,正式形成了金石学,标志着中国古器物的研究达到了理论和方法的新高度。金石学的主要研究对象就是“吉金”和“乐石”(参见知识链接3-6),吉金“以钟鼎彝器为大宗,旁及兵器、度量衡器、符玺、钱币、镜鉴等物,凡古铜器之有铭识或无铭识者皆属之”,乐石“以碑碣、墓志为大宗,旁及摩崖、造像、经幢、柱础、石阙等物。凡古石刻之有文字图像者,皆属之”。[1]

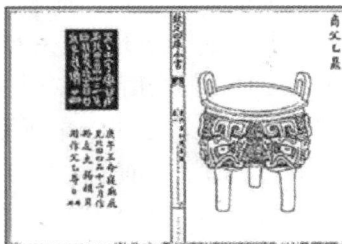

图 3-40　《宣和博古图》图录

宋代的金石研究自皇帝而下至官贵、百姓,蔚然成风。宋徽宗赵佶也是著名的大收藏家,收藏青铜器、书画、玉器、古钱币、印章,等等。他还主持编修了《宣和博古图》《宣和画谱》《宣和书谱》等文物著录图谱。《宣和博古图》由王黼奉敕修撰,共三十卷(图3-40),著录宣和殿所藏自商至唐的铜器精华839(一说849)件,依器形分为二十类,每件铜器摹绘器形、款识,记录形制、尺寸、容量、重量,间附考证,图录精细;[2]《宣和画谱》二十卷,分道释门、人物门、宫室门、番族门、龙鱼门、山水门、畜兽门、花鸟门、墨竹门、蔬果门等,著录宫廷收藏的魏晋以来的名画6396轴,作者231人;《宣和书谱》二十卷,分门别类记载了徽宗所收藏的帝王和书法家190余人的作品共1198件。这些宫廷收藏大多在“靖

[1]　朱剑心:《金石学》,浙江人民美术出版社2015年版,第5页。
[2]　王巍总主编:《中国考古学大辞典》,上海辞书出版社2014年版,第102页。

康之变"时被金兵掠去,后来有些通过从榷场购买等方式回流到南宋宫廷。在宋、辽、金三国皇室被妥善保藏下来的这些文物,最终大多流入明王朝的皇宫。

宋代私家收藏达到了一个高峰,金石学家、收藏家亦有一大批对历代文物进行整理研究的著作问世,如刘敞的《先秦古器图碑》、欧阳修的《集古录》、吕大临的《考古图》、王黼奉敕修撰的《宣和博古图》、薛尚功的《历代钟鼎彝器款识法帖》、赵明诚和李清照的《金石录》、洪适的《隶释》、洪遵的《泉志》,等等。北宋时期的金石学著作所形成的规范往往为后世所遵循,有些当时所定的青铜器器型与纹样的名称沿用至今。以下简单介绍几种宋代的文物学(金石学、古建筑学)著作。

欧阳修于宋仁宗嘉祐八年(1063)编成的《集古录》是目前已知最早的中国金石学专著。《集古录》是欧阳修为其搜集的周秦至五代铜器铭文及碑版拓本所做的跋记,随得随跋,计四百余篇,旨在证经补史。后世刻本以拓本时代为序,并于每条下存原卷次第。[1]

刘敞的《先秦古器图碑》成书于宋仁宗时期,刘敞使人描摹家藏的 11 件古器物的铭文并绘出图像,刻之于石,开私人收藏著录之先例。[2] 但此书已经散佚。在书序《先秦古器记》中,刘敞提出了金石学的原则:"礼家,明其制度;小学,正其文字;谱牒,次其世谥。"这是十分重要的科学的学科定义。刘敞本人"尝得先秦彝鼎数十,铭识奇奥,皆案而读之,因以考知三代制度"[3],亦即他注重文物证经补史作用的范例。

吕大临(参见知识链接 3-7)所著《考古图》共十卷,著录当时皇室和私人所藏的商周秦汉青铜器及玉器,记载其器型、款识、尺寸、容量等,并加以考证,其中出土地及收藏者可考处还加以说明。这中间包括 38 家私人藏品,其中仅庐江李氏(伯时)一家所藏就有 62件。《考古图》是现存最早的系统性古器物图录(图 3-41、3-42)。

图 3-41　吕大临《考古图》附图

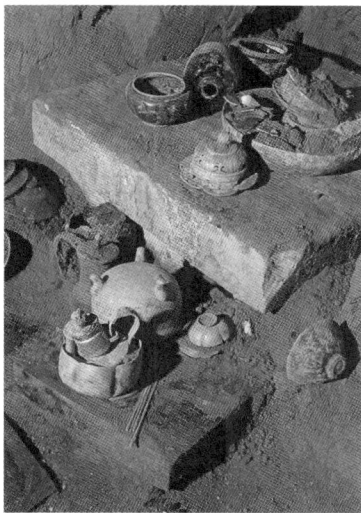

图 3-42　吕大临墓葬出土重要文物

---

〔1〕　王巍总主编:《中国考古学大辞典》,上海辞书出版社 2014 年版,第 102 页。
〔2〕　俄军编著:《文物法学概论》,兰州大学出版社 2006 年版,第 197 页。
〔3〕　[元]脱脱等:《宋史》卷三一九《刘敞传》,中华书局 1997 年版,第 10386—10387 页。

薛尚功的《历代钟鼎彝器款识法帖》著录青铜器 510 件，摹录铭文、列举释文并加以考证，但未附图像。这部书后来多次再版，成为中国古代青铜器研究的经典文献之一。

赵明诚和李清照的《金石录》收录先秦至北宋石刻 1900 余种，其中还包括商周青铜器和汉唐石刻的拓本。前十卷是按器物年代编成的目录，后二十卷则援引碑刻资料以作考证，对新旧《唐书》多有订正。

洪适的《隶释》是专门研究汉代碑石的重要著作，可以直接当作文献或汉字学著作使用。它将隶书体的汉碑碑文用楷书写出，用图表示汉碑的不同式样，并著录了不少汉画石像，附考释。[1]

洪遵的《泉志》是第一部研究中国及少量外国古代货币的专著，收录了钱币标本 300 余种，基本上涵盖了自先秦到五代时期的主要货币品类。

《营造法式》（原名《元祐法式》），成书于北宋元符三年（1100），徽宗崇宁二年（1103）刊行，是北宋建筑学家李诫在总结古代工匠建筑实践过程通行做法的基础上，编写的中国第一本建筑工程做法的论著。全书共三十四卷，分释名、制度、功限、料例和图样等五部分。反映了中国土木建筑工程技术的水平，成为官方建筑的规范。该书上承隋唐，下启明清，是中国古代最完善的土木建筑工程著作之一，在当时并不是金石学的著作，但它也是研究东方建筑文物的必读书。

宋代金石学的研究推动了社会上对文物古迹的关注，古物的收集、保护受到重视，人们通过各种方法对古物进行保存。五代军阀缩建了当时的长安城，把城里的碑石置于长安城内原唐代尚书省的西隅，建立了"碑林"；后来直至宋元祐二年（1087），将碑林迁至更为妥帖的城隍庙一带，由此，碑林的收藏和建设至今没有衰歇，成为延绵千余年、举世罕见的国家办历史性、艺术性专门公共博物馆（图 3-43）。元祐四年（1089），游师雄将唐凌烟

图 3-43   西安碑林收藏唐昭陵六骏

〔1〕 中国文物学会专家委员会编：《中国文物大辞典（下）》，中央编译出版社 2008 年版，第 1335 页。

阁功臣图与唐太宗昭陵六骏浮雕摹绘刻石[1]，使珍贵资料得以流传。南宋王象之的《舆地碑记目》、陈思的《宝刻丛编》等将各地碑刻按地域、年代排列，是古代重要的碑刻目录。

除金石学传统的青铜器、碑刻外，宋代还有专门针对其他门类古物遗迹的集成研究。北宋初，宋敏求详细记述唐长安城的布局及遗迹，作《长安志》并附图；[2]南宋时，有一部被《四库全书》编撰者判断为"临安市贾所编"的《百宝总珍集》，其中记录了金、玉、石、瓷等多类器物。

3. 金石学的学科特点

宋代金石学研究参与者众多，上至天子、大贵族、大官僚，下至士大夫、一般学者和百姓，所涉及的收藏品类也非常丰富，除了玉器、铜镜、砖瓦、画像石的研究相对比较少外，其他均有大量收藏。此时，不同于前代对文物的简单收藏，宋代的学者在器物的整理、定名、体制等诸方面的贡献空前，出现了一批系统的著作，例如，今天对商周青铜器的定名基本都是沿用宋人的。

中国金石学学科自打一出现，就注意了科学的整理、研究方法："大约不出于著录、摹写、考释、评述四端。有存其目者，有录其文者，有图其形者，有摹其字者，有分地记载者，有分类编纂者，或考其时代，或述其制度，或释其文字，或评其书迹，至为详备。"[3]其中，"考释"指对文物本身的考证释读，"评述"是针对它的艺术价值和历史价值，"此北宋以后研究之大概也"，宋代金石学所形成的研究体系，基本成为之后历代文物研究的范本。现代文物科学的研究虽然有了考古学、自然科学等的有力工具，但是实际上还没有从整体上跳出金石学的范畴，在一些领域甚至还没有达到金石学应该达到的要求和标准。

中国传统的文物研究起步早，从萌芽到探索的持续时间比较长，成果也比较丰硕。春秋以后陆续出现对古物鉴定的记载，初步显露出使用典籍资料进行考证的科学思维方法，但是大多是一些个别的、零星的、无学科意识的行为，还不能称之为系统的学术研究。从两汉时期开始，官府对古典文献的重视和可供研究的大量宫廷收藏，使一些学者能够接触到古代文物资料，并在书中记录下夹，从历史文献、实物和古文字中寻找例证的学术研究传统渐渐确立。经过魏晋南北朝、隋唐等时代的不断积累，中国文物的研究在北宋时代迎来高潮，出现有组织的、大量丰富的实践，形成了比较完善的理论体系与方法论，宣告了金石学的正式诞生，它所确定的学术规范一直影响到清末乃至今天，并且成为科学的中国文物学的先源与基石。

---

[1] 游师雄主持刊刻的《昭陵六骏碑》是研究昭陵六骏的重要文字、图像资料，完整记录了六骏刊刻的历史，首次将六骏图像与名称对应起来，为后世所沿用，成为昭陵六骏研究的基础。

[2] 元丰三年（1080），龙图待制吕大防曾为其刊石题跋。《长安志》所附图至元代已久佚，元至正二年（1342）九月，陕西诸道行御史台治书侍御史李好文重新配图，编为三卷，名曰《长安志图》，后人多与《长安志》原书合刊，有清乾隆《四库全书》本。

[3] 朱剑心：《金石学》，王云五主编"人人文库"本，商务印书馆1940年版，第20页。

三、金元的文物收藏与研究

1. 金

女真人统治的金朝崛起于中国北方,后来与南宋政权北南对峙。从考古出土的资料看,早在北宋时期,金政权统治者即对中原的文化和手工艺品如瓷器、丝织品、漆器、金银器等充满着向往,并且已有较大规模的占有。金朝比较有名的书画收藏家如金章宗,其古代文物收藏大多是从北宋宫廷劫掠去的,皆为重要的宝藏,但存世至今已经不多见。此外,蔡珪所著《古器物谱》是比较早的系统研究文物的著作,可能已经亡佚。

2. 元

元代为北方蒙古族创立的王朝,它灭亡了南宋政权而占有了广大的地域。元代的金石学远不如宋代兴盛,但研究领域有所扩大。比较值得注意的有元大长公主的收藏,范围很广,包括玉器、石器、青铜器、书画,等等。元代比较有代表性的文物研究著作有朱德润的《古玉图》,这是中国最早的一部研究古玉的书,现在仅存辑佚本。元代学者葛逻禄乃贤的《河朔访古记》,这是一部结合古代文物研究历史地理的重要著作,著录北方古城址、古建筑及陵墓碑刻等,作者以实地勘察结合史料记载,参考各类文献对其进行记录。

图 3-44　元青花釉里红大罐

元代部分手工艺品、艺术品获得了长足进步,例如,瓷器制造中"二元配方法"的使用,青花、釉里红、单色釉、枢府瓷的烧造成功(图 3-44)。玉器、漆器的高度发展。书画上"元四家"的杰出创作(图 3-45)、赵孟頫等人的作品,艺术流派印章从理论到实践上有吾丘衍、王冕等人的贡献。

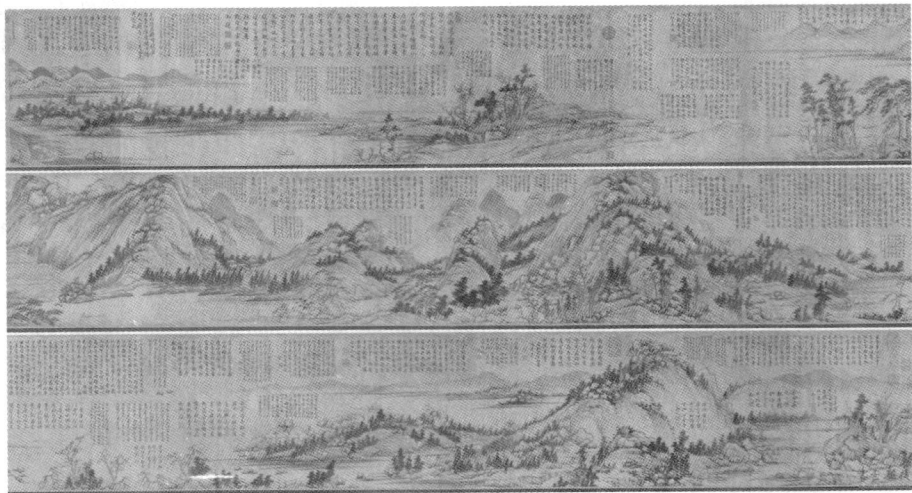

图 3-45　元代黄公望《富春山居图》

四、明代的收藏与研究

元末红巾军大起义席卷全国,朱元璋统一了义军力量,驱逐了蒙元势力,建立了明朝。明代传统学术做得不好,文物收藏相比于两宋时代,进入了相对的低潮期。

明代比较突出的收藏家有明宣宗、明神宗,他们收藏了很多书画、玉器和瓷器。严嵩、严世蕃父子收藏了大量古玩字画、金银器皿等,后被抄家籍没,今仍留存有根据他们的收藏编成的《天水冰山录》一册。明代有书画鉴定家和收藏家项元汴(又名项子京、项墨林)致力于收藏金石书画,刊有《天籁阁帖》,他的意见后来成为古书画文物鉴定的权威意见。

明代的金石学学术著作中有曹昭的《格古要论》,其书成于洪武二年(1369),共三卷,上卷分为古代青铜器、古画、古代书法、古代碑帖四论,中卷分为古琴、古砚、珍奇、金铁四论,下卷分为窑器、漆器、锦绮、异木、异石五论,是影响颇为深远的中国重要的文物学著作,至今仍有很高的参考价值(图3-46)。

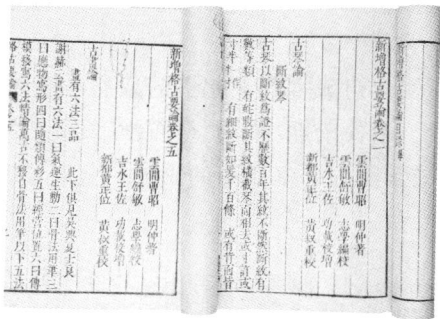

图3-46 《格古要论》

明代继承宋代、元代,书画艺术成就很高,许多流传至今已成为重要的馆藏文物(图3-47)。明代中后期,是手工艺术品品种丰富、制作精良的时期,在东南一带,负有盛名的例如:江千里螺钿漆器,张鸣岐铜炉,濮仲谦刻竹(图3-48),时大彬紫砂壶,这些名家的作品,后来成为重要的文物。

图3-47 沈周《东庄图册》

图3-48 濮仲谦刻竹作品

自明末清初开始进入中国古代私家文物收藏的一个高峰,著名收藏家有梁清标、孙承泽、耿昭忠、卞永誉、安岐,等等,他们的许多鉴定意见为后世文物研究所重视。明朝皇室宗亲中也有好此道者,甚至因此荒废国事。南明弘光元年(清顺治二年,1645),"潞王之在杭州也,命内官博访古玩,拒监国之请,稽首归命"。[1] 清兵因而得以顺利占领了杭州等地。

就学科的研究与总结而言,两宋之后,在元明两代,"金石学"总的趋势是一直在走下坡,其中原因大致有:元代异族的短暂统治,对于有关中原学术的不熟悉;明代处于资本主义萌芽,因此无暇顾及传统学术,等等。这些还有待深入探讨。

第三节　金石学的巅峰与跌落

关键词:金石学巅峰　西清四鉴　敦煌藏经洞　外国势力进入

受李自成等部大起义的猛烈冲击,明代灭亡,继起的是中国历史上最后一个王朝——清代。清代前期,中国"金石学"发展到了最高峰。可是,这个最高峰并没有维持很长的时间,受到国内外多方面的影响,"金石学"迅速跌落。

一、清代前期金石学的大发展

1. 学术背景

中国"金石学"发展的第二个高峰、也是最高峰是在清代的"康雍乾"时期,尤以乾隆王朝时为炽盛,这有其深刻的社会历史的原因。清代顺治、康熙以来,满族大兴文字狱,一方面,在一定程度巩固了专制统治,使得知识分子不再关心朝廷政治;另一方面,统治者也强调了对中国传统学术的关注,以笼络汉族士人,扩大统治的基础。这一时期的朴学讲求论证,追求尽可能多的实证,促使当时的知识分子普遍在文物中寻找例证,欲将章句经史落在物质遗存实处。他们认为,三代青铜铭文"其重与九经同之"[2],金石学的证经补史作用更加突出。

从明代开始,西方传教士纷纷来到东方古老的中央帝国,随着中西方文化的不断交流,西方逐渐开始重视和发掘中国传统文化,不仅从字面上去了解,也从实物、环境中发掘。西方的汉学,也在这时候发展到一个高峰,这对中国金石学的发展也是一个很大的刺激。

随着国际交往的频繁,西方的摄影术传到中国,西方美术的素描、水彩和油画的写实技法也为中国人所知,这些为金石学收藏和研究提供了新的技术手段。此外,除了在国际环境推动下形成的新技术外,传统技术如墨拓、测量、勾线、摹录、绘制,等等也在南北的充分交汇中实现了进一步提高,进行了金石学意义上的高水准总结。

---

〔1〕　[清]徐鼒著,王崇武点校:《小腆纪年附考》卷五,中华书局1957年版,第157页。

〔2〕　[清]阮元:《积古斋钟鼎彝器款识》卷首《商周铜器说·上》,嘉庆九年刊本。

2. 清初金石学的发展

相对于发展水平比较低下的明代,明代末期到清代初叶是传统的金石学逐步复兴的阶段。这一时期金石学著作不多,研究对象也偏重于石刻一类,其目的是运用石刻文字资料对经史进行考据补正(参见知识链接3-8)。清初顾炎武提倡"经世致用"之学,奠定了以考据学为特色的乾嘉学派的学术基础,长久处于低潮的金石学以此为契机渐渐兴盛。这时期的金石学代表作有顾炎武的《石经考》《求古录》《金石文字记》、黄宗羲的《金石要例》、万斯同的《汉魏石经考》《唐宋石经考》、朱彝尊的《曝书亭金石文字跋尾》等;晚些的雍正年间著作有李光暎的《观妙斋藏金石文考略》、杭世骏的《石经考异》等。

经历康、雍二朝的恢复发展,金石学在乾隆时期显现出繁荣景象。这一时期,以北京、奉天(沈阳)、热河(承德)为中心(图3-49),形成了中国历史上最大的皇家收藏殿阁区。清代皇家文物收藏规模不断扩大,其中有接受明王朝皇室的收藏,也有各地收买和臣民的进献。乾隆时期,由于皇帝雅好古物,内府在各地搜罗奇珍古玩,皇宫收藏增加很多。此外,皇室敕编的多个文物集子种类丰富,收录完整,为现在的文物研究提供了重要资料。天子的收藏文物是为了保存文脉、保存传统、证明正统、进行社会教化,实际上是一种国有文物收藏,与后来的博物馆功能有几分相似性。在这样的社会大背景下,金石学迎来了其繁荣时代。

图3-49 承德避暑山庄

从乾隆十四年(1749)开始,陆续编成的《西清古鉴》《宁寿鉴古》《西清续鉴·甲》《西清续鉴·乙》四本书,合称"西清四鉴",著录三代至唐代铜器4105件,包括少量唐以后器物和玺印。所收录的器物门类也更加多样,除传统礼器、食器、兵器等外,还兼有钱币、铜镜、玺印、砚台等。《西清古鉴》四十卷,收录青铜器1529件,还附有十六卷《钱录》,述说古代钱币,其中也有玉石,但以青铜为主;《宁寿鉴古》十六卷,著录大内宁寿宫藏青铜器600余件,青铜镜101件;乾隆末年,又陆续编成《西清续鉴·甲》二十卷,《西清续鉴·乙》二十卷,前者著录至乾隆五十八年(1793)内府续得的青铜器975件,后者则记录盛京皇宫收藏的铜器 900 余件。这些书都还存在,器物也有不少尚存,但书中所载亦有伪器。乾隆四十三年(1778)于敏忠等奉敕编成的《西清砚谱》为清代古砚著录,记内府所藏古砚 200 方,图 464 幅。附录三卷,为仿制古砚,图 108 幅。[1]

书画类著作有《佩文斋书画谱》《石渠宝笈》等。康熙四十四年(1705),孙岳颁、王原祁等奉敕编纂《佩文斋书画谱》;乾隆八年(1743),张照、梁诗正等编纂《秘殿珠林》,乾隆十年(1735)又编成《石渠宝笈》,乾隆十二年(1747)编次并刊刻《三希堂法帖》,乾隆末年,先后编成《秘殿珠林》《石渠宝笈》续编。这些集子著录了清宫所藏书画,但其中也有不少伪作。

清代注重类书与丛书的修订与编撰。其中类书以康熙四十年(1701)开始编撰,完成于雍正六年(1728)的《古今图书集成》最为有名,本《集成》共一万卷,是中国古代最大的类书,书中引用了许多古器物、古建筑和古碑石资料。清代编撰的丛书,最重要的代表作是乾隆三十七年(1772)开始编撰的《四库全书》,全书按经、史、子、集四部四十类编排,收图书 3461 种,多达 79 309 卷,存目书籍 6793 种,93 551 卷,被誉为中国古代传统文化的总汇和古代典籍的渊薮。[2] 清代前期还有比较重要的关于文物的地方志类的编撰,如陕西巡抚毕沅在乾隆四十一年(1776)编成的《关中胜迹图志》,全志三十二卷,是毕沅荟萃诸多记载,加以亲身探访古迹而成的一部地理志,附有名山大川、胜地古迹图形,兼有对其始末的援引考证,价值极高。[3]

康雍乾时期的金石学发展成就空前,主要体现在金石学收藏和研究涉及的数量为历代最多、所能涵盖的品类最全、著作也最多等方面。相比之前的收藏研究,一些冷门古物门类也进入金石学家的视野,如玺印、钱币、铜镜等,还有专门针对铁券、鱼符、虎符的著录。这方面的金石学著述主要有瞿中溶的《集古虎符鱼符考》《集古官印考》、钱泳的《唐赐铁券考》、戴熙的《古泉丛话》、倪模的《古今钱略》、程敦的《秦汉瓦当文字》、袁日省等的《汉印分韵》,等等。

3. 清代金石学的持续发展

清前期对于文物事业的高度重视,影响了整整一个清代。在皇家藏品大量集中的风气之中,刺激和影响着民间私人收藏的规模。"海内士夫,闻风承流,相与购致古器,蒐集拓本"。[4] 一些新发现的碑刻很快就会被传拓、鉴藏、著录和研究(参见知识链接 3-9)。在道光、光绪年间,陕西等地新出土的一些青铜重器如虢季子白盘(图 3-50)、大盂鼎、大克鼎等也落入私家,由此出现了一批私家金石学著作。乾、嘉、道时期,金石学受到乾嘉学派的影响,十分注重考据,著作往往旁征博引,对前人著录进行大规模的搜集,不断提高研究的水准。这一阶段比较具有代表性的金石学著作有阮元、朱为弼的《积古斋钟鼎彝器款

〔1〕 中国文物学会专家委员会编:《中国文物大辞典(下)》,中央编译出版社 2008 年版,第 1363 页。
〔2〕 白寿彝总主编,周远廉、孙文良主编:《中国通史》第十卷《中古时代 清时期》上册,上海人民出版社 2015 年版,第 41—43 页。
〔3〕 陕西省地方志编纂委员会编:《陕西省志》第七十一卷上册《著述志》,三秦出版社 2000 年版,第 187 页。
〔4〕 王国维:《国朝金文著录表序》,收入《观堂集林》卷六,影印商务印书馆本,中华书局 1959 年版,第 297 页。

识》,嘉庆初年成书,著录铜器铭文 550 篇,铭文后附释文考证。书前有《商周铜器说》两篇、《商周兵器说》一篇,综论铭文价值及彝器的发现研究,对后世影响很大。[1] 还有孙星衍、邢澍的《寰宇访碑录》,著录周、秦至元代碑刻目录 8000 余种,其中包括部分文字瓦当。所有碑刻按年代排列,标注石刻地点、拓本藏家、书体及立石年月,之后赵之谦、罗振玉、刘声木等均各有著作对其进行增补。[2] 王昶的《金石

图 3-50 虢季子白盘

萃编》为大型金石类书,记有青铜器、石器、石刻、碑石等共计 1500 余种。

清代的吉金研究著作从类型上可分为两类:一类专注于器物上的铭文,进行古文字研究,可以以刘喜海的《清爱堂家藏钟鼎彝器款识法帖》、吴东发的《商周文拾遗》、黄易的《小蓬莱阁金石文字》等为代表。一类则对器物的器型、铭文加以著录,并援引资料进行考释,有的还附有图形,可以以刘喜海的《长安获古编》、曹载奎的《怀米山房吉金图》等为代表。

石刻研究著作也可进行类似的划分——一类著录石刻目录或其上文字,如《寰宇访碑录》等;一类专注于考释文字,如严可均的《铁桥金石跋》、钱大昕的《潜研堂金石文跋尾》等。

至于使用金石学方法,利用碑碣石刻等文字或图像材料,进行古代名物制度考证的也有不少,这类研究的代表作有徐坚的《西京职官印录》、王念孙的《汉隶拾遗》、刘宝楠的《汉石例》、吴镐的《汉魏六朝志墓金石例》、程瑶田的《考工创物小记》等,也同样以"证经补史"为最终目的。

地方金石志和断代金石志的编纂,是乾嘉道时期金石学著作的重要特征之一,一批优秀金石学著作涌现出来,翁方纲的《两汉金石记》《粤东金石略》、毕沅的《中州金石记》《关中金石记》、阮元的《两浙金石志》、阮元与毕沅合纂的《山左金石志》、严观的《江宁金石记》《江宁金石待访目》、孙星衍的《京畿金石考》、朱枫的《雍州金石记》、段松苓的《山左碑目》、夏宝晋的《山右金石录》、段嘉谟的《金石一隅录》、刘喜海的《金石苑》(巴蜀)等,都是其中的代表。刘喜海还有《海东金石苑》一书,专门著录朝鲜王国古代碑刻。金石学的研究很好地激发了地方文物的保护意识。

在所有与金石学科相关的著作中,还有一类比较特殊,它们以介绍历代金石学家及其著作为主要内容,并设立一些规范,可视作金石学史研究的开始。王鸣盛为《潜研堂金石文跋尾》作序,历数见于经史的文物考据及宋代以后古物著录的历史,是金石学史研究的开端;道光二年(1822)李遇孙的《金石学录》收录先秦至清嘉庆间 400 余位金石学家及其著作,并确立了金石学的著述规范;光绪十二年(1886),陆心源编成《金石学录补》,所收范围更广。

---

〔1〕 王巍总主编:《中国考古学大辞典》,上海辞书出版社 2014 年版,第 103 页。
〔2〕 王巍总主编:《中国考古学大辞典》,上海辞书出版社 2014 年版,第 103 页。

　　咸丰以后,私人收藏更为活跃,很多金石学家同时具有很高的鉴定水平,如吴大澂、陈介祺等。这一阶段比较著名的金石学作品有刘心源的《奇觚室吉金文述》、吴式芬的《攈古录金文》、吴大澂的《愙斋集古录》《恒轩所见所藏吉金录》等。相比康雍乾时期,古泉学的研究更加兴盛,接连出现刘喜海的《古泉苑》、张崇懿的《钱志新编》、李佐贤的《古泉汇》《续泉汇》等著述。封泥作为一种以往未被重视的资料,也开始被注意到。光绪三十年(1904)刊行的吴式芬、陈介祺合撰的《封泥考略》一书,著录战国、秦汉封泥849方,以官印、私印、闲印为序,均附钤本及考释,考释主要由翁大年撰写。《封泥考略》是中国最早的封泥资料汇编,对研究秦汉官制与行政地理具有重要价值。[1] 除此之外,陈介祺的《十钟山房印举》、吴大澂的《古玉图考》《权衡度量实验考》、刘鹗的《铁云藏陶》等,都是当时的金石学佳作。

　　同金石学相关的古文字学研究也取得较大的成就。孙诒让的《古籀拾遗》《古籀余论》创造性地通过文字结构、偏旁分析,并结合古代典章制度对文字进行考释,对今天金文的学习研究有不少启发。

图 3 - 51　汉委奴国王金印

　　清末,一些先进的知识分子,或晚清朝廷大臣诸如端方等,借出国学习考察之便,也接触到了不少外国文物。驻日公使黄遵宪在《日本国志·邻交志》注中提到,他曾在博览会中亲见"汉委奴国王"金印(图 3 - 51),并根据《后汉书》《三国志》等记载对其进行了鉴定(参见知识链接 3 - 10)。而端方本人的藏品目录也相继被整理刊行,有《陶斋吉金录》《陶斋吉金续录》《陶斋藏石记》《陶斋藏石目》《陶斋藏砖记》《陶斋藏瓦记》《陶斋古玉图》等。

　　明清两代,私人藏书极为盛行,其中的善书本同样具有很高的文物价值。其间著名的藏书家有明代的范钦(天一阁),明末清初的毛晋(汲古阁)、钱谦益(绛云楼)、钱曾,乾嘉时期有孙星衍、黄丕烈,晚清则有"四大藏书楼",即瞿氏铁琴铜剑楼、杨氏海源阁、丁氏八千卷楼和陆心源的皕宋楼。

　　据容媛《金石书录目》的粗略统计,仅乾隆到咸丰年间,就有著作 906 种。这大概不是非常准确的数据,本教程认为如果加上陆续面世的私人小册子,多文字的卷册、题跋,等等,估计在一千种以上。这其中有皇家编著,也有很多贵族官僚参与,其门类包括金石、书画、文献、古迹,等等。而清朝之前各个时代有关金石学的著作才 70 余种,其中 30 余种为宋代的作品。

　　清代金石学家更是有意识地扩大搜集了多门类古器物,如文字砖瓦、画像砖石、泥封乃至甲骨简牍等,它们不被以往的研究者所重视,但同时又具有比较高的史料价值。清代是中国古代传统工艺、文化发展的最后一次大集成时期。此后的陶瓷发展开始逐渐走上了和国际并轨的道路;漆器、建筑艺术以及陵墓的修造等在清朝都达到了传统发展历史上的最华贵水平,此后的物质文化的发展就无不打上时代的、全球化的烙印。

---

〔1〕　王巍总主编:《中国考古学大辞典》,上海辞书出版社 2014 年版,第 104 页。

二、经受专制制度腐败和帝国主义入侵的双重破坏

中国"金石学"的最高阶段,在康雍乾以后即维持现状的发展,直到清代后期相对衰落。正是在这一阶段,金石学受到了国际环境的影响,不可避免地在古代器物研究领域出现了一些新的元素,国际化成为金石学研究最后一个阶段的显著特点之一。这其中有清代后期帝国主义的侵略、专制制度的破坏等政治因素,也有近代西方新兴学科如考古学、博物馆学传入等社会因素。新学科的传入虽然给我国原有的学术环境带来了新气象,但亦使其学术体系出现裂痕,造成了一些排异反应,使学科模糊化,有很多问题一直影响到现在。

需要特别注意的一个问题是近现代考古学的引入。不同于全新的学科体系,自梁启超开始,便有很多学者认为金石学即中国固有的考古学,而欧美考古学则给金石学研究提供了新方法、新技术。但随着考古学的发展,也有考古工作者提出金石学与考古学在本质上的不同,认为应当分立为两个学科。长久以来对此问题的争论很多,本教程在下一章会有所讨论,但是在考古学传入中国后,的确对传统的金石学产生了重大影响。

随着西方人对东方文化的兴趣日渐浓厚,19世纪后期开始陆续有国外的探险队进入中国进行考察。这些人中,有的是怀着科学的目的进行考古研究,而有的则是纯粹地掠夺文物,这要做具体分析。其中最广为人知的,则要属敦煌藏经洞的发现,近年来渐有为王道士"翻案"的呼声,认为王道士在发现藏经洞后,曾三番两次拣出一些卷子送与当地地方官,以求使洞窟得到政府的保护,但并未得到腐败的清政府的积极回应,王道士在受骗的情况下才出卖了大批经卷给斯坦因、伯希和等人,以换取钱财来修复其他大型洞窟(参见知识链接3-11)(图3-52),但实际被骗盗的大量敦煌文物四散到欧洲、美洲多个国家,造成了"敦煌在中国,敦煌学研究在国外"的令人痛心的景况。

图3-52 王道士

对于近代西方的对于许多地区的文物遗存的掠夺行为,起因和结果都是非常复杂的,当代人们应当抱着一种历史主义的观点来看待。以中国为例:首先,外国学者、考古学家、地质学家、探险家在当时的中国政府和中国人民无力保护主权、土地的情况下,通过一些如强行劫取、盗宝式地挖墓等不科学的手段攫取文物遗产,这是要予以强烈谴责的,首先要斥责反动政府的昏聩无脑甚至纵容,这个时期对文物古迹的破坏实际上是帝国主义和本国政府专制与腐败的双重破坏。其次,对于外国势力早期染指中国文物事业,还要做具体分析,出于科学考察目的,和探险盈利目的,还是有所区别的,有些认真的地质学家、考古学家还带来了先进的近现代考古学理念与技术。第三,发达的资本主义国家应当以财力、人力、科技力量,在不够发达的国家和地区,于当地就地帮助保护、管理、研究文物,而不是一味搬迁、掠夺。第四,对于已经搬迁至欧美的,一些国家、地区、民族有代表性的文

物,应当返还故地,这样才能更好地发挥文物的作用,有些身存异国的文物、出土文献,应当充分开放使用,最大化地发挥其作用,尤其是要向原祖国充分开放(图3-53)。

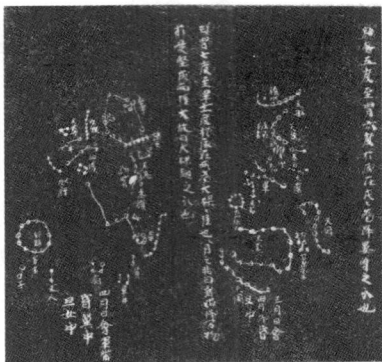

图3-53   保存在大英博物馆的敦煌星图

第四节   受到考古学的影响

关键词:考古学   李济   仰韶文化   殷墟

一、考古学进入中国

中国古代有"金石学",是有关古代遗物的学科,金石学有一部重要的著作,即吕大临的《考古图》,有的研究者据此认为近现代考古学有中国的源头——金石学,本教程认为这个观点是不对的。近现代考古学产生于欧洲,从字面上讲是关于古代器物的科学,实际渊源是超过这个范畴的。

考古学创立的标志是1819年丹麦皇家博物馆馆长汤姆森提出"三期说":即依凭物质文化的发展,将人类社会定位为石器时代、铜器时代、铁器时代(参见知识链接3-12)。这和过去孤立地研究文物、不把文物和具体时代挂钩是完全不同的,和以王朝来断定文物时代也是不同的,然而中国并没有这个传统。进入19世纪,欧洲考古学家借助地质学的成就建立了田野的"考古学的地层学",其基本概念是:就文化堆积的相对时代,下一层的比较早,上一层的比较晚;人类在地表上活动的遗迹有两种运动过程,即堆积和消失。考古学解释物质堆积存在的历史,就是依靠辨别遗址、墓葬的叠压和打破关系认识它们相对的早晚关系。

近现代考古学的两个基本方法就是"地层学"和"类型学",它的实践就是基于"田野"的操作,这是金石学和文物学都不必具备的。

近现代考古学的理论和实践是随着列强的势力向中国延伸,西方对东方文明古国产生越来越浓厚的兴趣而带到中国来的,它属于西方传入中国的先进学说之一。考古学传入中国的时间恰好是清王朝行将崩溃的时候,虽然列强的进入,造成中国不少珍贵文物被掠到境外或者是遭到破坏,但西方先进的科学文化和一些学科研究方法,尤其是考古学理论的同时传入,给中国古物研究者提供了新的视野和新的手段。这一时期,欧美、日本都有很多考古学家来到中国进行考察和最初的考古发掘,因为这些活动中并没有中国人的参与,所以不能认为是中国考古学之始。引起学术界轰动的所谓"清末考古三大发现"(即甲骨文、汉晋简牍、敦煌藏经洞文献的发现),由于是机缘巧合下发现的古代文物,并不是经过理论指导的主动发掘,也不能认为是中国考古学的发端。

　　目前学术界公认的近现代考古学传入中国的标志,是瑞典地质学家安特生 1921 年在河南渑池仰韶村主持的发掘,以及"仰韶文化"的命名。此外,1926 年,李济在山西的西阴村进行发掘,这是中国人第一次独立主持的田野工作,也是早期中国考古学发展的一个标志性事件(图 3－54)。1928 年,当时的中国政府成立了中央研究院,聘请李济任考古组的组长,当年就进行了河南安阳小屯村殷墟遗址的发掘,具有中国特色的独立考古学发展就此开始。这一时期,李济、梁思永、夏鼐、贾兰坡等一些著名考古学家先后学成回国,这对中国考古学的形成和发展起到了重要作用。同时,郭沫若将马克思主义唯物史观引入文物研究,编著《两周金文辞大系》《卜辞通纂》等书,对 20 世纪后半期中国的文物

图 3－54　李济主持西阴村考古发掘

学乃至中国考古学、历史学的研究产生深远影响。整个 20 世纪,考古学对文物学研究方法的影响是显而易见的,虽然传统金石学、考古学和文物学相互借鉴并发展,三者关系密不可分,但是传统金石学明显居于弱势,现代文物学也没有充分发展起来。于是有一种意见认为,"从学术发展史来看,近代考古学传入中国促使中国传统的'金石学'发展为'古器物学',继之'古器物学'又发展为考古学。"[1]这个意见是值得商榷的。

二、考古学在中国的发展和对于文物学的关系

　　在世界范围内,中国考古学起步比较晚,但一开始就通过几个大工程取得了举世瞩目的丰硕成果。这和两个客观事实有关——一是,中国万年以来的历史和环境堆积没有缺断;二是,中国文化的统一性和多样性是并存的。丰富的地层堆积和地层学、类型学在发掘中的应用,使得中国考古学站在了一个较高的起点上。考古学理论也趋于成熟,标志是夏鼐 1959 年在《考古》上发表《关于考古学上文化的定名问题》。夏鼐将"考古学文化"的概念介绍进中国,并提出定名一个考古学文化要根据在特定的时间、特定的地域之内,具

[1]　刘庆柱:《〈中国考古学〉总序》,中国社会科学院编:《中国考古学》各卷卷首,中国社会科学出版社2010 年版。

有共同特征的遗物、遗迹的总和,这就是考古学上的"文化"。而这种考古学"文化"的背后常常是和特定的"族"(或者叫"人们共同体")相对应的。这篇文章的发表,对规范中国发掘的遗迹定名起到了很重要的作用。20世纪70年代之后,具有中国特色的考古学理论进一步发展,国外的先进理论也不断地被介绍到中国考古界。另外,碳十四测年等自然科学方法又为考古学发展增加了新的动力,近年来,科技考古越来越受到重视。[1] 现代考古学成为中国古代史研究不可或缺的重要支柱。

　　现代考古学传入中国,原本应当是国内文物学得到发展的重大契机。在20世纪初,前面提到的"清末三大考古发现",加之清宫大内档案的整理,亦合称为文物"四大发现",引起学术界的广泛关注。不少学者投入其中,出现一批研究著作,直接促成了甲骨学、简牍学和敦煌学的产生,也是20世纪早期文物研究的重点。1903年,刘鹗作的《铁云藏龟》,是中国第一部甲骨文资料汇编,收录甲骨1058片;此后还有孙诒让根据《铁云藏龟》所收资料编著的《契文举例》,在探寻古文字流变的同时,通过甲骨文研究补证商代历史,是我国第一部考释甲骨文字的著作;[2] 再之后,则相继有罗振玉(号雪堂)、王国维(号观堂)、董作宾(号彦堂)、郭沫若(号鼎堂)等人的工作,因为他们在甲骨文研究中的杰出贡献,并称为"甲骨四堂"。此外,叶昌炽《语石》等书中记载了敦煌文书的相关内容,可视作最早的敦煌学研究著作(参见知识链接3-13);其后有罗振玉的《敦煌石室遗书》,书中还附有蒋斧的《沙州文录》和斯坦因等人的《流沙访古记》等涉及汉晋简牍的资料(图3-55)。

图 3-55　河西走廊出土汉晋简牍

　　在这一特殊时期,一批学者在学术研究上起到了承上启下的作用,既继承了旧有金石学的研究方法,也不同程度受到西方科学理论和考古新方法的影响,成为近代中国文物学研究的引路人。罗振玉将古器物概括为15类,即礼器、乐器、车器马饰、古兵、度量衡诸器、泉币、符契铭印、服御诸器、明器、古玉、古陶、瓦当砖甓、古器橅范、图画刻石、梵像,等等,并提出了"古器物学"的概念,认为古物不仅仅是文字资料的载体之一,其研究的最终目的也不只是"证经补史",要涵盖更为广阔的领域。王国维提出了"二重证据法",即利用地下出土的考古资料和传世文献相互印证来考释古代史,将古文字学、古器物学和经史考据学相结合,也是对旧金石学研究思路的一个突破(参见知识链接3-14、3-15)。罗、王二人的研究理论使专注于经史考证的传统金石学逐步向一个既包括考释又包括古器物器型、纹饰及分期断代等多种研究的新兴学科方向发展,这一思路同现在的文物学十分相似。

　　早期的中国考古学家在国家危亡时回到祖国,在强烈的爱国激情驱使下,觉得要恢复

〔1〕　李伯谦:《感悟考古》卷首《导言》,上海古籍出版社2014年版,第289—291页。
〔2〕　中国文物学会专家委员会编:《中国文物大辞典(下)》,中央编译出版社2008年版,第1338页。

中华文明,要在田野中发掘出一个个伟大的王朝,也确实取得了辉煌成就,以至于在当今研究中国古代史,离开了考古学是不成的。可是,中国的考古学自觉地走进一个怪圈——为"证经补史"服务,即中国的考古学研究目的就在于证明典籍的记载,并通过考古学的收获补充有文字记载的历史。在这种思想的指导下,最终形成了所谓的具有中国特色的考古学。然而,这样的学科逻辑实际上是让中国考古和世界考古失去了一个对话的平台,违背了考古学的本源。学术应该是多流派的,而这种状况恰恰是国家性、地区性支流淹没了主流。现代考古学要取得更大的发展,还应当回到学术的元点去。

整个 20 世纪,考古学提供了新的方法和技术,考古学也为文物学的研究提供了大批的、原来金石学所没有见过的古代遗物、遗迹;同时,考古学在处理古代的遗址或墓葬时,不自觉地运用了文物学的理论和技术。原本,考古学应当对文物学的发展起到非常大的促进作用。但是,考古学的迅猛发展和田野考古学的不断收获,也造成了一些学科分野上的误会:即由考古学取代文物学,笼罩文物学。考古学与文物学界限的模糊造成了两个问题:一方面使中国纯粹的考古学流派无法形成和发展;另一方面,来自考古学的长期笼罩也不利于文物学本身的发展。

第五节　文物学科在中国的重建

关键词:中国营造学社　现代博物馆　收藏热　文物拍卖

本节将试着探讨文物运动在中国近现代复杂的表现,讨论在此基础上中国文物学重建的问题。

一、学科的模糊

清政府的腐败,西方列强的入侵,几十年国际、国内的战争,动荡的社会环境,等等社会因素,使得文物收藏家队伍锐减,使得金石学的传统在中国中断,文物学陷入了低谷。以后,与文物学相关学科的界限便开始模糊了。同时,无论是从西方新传入的考古学,还是博物馆学、图书馆学,都吸引着近代先进知识分子的目光,他们试图在中国传统的金石学之中找到相关学科建设的本土来源,也使得金石学与这些新兴学科难以分离,但是,在中国一直缺乏明确的科学的文物学学科的建立(参见知识链接 3 - 16)。

自 1949 年以后,文物学与相关学科的关系进一步模糊化,并且出现了一系列问题,比如,考古学对文物学发生了覆盖性的影响,文物学没有了学科的独立性;民间对文物的主动收藏进一步减弱、甚至几乎消失,文物的教育作用受到抑制。由于长期与考古学界限不明确,国家当时关于文物的法律从形式到词汇都不够严谨;不仅专门的文物科研部门缺失,也造成了考古学机构、博物馆机构的体系模糊;文物学教育也几乎不见。

二、中国近现代博物馆的建成与发展

　　先进的近现代博物馆理念和实践传入中国,是在清代后期,当时出洋考察的官吏们、
留学的知识分子们将西方先进的博物馆思想
带到中国来,其中最著名的是张謇,他进行了
博物馆的理论探索和具体实践,主持建立的南
通博物苑是中国人兴办的第一家近现代意义
上的博物馆(图3-56),南通博物苑虽然规模
不大,但完整体现了现代博物馆的理念。张謇
的博物馆学实践实际上还是私人性质,中国真
正的由国家介入博物馆兴建的动议产生于清
代末年,立宪派把筹建"京师博物院"这件事提

图3-56　今南通博物苑

上议事日程,但只有意见却并未付诸实践。因为中国的传统文化理念和藏品储备,中国的
近现代博物馆以历史性、艺术性为主,中国博物馆藏品的大多数为具有代表性的文物。

　　博物馆在中国经历了三个大的发展高峰。第一个发展高峰是在20世纪初至30年
代,代表性的博物馆有北平(现北京)国立故宫博物院,南京的中央博物院(筹),这个阶段
几乎奠定了中国现代博物馆的基础,抗日战争中断了中国博物馆发展的历史。故宫博物
院和中央博物院的工作人员将数十万计文物,冒着战火转移十数个省份,在极端艰险的条
件下保存了民族瑰宝,在人类文物学史上写下了可歌可泣的一段。

　　第二个发展高峰是20世纪50年代,以中国历史博物馆、中国革命博物馆和中国人民
革命军事博物馆为代表的北京三大馆建设(图3-57),促使中国现代博物馆的模式形成,
及时地反映了中国考古学和文物征集的成果。其时,在台湾地区建成了著名的台北故宫
博物院。全世界得以瞩目中国现代博物馆的成就。

图3-57　中国人民革命军事博物馆

　　第三个发展高峰是20世纪70年代末以后,各省都办起了大型、综合性的,以历史性、
艺术性为主体的博物馆;出现了陕西省博物馆、河南博物院、首都博物馆、上海博物馆新

馆、天津博物馆、中国国家博物馆(由原来的中国历史博物馆、中国革命博物馆合并而成)
(图3-58)、南京博物院新馆,等等一大批经过新兴改造的博物馆,这次的建设成果使得
中国博物馆的硬件设备基本上站在了世界前列;另外,各具特点的如青铜器、陶瓷器、古石
刻、古文字和其他专业性博物馆,还有大量民营博物馆出现,既反映了文物学、收藏学的成
就,也在一定程度上代表了中国博物馆的发展方向。

图3-58　中国国家博物馆

需要提出的是,无论是张謇还是在他之前的中国先进知识分子,对博物馆强调的主要
有博物之"博"、公共性以及教育作用。现在中国的大部分博物馆,仍然偏重于历史性和艺
术性,缺乏自然科学、工程技术、妇女儿童等多种学科门类的博物馆和地方志类的博物馆;
以张謇为代表的百年前的博物馆先进理念,首先是教育到现在尚未全面落实;博物馆事业
缺乏基础的立法,也没有充分发挥国民教育机构的作用。近年博物馆的发展重硬件建设、
轻藏品建设的问题日益突出,其中相当部分反映了文物学研究的缺位。博物馆要有博物
馆的语言,这个语言和藏品的构成有关,收藏的文物会辐射到文物的收藏者群体,辐射到
整个城市,成为这个城市乃至人群的语言之一。所以,中国现代博物馆事业发展中的重要
瓶颈之一,是文物学发展的滞后。

三、文物事业的发展与文物收藏的复活

在20世纪初掀起考古学研究热潮后,由于国内形势愈加紧张,各学科发展陷入一个
相对低潮,但是即便如此,仍然有不少学者在战争中继续着学术研究。1929年3月,朱启
钤等人创办"中国营造学社",由梁思成、刘敦桢两人分别负责法式、文献两组,这是一个中
国古建筑文物调查、记录、研究的重要组织。中国营造学社在全面抗战开始前在华北地区
活动,调查了2000余处古建筑或其他文物遗存的研究、保护情况,战争时期又迁往西南地
区(图3-59)。学社汇集了一批当时顶尖的古建筑文物研究专家,通过实地调查,留下了
一批珍贵的测绘资料,构建了中国古建筑文物研究的基本框架。

1949 年之后,随着考古学科的高速发展,文物学成为考古学的附庸和补充,只起着一定的拾遗补阙的作用。与考古学基本无关的如古书画研究,一般又分解到博物馆、美术馆的工作之中。反映近现代以来革命斗争史的"革命文物"受到一定重视,但是在全面性、系统性、科学性上做得还不够。文物商业只局限在"少出高汇,细水长流"方针指导下的国营对外活动之中。随着民间文物收藏和研究的实际停滞,社会上长期以来对于文物、收藏活动相当隔膜。《文物》杂志长期出版,但内容以文物工作方针、考古学的新发现为主,缺乏文物学的系统研究。

图 3-59　抗战期间中国营造学社在四川宜宾李庄的临时工作点

20 世纪 70 年代后期改革开放以后,随着改革开放的深入发展,人民物质生活水平提高,久违的中国文物市场开始活跃起来,出现了民间收藏的风潮,小有资产且对文物有兴趣的人往往乐于在古玩市场、艺术市场、旧货市场中"淘货",而且收藏的种类较原先又有了一次扩大。除了邮票、旧版人民币等品类外,古代器物、旧艺术品逐渐上升为收藏主体。还有人对收音机、电视机、手机、电脑这类更新换代速度极快的物品进行收藏,这反映了文物生成的客观规律。在这民间收藏热过程中,新媒体的宣传也起到了推波助澜的作用,《鉴宝》等收藏节目在向民众普及文物知识的同时,也将文物、艺术品的投资不断推向了高潮。顺应这种潮流,一大批文物鉴赏、鉴定的"指南"出现,这些指导手册大多科学性欠缺,质量参差不齐。应当指出,文物收藏热这种状况,没有得到文物学的科学指导,真伪不分,纠纷不断,个人乃至国家受到损失的情况时有发生。这对文物学学科的发展提出了更高的要求,也是促使文物学与考古学学科分离的一个重要契机。

随着博物馆制度的健全和各地之间交流的愈加紧密,馆际文物交流活动更加频繁。针对特定的、专题的展览的图录、图册在不同标准下对文物进行了科学的、艺术的归类,为文物学研究提供了很好的素材(图 3-60)。此外,很多私人收藏家也将自己的收藏编成图册出版,这样的资料对于推动文物的流传有序和综合研究也有很大的帮助。

图 3-60　故宫出版《觞咏抒怀——故宫博物院藏古代酒具》

20 世纪的后期,受到国家鼓励和支持,在私人文物收藏的基础上,中国出现了民营(或称私营)博物馆,收藏门类细致而全面,收藏数量巨大(图 3-61)。民营博物馆方兴未艾,若从数量计,几乎已占中国博物馆事业的半壁江山,文物收藏成为有益的、群众性的社会文化活动,推动了中国的文物、博物馆事业的发展;民营博物馆所取得的成就和暴露出的许多问题,也引起了有关博物馆、文物法制建设部门的重视。民营博物馆的文物收藏活动,已经成为文物学研究的重要方面。

图 3‑61　中国紫檀博物馆出版的私人收藏图册《丽质华堂》

四、文物商业活动与拍卖的产生与发展

　　从 1949 年直到改革开放,中国文物商业的规模一直比较小,而且偏重于面向国有博物馆产品征集和国外的收藏需求;相关商业中没有文物拍卖这一项。另一方面,"地下的"、非国营的文物交易活动一直存在,甚至和盗墓、走私活动相勾结,其影响是负面的,实质是违法的。但是,在这一方面长期以来总结研究不足。

　　"拍卖"一词源于唐杜佑《通典·食货·田制》:"诸以财物典质者……经三周年不赎,即行拍卖。"而具体到拍卖的这种行为则要更早一些。在国际上,古罗马时代即有拍卖奴隶、拍卖劫掠他地宝物的明确记载。现代意义的中国商业拍卖则源于国外的拍卖企业在中国的有关活动,19 世纪即有外国商人在中国开设洋行,拍卖变质的、廉价的商品。1874 年在上海建立的(英属)鲁意斯摩洋行是中国最早出现的拍卖行。[1] 随后,北京、上海等地陆续出现多家外国拍卖行。1949 年以后的相当长一段时间内,拍卖行业的发展陷入低谷,改革开放以后,拍卖市场才又逐渐兴盛起来。1986 年,在广州出现了内地的第一家国有拍卖行,当时国家明令禁止文物买卖,只有少数国营公司才有经营文物的许可,拍卖行经营的商品中几乎没有文物艺术品的一席之地。1992 年,深圳和北京相继出现了艺术品拍卖会;1993 年,上海朵云轩艺术品拍卖公司、中国嘉德国际拍卖有限公司成立;1994 年,北京翰海艺术品拍卖公司等一批公司相继成立。中国的艺术品拍卖市场在高起点中迅速崛起。[2] 必须指出,上述拍卖公司拍卖的艺术品项目中,有很大一批属于本教程界定的文物范畴。

　　按照 1982 年 11 月 19 日公布的《中华人民共和国文物保护法》规定,文物不是一般商品,私人收藏的文物应送到文化行政管理部门指定的单位,即由文物商店收购,其他任何单位或者个人都不得经营文物收购业务。但是,1992 年北京国际拍卖会的组织者经过多

〔1〕　霍玉芬:《拍卖法要论》,中国政法大学出版社 2012 年版,第 21 页。
〔2〕　韩骏伟、胡晓明编著:《文化产业概论》,中山大学出版社 2014 年版。

方联系,经有关方面批准,将 2188 件上至商周时代的青铜器、下讫近现代的书画,以及明清时代的官窑瓷器推上了拍卖会,这场拍卖会对于相关政策的完善具有深远影响。国家文物局将建设合法的文物艺术品拍卖市场的工作提上日程,于 1994 年 7 月下发了《关于文物拍卖试点问题的通知》和《文物境内拍卖试点暂行管理办法》,经过北京翰海、中国嘉德、四川翰雅、北京荣宝、上海朵云轩、中贸圣佳等六家公司试点,总结经验并且在全国推广。[1]

从 1992 年至今的 30 余年间,文物拍卖市场飞速发展(图 3 - 62)。2009 年 10 月,在中贸圣佳秋拍中,一幅徐扬的《平定西域献俘礼图》(图 3 - 63)最终以 1.344 亿元成交,成为中国首件亿元拍品。次月,北京保利秋拍中,吴彬的《十八应真图》和曾巩的《局事帖》两件中国书画作品均以过亿价格成交。这使得我国艺术品拍卖市场正式进入了"亿元时代"。2017 年的秋拍,中国内地过亿拍品 11 件,香港 9 件,无论总成交额还是上亿拍品数量均为历年之最。

图 3 - 62　1992 年北京国际拍卖会

图 3 - 63　徐扬《平定西域献俘礼图》

五、文物学建设的基本展望

在中国,文物学科重建的重要前提,包括了:中国考古学的飞速发展,中国博物馆事业的高水平发展,以及文物法制的全面建立,高等教育中文物学科的健全。还有,随着社会法制程度、安定程度和文明程度的提高,作为群众性社会文化活动的文物收藏活动、商业活动的恢复与发展。

中国考古学的学科发展与田野工作中考古学的不断收获,中国以历史性、艺术性博物馆为主体的博物馆事业蓬勃发展,这些都逆向地提出要重视发展中国文物学。当今社会对文物学的需求、关注、研究,以及社会收藏界对文物的追捧十分热烈,但是,中国文物学科的发展滞后,远远落后于文物事业的发展。目前,现代中国文物学学科还处于起步阶段,继承传统金石学而又高于金石学的文物学理论建设还在探索阶段。中国文物学从宏观上要考虑学科的布局、分支、基本理论、基本方法,微观上还要从文物的各个类别探讨每一类具体文物的来龙去脉,文物学科的重建任重而道远。

---

〔1〕 赵榆著:《中国文物艺术品拍卖二十年(1992—2011)》(中册),文物出版社 2013 年版,第 546 页。

第六节　外国文物学史略

关键词:早期洞窟岩画　希腊罗马　教会收藏　美第奇家族

本节介绍的外国文物研究史既包括不同时期、不同区域出现的文物收藏,也包括针对这些收藏进行的学术研究历史。鉴于本节所述"外国文物"涉及地理区域广阔、地区的历史演进各有先后,本教程将以西欧的历史文化分期为主要标准,分地域介绍相应时期的一些文物收藏。

一、史前时期

早期人类进行各种收藏,最初目的无外乎审美、追寻历史感或是出于好奇心(包括宗教信仰),这在各个地域都是相通的。不过,由于地理环境不同,每个地区体现这种心理的文物收藏的类型、材质各有不同。

1. 欧洲

与东亚中国的中心文化区有所不同,精彩的岩画创作贯穿了欧洲旧石器时代的后期,存量很大、艺术性很高,构成了早期人类艺术重要的一环。距今约 35 000 年的旧石器时代晚期,以西班牙北部和法国中南部为中心的地区陆续出现岩画,形象复杂,色彩丰富。

虽然绘制岩画的行为本身算不上是单件文物的收藏,但确是人类审美意识的表现以及出于保藏这些艺术品的需要。1994 年,法国肖维岩洞被发现,其中有距今约 32 000 年和距今约 15 000 年两个时期的岩画共存。除了数百幅岩画之外,还发现了一小块用火的遗迹,以及它前方的一块石板上放置的一个熊头骨,石板周围同样有熊头骨环绕,这显然是被有意布置的,因此,一些学者认为,这个洞窟在当时可能是被用作祭祀而非居住。动物头骨显然属于有意识的收藏。

图 3 - 64　"史前维纳斯"女性雕像

除此之外,在其他一些发现岩画的洞窟中,还有同时期的小型雕像共存,这也是一种文物收藏。在欧洲广泛存在一种"史前维纳斯"的女性雕像(图 3 - 64),一般认为其年代大约在公元前 30 000—前 20 000 年,可能是史前时期生殖崇拜的产物。

2. 西亚

西亚地区拥有发达的人类早期城邦文明,发现于约旦的杰里科城和安纳托利亚的卡塔尔·胡尤克城在约公元前 7000 年,就已经具有城市规模,城中发现小型宗教建筑,并有真人大小的塑像等,可能与祖先崇拜有关。杰里科城遗址中有一座石制高塔,在它的墙上嵌入了些用死者头骨加工的头像,可能出于"灵魂转世"的观念。[1]

苏美尔时期,宗教场所是一个收藏比较集中的地方,收藏品以神像为主,也有一些国王、领导者等的雕像。除了神庙等宗教建筑,王宫也是文物收藏的重要场所,大量神祇的雕像在这些建筑内被发现,还包括从最早的石雕到后来的青铜制品。神像是西亚艺术一个重要的题材(图3-65、图3-66)。

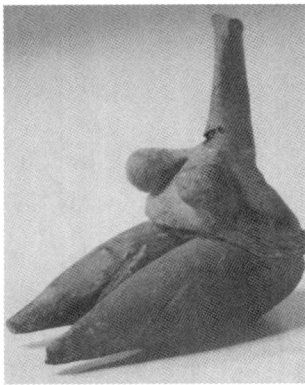

图3-65 女性陶土人偶

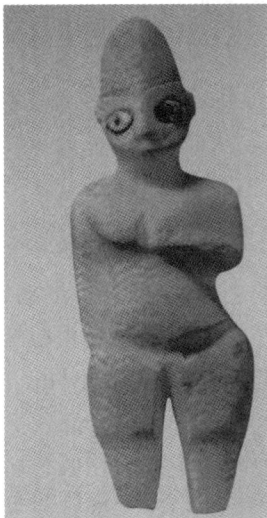

图3-66 雪花石膏女雕像

19世纪中期,英国考古学家在古亚述帝国的尼尼微王宫地下发现大量泥版书,包括王室档案文书和一些文学作品,被认为是当时的国王汉尼拔的藏书库,也是世界上已知最早的图书馆和档案馆。

3. 非洲

今天的各种考古研究证明,东非大裂谷是人类的重要起源地之一,在其东支西侧、坦桑尼亚北部的奥杜韦谷地,曾发现距今约350万年的"能人"化石。同一区域,在距今约400万年沉积形成的火山灰中,发现属于"能人"的数枚足印。此后,在奥杜韦谷地陆续发现大量石器,其中最早的奥杜韦第Ⅰ层经测定距今约175万年。

到公元前4500年出现的巴达里文化时,有一些迹象表明,当时的文物收藏可能已经出现。在巴达里文化遗址中发现大量念珠、装饰类贝壳等饰品,一些动物骨骼被雕刻成护身符一同放在身边。在遗址墓葬中,发现大量女性塑像,大部分为黏土捏制,还有少量陶制的,这些塑像可能有某种纪念意义。

古埃及人非常重视死后的世界,他们的墓葬,尤其是有权势的法老的金字塔中均有大量的雕刻、壁画和各种艺术品。古埃及的收藏活动也十分发达。统治者会有意识地寻找

---

〔1〕 高火编著:《古代西亚艺术》,河北教育出版社2013年版。

珍奇的宝物,始建于公元前 18 世纪的卡尔纳克阿蒙神庙,就汇集了历代法老的收藏品,经过近两百年的不断扩建,成为包括太阳神殿、月亮神殿、图特摩斯二世和拉美西斯二世纪念堂以及图书馆、学校、作坊在内的整体建筑群,不仅是丰富的艺术品收藏宝库,也是研究埃及历史的重要档案库。[1] 在 1922 年,英国考古学家霍华德·卡特发现了约公元前 14 世纪在位的法老王图坦卡蒙的墓葬,墓葬内出土了一大批珍宝,其中相当一部分是图坦卡蒙生前的收藏,包括一些手杖、权杖、葡萄酒等。

4. 美洲、大洋洲

在美洲和大洋洲的文化演进相对缓慢,在大约公元前 2000 年至公元前 1000 年,陆续出现比较具有代表性的早期文化。美洲印第安文化最引人注目的是人像石雕艺术,分布于墨西哥湾沿岸地区的 14 个奥尔梅克巨石头像中,最大的一个重达 30 多吨,其石料是经水路从远方运输而来的(图 3 - 67)。此外还有大量小型石雕、宝石人像广泛存在于宗教建筑中。公元 2 世

图 3 - 67　墨西哥奥尔梅克巨石头像

纪以后,萨波特克文化遗址的一些墓葬中,多使用精美的彩陶作为随葬品。

大洋洲孤悬于太平洋,同世界上其他地区的交流相对比较少,因而造就了其独特的艺术风格。这里留存的文物带有强烈的神秘感和宗教色彩,同样也大量被收藏在庙宇等宗教场所中,以木雕神像为主要收藏对象。

二、文艺复兴之前的文物收藏研究

1. 古希腊、古罗马的收藏

古希腊最初的收藏,同样很多都保存于神庙等宗教建筑中,古希腊人将他们的艺术品摆放到神殿中同众神分享,因而形成独特的"藏宝库"。公元前 5 世纪的特菲尔·奥林帕斯神殿中,有一个用于存放战利品和雕像的专室,神职人员会保存并记录下与祭神相关的东西;在这其中也有一部分是实用品,一旦这些东西不再使用,就会被埋藏在神殿附近。因此,古希腊的神殿及其周边积累了大量文物埋藏品。

古希腊的文物收藏相比之前有不小的进步,不仅具有前所未有的庞大规模,而且出现了针对文物的研究。这种研究首先从记录开始,神职人员将藏宝库里的东西进行整理记录,一些学者也会将他们在神殿见到的东西描述出来,譬如希腊历史和地理学家帕萨尼亚斯所著的《希腊志》一书,就列举了他在各地名胜诸如雅典卫城、奥林匹亚的宙斯神庙等所见的文物,包括雕像、壁画、铜器和其他制品等,并记录了该物品的历史和与之相关的出处传说。

据西方历史学家的记载,世界上最早的博物馆是始建于公元前 290 年左右的亚历山大里亚博物馆,但亚历山大进行古物收藏的历史则要更为久远。公元前 4 世纪开始,亚历

---

〔1〕　李雪梅:《中西美术收藏比较》,邓福星主编:《中西美术比较丛书》,河北美术出版社 2000 年版,第 80 页。

山大大帝在征战过程中不断掠夺欧、亚、非各地的珍奇宝物,并将其全部集中到亚里士多德的学园里。这些藏品中不仅有手稿、古物、金属和宝石艺术品,甚至还包括各种动植物的标本,这在古代收藏活动中是比较罕见的。公元前290年,托勒密·索托[1]依托这些藏品创建了亚历山大里亚博学园,里面包括图书馆、动植物园、研究院和缪斯神庙,其中缪斯神庙是专用于收藏古物珍品的博物馆。

图3-68　古希腊雕像

古罗马的收藏大多继承了古希腊的传统,不仅将古希腊的旧藏纳入,而且古希腊时期所创作的众多精美雕像(图3-68),也被放入神庙或是被王室、贵族私藏,收藏行为在王公贵族间蔚然成风。古罗马的统治者将各大洲的古物、奇珍异宝、奇花异草、少见的动物、俘获的奴隶,陈列在罗马的大道两侧,使得整个罗马城成为一所空前庞大的博物馆。

2. 中世纪的收藏

中世纪的天主教教会是最重要的收藏主体,在许多大教堂中,会辟出专室进行珍宝陈列,通常是与天主教有关的圣物或是艺术品,收藏的规模和范围疾速扩大。这些文物既有原来古希腊、古罗马遗留的珍藏,也有十字军东征和朝圣者从远方带来的物品,很多贵族即使得到了宝物珍品,也会选择将其供奉给教堂或修道院,以求得上帝的庇护。在这种情况下,教堂成为艺术品收藏的中心,而它们往往会给藏品做一份目录,写明它的来源,也为今天人们探究这些藏品的源头提供了依据。

作为天主教中心的梵蒂冈教廷是整个欧洲最大的文物收藏场所,在强大的宗教势力下,许多文物一出现就被教廷收藏。例如,1506年,雕塑"拉奥孔"(图3-69)刚一出土便被教廷收入囊中。文艺复兴时期的一大批艺术家也被教会招揽,创作用以装饰教堂的壁画和雕塑。这些收藏中,还有很大一部分是古希腊、古罗马时期流传下来的古籍善本。不仅各地的大教堂拥有珍贵的手稿或抄本,在梵蒂冈更形成了一个藏书众多的图书馆。14世纪教皇达马苏斯一世时,图书收藏中就包括古希腊文和拉丁文稿本3650册。[2]

图3-69　拉奥孔雕像

三、文艺复兴及以后的文物收藏研究

14—16世纪的文艺复兴时期,世俗收藏日益壮大。除了王室贵族,市民阶层也加入

---

〔1〕　亚历山大大大帝去世后,埃及总督托勒密·索托在亚历山大里亚建都,建立托勒密王朝。

〔2〕　马继贤:《博物馆学通论》,四川大学出版社1994年版,第6页。

到文物收藏者的行列,在欧洲出现了大量的收藏家。随着同东方贸易的日益频繁,活跃的商人带来大量与欧洲艺术风格迥异的物品,这些多被王室或贵族收藏,形成与教会宗教色彩浓厚的收藏相对的世俗收藏,譬如流行于一些国家的钱币收藏。公元 15 世纪,德意志国王马克西米利安一世就对钱币收藏很有兴趣,他也许是最早的钱币收藏家;这种风气也同时出现在欧洲其他国家,英国斯图亚特王朝詹姆斯一世曾辟有钱币收藏专室,藏品甚丰。[1]

这一时期,家族收藏是私人收藏的最重要组成部分。意大利佛罗伦萨的美第奇家族在科西莫之后留下了价值约 75 万美元的珍宝收藏,包括珠宝、时钟、天文仪器、书籍、铠甲等,后来几经辗转,大部分现存于那不勒斯博物馆。科西莫还创建了美第奇图书馆,并随着一代代后人的努力不断扩充,藏有 10 000 册希腊文和拉丁文手抄本,其中不少是孤本。

由于人们对收藏产生空前的热情,古希腊、古罗马一些宫殿出土的碑石等文物往往受到极大欢迎,很快就有学者对它们进行研究,更有人专门到埃及和两河流域等地的遗址进行发掘并搜集这些古物。但是,因为文物保护意识比较薄弱,也没有科学的考古发掘理论指导,这种发掘往往是粗暴的,对文物的破坏比较大,加之利益驱使,一些古建筑受到不小损伤。19 世纪初,埃尔金雇佣数百人在雅典帕特农神庙进行"采集",获得 100 件石刻、一尊雕塑和数十个山墙壁板并将其运回英国,这一行为使得帕特农神庙建筑遭到了部分毁坏。

不过,大量汇集到欧洲的古代艺术珍品扩展了人们的视野,美术史研究因而逐渐走向专业化,与收藏紧密结合的文物学在客观上催生了使用科学手段采集、研究古代遗物的考古学。

四、考古学诞生以后

19 世纪开始,近代考古学渐渐走向成熟,这为文物研究发展提供了契机。这一时期,陆续有几项重大的考古发现,逐渐将此前以文物收藏为中心的观念扭转,实际上考古学和文物学产生了分离。例如:1750 年开始的对庞贝遗址的发掘,1846 年对古亚述帝国尼尼微城址的首次发掘等,虽然发掘过程的科学性还有待提升,但比起之前粗暴的挖掘行为已经有了明显的进步,发掘成果的文物的可研究性得以大大提升。

1819 年,丹麦皇家博物馆馆长汤姆森提出了"三期说",即人类的物质文化史按照石器时代、青铜时代、铁器时代的顺序发展。最初汤姆森是为了指导博物馆内的藏品摆放——在此之前的收藏,往往都是将所有东西混合在一起,不论次序。19 世纪,"三期说"开始用于指导田野考古实践,这标志着欧洲史前考古学的诞生。

考古学的发展使得人类物质文化史学研究的眼界大开,在实践上也促进了文物学的发展。它一方面提供了大量文物,另一方面提供了可以借鉴的科学方法与技术,文物搜索在地域上也大为开拓。

---

[1]　王传晋编著:《世界硬币的收藏和鉴赏》,上海科技教育出版社 2001 年版,第 89 页。

同样在 19 世纪,现代意义上的博物馆和美术馆在欧洲大量出现,面向公众展示各种古代艺术品,在进步的博物馆学理念的指导下,博物馆不仅仅是一个收藏场所,也是一个社会教育和科研场所,向公众普及历史文物知识,将文物保护的理念向更多人宣传。考古发掘与研究、近代博物馆的发展,一起推动了文物学的蓬勃发展。

五、现代文物学的发展

考古学与博物馆学是与现代文物学发展关系最为密切的兄弟学科,它们的研究理论或成果可以为文物学研究提供直接的参考借鉴。随着考古学理论和方法的不断进步,在田野实践中运用的技术越来越成熟,对发掘出的文物的破坏大大减小,考古学出现了世界化的趋势,文物研究的时效大为提高,研究的释读广度也是以往不可企及的。第二次世界大战结束以后,欧美地区考古学理论大发展,众多系统理论在这一时期诞生,并形成了各种流派。成型的理论在世界范围内传播,又加快了其他地区考古发掘的进展,考古发掘质量的提升,提供了更多可研究的文物材料。考古学在各大洲的发展,同样也是世界范围内古代文物的重大收获,它们越来越深刻地影响世界古代社会史研究。

整个 20 世纪,全世界博物馆事业蓬勃发展,文物藏品日益丰富,博物馆数量呈阶梯式增长。同时,博物馆的类型也越来越多、越来越细,除了传统的历史类博物馆,艺术类、自然地理类以及各种专门博物馆开始兴起,一些展示近代或现当代科技的,譬如航空航天博物馆、宇宙科学博物馆、现代生物科学博物馆等也都有出现。随着博物馆理论研究的不断深入,博物馆除社会教育与收藏的职能外,科学研究职能不断加强,成为文物修复、保护与研究的重要场所。针对重要的不可移动文物,兴建遗址博物馆进行就地保护,也成为现代文物保护的一个重要思路。

文物承载着一个国家、民族的历史记忆,其价值得到越来越普遍的认同。在推动世界范围内的文物保护工作中,联合国教科文组织及其附属机构做了许多有益的工作——1954 年,通过《武装冲突情况下保护文化财产公约》;1956 年,通过《关于适用于考古发掘的国际原则的建议》;1964 年 6 月,该组织发起了历时 6 个月的保护文物古迹的国际运动,要求各成员国扩充和改进保护文物的技术及相应法制措施,广泛宣传文物的价值和保护理念;1970 年,该组织通过了《关于禁止和防止非法进出口文化财产和非法转移其所有权的方法的公约》;1972 年 11 月,该组织第十七届会议通过了《保护世界文化和自然遗产公约》,宣示国际社会有责任通过提供世界性的援助来参与保护具有突出意义和普遍价值的文化及自然遗产;1978 年 11 月,该组织第二十届会议通过了《关于保护可移动文化财产的建议》;1990 年 10 月,国际古迹遗址理事会第九届全体大会在洛桑通过了《考古遗产保护与管理宪章》,并于当年 10 月 1 日生效;2001 年,联合国教科文组织通过《保护水下文化遗产公约》;2003 年通过《关于蓄意破坏文化遗产问题的宣言》。这些国际公约的制定促进了文物保护工作的国际化进程,推动各国协同共进保护文物,打击各种涉及文物的非法行为。在此基础上,也促进了文物保护、研究和交流展示走向世界一体化。

知识链接

知识链接 3-1

"红山文化玉器主要有璧、璜、环、珠、坠棒形玉以及龙、龟、鹄等动物形玉。这些玉器从形制(如多有穿孔等)及其所在墓中情况看,最重要的用途是装饰,但根据当时的社会状况,它们尤其是玉龙、玉箍形器等肯定已超脱出原始美感和由此而产生的装饰意义,走上了和原始信仰、图腾崇拜相结合的道路。"[1]

知识链接 3-2

九鼎铸造的故事最早见于《左传·宣公三年》:"昔夏之方有德也,远方图物,贡金九牧,铸鼎象物,百物而为之备,使民知神奸。故民入川泽山林,不逢不若,螭魅罔两,莫能逢之。用能协于上下,以承天休。桀有昏德,鼎迁于商,载祀六百;商纣暴虐,鼎迁于周。"[2]但并未说是哪位君主铸鼎。到了汉代以后,就普遍认为是禹铸了九鼎,如《史记》记载禹"收九牧之金,铸九鼎,皆尝鬺烹二帝鬼神,遭圣则兴,迁于夏商。周德衰,宋之社亡,鼎乃沦没而不见",[3]《汉书》也有禹"收九牧之金,铸九鼎,象九州……夏德衰,鼎迁于殷;殷德衰,鼎迁于周"[4]的记录。

知识链接 3-3

仲尼在陈,有隼集于陈侯之庭而死,楛矢贯之,石砮其长尺有咫。陈惠公使人以隼如仲尼之馆问之。仲尼曰:"隼之来也远矣,此肃慎氏之矢也。昔武王克商,通道于九夷、百蛮,使各以其方贿来贡,使无忘职业。于是肃慎氏贡楛矢、石砮,其长尺有咫。先王欲昭其令德之致远也,以示后人,使永监焉,故铭其栝曰'肃慎氏之贡矢',以分大姬,配虞胡公而封诸陈。古者分同姓以珍玉,展亲也;分异姓以远方之职贡,使无忘服也。故分陈以肃慎氏之贡,君若使有司求诸故府,其可得也。"

——《国语·鲁语下》

知识链接 3-4

"汉武创置秘阁,以聚图书;汉明雅好丹青,别开画室,又创立鸿都学以集奇艺,天下之

---

[1] 昭明、利群编著:《中国古代玉器》,赵丛苍主编:《中国文物序列》,西北大学出版社 1993 年版,第19 页。

[2] 杨伯峻:《春秋左传注》,《中国古典名著译注丛书》,中华书局 2016 年版,第 669—671 页。

[3] [汉]司马迁:《史记》,中华书局 1982 年版,第 327 页。

[4] [汉]班固:《汉书》卷二五《郊祀志上》,中华书局 1962 年版,第 1018 页。

艺云集。"〔1〕

知识链接 3-5

　　是时，美阳得鼎，献之。下有司议，多以为宜荐见宗庙，如元鼎时故事。张敞好古文字，按鼎铭勒而上议曰："臣闻周祖始乎后稷，后稷封于斄，公刘发迹于豳，大王建国于郊、梁，文武兴于丰镐。由此言之，则郊、梁、丰、镐之间周旧居也，固宜有宗庙、坛场祭祀之藏。今鼎出于郊东，中有刻书曰：王命尸臣'官此栒邑，赐尔旂鸾黼黻雕戈。'尸臣拜手稽首曰：'敢对扬天子丕显休命。'臣愚不足以迹古文，窃以传记言之，此鼎殆周之所以褒赐大臣，大臣子孙刻铭其先功，藏之于宫庙也。昔宝鼎之出于汾脽也，河东太守以闻，诏曰：'朕巡祭后土，祈为百姓蒙丰年，今谷嗛未报，鼎焉为出哉？'博问耆老，意旧藏与？诚欲考得事实也。有司验脽上非旧藏处，鼎大八尺一寸，高三尺六寸，殊异于众鼎。今此鼎细小，又有款识，不宜荐见于宗庙。"〔2〕

知识链接 3-6

　　"吉金""乐石"二词的来源，可参考朱剑心《金石学》的考证："周代彝器之铭，多曰'吉金'；吉，坚结之意也，如王孙遗者钟曰'择其吉金'，邾公华钟曰'择厥吉金'，仆儿编钟曰'得吉金镈铝'，陈侯因齐敦曰'诸侯寅荐吉金'……是也。秦《峄山刻石》曰'刻此乐石'。营其质之美也。故汉碑亦称'嘉石'，六朝墓志或曰'贞石'，其义一也。"〔3〕

知识链接 3-7

　　2006 年 1 月，公安侦破陕西蓝田北宋吕氏家族墓被盗案，陕西历史博物馆征集了追缴的部分文物，其中有西周乳钉纹簋、战国鱼虎纹鼎、西汉带盖鼎、西汉鎏金铺首、汉博山炉，以及汉至唐代的铜镜、匜、人像等。有不少都带有北宋刻铭，显示皆为吕氏家族成员收藏并殉葬。〔4〕陕西省考古研究院于 2006—2009 年对吕氏家族墓进行了抢救性考古发掘，清理了北宋墓葬 29 座和家庙遗址 1 座，初步判定其中 2 号墓的墓主就是金石学鼻祖之一的中国古代文物学家、收藏家吕大临。〔5〕

知识链接 3-8

　　清初金石学家们注重从保存史料的角度著录碑碣文，如《求古录》的择取标准是："择

〔1〕　[唐]张彦远著，俞剑华注释：《历代名画记》卷一"叙画之兴废"，上海人民美术出版社 1964 年版，第7页。

〔2〕　[汉]班固：《汉书》卷二五《郊祀志下》，中华书局 1962 年版，第 1251 页。

〔3〕　朱剑心：《金石学》，浙江人民美术出版社 2015 年版，第 4—5 页。

〔4〕　陕西历史博物馆编，程旭主编：《金锡璆琳——蓝田吕氏家族墓出土文物》，三秦出版社 2013 年版。

〔5〕　陕西省考古研究院：《陕西蓝田县五里头北宋吕氏家族墓地》，《考古》2010 年第 8 期。

可传者录之以遗诸后人，其高文大篇已见于方志者不录，碑刻之摹拓而传于世者不录，近代词人之作多有文集者不录，在乎阐幽表微，备史乘之遗，存前古之制。"〔1〕

知识链接 3－9

"乾隆中，大臣收复西域乌鲁木齐，筑城郭时掘得汉裴岑《破呼延碑》，字体完整，远胜曹全、夏侯诸拓本。石逾千载，尚未剥落，真奇物也。纪晓岚尚书曾藏一通，罕以示人云。"〔2〕

知识链接 3－10

"日本天明四年，筑前那珂郡人掘地，得一石室，上覆巨石，下以小石为柱。中有金印一，蛇纽方寸，文曰汉委奴国王。予尝于博览会中亲见之。日本学者皆曰：那珂郡古为怡土县。日本《仲哀纪》所谓伊都县主，即《魏志》所谓伊都国也。上古国造百三十余国，其在九州者分十九国，在四海者分为十国。《汉书·地理志》：倭人分为百余国。《三国志》：倭人旧邑百余国，汉时有朝见者，今使译所通三十国。二书所谓百余国，与《国造本纪》相符，所谓三十国，盖指九州四海之地，也在日本西南海滨，距朝鲜最近。此委奴国意必古伊都县主，或国造之所为，并非王室之所遣。其曰委奴，译音无定字云。余因考《魏志》云：到伊都国，世有王，皆统属女王国，郡使往来常所驻。《后汉书》云：委奴国，倭国之极南界也。又云：其大倭王居邪马台国。邪马台即大和之译音，崇神时盖已都于大和矣。谓委奴国非其王室，此语不诬。"〔3〕

知识链接 3－11

"王道士发现藏经洞时，由于他'没有什么文化，粗识的几个字，还不能使他认识到眼前文物的价值。他望着满满一洞经卷不知所措'。于是他选出一些卷子送给知县，当时任敦煌知县的严泽就手存二卷。1902 年，王道士又送了一批经卷给新上任县令汪宗翰。'汪学识很好，对于历史文物有相当的知识'，他一看便知道这些东西的价值。这个史实告诉人们，王道士发现藏经洞后，面临着一洞经卷的保护问题，是尽了自己的一定责任的，即立即并三番两次地向地方官汇报此事，可是地方官员如何对待和处理此事的呢？严泽似乎没有多管'闲事'，汪宗翰也只是'将此事上报甘肃省'，或'从王道士手中拿走一些敦煌卷子、文物和拓片送人'。"〔4〕

知识链接 3－12

1813 年，韦代尔·西蒙森出版《概论我国历史上最古老最强大的时期》一书，其中提

---

〔1〕 ［清］顾炎武著：《求古录·自序》，清光绪十四年行素草堂金石丛书本。
〔2〕 ［清］昭梿著：《啸亭杂录·呼延碑》，《历代史料笔记丛刊》，中华书局 1980 年版，第 340 页。
〔3〕 ［清］黄遵宪撰：《日本国志·邻交志上》，晚清东游日记汇编，上海古籍出版社 2001 年版，第 52 页。
〔4〕 胡同庆、周维平：《敦煌学发展阶段述论》，《社科纵横》1994 年第 3 期。

到："斯堪的纳维亚最早的居民所使用的武器和工具起初是石质和木质的,这些人后来学会了使用铜……然后才会使用铁。因而这样看来,他们的文明史可以分成石器、铜器和铁器三个时代,但他们之间不可能丝毫不重叠地截然分开。"[1]

这是最早提出的"三期说"划分理论,但它的首次应用则要到1819年,丹麦皇家博物馆馆长汤姆森将馆藏文物按照石器、铜器和铁器三个时代进行展出。由此,早期古物学开始向成熟的考古学发展。

知识链接 3 - 13

"《语石》,清代金石学著作。叶昌炽著。十卷。宣统元年(1909)刊行。叙述碑刻制度、文字内容、书法演变、摹拓技术、收藏辨伪等,兼采有关石刻的遗闻逸事,凡484条,研究对象从传统的碑志扩大至桥柱、井栏、石人、石狮题字,为中国第一部通论古代石刻文字的综合研究著作。后有柯昌泗著《语石异同评》,对此书多所补正。"[2]

知识链接 3 - 14

"吾辈生于今日,幸于纸上之材料外,更得地下之新材料,由此种新材料,我辈固得据以补证纸上之材料,亦得证明古书之某部分全为实录,即百家不雅驯之言亦不无表示一面之事实。此'二重证据法',惟在今日始得为之。虽古书之未得证明者,不能加以否定,而其已得证明者,不能不加以肯定,可断言也。"[3]

知识链接 3 - 15

"我们要说殷墟的发现是新史学的开端,王国维的业绩是新史学的开山,那样评价是不算过分的。"[4]

知识链接 3 - 16

考古学根据生物学的成就又发展出"考古学的类型学",又叫作"器物形态学"。人类所用的器物是在不断变化的,这种变化在同类器物、事物之间,是可以观察把握的,并且据此可以分成一定的演化阶段、发展时期。这就是考古学分析具体的材料的依据。墓葬、宫殿、陶器、青铜器都存在变化,有时是突变,大部分时候是渐变。中国金石学研究文物是注意了形的变化,但没有指出变化的内在关系,更没有指出变化波及的其他方面。

---

[1] G. Daniel. *A Short History of Archaeology*. London：Thames and Hudson ltd. 1981.

[2] 王巍总主编:《中国考古学大辞典》,上海辞书出版社2014年版,第104页。

[3] 王国维:《古史新证》第一章"总论",《古史新证——王国维最后的讲义》,影印北京来薰阁1935年影印本,清华大学出版社1994年版,第2—3页。

[4] 郭沫若:《十批判书·古代研究的自我批判》,《郭沫若全集　历史编》第二卷,人民出版社1982年版,第6页。

参考文献

1. 王巍总主编:《中国考古学大辞典》,上海辞书出版社 2014 年版。
2. 俄军编著:《文物法学概论》,兰州大学出版社 2006 年版。
3. 中国文物学会专家委员会编:《中国文物大辞典》,中央编译出版社 2008 年版。
4. 霍玉芬:《拍卖法要论》,中国政法大学出版社 2012 年版。
5. 韩骏伟、胡晓明编著:《文化产业概论》,中山大学出版社 2014 年版。
6. 赵榆:《中国文物艺术品拍卖二十年(1992—2011)》,文物出版社 2013 年版。
7. 李雪梅:《中西美术收藏比较》,《中西美术比较丛书》,河北美术出版社 2000 年版。
8. 马继贤:《博物馆学通论》,四川大学出版社 1994 年版。
9. 高火编著:《古代西亚艺术》,《世界艺术宝库》丛书,河北教育出版社 2003 年版。

本章自测

1. 近代我国文物大量流散国外,你如何看待"只要能够得到保护,文物在哪里都可以"的观点? 对于这样的文物,我国是否应该坚持追讨?

2. 吕大临在其著作《考古图》后记中曾言:"……非敢以器为玩也。观其器,诵其言,形容仿佛以追三代之遗风,如见其人也。以意逆志,或深其制作之源,以补经传之阙亡,正诸儒之谬误,天下后世之君子有意于古者,也将有考焉。"说明他进行金石学的研究,目的在于了解制作技术、补充与纠正历史文献。而在后世的实践中,大多数学者更加关注后者,而鲜见对文物制作过程的探源,这也导致对某些文物长久的错误看法。你认为应该如何求得两者之间的平衡?

3. 近年我国博物馆数量呈现爆炸式增长,私人博物馆如雨后春笋般出现,然而伴随而来的却是展陈学术质量的下滑。考古资料的不断发掘为博物馆提供充足的展品,但与此同时,对于文物研究的速度却极为缓慢。你认为应如何掌握它们之间的平衡?

第四章 文物学

在中国教育部当前颁布的学科分类中,文物学作为独立学科还没有被正式接纳,大多在考古学科或博物馆学科的内涵之中,但文物学的身影已经存在于我国行政、法律诸多相关方面,例如,行政管理部门有国家、省级的文物事业管理局,法律有《中华人民共和国文物保护法》,科研部门有文物考古研究所,等等。实际上,文物和文物学在社会生活中一直存在,并且不断地发挥着它独特的影响力。明确文物学的定义能够帮助相关学科的重建,再次确定其应有学科地位。

第一节 文物学的学科内涵

关键词:文物学 文物运动 跨学科

一、文物学的定义

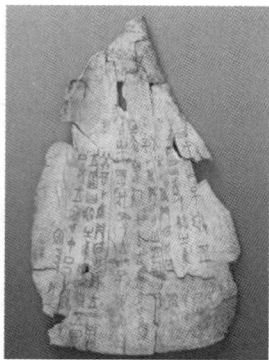

图4-1 中国国家历史博物馆藏商代牛骨:王宾中丁·王往逐兕涂朱卜骨刻辞

关于文物学,有关的大多数著作都定义为"关于文物的科学",或者"文物学是一门从宏观上、总体上研究文物的科学",[1]这些本身并不错,但是有一定的缺陷。

本教程对文物学的定义为:"文物学是研究文物和文物运动的科学。""文物"的基本概念在本教程第一章已经讨论了,"文物运动"指的是人类社会围绕着文物的一切活动,有合法的、合乎科学规律和学术规范的活动,包括行政的、司法的、管理的、商业的、科研教育的活动,当然也存在着一些非法的活动。文物学的研究对象是立足于文物本体,但又大于文物本体,研究内容还包括文物的影响与作用(图4-1)。

在过去的文物学定义中,文物学指的是以文物为研

---

〔1〕 梁吉生:《文物学管见》,《文物通讯》1984年第6期。

究对象的专门学科,但随着学科的发展,人们逐渐发现这个定义还不够完整,文物学所涵盖和研究领域已经超过了文物本体。它的总体任务有调查、研究、保护、宣传文物,以行政、司法等手段对文物进行管理,在全社会进行文物教育,还涉及一些文物商业,等等。因此,文物学的定义应当在研究文物的基础上,再加入文物运动的概念。

二、文物学的研究范围

文物学的研究范围非常广泛,因为文物本身散布在人类社会历史的每一个阶段、每一个方面,除了对文物本体的研究,还包括许多与文物相关的社会行为研究。文物学的研究范围可以包含文物学史、文物的分类与分期研究、文物的价值与作用、文物保护、文物的法制、文物的行政管理、文物资源利用、与文物相关的金融商贸、文物的国别研究和地区研究、文物鉴定等方面。

文物的研究也有其时间范围。一般来说,文物学的研究对象的年代上限与人类诞生时间相同,文物年代下限根据各国的规定有所不同。目前国际上通常将“距今100年”作为文物判定的标准。而中国对文物保护对象规定的下限经过多次改动,根据中国文物出境限制所定标准,我国文物定义的下限经历了“1795年”“1911年”“1949年”三次变动(参见知识链接4-1)。本书提出的三个下限,亦可作为从学理角度认识文物学的学科研究下限。

1. 文物学史

文物学史包含两个基本板块,即文物本身的发展史与文物学学术史,在文物学史中,关注更多的是学术史的部分。

文物本身的发展史以不同的文物为单位,又以研究各类文物的纵向发展,构建整个文物的层面性发展历史。以文物的不同种类为单位的发展史包括:青铜器发展史、书画发展史、陶瓷发展史(图4-2)、玉石器发展史、纺织品发展史、食品发展史,等等,这些分支的发展史相互交织、相互影响,形成一个广义的文物的社会发展历史。

而文物的学术史是研究历代人们关注文物源流、嬗变的历史,比如中国有了解研究古代青铜器和石刻碑碣的“金石学”,文物学术史的研究要关心“金石学”的源流,“金石学”的高峰和衰落,等等。

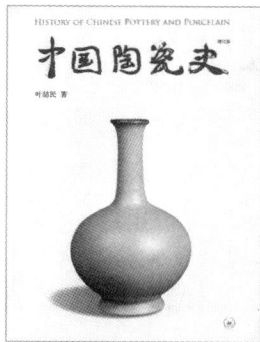

图4-2 《中国陶瓷史》

文物学的学术史主要依据历史发展脉络,表达为人类认识文物及其在社会中的作用,表达为文物的研究、管理以及相关法制建设的历史,也包括文物的交流、展示、教育历史,同时也研究现当代文物事业。

2. 文物的分类与分期研究

文物的分类研究是对文物相对孤立、静止的研究,而分期研究是一种动态研究,研究其发生、发展、消亡的过程。这些大致相当于文物本体史的研究。

和对文物学史的研究不同,前述文物史是综合的,需要研究每一个时代各种质地的文物总的发展面貌,还有它们彼此之间的关系,而文物的分类研究可以只研究一条独立的线索,如:针对青铜器的类型学研究,针对古代陶瓷器的分类、分型、分式研究,针对古代书画的流派、技法研究,等等。

文物的分期研究是纵向而动态的。可以是单项的,比如:针对中国古代俑类的各个时期的研究,中国山水画各个发展阶段的研究,等等。也可以是综合的,比如:商代文物研究,北宋时代文物研究,等等。

文物的分类研究,是文物本身与其有关的专项研究的出发点,还要关心"类"之间的有机联系。文物的分期研究,是划分文物的发展阶段,以及人们认识各个阶段的进行性、综合性的研究。

3. 文物的价值和作用

文物作为凝聚人类劳动与智慧的载体,具有历史价值、艺术价值、科技价值和特殊的商品价值,是否具备这些价值、以及具备这些价值量的大小,也可以作为文物重要与否的判定标准。

研究文物与文物本身的价值不可分离,其价值和作用可以分为针对历史、现实当下两个方面。在历史方面,文物能够反映当时社会的经济、政治、文化状况,是历史的研究的出发点之一。从现实当下来看,研究文物有一定的教育、启示作用,文物蕴藏的丰厚的内涵对当今文化建设发展具有启发作用,通过研究加深对文物的理解,也为建设文化自觉、文化自信奠基;同时,肯定并探索文物的价值,对当下文物保护工作的开展也十分有帮助。

对文物的价值、作用的研究而言,个体研究是不可或缺的基础,对各个时代的文物群体研究是对文物价值、作用研究认识的必然提升。

4. 文物保护

狭义的文物保护,是指针对性地用物理、化学、生物、环境的手段来对文物本体进行保护。广义的文物保护还包括文物法制保护,文物管理,即文物行政单位、事业单位的设置,包括以博物馆为代表的一些机构的设置等,例如,国家文物局、省文物局、省市县区级文保所,以及文物督查队、文物普查队、文物法治建设单位等。

具体的文物保护,又可以分为可移动文物的保护与不可移动文物的保护。"可移动文物"的保护以博物馆收藏为主,主要为各时代的各类器物。

图4-3 平遥古城

"不可移动文物"主要为古代建筑与历史遗迹,对它们的保护多在原地进行,比如有建筑本体的:万里长城、大运河、大同石窟、西安城墙、山西平遥古城(图4-3)、青海塔尔寺、南京民国建筑,等等,它们也同时成为国家文物保护单位。比如还有就地建立的遗迹类博物馆,中国有:西安秦始皇兵马俑博物馆、北京周口店遗址博物馆(图 4-4)、西安半坡遗址博物馆、杭州南宋官窑遗址博物馆、景德镇龙珠阁瓷窑博物馆,等等。

　　在特殊情况下,一些不可移动文物也可以整体搬迁以达到保护的目的,例如,受三门峡水利工程影响,山西芮城元代永乐宫及壁画,被整体迁移进行异地保护(图 4-5)。在长江三峡工程的建设过程中,也因蓄水需要,将重庆云阳张飞庙等一批古建筑进行异地搬迁保护。

图 4-4　周口店遗址

图 4-5　永乐宫壁画

　　我国一般不对地下遗迹进行主动性发掘,考古活动多为抢救性发掘,这也是一种对文物的保护。文物保护工作并不意味着能够完全避免文物的损害,一些保护过程也会对文物造成一定的破坏,例如,对许多古建筑的修缮以及整体搬迁。但是适当的技术性文物保护具有长远意义,能够从可持续性的角度最大限度地保留文物的价值。

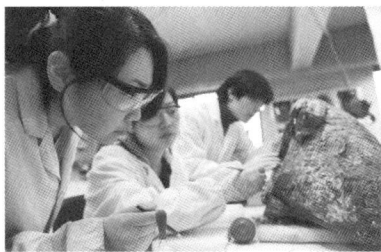

图 4-6　陕西省考古研究所研究
人员修复秦代青铜器

　　狭义地对文物本身进行保护,在 1949 年以后取得了长足的进步。物理、化学、生物技术在文物保护中被广泛运用,高分子材料、物理检测技术等均被引入到文物保护工作之中,比如使用机械除锈、超声波清洗、局部电解、化学除锈、苯骈三氮唑做缓蚀处理、高分子材料封护等手段对青铜器进行保护(图 4-6)。目前虽然文物保护工作的力度很大,但是文物保护的成果还是相对滞后。中国广大的土地上存在着数量庞大、质地复杂、体量悬殊、时代不一的文物,保护难度巨大,文物保护的形势十分严峻。在早期的很多文物保护实例中,由于技术、理念的限制,对文物本身造成了一定伤害,这一情况随着时代的进步也在逐步改善,但对其再修护也成了文物保护不可避免的问题。同时,人们对文物日益加深的关注、文化旅游事业的开展,也从某种程度上增加了文物保护的难度,比如敦煌壁画在吸引了众多游客之后,损坏的速度也越来越快。这些现象,对当今文物保护工作提出了更高的要求(参见知识链接 4-2)。

5. 文物的法制

文物的法制是指用法律的手段,积极保护人类的文物遗产,文物法律法规是现代文明社会法制体系的必要组成部分。中国在 20 世纪二三十年代开始出现有近现代意义的文物保护法律,民国政府连续颁布了一些文物法规;但是由于战争动乱的影响,这些法规没有完全落实。1949 年以后,中央人民政府也出台了文物的相关法规,比较成熟的是 1982 年出台、经多次修订的《中华人民共和国文物保护法》(参见知识链接 4-3),这是一部重要的文物法律。以严密的法律的标准来看,这版文物保护法更像工作指导意见,仍需要进一步的修订,使其更加完善,更具有实际操作性。

文物保护法的相关问题还牵涉到与其他法律的配套关系,例如,如何与根本大法——宪法接轨,如何与实际操作性很强的刑法衔接,文物保护法的司法性质问题——它属于刑法还是民法、还是专门法? 在下一阶段的文物保护法修订之中,法律界人士与文物、考古、博物馆、教育工作者应该思考我国的文物保护法,与各有关法规的配套问题,如博物馆法、教育法等。

除了中央政府对文物事业的关注,各地政府也逐渐意识到了文物资源的宝贵,颁布了许多地方性法规。有些是以法律条文的形式发布,有些则是以工作意见、地方条例的形式施行,这些用意是积极的,但是在权限表达、文本规范性上还存在着问题,一部分甚至和国家文物保护法相抵触。这一现象表明了我国文物法制仍存在两个问题:一是真正的文物保护法或文物保护法执行起来十分困难,操作性不强;二是上下级法律并非完全配套,容易造成理解与执行的紊乱。这两个问题亟待解决。

6. 文物的行政管理

中国现在的文物管理,是"一主多头"式的,即国家文物事业管理局是一主,可是并不领导各省、市、区的文物厅局,各省、市、区的文物厅局听命于各省、市、区的政府,国家局只起着政策和专业的指导作用。

对于文物工作,从中央到地方究竟是"条条"还是"块块"式管理,仍然很不明确。如果权力彻底收归中央,实行"条条"管理为主,那么人员编制、资金发放等方面都将成为问题。但是如果以地方"块块"为主,那么,全国的文物工作将缺乏统一的标准,不能平衡,很难杜绝破坏文物、不适当开发等现象。因此本教程认为,对于中华民族文化而言,影响最大、关键性的遗址、墓葬,以及文物富集地区实行中央垂直的"条条"管理,这样的具体单位不宜很多。各省、市、区一级的地方文物工作一般实行"块块"管理,省级以下不宜再搞"块块"管理,可实行省统一下的"条条"管理。

参考世界先进国家和地区文物管理工作的经验与体制,针对适应于我国文物工作实际,设计科学的、有效的文物管理体制,应当尽快着手进行切实的研究,以利于我国文物工作的进一步开展。

7. 文物资源利用

文物资源是宝贵的不可再生资源,文物资源的开发利用,要贯彻"保护为主,抢救第一,合理利用,加强管理"的方针,首先从保护出发。从全国总体情况来看,人们的文物保护意识正在加强,但是,现在许多地方围绕文化建设、旅游建设的文物开发,往往是短期行为。对于文物资源的开发利用而言,一定要有科学规划,最终要做到尽可能避免对文物资源的破坏,不管目前的显性经济价值有多高,凡是会出现对文物造成破坏者,该停则停,该修改规划就修改。

人们应当将目光放到更长远的文物资源利用上,追求更深层次的开发。同时,避免盲目追求短期经济效应的单向度开发行为,发挥文物资源的综合的、多重的价值作用,这方面还要有科学、深入的考量。

8. 与文物相关的商贸活动

我国传统的文物研究,往往忽视了与文物相关的金融商贸行为这一部分。由此一来,既减少了就业机会,又减少了相关税收,又不利于百姓的文化需求和国民的文物素质的提高。

在当今社会,与文物相关的金融商贸活动,应当被提高到国民生产体系的一部分的高度来看待,但是文物商贸是这一体系中非常特殊的组成部分,因为文物不能再生产。使文物商业真正成为一种产业,由于国内目前尚缺乏成熟案例,这方面还要多注意借鉴国外经验。英、美博物馆专家提出过博物馆市场经营发展战略,如今"经营部"或"公共关系部"已经成为发达国家大博物馆中的常设机构。中国也可以拓展相关文创产业链,鼓励公有、民营博物馆自主募集资金,进一步规范文物交易、文创产品设计等行为(图4-7)。

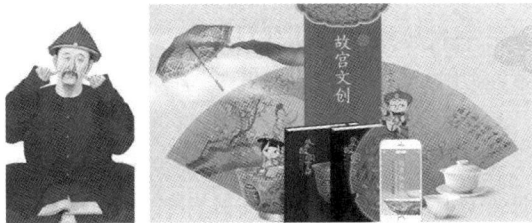

图4-7 故宫博物院文创产品

9. 文物的国别研究和地区研究

站在中国立场上研究外国文物,或研究外国文物中的中国文化内容,都牵涉到对于另一种文化、另一个国家、另一个体系的认知。人类文化具有一定的地域性,并在传播的过程中不断交流、融合,这一复杂特征也同样表现在文物中。文物研究需要注重特性,不同国家、地区的文物都各有特点,表现不同的文化特征,比如西方绘画以油画、水彩为主,而中国绘画则以水墨为主。文物研究同时也需要注重共性,注重文物之间相同、相似的特征,进行交流的、融合的动态研究,比如东亚文化圈内各国文物的相似性、中国六朝文物包含的西亚文化元素、西方对中国瓷器的仿制,等等。

10. 文物鉴定学

文物作为特殊的社会存在,又有其群众乐于接受、普遍关心的特点,所以,文物有其特殊的、科学的鉴定要求,这在本教程"实践技术编"的第八章中会做进一步的介绍。

三、文物学的学科特点

文物学的特点主要表现在具有历史渊源、以物作为基础、分析与综合、跨学科研究等方面。

1. 具有历史渊源

现当代的文物学从中国礼制文化、贵族文化中脱颖而出,其渊源最早可以追溯到先秦时期,但是直到北宋时代,文物学的前身金石学才作为一门比较成熟的学科出现。金石学经历了宋代和清代康雍乾时期两个发展高峰,在清代后期至民国前期,近现代考古学传入中国以后,传统的"金石学"实际上已经被考古学所覆盖了,在许多人的意识上被并入了考古学。事实上,文物本身是历史的产物,范围也十分宽泛,它使文物学的研究涉及了考古学所没有延伸到的、更为广泛的对象。

文物学在学科分类上属于人文学科,再细分属于历史学科。和许多学科一样,文物学经历了"独立发展—合并—谋求独立发展"的过程。我国现代文物学的发展、重建是在社会进入现代化、世界一体化进程加快,同时中国也摆脱了社会动乱的条件下,才能够提出来的。

2. 以物作为基础

文物学以文物和文物运动为研究对象,其鲜明特点就是以物作为基础,"物"可能是个体的,也可能是群体的。它不过分强调研究对象发源的"田野性",其对象的下限可一直延续到现当代(图4-8),这是文物学和与其关系密切的兄弟学科——考古学存在的很大不同之处。

3. 分析与综合

文物学研究的基础是对个体文物的认识和描述,即以非常具体的分析作为基础,往往强调细致入微,甚至比考古学的器物研究更加深入,这和其他社会科学有所区别。同时,它并不排斥综合研究。中国文物学的综合

图4-8　南京民国时期"总统府"

研究有一个阶段性发展过程,在宋代金石学、清代乾嘉小学发展的这两个阶段,文物学对综合研究的贡献表现得非常突出,发挥了"证经补史"的作用,但这又是具有一定历史局限的。现在的文物学研究综合体现在利用对物的研究,部分地复原表现每一个时代,比如通过归纳磨制石器的特征,研究其反映出的新石器时代的社会发展状况、生产力水平,等等,真正"透物见人""透物见时代",完成文物学在历史研究中应当承担的任务。

4. 跨学科研究

文物学被人为地置于人文社会科学领域,但它必然要做跨学科的研究。这是文物学源于金石学又高于金石学的地方。金石学并没有主动地意识到自身与自然科学、工程技术的关系,而文物学的跨学科研究必须上升到这个层次。当今文物学研究中,就常运用自然科学的手段推进文物学的研究进程,比如使用碳十四、热释光等测年方法判断文物的年代;利用理化手段测试文物本体的物质构成;利用工程技术手法恢复古代文物的制成技术。同时,文物学的研究对于自然科学、工程技术发展史研究也有辅助作用,比如可以通过对青铜器铸造、陶瓷烧造乃至一切技术源流的研究,来探寻它们对科学技术史的重要作用以及相关的多方面启发。

探究中国文化特质,单单依靠文献是不能完成的,只有通过文物的跨学科研究和考古学对文化的广泛研究,综合起来才能够完成。人们要了解一个完整的、真实的、叫人信服的历史,就要大大推进考古学和文物学研究的进程。

　　文物学本身实际上就是百科全书式的集合体,涉及多个学科——自然科学、工程技术科学、艺术科学,等等。文物学随着历史学、考古学、艺术史学、自然科学研究的深入和相互影响,可能会不断实现学科分化和整合。可以站在文物学的立场,通过跨学科研究来丰富内涵,形成陶瓷文物学、青铜器文物学、书画文物学等分支;也可以站在其他学科的角度建立起与文物学相关的分支,比如农业文物学、金属冶炼文物学,等等。但是,文物学的跨学科分支还没有被提上日程,而这一点在考古学中已经开始了,艺术考古学、农业考古学、天文考古学、军事考古学、动物考古学、植物考古学等考古学分支学科都已经在建设之中。文物学的跨学科建设,可以参考考古学分支的建设经验。

第二节　文物学的研究方法

关键词:方法论　历史学研究方法　观照推演方法

　　中国文物学的研究方法主要是历史学研究方法、综合分析方法、观照推演方法、比较和数理统计方法、自然科学和工程技术方法,等等。

一、历史学研究方法

　　文物是历史长河的产物,没有相对成熟的历史观,对历史没有系统、稳定的见解,是不能很好地研究文物的。同时,历史是分段发展的,所以,人们研究文物在每一段的发展,必须对宏观的历史背景和每一时代的发展特征有基本把握。分析文物时,静止的、独立的研究只是入手,并不是使其跳出历史的范畴。

　　就史学理论来说,各个史学流派的基本方法、理论,各种专门史的研究,都和文物学有关,都对文物学研究有一定的启示作用;反之,历史学也在不断地向文物学寻求新的实物资料。

二、综合分析方法

　　分析研究是基础,需要在最细微的地方做工作,但人类的遗物、遗留的文化也是一个整体,这个整体就是人们在分析基础上的综合。文物学的综合是多层次的,由某种器物发展史的综合到时代框架内的综合,再到某种文明的综合,直至全人类文化的综合,这是一个不断的、循环往复的过程。如将中国青铜器单体进行深入研究,再将青铜器的发展与各朝各代历史相结合,再宏观地与其他国家和地区青铜时代文明进行综合比较研究,最后形成对人类青铜文明的综合考察。

三、观照推演方法

文物学的研究应当做到"以今观古、以己观他",因为文物是人类社会的遗物或遗迹,所以可以拿今天人们的基本生活和器用作为观照、比对古代人们的生活和器用,考虑人类古今物质生活的共性与器用演进,在此基础上思考各时代特征。人类社会生活的最小单位是个人行为,所以在现代社会研究文物,常常可以以现代个人行为作为出发点,通过调查、自察、分类、类比、实用,等等手段,实现古今技术与器用的贯通。

四、比较和数理统计方法

比较是一切学科的基本研究方法,学问是一个比较的量,起点即和自己的零认识比较。比较包括自觉认识上的深化,包括纵向的、横向的比较,包括器物之间的比较、文化之间的比较,还有时间跨度、地域跨度上的比较。在这些比较中,可以参照考古类型学(参见知识链接 4 - 4)与区域类型学理论。

文物是人群的遗留,其存在的多少或动态的增减反映了一定的历史的、社会的问题。当今社会,运用数理统计的方法对文物进行量的研究意义重大。统计学、大数据为许多社会学科提供了研究的新视角,比如统计学在社会学中的广泛应用,文物学的研究也可以由此引发新的思路。

五、自然科学和工程技术方法

对文物学来说,自然科学和工程技术的方法,是基于物质文化的具有针对性的方法,同时这也是一种科学理念。在当下文物学研究中,现代科学技术的应用必不可少,随着科技的不断发展,科技本身对文物学研究的作用也越来越大,比如应用于文物遗迹宏观调查的遥感技术(RS),进行文物测年的放射性碳素断代法(碳十四断代法),进行文物微观研究的各种理化、生物学技术,等等。自然科学和工程技术的方法解决了许多文物学传统研究中很难解决的问题,增加了文物学学科的科学性,体现着强烈的时代特点。

第三节　文物学和其他学科的关系

关键词:与考古学科的关系　其他学科对于文物学的需求　相互关系

一个学科的建立,有两个基本标准,就是"特质"和"种差"。文物学作为正在重建发展中的学科,不仅要明确自身特质即"文物学是研究文物和文物运动的科学",文物学还要在与其他学科的联系比较中展示自身的独特性,即把握与其他学科的种差。

一、文物学和历史学的关系

文物学是广义的历史学科的组成部分,狭义的历史学以文献呈现的历史为代表。文物学和历史学的相同之处在于都是阐述人类社会的历史,并试图揭示它的规律。在文物学中是能找出一些规律的,如器物本身发展变化的规律,还有文物背后的人类社会作用。

基于文献的狭义的历史学是一种系统的研究,纲领性非常强。文物学的研究要分散一点,立足于"目"的研究,如果说有无形的"纲",那也是借助已经建立的历史学的体系,但它是可接触的、充填性的"目"。

广义的历史学研究主要依靠三种资料:文献资料、社会学的资料和实物史料,实物史料的基本部分是文物。无论是整体历史,还是断代史、专门史,历史学家都越来越意识到历史研究离不开文物研究,需要文物的支持。

现在有一种把文物看作历史文献的图说的倾向,这并不严谨,也是不准确的。人们不能使历史文献记载都有文物相证,反过来说,现在用一部文物史取代整个历史的条件也还不具备,可能这是一种无法实现的理想状态。而文献学也不能涵盖对所有文物的说明,因为历史文献储备在"纲"似乎贯通,但是实际在"目"上是准备不足的。历史学正确观点的提出应该得到文物学的逻辑支撑,而不是件件严格对应。文物不是对历史学的图说,历史学也不是文物连环画的脚本。不准确的看法会使文献史料出现大段的空缺而无法解释,也会使文物史料无处合乎逻辑。

二、文物学和考古学的关系

文物学和考古学都属于历史学的范畴,都属于物质文化史学,它们的关系十分密切。古代文物资料一个很大的来源就是考古学的收获,这些年来,考古学有许多辉煌成就恰恰是以田野的手段为文物学的进一步研究准备了素材,所谓的考古学的贡献,往往应当看作是考古学与文物学综合研究的贡献。几十年来,文物学和考古学的混淆趋同也使其关系密切。

考古学的研究对象是"考古学文化",在有文字记载的历史以前,考古学有它的独特优势,在有文字以后一直到近几百年,仍然有它的重要学科价值。考古学的优势明显在前段,它对有文字以后人类历史的关注程度是递减的。

考古学一般不以个体的文物作为基础和出发点,个别文物对于考古学文化的建立缺乏意义。但是在文物学,这却是研究分析的基础。

考古学的基本方法运用依赖于田野作业,这是基点,并以其作为基本学科的重要特征。而文物学的研究对象可以包括田野收获,也包括一切其他场合的获取,甚至有些文物是和田野完全没有关系的。

文物学所分析研究、具体阐述的"四大价值"及相应作用等,考古学一般不这样讨论,即便说到历史价值,也与文物学有宏观、具体之分,因为考古学针对的是某考古学文化,至于其他过细的价值则几乎不谈,或者置于下一层分支中去考察。

1949 年以后,文物学和考古学实质上的合并有其道理,考古学在新的基础上开展工作,社会上的文物收藏减少,而国有文物收藏的来源主要是依靠考古学收获。到了 21 世纪则应该分离为两个学科。考古学在一定意义上催生了新时代的文物学,使文物学的继续蓬勃发展成为可能,文物学不仅仅是从考古学那里得到许多文物资料的收获,也从现代考古学中借鉴了许多先进的理念、方法。文物学具有独立地位后,也会为考古学的重组、重建,回归学科任务本原而做出应有的贡献。

三、文物学和博物馆学的关系

博物馆学的研究目的,是保存、研究和利用自然标本、工程技术典型产品与人类文化遗存,进行社会教育的理论和实践研究,包括博物馆事业产生、发展的历史及其与社会的关系,也包括博物馆社会功能的演进、内部机制的运营和相互作用的规律。博物馆藏品的定义、分类、现代化管理,以及博物馆文物藏品的鉴定研究、保护研究等,都与文物学密不可分(参见知识链接 4 - 5)。

文物学和博物馆学有着密切相关的联系,文物藏品是作为人文社科类、历史艺术类、地志类博物馆藏品的重要组成部分,是不可或缺的。

文物学的研究贯穿人文历史艺术类博物馆工作的方方面面。比如对文物藏品的鉴定始终是博物馆的重要工作之一;文物类博物馆的藏品保护、日常养护和修复处理,是藏品管理的重要工作项目,也是文物学的重要科研实践。文物学为博物馆学提供了部分的理论与技术支撑,博物馆学也不断对文物学提出新的要求,促进文物学的发展。

但是,博物馆总体的涵盖要超出文物的范畴,自然科学类、工程技术类博物馆的藏品往往不是文物,博物馆学对于这些博物馆及藏品的研究,应当与文物学没有直接的关系。

四、文物学与建筑学的关系

本教程认为人类的建筑遗产是"第一文物"。早在约一万年前,即人类定居之前,临时、自然存身处作为"前建筑形式"的居址,就极大地影响着人类生产、生活、葬地选择等,并催生了定居时代的到来。人类实现定居之后,生存的环境、村庄、都市、道路、桥梁、居住地、宫殿、庙宇几乎都属于广义的建筑范畴,人类的衣、食、住、行、器用,等等无不受建筑的多方影响与制约。各地区、国家形成了各不相同、各具特色的建筑形式与建筑文化。因此,物化的建筑学历史几乎全部为文物所承担,建筑学的理论与实践发展又不断加深着人们对文物的认识。历史建筑中的大部分属于文物,近现代建筑随着时光推移也终究会成为文物。因此,建筑学史的研究与文物学的研究在很大层面上是相互重合的。

五、文物学和民族学的关系

民族学是以民族为研究对象的学科，是研究民族历史、生产生活、民族交流、民族共同体的学问。民族学所关注的民族识别物，历史的及近现代民族的生产、生活用具大都是文物，民族文物受重视程度也在不断加深。文物学与民族学密不可分：一方面，文物是研究民族发展状况的实物资料，能够从一定层面反应各族群某个时段的生产力和生产关系、经济基础与上层建筑；另一方面，民族学的研究成果是文物学研究的重要参照，能够推进文物学的研究进程。尤其是在对兄弟民族文物的研究中，民族学扮演了极为重要的角色。

六、文物学和民俗学的关系

民俗学是一门针对风俗习惯、口承文学、传统技艺、生活文化及群体思考模式进行研究，来阐明这些民俗现象在时空中流变的学科。民俗学有接近于非物质文化遗产的非物化部分，也有各种民俗的物化部分，这部分往往和文物是重合的，文物学与民俗学的关系相当密切。一个地区的文物能够反映该地区历史时期的民俗风情，不同时期的文物能够反映特定地区的民俗流变，不同时期的民俗研究成果也是文物发展历史研究的重要参照。

针对民俗学的博物馆、民俗村口的藏品有相当部分属于文物，随着时光流逝，另一些现当代民俗学藏品也会转化为民俗文物，民俗学研究可以加深人们对历史文物的认识。

七、文物学和宗教学的关系

宗教学是以宗教和宗教发展史为研究对象的学科。宗教文物不仅是文物中的特殊门类，也是连接文物学与宗教学的纽带。宗教作为人类社会文化的重要表现，衍生了大量的文化艺术作品，大到寺庙、教堂、碑石等不可移动文物，小到佛像、宗教题材的油画、宗教用器等可移动文物，都在文物学研究的范畴内。而不同时期的宗教文物能够反映宗教发展的历史，对宗教学研究具有重大意义。一些特殊的宗教文物如佛经、《圣经》等文献资料可作为宗教学研究的直接资料，出土的宗教文物也同时能够推动宗教学研究的发展。

八、文物学和艺术科学的关系

艺术科学史料除了文献记载以外，几乎全部都是文物，没有针对历史文物的综合研究，也就没有艺术史。艺术史料和历史文献史料的不同之处在于，文献对于艺术记载的量要少得多，而且往往是缺断的、不完整的，因此艺术史的重建就对文物史料格外倚重。

研究文物的艺术价值，阐述文物之美，经常要借重艺术科学、艺术史学理论。此外必须看到，现当代艺术作品，随着历史的演进，也会转化为文物，因此，近现代艺术品的记录、研究，也会成为"未来"文物的一部分（图 4-9）。各国艺术史的建立其实是必须依靠文物的，在此信念的基础上，西方的考古学、文物学常归同于艺术史学。

图 4-9   现代画家傅抱石的画作

九、文物学和地理科学的关系

文物是具有地域特征的，地理科学有助于对文物地域特征的理解。从另一方面看，可以利用文物以及文物记载的文字，了解历史地理信息（图 4-10）。有些文物还成了地理学可以直接应用的地标，如长城、大运河、重要的宝塔建筑、古城、古村落（图 4-11）、寺庙、桥梁、碑石，等等。

图 4-10   秦"浙江都水"印章

图 4-11   安徽宏村古村落

十、文物学和自然科学、工程技术科学的关系

毋庸置疑，众多文物为自然科学、工程技术科学的各个门类提供了学科历史的实物史料，文物学资料为自然科学史、工程技术史的重建所必需。同时，文物学也可以借鉴它们的方法，很好地整理文物的物质谱系、制成技术，以更加深刻地把握人类社会物质遗产。这些学科的实物收获往往会成为文物学进一步研究的资料，同样，文物学又对各个学科的再建和发展有特殊贡献。这些学科的学科史都需要文物的支撑，但不同领域对文物学的

依赖程度也是不同的。

以上略举例十则，说明文物学与其他学科的关系，文物学是人类历史的物化的"百科全书"，因此，文物学与其他学科的联系远不止十种。本节实际上提供了一种认识模式，任何学科史的认识、重建，都离不开文物学的作用；任何学科的理念、方法，都会有益于文物学的理论的、方法的进步。

第四节　文物学重建的任务和方法

关键词：学科重建　科学研究队伍　科研机构

中国文物学的重建，是新时期一项新的学科建设任务，应该明确文物学的研究对象和学科性质，形成特有的学科教研方法，组成专业的科学研究队伍，设立专门的结合实际的科研机构。

一、明确研究对象和学科性质

明确文物学的研究对象和学科性质，在目前最主要的是与考古学、博物馆学、艺术史学区分开来。文物学的研究对象是文物和文物运动，是一门独立的综合性学科。

中国自古以来便有针对文物的研究，即传统的"金石学"，文物学作为一门学科有着扎实的学科历史基础，并不隶属于文献历史学与考古学，也不隶属于博物馆学与艺术史学。

二、形成科学的方法

文物学学科的重建需要形成科学的理论与研究方法，这一点在前文已有叙述。

三、组织科研队伍

文物学的科研队伍应包括高级研究人员、一般研究人员，形成梯队式可持续发展的队伍。其中，也包括通过文物知识的普及，历史学界、考古学界、博物馆学界、艺术学界的一批真正懂得、了解文物学的人。建设文物学的科研队伍是当前文物学重建的重要任务之一。

四、设立专门机构

我国并不缺少与文物相关的行政机构，但没有比较有针对性的文物研究院所，各省的文物研究部门大都与考古所并在一起。但是，文物研究的分支，如陶瓷、纺织、丝绸等文物研究所还是有的，往往与相关博物馆或相关生产企业合为一体。在国家行政机构中形成专业的文物学研究所意义重大。而在教学领域，有些大学如果条件成熟，可以考虑将文物学单独分科，通过教育的手段培养文物学研究人才，实现学科重建。

五、借鉴国外的经验

文物学的重建应当引入国外相关的先进工作经验，包括文物学重建工作本身，以及新博物馆学的建设，考古学、艺术史学新兴理论研究，多学科交叉引进，计算机大数据运用，等等，这些要与中国文物学的实际情况相结合，使重建工作更加高效。

知识链接

知识链接 4-1

国家文物局网站最新公布的《文物出境审核标准》表明，凡在 1949 年以前（含 1949 年）生产、制作的具有一定历史、艺术、科学价值的文物，原则上禁止出境。其中，1911 年以前（含 1911 年）生产、制作的文物一律禁止出境。同时，少数民族文物以 1966 年为主要标准线。凡在 1966 年以前（含 1966 年）生产、制作的具有代表性的少数民族文物禁止出境。

知识链接 4-2

《敦煌莫高窟保护总体规划》

经过八年的编制、修改和完善，中国文化遗产的第一个国际合作规划项目——《敦煌莫高窟保护总体规划》在 2011 年公布实施。《规划》由规划文本、规划图纸、规划说明、基础资料四部分组成，其中规划文本是其核心，由规划总则、遗产系统评估、规划基本对策、分类专项规划、规划分期与实施组成。

《敦煌莫高窟保护总体规划》的制订出于"整体保护"的目的。一是重视各类保护对象，相对以往重视洞窟壁画和造像、忽略古建筑和区域环境的情况，这一规划把莫高窟的全部文物建筑、包括地下可能的文物分布区列为保护对象；二是扩大保护区域，充分关注遗产环境的作用，划定了"建设控制地带"和"环境控制区"，使整体保护区划达到 1344 平方公里；三是对遗产地的遗产保护、生态保护和旅游发展进行统筹规划，发挥协同效力。

知识链接 4-3

《中华人民共和国文物保护法》最新修订情况

《中华人民共和国文物保护法》（图 4-12）是"为了加强对文物的保护，继承中华民族优秀的历史文化遗产，促进科学研究工作，进行爱国主义和革命传统教育，建设社会主义精神文明和物质文明"[1]而制定的。

该法规由第五届全国人民代表大会常务委员会第二十五次会议于 1982 年 11 月 19 日通过并施行。2017 年 11 月 4 日,第十二届全国人民代表大会常务委员会第三十次会议通过对该法做出修改,自 2017 年 11 月 5 日起施行。

2017 版《中华人民共和国文物保护法》修改部分包括以下 6 点:

(一)将第二十条第二款修改为:"实施原址保护的,建设单位应当事先确定保护措施,根据文物保护单位的级别报相应的文物行政部门批准;未经批准的,不得开工建设。"

(二)将第四十条第二款修改为:"国有文物收藏单位之间因举办展览、科学研究等需借用馆藏文物的,应当报主管的文物行政部门备案;借用馆藏一级文物的,应当同时报国务院文物行政部门备案。"

(三)将第五十六条第一款修改为:"文物商店不得销售,拍卖企业不得拍卖本法第五十一条规定的文物。"

(四)将第五十七条第一款修改为:"省、自治区、直辖市人民政府文物行政部门应当建立文物购销、拍卖信息与信用管理系统。文物商店购买、销售文物,拍卖企业拍卖文物,应当按照国家有关规定作出记录,并于销售、拍卖文物后三十日内报省、自治区、直辖市人民政府文物行政部门备案。"

(五)第七十一条增加一款,作为第二款:"文物商店、拍卖企业有前款规定的违法行为的,由县级以上人民政府文物主管部门没收违法所得、非法经营的文物,违法经营额五万元以上的,并处违法经营额一倍以上三倍以下的罚款;违法经营额不足五万元的,并处五千元以上五万元以下的罚款;情节严重的,由原发证机关吊销许可证书。"

(六)将第七十三条第三项修改为:"拍卖企业拍卖的文物,未经审核的。"

图 4 - 12 《中华人民共和国文物保护法》封面

知识链接 4 - 4

类型学研究

"类型学最早应用于生物学,后来考古学也使用这种方法。它是研究物品外部形态演变顺序的方法论,是科学地归纳、分析考古资料而加以分类的方法论。"[2]

"器物的形态以及变化是和器物的用途、制法、生活环境、制作者和使用者的传统密切相关的。所以类型学的功能最主要的是确定遗迹和遗物的相对年代,这主要是根据物品自身形态演变的逻辑过程来排定它们的发展顺序,由此探讨同一文化或同一谱系考古学文化遗存的扬弃及其规律,它们是社会发展的间接反映。其次是确定考古学遗存的文化

[1] 《中华人民共和国文物保护法》第一章"总则",第一条,2017 年 11 月 4 日。
[2] 俞伟超主编:《考古类型学的理论与实践》,文物出版社 1989 年版,第 6 页。

性质,因为不同的人们共同体有着不同的文化传统。类型学可以辨明同时期诸考古学文化遗存的异同及由此体现的相互关系,例如,文化之间的传播和统合。一个人们共同体的传统体现在他们制作的器物上。"

"目前中国考古学中类型学研究主要用于分期、文化因素的确定,目的是为考古学文化的研究服务。类型学是人们根据研究的需要对器物的一种分类。不同标准会产生不同的分类。这里选择的标准多是反映年代变化的。今后能否建立一种以反映功能变化为标准的分类是需要探索的问题。这样,类型学不仅能解决文化的分类,还可以进行器物功能的研究。作为考古学研究基本手段的类型学的发展还有很长的路要走。"[1]

知识链接 4-5

博物馆藏品定义研究

"80年代初以前,我国博物馆界普遍把博物馆藏品等同于博物馆收藏的文物、标本。1979年颁布的《省、市、自治区博物馆工作条例》第五条,在谈到藏品征集工作时,主要是讲文物和标本的征集。1985年出版的《中国博物馆学概论》中认为'博物馆是文物和标本的主要收藏机构''藏品是博物馆业务活动的基础……如果没有藏品,没有文物和标本,便不能称之为博物馆'。由此可以清楚地看出博物馆藏品即文物、标本。1986年颁布的《博物馆藏品管理办法》总则第二条要求'藏品必须具有历史的或艺术的或科学的价值'。这个提法与《中华人民共和国文物保护法》中对文物价值的规定是相同的。不难看出这一时期对博物馆藏品的认识,是受我国博物馆管理体制和主管部门规定的博物馆工作目的、职责的深刻影响和制约的。

80年代中期以后,我国博物馆界开始对博物馆藏品定义进行讨论和研究,认为博物馆藏品不再只是一般意义上的文物,而且也不应局限于文物范围。王宏钧主编的《中国博物馆学基础》认为'藏品是博物馆根据自己的性质,为了社会教育和科学研究,搜集保藏的自然界和人类社会物质文明、精神文明发展的见证物'。

90年代以来,我国博物馆界一些从事博物馆学研究的学者对'博物馆藏品'概念又有新的认识。《中国大百科全书·文物　博物馆卷》中关于博物馆的主旨论文在谈到博物馆藏品时,认为'藏品一词内容非常广泛,博物馆藏品系博物馆收藏物的总称,它具有特殊的含义,不是任何实物都能成为博物馆藏品的,而只有那种能够反映人类和人类环境的具有历史、艺术、科学价值的实物才能成为博物馆物品'。宋向光在《博物馆藏品概念的思考》一文中,注意对博物馆藏品概念的要求,考虑到我国博物馆工作现状和发展需求,结合博物馆界同仁对博物馆藏品概念的研究成果,提出'博物馆藏品的概念可否表述如下:博物馆根据收藏标准和履行特定工作程序收藏、管理的人类和人类环境的物证'。该文认为博物馆藏品的基本属性、基本范畴是'人类和人类环境的物证''物证除具备实物的特点,即可表现与自身物质实体有关的信息,还可表达、传达与其自身'物'的特征无直接关联的信

[1]　俞伟超:《考古学是什么:俞伟超考古学理论文选》,中国社会科学出版社1996年版,第54—107页。

息',即'博物馆藏品不仅是特定形态的物质实体,同时也是信息载体'。

综上所述,我国博物馆界对博物馆藏品的认识大致经历了从'无限制的文物标本'到'根据博物馆性质、需求搜集的文物、标本',进而到突破文物范畴的'自然界和人类社会物质文明、精神文明发展的见证物',再到近年'反映人类和人类环境的具有历史、艺术、科学价值的实物或物证'的认识过程。"[1]

参考文献

1. 李学勤主编:《20 世纪中国学术大典:考古学　博物馆学》,福建教育出版社 2007 年版。

2. 吴诗池编著:《文物学概论》,上海文艺出版社 1996 年版。

3. 严建强:《博物馆的理论与实践》,浙江教育出版社 1998 年版。

4. 俞伟超:《关于"考古类型学"问题》,俞伟超主编:《考古类型学的理论与实践》,文物出版社 1989 年版。

本章自测

1. 什么是文物学?
2. 文物学的学科特点是什么?
3. 当代文物学重建的最首要任务是什么?

---

[1]　吕军、周高亮:《关于博物馆藏品定义的研究——20 世纪中国博物馆学研究的回顾之一》,《博物馆研究》2002 年第 4 期。

下　编

文物学实践技术

第五章　文物的来源、定名与分级

　　文物通过被征集、鉴选、收藏的过程而成为"文物藏品",或被国家收藏,或为企业、私人珍藏,其原本的来源也有着不同的途径。接触一件文物首先了解到的是名称,这是认识的门径,文物的定名至关重要。由于文物藏品数量庞大,对于给文物定名时所应遵循的原则、采取的办法,应当有所规范。数量庞大的文物藏品需要定级管理,使文物自身的价值能得到更好的体现。

第一节　文物与藏品

关键词:收藏动因　藏品　来源

一、收　藏

　　1. 人类的"收藏",有着广义和狭义之分。广义的收藏,指对除自身肉体以外的一切物质的占有,包括日常的柴米油盐,从这个意义上说,社会的或自家的生产生活物资仓库就是一个收藏室。在这个意义上的收藏,在动物界也能够普遍地观察到。

　　狭义的收藏,则是指在基本生活需要(繁衍生命和维持生命)以外的物品的收集。博物馆学、收藏学、文物学所谓的收藏,一般是指狭义的收藏。即便是狭义的收藏,也不是人类专有的活动,有些动物也有收藏行为,比如乌鸦喜欢往巢里收集闪亮的东西,啮齿类、灵长类动物也都有奇怪的收藏活动,人们至今很难理解动物界的收藏行为。

　　2. 值得注意的是,广义和狭义的收藏之间是可以相互转化的,而转化的条件则是收藏者对自己藏品的态度转变。以服装为例,当作为生活必需品而存在时,储存属于广义收藏;而若收藏者不再将其作为日常物品使用,追求生活必需品以外的诸如服饰材料、艺术形式等因素,或者名人穿过或欣赏过的效应时,这就形成了狭义上的服装收藏——艺术性、纪念性收藏。

　　3. 人类的收藏行为一般具有专门性、传承性和社会性的显著特点,这是动物行为所无从比拟的。专门性,是指人类在收藏过程中,会有意识地选择符合某种标准的物品进行收藏,这个标准可以是年代、地区、材质、特殊人物或事件的用途,等等。传承性,是指人们对收藏品会进行有意识的传承,这其中包括血缘性的(即"传家宝")和非血缘性的(如将藏品捐赠给无血缘关系的个人（或者团体等）。社会性，指人类的收藏中绝大部分应当是面向大众的，或者在理论上属于社会大众所有，例如，博物馆、艺术馆等的藏品是向公众开放，供大众学习、欣赏、研究的。

二、人类的收藏动因

本教程认为人类收藏的最基本动因，有着三个方面，即好奇心、审美感、历史感。

1. 人类有着与生俱来的"好奇心"，使得他们关注自己生活的时空范围内不见的，或者少见的、与众不同的事物，或者是需要佐证某种说法的新鲜事物，或者是执着于奇异事物的、最大限度的集合体。而收藏的行为，往往可以满足人们的好奇心，或证明由好奇心衍生而来的某些推断。例如，远在甘肃、青海的新石器时代后期的墓葬中，出现海贝的收藏，这应当是当时、当地人们对海边珍稀物的好奇所致。好奇心，是人类收藏活动的启门钥匙。

2. 人类具有区别于其他动物的审美感，随着受教育程度的提高、社会生活的丰富，这种审美感又会被推向高层次化、复杂化。人们往往不满足于停留在脑海中或口头上的甚至文字文献中的审美表达，而是进一步要求从一般使用物到艺术品的审美感加以物化。收藏意味着对审美的认同，并通过这种手段证明自己的审美眼光，满足自身对美的追求。可以说，审美感是推动人类收藏行为的不可忽视的重要因素。

3. 人是具有"历史感"的，从儿童追问"我"是从哪里来的，到追问民族、国家、人类的起源，人充满了对"历史"的兴趣。人类个体历史感的认知发展需要一个求得物化证据的过程，人类群体、社会历史的发展亦需要物证。单纯的口头的或者文字的叙述很难使人获得直观的体验和感受，但保存了大量历史信息的文物实体则弥补了这一缺憾。于是，人们往往通过收藏，来不断充实真实历史感的物化认证体会。

也就是说，好奇心、审美感和历史感这三者的结合，推动了人类社会收藏行为的出现和发展。藏品的范围很广，文物仅仅是其中一部分，可是，只有文物作为藏品时，上述三者的结合才达到最为完整。

三、藏　品

1. 狭义的收藏对象，即所谓藏品，指的是"收藏者有目的的收集物"，由古至今一直强调藏品的"物"的根本属性。目前，藏品在我国有两种基本形式：一是国有藏品，二是个人藏品。国有藏品包括各种公立机构如博物馆、图书馆、美术馆、档案馆、公立学校、国有企业，等等的收藏对象，其藏品为国家所有。个人藏品则是个人出于不同目的收集收藏品，属于私有物品。目前我国也出现了非国有企业的藏品，并非国有，也非纯粹个人所有，这是一种特殊形式的社会所有。在一些国家见到的社会同盟性的共同收藏，在中国很不发达。

2. 藏品的构成不是千篇一律的，因为收藏者的兴趣、研究着眼点不同，由于收藏单位的性质不同,具体的藏品会有所在处认定上的差异;换言之,在收藏单位或收藏家 A 处的藏品,未必会成为收藏单位或收藏家 B 处的藏品。这种现象,和这件文物是否珍贵、重要没有必然关系。例如:延安革命纪念馆(博物馆)的藏品,不会成为西安城墙博物馆的藏品;耀州窑博物馆的藏品,不会成为宝鸡中国青铜器博物馆的藏品;福建省博物馆的藏品,不会成为(地方志性质的)甘肃省博物馆藏品;等等。具体的藏品存在收藏单位或收藏家的定性、认可问题,但是一个地区、乃至全国的文物藏品的认可,只是建立在全体收藏单位或收藏家的藏品总数累计上。

3. 随着自然科学、工程技术以及现当代艺术的不断发展,现代收藏品的范围也在不断地拓宽。藏品不仅仅局限于过去的固体实物,还包括了气体、液体等物质形态。比如,在山东滨州市黄河博物馆中,就有利用先进技术设备收藏保存的黄河从起源处到入海口的水标本。但是,藏品的具体展示形式,如无色无味、无色有味、有色有味的不同气体如何表现它藏品的特性,还需要进一步探索。现代电子虚拟技术、3D 技术,等等,它们也是特殊的物质形态表达,这也为未来的藏品形式提出新的问题。

4. 就目前来看,人类社会藏品、个人藏品主要由三大部分构成——"自然物、现存物和文物"。

(1)"自然物",是指大自然的馈赠。包括天文学标本、地矿标本、古生物标本、动植物

图 5 - 1　烟标

标本、体质人类学及医学标本,等等。自然物作为自然科学的研究对象,一般来说,各种标本转化成文物是很困难的;但是如果经过加工整理、著名科学家研究,或在人类认识史上具有重要地位的,可以转化成为文物。例如:山西省夏县西阴遗址出土的,有人工切割痕迹的半个蚕茧标本;又例如:镶嵌于器物上的宝石。

(2)"现存物"比较复杂,是指现代工程技术产品,也是指生产出这些产品的厂房、设备、机械、仓储,等等。现存物包括具有代表性的普通生活用品,例如,人们比较熟悉的、世界性的收藏品:古钱币、邮票、徽章、烟标、啤酒标、糖纸、玩具、成套的现代纸币、地图、游览券、车船机票,等等(图 5 - 1)。大量的现存物一旦满足"三个下限",是可以向文物转化的。

(3)至于"文物"藏品,见以下的较详细讨论。

四、文物成为藏品

1. 文物比较典型地聚合了人类收藏的三个基本动因,因此,有相当部分的文物成为人类的重要藏品。文物作为藏品经历了入藏和筛选淘汰两个过程,这两个过程在个人收藏中表现得比较单纯、直接,在国有收藏中则往往复杂。

2. 以个人收藏为例,文物的"入藏过程",常常主要经历了"始于兴趣""开始收藏""加深研究""富集化"和"最终归宿"五个阶段。

（1）所谓"始于兴趣"，指的是文物要成为藏品，首先必须能够激起人们的收藏兴趣，包括个人兴趣或社会兴趣。个人兴趣可能只侧重于"四大价值"的某一个方面，而社会兴趣则往往取决于文物"四大价值"的总体的综合表现，四大价值都很低的文物大部分不会成为藏品。

（2）出于兴趣而后的"开始收藏"，一开始的收藏活动可能没有什么固定的标准，在这个过程中收集到的大量藏品，质量往往参差不齐，需要进一步加以选择区分。社会收藏的开始，基本上是来自文化建设任务。

（3）当藏品达到一定数量、形成规模时，对藏品群落的"加深研究"就开始了。这种研究能够对特定种类的藏品逐渐形成正确认识，进而继续扩大收藏。这一阶段的收藏往往开始遵循某种标准，而这一标准又取决于研究的需要和进展。藏品的加深研究，在个人和社会收藏没有什么区别。

（4）经过加深研究，对于个人来说藏品的数量可能精简，质量逐渐提高。对个人来说，当收藏目标越来越专一，就可能出现某收藏家成为某方面收藏权威的情况。此时他往往不仅在收藏数量上占有优势，研究水平也达到了一定高度，是常说的"富集化"的阶段。这个阶段在社会收藏中并不明显。

（5）所谓"最终归宿"，是指文物的作用最终在某个点以比较固定的角色发挥其文化的、历史的、艺术的作用。国家收藏是文物最好的归宿，虽然个人收藏的热情、投入的相对值远远超过国有收藏，但不能保证久远的、数代人的持续收藏，在这一点上，国家的收藏力量理论上来说是无限的，在收藏时间上也是无限的。无论从收藏保管条件与研究力度上，还是就收藏的规模、收藏的时间而言，国家收藏相对个人都具有较大的优势。

3. 文物藏品的"筛汰过程"主要是对拟收藏、已收藏文物进行评价、置换，乃至筛汰残损品。文物藏品的"筛汰过程"可以分为征集过程中和已入藏过程后这两个阶段进行。

在征集过程中的筛汰，往往出于一批数件文物的征集，其中部分需要入藏，部分达不到入藏标准者，即进行了筛汰。筛汰的主要指向是，根据已经收藏的藏品，根据科学的再认识，对藏品进行筛选淘汰，这是文物藏品管理中必不可少的一环。被筛汰的藏品，可能是由于本身质量不高；也可能是由于不符合收藏机构（个人）的宗旨以及收藏标准，不能认为被筛汰的文物就一定是差的、不好的，例如：一件精美的东周青铜器同样会被"碑林"拒绝收藏，以前收藏的就会"筛汰"而介绍成为另一所博物馆的藏品；一件反映"西安事变"的重要文物在秦始皇帝陵博物苑原藏品之中被"筛汰"，而介绍入藏反映近现代史的博物馆或者地方志性质的博物馆。相对而言，专业型、专门性博物馆会更重视、更为严谨地对待藏品的筛汰问题，因为在特定类型的收藏中，藏品的质量往往比藏品的数量更加重要。

在文物收藏史上，藏品的珍贵与否，在一定程度上取决于曾经作为什么性质、被什么单位、什么人收藏，例如，被书画大家收藏过的书画就可能会更有价值，这就涉及对文物的社会评价。

文物藏品的"置换"，包括了馆际交换和收藏者之间的交换，是管理权的转移，目前在国有博物馆之间的藏品"置换"很少见。文物藏品的置换在形式上是对等的，实际上是双方各收藏了一件新文物，又筛汰了一件旧文物。

除了以上讨论的一些情况外，由于自然或者人为原因造成的、无法修复的残损文物藏品，也涉及可能的藏品筛汰，当然，对于这部分藏品的工作，要慎之又慎。

五、收藏途径和要点

本部分主要讨论国有博物馆的文物收藏途径，也涉及一些非文物类的藏品，至于个人或其他社会文物收藏的途径也可以参照本段的讨论。

目前，博物馆的收藏品主要有四大来源：考古学来源、民族民俗学来源、自然科学和工程技术来源、其他来源（又称之为：社会流散文物征集）。这主要针对国家收藏，也兼指比较成熟的社会大收藏家。这部分内容既是理论阐述，也有实践意义。下面分几个类别进行进一步讨论。

1. 考古学收获

"考古学收获"的文物一般是有计划的、经科学手段采集的收获，即使是抢救性发掘，也会严格按照发掘程序对文物进行处理。这些文物在文化属性、艺术造诣等方面的鉴定往往是在现场完成，一般不会再做事后鉴定。有关物质成分、工艺特质等方面的鉴定往往依赖于室内整理。对发掘出来的文物，要正确指出它们的工艺和制造目的，同时还需注意与发掘的考古遗迹时代并不一致的器物，它可能是前代的，例如：汉代墓中出土新石器时代、西周时代、战国时代的器物。也有可能是后人修葺古墓时放置进去的后代器物，例如：湖南一座宋墓当中，出土有民国时期的印章，当为墓主的后世子孙置入的。

在考古发掘中，一般会经历"调查—试掘—发掘"的过程，在这个过程中，人们对遗址或墓葬中的文物认识会不断深化，对它们各方面特点会有一个全面的把握，要在现场作细致的忠实记录。

对于遗址出土文物，要考虑基本"空间时间框架"，例如：地域、埋藏层位、相对时代；要考虑"出土单位"和"部位"，例如：城镇、村落、井窖、河渠、宫殿、寺庙、民居、灰坑，等等；要考虑在出土单位的"具体部位"和"放置状况"，例如：以民居为例，放置在门外、门内、火塘边、立柱边、卧炕，等等；出土时文物组合、数量、使用状况、残破程度，等等。

图 5-2 湖北随县曾侯乙墓

如果是墓葬出土，要考虑墓葬所处地区、时代、墓主级别、墓葬结构、墓区墓葬之间的排列结构，等等；要考虑墓葬出土文物在墓葬中摆放的位置及作用等信息，例如：出于墓门外、墓道、耳室、天井、前室、祭台、后室、椁室、棺床、棺内，等等；还有随葬文物组合、具体放置情况，等等，据此可推断出器物的性质与功用（图 5-2）。

即便是考古学收获也不能主观臆断，反对过度解说，反对伪科学，反对违背考古学原则、只考虑宣传效果的不实评价。

2. 民族学收获

民族学收获一般是指对现代兄弟民族生活、生产、习俗类文物的征集，民族学文物一般会经历有计划的、科学的、系统的藏品征集,并同样进行现场鉴定。民族学调查一般排斥事后鉴定,在藏品的登记过程中,认真倾听包括被收集地区人们的意见就是鉴定过程。在文物的选择上强调其作为民族识别物的特点,不能将多民族共用文物或现代产品简单地认为是民族文物。

民族学文物征集的最小单位是个人,即一位民族同胞的个人衣食用具,个人的单件物品不是理想的民族文物,因为其不能反映一个民族广泛的社会生活,所以科学价值相对比较低。比较理想的单位是一个家庭,但是以家庭为单位时,如果面对的是一个现代民族家庭,就不排除其中含有多民族共有物和现代产品——这些不是民族文物,这反映了相关问题的复杂性,但是一个完整民族家庭的使用品,因此要做一些说明处理。

进行民族学文物征集时必须遵循两个原则:科学性第一与民族相互尊重。尤其要认识到,各个民族是平等的,要充分尊重民族由于地区、文化、宗教信仰不同所造成的各种差异。通过对民族学文物的征集、收藏、展示、研究,可以了解各民族为中华民族的整体发展都做过重大的贡献,通过民族文物征集工作的进行,促进各民族团结,阐释各民族文明,做到各民族之间取长补短、相互尊重、共同发展。

3. 民俗学收获

民俗学文物是指近现代人民群众社会生产、生活中风俗习惯的实物,"民俗学收获"的征集同民族学文物征集有相似之处,是有计划地进行现场鉴定的。相对来说,民俗学文物涵盖的范围更广,人们的婚丧嫁娶、生育成年、建房开业,等等。"十里不同风、百里不同俗",每个人、每个地区在一定时间范围内待人接物的方式都可以称为民俗表现,当然民俗要有一定的公众性,排除个人习惯以及偶发性的行为(但是,根据文学作品而衍生出来的习俗不能称为民俗)。在进行民俗学文物征集时,要考虑时代特点和地域重点。

民俗学文物征集的最小单位是一个家庭,最佳单位为一个村落、乡镇。在以村落为单位征集时,应当包括整体人生礼仪涉及的所有物品。对于征集到的物品,要从现实生活需要、地域环境、传统继承、宗教信仰等方面做出科学解释,尊重有关民俗的客观存在,而不能为了猎奇生造假民俗。民俗调查中见到的所谓"奇风异俗",大多是该地区以外人们不理解的风俗,而不是不能解释的非科学性的现象。不能刻意钻研非科学的东西,理性的研究应当是将民俗学文物研究建立在可以认识、理解的科学基础上,做到以民俗学文物藏品部分地复原人们的生产生活史(图5-3)。

图5-3　民国走马灯

4. 自然科学与工程技术收获

"自然科学收获"的藏品主要是指相关标本(图5-4),往往不涉及文物,这也是进行现场鉴定的有计划收藏。对于自然科学收获的藏品,藏置方式兼有可移动与不可移动,前者为地矿、海洋、水文、动物、植物、人体的标本,等等,后者有动物园、植物园、自然保护区,等等。按照不同学科的需要,对最佳标本的要求不尽相同,应当尽可能表达有关藏品与自然生态的系统化关系。

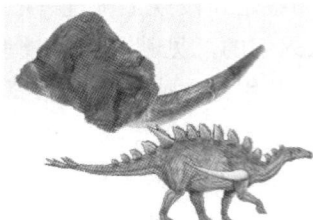

图 5 - 4   特殊骨骼化石：剑龙肩棘

"工程技术收获"是人类创造、改造行为的产物，这里面绝大部分藏品经过历史的洗礼，会转化为文物。对它们的收藏是有计划进行的，一般进行现场鉴定，包括可移动与不可移动两类。对于这类藏品，要求具有时代的代表性、技术的代表性，按不同生产的需要，对最佳标本的要求不同，既有产品标本，也有原料标本，更值得注意的是体现生产过程的如厂房、仓库、车床、工具等相关标本。有条件的可以把整个企业纳入整体保护、收藏的范围。

5. 其他收获

文物收藏的其他来源又称作"社会流散文物征集"，基本上是无计划的征集，兼有现场鉴定与事后鉴定。比如，艺术品的收获既有有计划的征集，也有非计划的偶然收获；既有现场鉴定，也有事后鉴定。艺术品文物的最小征集单位是个人单件作品，比较理想的是某个人有时间跨度的作品群，或某时代集中于某地的作品形成的艺术流派作品群，这其中要尤其强调对代表作的收藏。

又如外国文物的收获（图 5 - 5），这类文物藏品往往是无计划获得的，特别是外国产、外国用的——无争议的外国文物，对其鉴定兼有现场与事后。对外国文物的收藏主要关注藏品的国别、收藏的意义，强调同中国文物相比对文物群体的特殊作用。外国文物对于文化比较研究和国际文化交流具有积极意义。对流散文物的收藏要尽量分散为系统，以补充完善计划收藏，特别应以科学解说来弥补来源不明确的不足。

其他的文物收藏来源还包括市场购入、打击犯罪缴获、接受捐赠、交换索赔等。购买市场主要包括各省、市文物商店的公开市场。也包括各种半公开的和地下市场；打击犯罪缴获主要包括盗窃和走私的文物。其他收获从方法上来说，一定要做到记录详明，因为是非系统的征集。

图 5 - 5   外国钟表

六、国有、个人文物收藏的异同

本段是根据近半个多世纪以来的、相对于国有收藏而言的个人收藏实践而撰写的，也为在条件成熟时，个人收藏的文物能够合法、科学地向国有收藏转移做一定的准备。

1. 个人文物收藏的特点

（1）有强烈的兴趣指向。个人收藏的文物和兴趣爱好往往紧密相连，除非出于明显的商业目的，否则很少有收藏家对自己的文物藏品不感兴趣。文物收藏的专业针对性强。专业针对性主要指随着研究的不断深入，对藏品内涵的认识加深，研究者进行收藏不仅仅出于兴趣，还要根据研究的方向和目标进行非常专业的收藏。收藏家自己也成为专家型收藏家。

（2）业务范围比较小。业务范围是指个人的收藏范围和研究范围。范围大小不仅受财力、环境、馆舍大小影响，也受兴趣、人力、传承的影响。具备比较雄厚的财力、优越的保管环境和浓厚收藏兴趣等良好因素，可能造就大范围的收藏研究，近年在中国已有大收藏家出现。但是同国家收藏相比，个人的收藏与研究范围总是比较小的。此外，个人文物收藏在传承过程中也可能出现藏品流散的情况。研究比较集中、点比较小。个人收藏由于收藏范围较小，难以对某类藏品进行宏观的研究。因此，私人收藏研究往往集中在某几件、某类藏品上，问题比较集中。

（3）收藏的硬件条件一般比较差，但对于文物收藏极为重视。个人的收藏条件、科研条件一般来说比较差。我国私人博物馆中虽然已有比较现代化的例子，但为数不多（图5-6、图5-7）。尽管如此，收藏者对藏品却是极为重视的。同时，个人收藏的藏品开放程度很高，在资金投入和为社会服务的投入产出比上，个人收藏要高得多。

图5-6　古陶文明博物馆

图5-7　中国紫檀博物馆

（4）从文物藏品遗产传承看，不稳定、不可知因素很多。个人藏品在传承中可能受到国家政策、下一代收藏兴趣与保管能力等种种不可知因素的影响，在隔代的、长期的过程中，藏品可能会出现新一轮聚集或流散。

2. 国有收藏的主要特点

（1）以国有博物馆为代表的文物收藏兴趣指向不具有个人色彩。国有博物馆肩负着社会责任，多方面的人才储备也体现出多元化的文物兴趣取向。兼具专业性和综合性的学术研究，如博物馆一类的国家收藏，由于招募大量不同研究方向的专业人员，其藏品的研究会向多个方面拓展。

（2）国有博物馆理论上文物收藏的范围是无限的。从理论上来说，由于国家力量的无限，使国家文物收藏对藏品和研究范围没有限制。研究视野比较开阔。国有博物馆的收藏和研究视野可以达到古今中外各个方面，远远超越个人收藏者。

（3）国有博物馆硬件设备总体条件比较好，但是对于文物藏品的为社会服务重视不够，人为设槛比较多。国有藏品收藏保管条件总比同一地区的个人收藏者好，但在管理人员的培训上重视不够，管理人员对文物的重视程度也不够。

（4）国有文物收藏从理论上看是无限保护。国有藏品的所有权永远属于国家，所有权的稳定性成为全方位保护的基础。

可以肯定地说，个人收藏整体投入和社会服务效益，要大大高于国有博物馆。在保护文物藏品的力度上，私人可以把自己有限的条件落实到每一件藏品上，而有的国有博物馆可能连藏品数目也很难清算。在为社会服务的热情上，个人收藏者也比国有博物馆高得多。国有博物馆在这点上应当放下身段，认真向个人收藏者群体学习。

从历史上看，中国的皇家收藏不纯粹是个人收藏，更多的是代表国家收藏；反之，我国长期以来有贬低百姓个人收藏的传统。然而，个人收藏体现了个体以国民身份对民族、国家文化遗产的宝爱。在一个和谐的社会中，个人和国家不是对立的，没有民就没有国。个人和国有文物事业在法制意义上是平等的，在保护民族遗产和弘扬宣传民族文化上的作用也没有本质差别。因此，两者应是共存并立的关系，不能互相取代。

以现有的条件，在未来相当长的一段时间内，我国应该保护和发展个人的合法的文物收藏。个人收藏是国有收藏的基础，而国有收藏则是典型文物藏品的最佳归宿。国有博物馆应不断提升设备、馆舍、人员条件，把文物的社会效益放在第一位，让文物更大地发挥教育作用（图5-8、图5-9）。

图5-8　故宫博物院

图 5 - 9   南京博物院

第二节   文物的定名

关键词:文物定名   原则   方法

一、文物定名的意义

一件文物不能无以名之,文物的准确定名是文物研究的基础工作之一。如果文物不获得正确定名,了解和研究的第一步就无法迈出。文物的定名在各个国家和机构之间不尽一致,致使在国际交流和馆际交流中产生一些歧义,所以正确定名对于文物交流也十分必要。

无论是在国家进行文物普查时,还是在博物馆对文物进行管理时,抑或是在个人对文物进行了解时,首先要掌握其名称。一些习惯使用的、具有较长时期传统的定名仍然是科学的定名之一,例如:毛公鼎、汝窑盘(图 5 - 10),等等。自 1949 年以来,我国在全国范围内开展了三次全国不可移动文物普查和一次全国可移动文物普查。其中全国可移动文物普查历时四年,在调查内容中,认知文物名称是首要的一项。在博物馆藏品登记过程中,定名问题是博物馆藏品

图 5 - 10   汝窑盘

登记内容中重要的一项,往往讨论得较多(参见知识链接 5 - 1)。个人在文物收藏、于文物博物馆等场所参观文物、对文物进行学习研究中,其名称也是对藏品进行了解的第一步。

二、文物定名的原则

文物的定名是强调科学性的、严肃的工作,应当遵循一定的原则,不能随心所欲、随意

为之。应该注意到,文物藏品是对文物的描述方法之一,但是,定名不等同于对文物的欣赏性、研究性描写,应当做到简洁明确、直指核心。一般来说,需要遵循以下几个原则:

1. 文物藏品命名要做到名实相符。所定文物名称必须有特定的指示对象,特别是中国文物定名,除了体现物质、外观,也要考虑时代的、实际的功用、内涵和社会意义。

2. 文物定名必须准确。随着收藏活动和相关研究的发展,有些文物定名不断细化,或是在不同时段出现不同的名称,那么就要从文物的外形和实际存在状态来准确命名。

3. 文物的名称应当规范、简洁。文物藏品定名是描述的一种,但又不同于欣赏性、文学性、研究性的描写。文物的定名,不是要把文物所包含的内容全写出来。文物学的定名和考古学带有描写式的称呼不同,应该在更加简练和不失全面上找到平衡点。

4. 文物定名时要注意一些特殊情况下文字的运用。例如:"鐘"与"鍾",这两个字简化之后都是"钟",但是,这二字在古代针对器物的意思是完全不相同的,"鐘"是乐器与计时器,"鍾"是盛酒器,在命名中国古代文物时需注意甄别。

5. 文物藏品命名不能过僻、过冷、过怪,要有学术的一致性。历史与现实中对同一类文物,往往有着不同的叫法,例如"泥封"与"封泥","通景屏画"与"屏风画",等等,对一些有分歧的文物藏品定名,可以通过研究统一规范制定。定名的标准应该协商一致,在国内形成"国标"即国家统一的文物定名标准。甚至在世界范围内亦应具有一致性。由于全国乃至世界范围内的文物藏品种类繁多、数量浩大,目前统一名称的工作尚未开展起来。

6. 文物命名要防止重屋叠架。文物藏品要遵循"一物一名"的原则,尽量避免一物多名(一些人们耳熟能详的习惯用名可以保留),防止重复用名。重复名即在一个定名当中包含重复表述,如"广陵王玺金印",因为文物本身已自铭为"玺",再加"印"字就属于重复表述,可以命名为"金质广陵王玺"。

图 5-11 商代青铜同

7. 历史文物定名允许后来者更动。有些定名需要讨论,以便更加准确。随着人们对文物的认知水平的提高,对文物的定名会更加精准。例如:长期以来商周时代的青铜"觚",根据最新的研究,应当称为"同"(图 5-11)。这种动态发展一定要在有关档案中加以详注,以明确相关文物前后名称改动之历程。

8. 中国文物藏品在定名时,要考虑古代已有的工作,肯定其正确意见,修正其不准确之处。从先秦时代,直到金石学的研究,早年的学者、收藏家在文物命名上做了大量工作,例如:当年孔子叹息"觚不觚",就含有青铜器文物定名的问题;中国古代青铜器、玉器、瓷器、古建筑构件,许多名称都来自古代文献,尤其是宋代和清代金石学的命名。凡是古代文献中已有明确命名,而且证明是正确时,现在不必更换命名。

9. 要尊重文物上的"自名"。在先秦的青铜上,就见到文物的自名:尊、鼎、鬲、盉、盘、匜、剑、戈、戟，等等；有的加上月途，例如："旅鼎""行戟"，等等；有的是古今字，表现在偏旁有所不同，如：匜从"皿"底，剑左从"金"旁；这些从文物本身自名没有什么问题。还有一些文物身上带的自名和现在（主要是考古学）的定名很不一样，这就要注意了，例如：孙吴西晋"魂瓶、谷仓罐、皈依瓶、堆塑罐"，有自名为"罂"的；两晋青瓷"果盒"，有自名为"槅"的；两晋青瓷"扁壶"，有自名为"坤"的，等等。当然，也要考虑历史的、地域的、方言的，以及今人能否理解等因素。

10. 中国文物藏品定名应当有主要外文语种的规范译名，同样，外国所收藏的文物也要有规范的汉字译名。有关文物定名要用音译和意译双方案，例如：（中国文物）中文名—毛公鼎，英文音译-Ding，英文意译—（cooking vessel）of the Duke of Mao。[1] 又例如：（外国文物）英文名（源于希腊语）-Rhyton，中文音译—来通，来通杯，中文意译—角形杯。[2] 在条件成熟的时候，要形成具有权威性的双解词典。

三、定名的方法

国有和民营博物馆的藏品定名的方法，应当按非文物藏品和文物藏品予以区别：一些非文物藏品如矿物、动植物标本等按其学科标准来定名。一些非文物藏品如现存物藏品，例如，工程技术类藏品，按照"国标"或国际标准来定名。非文物的艺术类、民族类、民俗类藏品，可以仿照文物类藏品的定名方法。文物藏品的定名，可以遵循以下方法：

1. 自铭文物的定名。文物藏品上的文字体现了自身命名的，对其定名时基本上遵从自铭，如有必要，之前可加质地。有些偏旁问题，可以按照现行标准调整。过于冷僻、不易理解者，可以参考考古学的意见，加以修正。凡是一种器物有不止一种自名时，如"鼎"在两周时期又有"鼏、尊彝、旅鼎、饲鼎、石沱"，等等称谓，这样就有必要研究、调整或修正，一律用"鼎"，但要在藏品档案中详加备注说明。

2. 三段式定名。一般情况下，文物藏品的名字可以由三个部分构成：A 时代、作者、内容＋B 特征、质地＋C 形状、功用，三个部分之间或有相互重合的部分。例如：对书画的定名可以是"明代唐伯虎狂草书立轴""清郑板桥墨竹册页"；对青铜器的定名可以是"商代妇好青铜偶方彝"（图 5-12）"西周晚期素面青铜鼎""战国错金银铜虎"；对陶瓷器的定名可以是"仰韶文化人面鱼纹彩陶盆"（图 5-13）"北宋定窑双鱼纹盘""清乾隆粉彩菊花灯笼尊"，等等。

图 5-12 商代妇好青铜偶方彝

〔1〕 王殿明、杨绮华等编译：《汉英文物考古词汇》，紫禁城出版社 2011 年版，第 132 页。
〔2〕 陕西历史博物馆、北京大学考古文博学院、北京大学震旦古代文明研究中心编著：《花舞大唐春：何家村遗宝精粹》，文物出版社 2003 年版，第 38 页。

图 5‑13　仰韶文化人面鱼纹彩陶盆

图 5‑14　唐代三彩十二生肖俑

当多件文物共名时,可以用数字加以区别,如"唐代三彩十二生肖俑之一(鼠)""唐代三彩十二生肖俑之二(牛)"(图 5‑14)等。外国文物在时代之前加国别,少数民族文物则在第一部分中加族别。文物的名称以不超过二十个字为宜,过于口语化、世俗化、文学化的词不能在定名中使用。

此外,也有按可移动文物和不可移动文物区分定名的方法。《中国文物地图集》(参见知识链接 5‑2)中对于不可移动文物的定名,主要采用第三次全国文物普查中对不可移动文物的定名标准,而我国对于可移动文物的定名主要遵循《第一次全国文物普查工作手册》相关内容,博物馆对藏品的定名则主要遵循《博物馆藏品管理办法》。

第三节　文物藏品的定级

关键词:藏品定级　标准　方法　一级文物

中国文物在总体上,可以分为不可移动文物和可移动文物。主要以古遗址、各时代建筑文物为指向的不可移动文物,目前分为"国家重点文物保护单位""省级文物保护单位(有的省称为:省级重点文物保护单位)"等级别。在省级以下,保护的分级则很不明晰。本节主要讨论可移动文物,又称为博物馆或收藏家文物藏品的定级问题。

一、文物藏品定级、分级的意义

1. 文物藏品的数量浩如烟海,人们对它们的研究程度、重视程度和保护力度不应当是无差别的,应当分级管理对待,这是文物运动整体的需求,是必须认真对待的重要工作。

我国目前以国有博物馆的文物藏品定级作为工作的重点，近几年也辐射到了对民营博物馆和个人收藏的文物藏品定级。随着民间的收藏热愈发兴盛，应该积极鼓励私人的文物收藏实行薄本化管理，把文物藏品的定级工作推广到每一个收藏者和每一件文物上，这是对中华民族所有文化遗产负责的表现（参见知识链接 5－3）。

关于文物藏品的定级，职业人士和非职业人士，还有群众文化、新闻媒体工作中都有一些不准确表述，例如："国宝级文物""一级参考品""一级资料""够等级文物""级别外文物"，等等，都是不准确、不规范，甚至是随意的表达。文物藏品的定级应强调法制化、规范化、标准化。

2. 博物馆应当在科学比对、研究的基础上，根据藏品价值的大小，按照国家统一制定的藏品定级标准划定不同的等级。

长期以来，国家一般将馆藏文物分为三个等级：一级藏品为具有特别重要价值的代表性文物和标本，二级藏品为具有重要价值的文物和标本，三级藏品为具有一般价值的文物和标本。

2001 年，文化部颁布施行的新的文物定级标准中，将珍贵文物和一般文物区分开来，并在以前标准将一、二级文物划定为珍贵文物的基础上，将三级文物也归入了珍贵文物中。这样，在实际工作中就产生了两个问题：一、过去的三个级别和现在的两个级别如何对应调整，这个工作量比较大；二、一般的、不怎么珍贵的文物藏品如何定级，换言之，三级以下文物，是否不再分级，或者还有四、五、六……级别。

3. 历史、艺术类博物馆的"一级藏品"也可以称为"一级文物"，一般还健在的艺术家的作品，不宜定为"一级藏品"，艺术类博物馆的"一级藏品"自然就是"一级文物"。需要明确的是，一级文物被视为国家最为重视的藏品，需要博物馆重点管理。一级文物的评判标准更为严格，档案记录格外详尽，相关账卡中的彩照、线图、说明文字要相对比较多，保存管理规格也更加高。对于一级文物，国家文物局要求设专库管理，本教程认为至少做到按质地专柜管理，柜子须保管员、保管部主任、馆长三人到齐才能打开提取文物。一级文物在展示、交流中也有特殊要求，出国展览受严格限制，馆内应用必须要由馆长确认、签署，馆外应用则必须由省级以上主管部门的主要领导签字，出国的权限则由国家文物局把控。一级藏品无论在什么场合受到伤损，都要作为重大事故，必须追究有关责任人、首先是博物馆法人代表的责任。

4. 掌握文物藏品的定级标准，对涉及文物的司法鉴定至关重要，在打击文物犯罪和有关经济犯罪时，可以考虑双重标准，一是参照文物藏品的定级标准，二是其经济标准，以免出现单独依照定级标准量刑过轻的情况，如定级为一般文物的某些金银器，其特殊商品价值往往会很高。现有法律中存在的一定空缺，往往给不法分子以可乘之机。

二、中国文物藏品的定级方法

目前，我国博物馆文物藏品定级的具体方法，是遵照 2001 年文化部颁发的《文物藏品定级标准》执行的。该标准"根据《中华人民共和国文物保护法》和《中华人民共和国文物

图 5‑15　故宫藏龙泉窑青釉弦纹瓶

保护法实施细则》的有关规定",将文物藏品分为珍贵文物和一般文物。

珍贵文物分为一、二、三级,各级文物均有详细的定级条款,主要是按它们的重要程度进行划分。具有"特别重要"的历史、艺术、科学价值的代表性文物为一级文物(图 5‑15)(参见知识链接 5‑4),具有"重要"的历史、艺术、科学价值的为二级文物,具有"比较重要"的历史、艺术、科学价值的为三级文物,具有"一定"的历史、艺术、科学价值的为一般文物。

本教程认为一般文物不再分级是一个缺陷,在将来重申、修订文物藏品定级标准时,应当加以考虑,以利于文物藏品管理。

三、文物藏品定级中的认识误区

文物藏品的定级工作,是文物、博物馆事业的重要方面,不仅仅业内人士非常重视,在社会上也引起群众性的关注,藏品定级往往成为文物价值的直接性的表达。在藏品定级这个社会认知范畴,存在着一些误区,有的影响到了有关文物教育和宣传工作,因此,有必要加以厘清。

1. "文物藏品级别一定终生"。文物藏品定级应该是一个建筑在深入研究、广泛比对基础之上的,阶段性的、不间断的工作。本教程认为收藏单位或者收藏家应以十年左右为一个周期,对有关的文物藏品定级,再进行全面考核,做科学合理的动态定级。由于文物的总数量会因新的考古发掘或新的文物普查活动发生变动,一件文物在整个文物体系之中的作用和地位也随之发生变动,那么它所对应的级别也应该发生变动。由于文物藏品的鉴定和研究不断深入,对于原有藏品的定级也会有所调整。在一定时段里,藏品级别较低的调高,级别偏高的调低,是一个正常的工作。

2. "定一级文物要因地制宜、因馆制宜"。中国文物是全民族遗产,文物的定级应从"四大价值"出发,不以具体地方、具体馆藏数量多少为限,在此地的一级文物,在彼地依然是一级文物。从整体上来说,文物藏品的定级与总体存世数量有一定的关系;但是要确认,定级执行的是国家标准,不是地区标准,更不是馆际标准;国家标准考虑的存世数量因素,也是面向全国的,不是针对某一省、市、区的。地方和具体博物馆不能以固定的数量指标,对文物进行定级数量考量,换言之,在国有博物馆藏品流通中,在一个青铜器收藏较少的省份 A,一件青铜鼎被定为一级藏品,它流向青铜器较多的省份 B,仍然应该是一级藏品。

3. "一级藏品的多少决定收藏家、博物馆的地位"。一级藏品的多少和博物馆的作用、性质、地位,等等有一定关系,但不是绝对的。例如:有些很重要的以考古立馆的博物馆,藏品数量虽大,但破损程度也很高,故而一级藏品不会很多,这不会影响它的学科重要性。

4. "凡是一级文物的经济价值都非常高"。文物本身的特殊商品价值和它的存世数量有一定关系，但和市场需求的关系可能更为密切。一级文物在多数情况下的价值很高，但也会出现跟经济价格不挂钩的情况，尤其是考古出土旧石器时代、新石器时代早期的文物，即便是一级文物，市场价格也不会很高。反之，有些市场价格高的文物不一定就是一级文物，其价值还受到市场规律和人为炒作，等等因素的影响。明白这一点，对于馆藏文物的保护，对于依法管理文物商业都有帮助。

5. "对于一个博物馆长而言，一级藏品定多了，没有好处。出国展览一级藏品比例有限制；一旦有事故，首先要追究法人代表的责任；经费没有增加，责任反倒加重。"这些问题，确实存在。但是，一级藏品是国家标准，不应当为馆长工作的困难、馆长的情绪所左右，有多少符合一级藏品标准，就定多少；当然另一方面，国家在政策、方法、经费上要切实给予博物馆、馆长们在一级藏品的定级、保管条件上，以更多、更有力的支持，以做好一级藏品工作。

6. 关于"国宝"问题。目前常常被社会热议的"国宝级"文物，一般是指一级文物中的珍贵文物，部分原因是受日本的《国宝保存法》影响（参见知识链接 5-5）。目前在我国没有这个"国宝"级别，它只是一种宣传性、形容性的不准确称谓，或者是媒体哄炒的一种民间认识。应当认识到，社会上确实有希望看到中国文物"国宝"的祈求，因此，本教程赞成在条件成熟的时候，在目前的一级藏品标准中，再从精、从严、从极为珍稀的角度提高一些藏品的标准，成为可以认识、操作的"国宝级"标准。本教程试推荐几件，以供参考：新石器时代鹳鱼石斧图彩陶缸，二里头文化（"夏"文化）镶嵌绿松石兽面铜牌饰，商代青铜司（后）母戊大方鼎，西周青铜利簋，春秋青铜曾侯乙编钟，战国人物龙凤帛画，秦始皇帝陵铜车马（图 5-16），西汉白玉皇后之玺，新莽青铜嘉量，东汉青铜奔马（马踏飞燕），魏晋佛像仙人云气纹釉下彩盘口壶，南北

图 5-16　秦始皇帝陵铜车马

朝"竹林七贤"砖画（图 5-17），隋李静训墓刻画石棺椁，唐法门寺佛舍利及七重宝函，北

图 5-17　"竹林七贤"砖画

宋《清明上河图》,南宋青瓷官窑三足炉,元《富春山居图》,明十三陵龙凤金玉冠,清"大禹治水"玉山子,等等。

知识链接

知识链接 5-1

《博物馆藏品管理办法》中规定:"自然标本按照国际通用的有关动物、植物、矿物和岩石的命名法规定名;历史文物定名一般应有三个组成部分,即年代、款识或作者;特征、纹饰或颜色;器形或用途。"[1]

知识链接 5-2

《中国文物地图集》是由文物出版社等多个出版社出版的图书。该书"对历次文物调查所获大量资料进行科学概括,综合反映中国文物工作中已有的学术成果和新的重大发现,全面记录中国境内已知现存的不可移动文物的状况,以充分发挥它们的作用。这套多卷本地图集的编制,是文物保护、管理和研究的一项重要基础工作,是各省、自治区、直辖市文物考古专业人员与地图工作者通力协作的科学研究成果。它将为科学研究工作者提供重要的第一手材料;为国家制定文物保护、管理和研究的长远战略决策与政策法规提供有益的资料;为国家经济建设部门规划、选址和设计提供可靠的依据,尽可能避免在生产过程中造成对文物的破坏。"[2]

"它有序图、专题文物图、县(市)文物图和重要文物图,有前言、概述、文物说明与文物单位(点)简介,以及最后的文物索引。从而富有自己鲜明的特色,特别是突破了历史地图的模式,形成自己独有的风格,是世界上同类书籍中规模最大、内容最丰富、资料最翔实的一部宏篇巨著。"[3]

1987 年 5 月 26 日,由国家文物局制订的《〈中国文物地图集〉编绘细则》正式发布,成为指导文物普查资料整理、编绘文物地图集的重要规范和依据。1993 年修订版为《〈中国文物地图集〉编制细则》,"是对文物的重要规范之一,是文物学科建设的重要组成部分"。[4]

知识链接 5-3

"评定等级是鉴定的主要任务之一。按照中国文物法规的规定,根据文物价值的高

---

〔1〕 中华人民共和国文化部:《博物馆藏品管理办法》第八条第二款"藏品定名",1986 年 6 月 19 日。

〔2〕 国家文物局主编:《中国文物地图集》,文物出版社等 2009 年版,前言。

〔3〕 李晓东:《功在当代惠及子孙的宏篇巨著——评介〈中国文物地图集〉编制及河南分册》,《华夏考古》1995 年第 1 期。

〔4〕 李晓东:《〈中国文物地图集〉编制细则的价值和意义》,《中国文物报》2017 年 4 月 25 日。

低,把馆藏文物和流散文物划分为一、二、三级,把文物史迹区分为不同级别的文物保护单位,推荐给人民政府核定公布。"[1]

知识链接 5-4

《文物藏品定级标准》中一级文物定级标准举例(26 类)如下:

"一、玉、石器　时代确切,质坚优良,在艺术上和工艺上有特色和有特别重要价值的;有确切出土地点,有刻文、铭记、款识或其他重要特征,可作为断代标准的;有明显地方特点,能代表考古学一种文化类型、一个地区或作坊杰出成就的;能反映某一时代风格和艺术水平的有关民族关系和中外关系的代表作。

二、陶器　代表考古学某一文化类型,其造型和纹饰具有特别重要价值的;有确切出土地点可作为断代标准的;三彩作品中造型优美、色彩艳丽、具有特别重要价值的;紫砂器中,器形完美,出于古代与近代名家之手的代表性作品。

三、瓷器　时代确切,在艺术上或工艺上有特别重要价值的;在纪年或确切出土地点可作为断代标准的;造型、纹饰、釉色等能反映时代风格和浓郁民族色彩的;有文献记载的名瓷、历代官窑及民窑的代表作。

四、铜器　造型、纹饰精美,能代表某个时期工艺铸造技术水平的;有确切出土地点可作为断代标准的;铭文反映重大历史事件、重要历史人物的或书法艺术水平高的;在工艺发展史上具有特别重要价值的。

五、铁器　在中国冶铸、锻造史上,占有特别重要地位的钢铁制品;有明确出土地点和特别重要价值的铁质文物;有铭文或错金银、镶嵌等精湛工艺的古代器具;历代名人所用,或与重大历史事件有直接联系的铁制历史遗物。

六、金银器　工艺水平高超,造型或纹饰十分精美,具有特别重要价值的;年代、地点确切或有名款,可作断代标准的金银制品。

七、漆器　代表某历史时期典型工艺品种和特点的;造型、纹饰、雕工工艺水平高超的;著名工匠的代表作。

八、雕塑　造型优美、时代确切,或有题记款识,具有鲜明时代特点和艺术风格的金属、玉、石、木、泥和陶瓷、髹漆、牙骨等各种质地的,具有特别重要价值的雕塑作品。

九、石刻砖瓦　时代较早,有代表性的石刻;刻有年款或物主铭记可作为断代标准的造像碑;能直接反映社会生产、生活,神态生动、造型优美的石雕;技法精巧、内容丰富的画像石;有重大史料价值或艺术价值的碑碣墓志;文字或纹饰精美,历史、艺术价值特别重要的砖瓦。

十、书法绘画　元代以前比较完整的书画;唐以前首尾齐全有年款的写本;宋以前经卷中有作者或纪年且书法水平较高的;宋、元时代有名款或虽无名款而艺术水平较高的;具有特别重要价值的历代名人手迹;明清以来特别重要艺术流派或著名书画家的精品。

---

[1]　中国大百科全书总编辑委员会:《中国大百科全书·文物　博物馆卷》,中国大百科全书出版社1992 年版,前言。

十一、古砚　时代确切，质地良好、遗存稀少的；造型与纹饰具有鲜明时代特征，工艺水平很高的端、歙等四大名砚；有确切出土地点，或流传有绪，制作精美，保存完好，可作断代标准的；历代重要历史人物使用过的或题铭价值很高的；历代著名工匠的代表作。

十二、甲骨　所记内容具有特别重要的史料价值，龟甲、兽骨比较完整的；所刻文字精美或具有特点，能起断代作用的。

十三、玺印符牌　具有特别重要价值的官私玺、印、封泥和符牌；明、清篆刻中主要流派或主要代表人物的代表作。

十四、钱币　在中国钱币发展史上占有特别重要地位、具有特别重要价值的历代钱币、钱范和钞版。

十五、牙骨角器　时代确切，在雕刻艺术史上具有特别重要价值的；反映民族工艺特点和工艺发展史的；各个时期著名工匠或艺术家代表作，以及历史久远的象牙制品。

十六、竹木雕　时代确切，具有特别重要价值，在竹木雕工艺史上有独特风格，可作为断代标准的；制作精巧、工艺水平极高的；著名工匠或艺术家的代表作。

十七、家具　元代以前(含元代)的木质家具及精巧冥器；明清家具中以黄花梨、紫檀、鸡翅木、铁梨、乌木等珍贵木材制作、造型优美，保存完好、工艺精良的；明清时期制作精良的髹饰家具；明清及近现代名人使用的或具有重大历史价值的家具。

十八、珐琅　时代确切，具有鲜明特点，造型、纹饰、釉色、工艺水平很高的珐琅制品。

十九、织绣　时代、产地准确的；能代表一个历史时期工艺水平的具有特别重要价值的不同织绣品种的典型实物；色彩艳丽，纹饰精美，具有典型时代特征的；著名织绣工艺家的代表作。

二十、古籍善本　元以前的碑帖、写本、印本；明清两代著名学者，藏书家撰写或整理校订的、在某学科领域有重要价值的稿本、抄本；在图书内容、版刻水平、纸张、印刷、装帧等方面有特色的明清印本(包括刻本、活字本、有精关版画的印本，彩色套印本)、抄本；有明清时期著名学者、藏书家批校题跋、且批校题跋内容具有重要学术资料价值的印本、抄本。

二十一、碑帖拓本　元代以前的碑帖拓本；明代整张拓片和罕见的拓本；初拓精本；原物重要且已佚失，拓本流传极少的清代或近代拓本；明清时期精拓套帖；清代及清代以前有历代名家重要题跋的拓本。

二十二、武器　在武器发展史上，能代表一个历史阶段军械水平的；在重要战役或重要事件中使用的；历代著名人物使用的、具有特别重要价值的武器。

二十三、邮品　反映清代、民国、解放区邮政历史的、存量稀少的；中华人民共和国建国以来具有特别重要价值的邮票和邮品。

二十四、文件、宣传品　反映重大历史事件，内容重要，具有特别重要意义的正式文件或文件原稿；传单、标语、宣传画、号外、捷报；证章、奖章、纪念章等。

二十五、档案文书　从某一侧面反映社会生产关系、经济制度、政治制度和土地、人口、疆域变迁以及重大历史事件、重要历史人物事迹的历代诏谕、文告、题本、奏折、诰命、舆图、人丁黄册、田亩钱粮簿册、红白契约、文据、书札等官方档案和民间文书中，具有特别重要价值的。

二十六、名人遗物 已故中国共产党著名领袖人物、各民主党派著名领导人、著名爱国侨领、著名社会活动家的具有特别重要价值的手稿、信札、题词、题字等以及具有特别重要意义的用品。"[1]

知识链接 5－5

日本《国宝保存法》：https://www. mext. go. jp/b_menu/hakusho/html/others/detail/1318166. htm。

参考文献

1. ［英］格林·丹尼尔著，黄其煦译：《考古学一百五十年》，文物出版社 1987 年版。

2. 国家文物局主编：《中国文物地图集》，文物出版社 2009 年版。

3. 中国大百科全书总编辑委员会编：《中国大百科全书·文物 博物馆卷》，中国大百科全书出版社 1992 年版。

4. 李晓东：《文物学》，学苑出版社 2005 年版。

5. 王宏钧：《中国博物馆学基础》，上海古籍出版社 2001 年版。

本章自测

1. 在我国目前的国有收藏中，外国文物所占比例很小，即使是个人收藏中也罕有专门的外国文物收藏家。为了增加我国博物馆馆藏外国文物数量，是否可以通过与国外藏家置换的方式？

2. 谈谈文物是如何成为藏品的。

3. 谈谈国有文物收藏和民间文物收藏的异同。

4. 文博单位和国家间是否应将文物的定名进行统一？

5. 在世界范围内如何对文物一致定名？

---

[1] 中华人民共和国文化部：《文物藏品定级标准》，附件，2001 年 4 月 9 日。

第六章　文物的分类

文物的科学的分类法是全世界文物、考古、博物馆工作者关注的重要问题。文物的分类是按照一定的标准对文物进行归类,是进行文物学科学研究的基础性工作,文物分类的作用与意义重大。本章讨论的主要内容是文物分类的原则和方法。

第一节　文物分类的作用和原则

关键词:文物分类　保管　展陈　文物科研　分类原则

文物是一种面广量大的存在,这主要表现在它们有时代、质地和功用的种种不同。如果不进行分类,文物就有可能被视为一堆价值很小的材料。即使是社会的、个人的文物收藏也应当分类,否则连文物的特殊商品价值都很难实现。

文物分类是指"根据文物的异同,即构成每件文物基本物质的自然属性和所形成的社会属性之差异性、同一性,把全部文物区分组合成类的过程"。[1]

无论是在国家对文物进行普查工作,博物馆对藏品进行保存管理、陈列展示、深入研究,还是在私人对藏品进行收藏,抑或是在拍卖行的拍卖流程中,无不需要对文物进行分类,只有将其正确地分类,才能实现文物的各种价值。

一、文物藏品分类有利于对历史信息的把握

文物藏品是社会物质文化生活的历史遗存,文物分类工作是对文物的一个准确把握过程。如果不进行必要的分类,文物彼此之间关系如何,对现在的借鉴、启示意义如何等问题将无从谈及。

如果把全部的文物看作一个整体来研究,则很难把握其中每一类的特点。瓷器、金属器、绘画等属于不同的种类,只有对其进行归纳分类,才能准确把握每一类文物的发展演变过程,从而准确分析每一类文物对于人类历史发展的不同意义。

---

[1]　国家文物局:《国有可移动文物普查:文物分类标准(试行)》,2012年。

二、文物藏品分类有利于保管工作

没有文物藏品分类就无法进行相关的收藏和保管,按"质地建库(柜)"是文物藏品保管的基本原则之一,科学的分类才能促成按质地建库入藏。这一点不仅体现在国有博物馆的文物藏品管理中,亦体现在个人的文物收藏之中。

在博物馆对藏品进行管理时,藏品科学分类之后对其进行类别划分,不仅需要对藏品进行定级整理、登记、编目、检索,也需要利于文物的利用和保护,这是文物保管中不可缺少的一项工作(图 6-1)。在个人的收藏中,文物也不应是杂乱无章的。不同类别的文物所需要的收藏条件以及日常的养护方式也是不同的,因此更应进行分类,以便更好地保存与管理。

图 6-1　故宫博物院网站藏品分类图

三、文物藏品分类有利于对文物的科学、合理利用

博物馆对于文物藏品的最明显、最直接的利用方式,就是文物藏品展陈,包括基本陈列、专题陈列、临时陈列、国际或馆际的交流陈列,等等。

博物馆展陈设计,说到底,是文物藏品分类的反映:藏品的提取、组合、排列,需要分类的准备;基本陈列的各个时期的文物组合,重点文物和辅助性文物的搭配;专题陈列就是贯穿了科学分类思想的陈列;临时陈列、交流性的陈列,都是藏品分类体系以及分支的反映;陈列技术中针对文物质地、功用等分类的合理处理;展陈的各种文字说明以及必要的宣传材料、海报,是分类的书面记录和向公众进一步介绍,等等;博物馆展陈离开了科学的文物藏品分类是不能成功的。

博物馆、收藏家的行为作为一种不可或缺的社会文化存在,他们的积极作用当然不止展陈这一项。社会公众冲着博物馆、收藏家来,是对于文物藏品有所希冀而来的,那么科学的文物藏品分类,才是真正给予分布,才是真正向生活需求敞开了大门。

四、文物藏品分类有利于文物研究

文物藏品的科学分类，满足对文物进行深入研究的需要，若大量文物聚集而不进行科学分类，则很难对其进行分门别类、详致深入的研究。譬如不同时代的书画或瓷器，因其个体的时代特征不同，研究者若想深入进行研究，自然需要对文物进行分类。

收藏家应当就是专家，博物馆应当成为培育各类专家的学校。文物藏品应当是最直接的教材，因而，是一堆杂乱无章的存在，还是条分缕析分门别类的科学资料，藏品分类的作用非常重要。

五、文物藏品分类的原则

文物藏品的分类也应遵循一定的原则，主要从以下几个方面进行考量。

1. 国家文物局意见（20 世纪 90 年代）

依据国家文物局对"文物分类"的定义，在博物馆、收藏家的藏品分类中，可以按照藏品的异同、构成每件藏品的自然属性和社会属性的差异性、同一性，对全部藏品区分、组合成类。藏品分类是藏品科学管理的中心环节。博物馆对藏品的分类遵循着以下原则：

（1）藏品分类的体系结构应当具有科学性和实用性；（2）藏品类目的确定要从全国各博物馆藏品的客观实际出发，应有利于藏品的保管和利用；（3）藏品分类的基本原则是以藏品的质地为主，兼顾性质、功用。

尽管这几项原则还有着不尽完善之处，但是基本上适应当前我国博物馆的实际情况，并为较多的博物馆所接受。

另外，在国家文物局颁发的《国有可移动文物普查——文物分类标准（试行）》文件中也指出，文物分类体系结构应具有"科学性、实用性和统一性"。文物分类的基本原则是"以质地为主，兼顾性质、功用"，并充分考虑到中国文物传统分类方法。使存世量较大、类别特征明显的文物独立成类，不具备这些特征的归入其他类。

文物藏品分类所涉及的是时间、质地、功用的三维问题，不能过分强调以某个单项为主。科学的文物藏品分类原则理应是适用于一切博物馆的，包括国内外各类博物馆，也包括所有国有、民营博物馆、收藏家，不应当有所例外，所谓"从全国各博物馆藏品的客观实际出发"，是不准确的。此外，社会科学、艺术科学的分类又必须有共同的语言、方法，否则在国家、社会、民营博物馆之间仍会形成一定的壁垒。

2. 辨别异同，与数量无关

和其他事物分类一样，文物藏品分类也要"同则同之，异则异之"，即需要在辨别文物质地、功用、形态等的相同点和不同点之后进行文物分类，科学的、系统的分类设项，从理论上来看，是均衡分布的。

文物藏品分类体系，和每一个收藏者手中、每一个博物馆收藏的、每个地区存在的文物数量没有什么必然的关系。分类的基础，是依据文物的特征，而不是数量，应当允许在科学的、系统的文物藏品分类体系当中,存在某些类的文物数量较多、某些类文物较少的状况,其实通过这样有的多些、有的少些的大数据的掌握,加之时间、地域要素介入,这对于考察各个时代人类对于物质资料的选用比例,是有益的。

3. 统一而简明实用的标准

文物藏品分类应结合科学性和实用性的原则,应当有大统一的标准,所谓"大",起码是"国标"——国家标准,有可能的话设计为国际标准。同时分类的标准应该简明、实用。一是科学性,即分类要有坚实的学理依据;二是实用性,即分类的标准不能过于烦琐,否则将很难应用于数量较多的文物,文物藏品的复杂不能造成分类的复杂,恰恰相反,要靠简明实用的科学的分类法,顺畅无碍地统揽、管理复杂的文物群体。

分类法不宜设计得过细,类别太多会重屋叠架、无法掌握,使用起来较为困难。分类各项应当尽量使用数字代码化表达,以适应电脑化管理,也使得文物藏品各类在垂直、水平面上都有坐标似的合理占位。在现代科技条件下,可以考虑利用计算机编程设计出统一的分类标准软件。

4. 适应电脑管理与资源共享

对于现代社会而言,电脑管理实际上是编程和语言的问题,在文物事业上需要科学的程序和适用的文物分类语言。

对于文物藏品资源共享,无论是个人收藏还是国家收藏,都应当置于开放的心态和管理体制之下。对于文物,每个公民都有使用、亲近、保护的权利和义务。文物资源的共享不仅仅是一种工作原则,更体现了一种人文精神,牵涉到对待人类文物资源的态度。目前数字化博物馆(参见知识链接6-1)的出现,是人类文明社会的大好事,在数字化博物馆推进过程中最大的障碍来自部分工作人员的心态造成的壁垒,具体就体现在文物藏品语言的梗阻上。

在信息化时代,文物藏品的信息分类管理需要借助计算机,这就需要跨学科的技术整合,文物藏品资源共享,也需要计算机与网络技术的支持,同时涉及各个文物单位对于文物资料开放给大众共享的问题。例如,通过建立文物信息数据库的方式介入文物的分类工作,从总体上控得住,从类分上拎得清,在横向上贯通透明。应意识到文物的信息应该被大众掌握,只有开放的文物信息机制,才能促进文物研究更好地开展(图6-2)。

图6-2　秦始皇帝陵博物院虚拟导航场景

第二节　文物藏品分类法回顾

关键词：时代分类法　区域分类法　质地分类法　国家文物局拟定的分类法

　　人类一旦有了收藏行为，便自然地产生由粗到精的收藏分类做法。分类法是对收藏分类的逻辑分析、科学编排，比较稳定的使用方法。中外收藏家和博物馆，都对文物分类法的科学制定，做出过一定的贡献，在本节，将做出一定的回顾，以有助于科学的、系统的文物分类法的进一步设计。

一、中国文物分类传统

1. 萌芽和早期发展

图 6-3　良渚文化大型墓葬

　　中国最早期的文物收藏中，就存在着分类对待的实践。例如，在新石器时代的仰韶文化、大汶口文化、马家窑文化、崧泽—良渚文化的墓葬中（图 6-3），随葬品常常是分质地、功用放置的，这里面孕育着分类的思想。在三代的青铜器当中，既可以看到礼器（包括祭器、食器、酒器、盥沐器、乐器，等等）、工具、车马器、兵器的基本分类，又可以看到在一些器物命名时，加注"行、旅"等字样的区别分类。

　　在古文献中，见到孔子对于自己的收藏，有着衣冠、礼器、书籍、车辆，等等分类。[1]在《史记》《说文解字》《水经注》等著作中，实际包含着作者对于文物（包括器物和古建筑）一定的分类研究思想。

　　早期有关于文物的分类现象，是建筑在实用基础之上的，虽然给予后世一些启发，但是距离文物学意义上的分类很远。值得注意的是，《诗经》《尔雅》等著作中，都有了一定的动、植物分类的想法，有的与西方的生物学分类法接近，而文物藏品分类，是受到生物分类学的影响的。

2. 金石学的工作

　　金石学是直接针对文物收藏的科学，是中国文物学的先导。在比较有影响的金石学著作中，几乎都涉及了文物的分类问题。简单地举例于下：

　　在金石学的最早著作，例如，北宋《宣和博古图》中，著录宣和殿所藏自商至唐的铜器精华，依器形分为二十类，每件铜器摹绘器形、款识，记录形制、尺寸、容量、重量，间附考

---

〔1〕　[汉]司马迁《史记》，《太史公自序》《孔子世家》，中华书局 1982 年版，第 1905、3285 页。

证,图录精细。[1] 在北宋《宣和画谱》中,分道释门、人物门、宫室门、番族门、龙鱼门、山水门、畜兽门、花鸟门、墨竹门、蔬果门等,著录宫廷收藏的魏晋以来的名画。在宋代《金石录》中,存在着按时代分类和按著录形式(存目和跋尾)分类这两种分类。[2]

朱剑心在《金石学》中总结道,金石学包括:金以钟、鼎、彝器为大宗,旁及兵器、度量衡器、符玺、钱币、镜鉴等物。石以碑碣墓志为大宗,旁及摩崖、造像、经幢、柱础、石阙等物。[3] 这主要是从学科研究角度的总结,有分类学上的意义但不是分类法,这反映了宋代金石学成果并没有转化成社会经常性的工作。到了清代,文物藏品的分类更为缜密,各家分类法丛出,为近代文物分类法的重新设计奠定了良好的基础。

3. 近代的设计

近代文物学大家罗振玉提出"古器物学"的概念的同时论及有关分类问题:"赵明诚撰《金石录》,其门目分古器物铭及碑为二;金蔡珪撰《古器物谱》,尚沿此称。嘉道以来,始于礼器之外,兼收他古物。""今定之曰古器物学。盖古器物能包括金石学,金石学固不能包括古器物也。"[4] 罗在《雪堂藏古器物目录》谈及:"兹录所载,凡前贤所未见,固不仅明器、甲骨、竹木已也。若有文字之矢族、马衔、三代之弩机、周秦之符、周汉之权、彝器、机轮、斧弩之范、门关之籥、兵器之蒺藜之类,不可具述。"[5]

张謇为中国近代博物馆的先驱,他在丰厚而且科学的博物馆思想中,提到了藏品分类(包括文物)的问题。他在为博物馆作藏品征集设计时,提出"外而欧、美、澳、阿,内而荐绅父老,或购或乞,期备百一"。在南通博物苑藏品体系中,表达了他的"自然标本搜罗遍及五大洲许多国家,如日本的三叶虫、货币虫化石,南洋群岛的猩猩,印度的鳄鱼,俄罗斯的斑鼠,美洲的蜂鸟,非洲的鸵鸟,爪哇的孔雀,朝鲜的笔贝,等等。历史文物包括金、玉石、陶瓷、拓本、土木、乐器、画像、卜筮、军器、刑具、狱具等。美术品包括书画、雕刻、漆塑、织绣、缂丝、编物,文具等类"。他还强调了妥善保管,按藏品性质分为自然、历史、美术等部分,"分别部居,不相杂厕"。每件物品都要"条举件系,立表编号",做好鉴定、著录工作。张謇亲自为本苑藏品考证渊源,鉴定真伪,评论价值,并请专家参与此事。这对后来建立的许多博物馆在文物分类、登记编目和库管工作上提供了很好的借鉴。[6]

二、国际的文物分类

1. 古代的实践

在古代,无论是宫廷收藏如埃及、希腊,还是社会的收藏如罗马城,在文物的放置和管

〔1〕 王巍总主编:《中国考古学大辞典》,上海辞书出版社 2014 年版,第 102 页。

〔2〕 (宋)赵明诚撰,金文明校正:《金石录校正》,上海书画出版社 1985 年版。

〔3〕 朱剑心:《金石学》,浙江人民美术出版社 2015 年版,第 5 页。

〔4〕 罗振玉:《与友人论古器物学》,《罗振玉学术论著集》第九集《面城精舍杂文甲乙编〈又永丰乡人四稿〉》,上海古籍出版社 2010 年版,第 145—146 页。

〔5〕 罗振玉:《雪堂藏古器物目录》,《罗振玉学术论著集》第七集《雪堂藏古器物目录(外五种)》,上海古籍出版社 2010 年版,第 4 页。

〔6〕 王宏钧:《中国博物馆学基础》,上海古籍出版社 2001 年版,第 77 页。

理上,还是有分类的,例如,亚历山大博物馆(缪斯神庙)的藏品就是按照天文学、医学和文化艺术分类的。但很少见到有关文物的远古分类思想。古希腊哲学家亚里士多德最早在科学意义上提出了生物分类学。

2. 近代的工作

17 世纪 80 年代,英国的阿什莫林艺术和考古博物馆向公众开放。它的藏品类分为货币、徽章、武器、服饰、美术品、考古出土文物、民族民俗文物以及动植物矿物标本。18世纪,瑞典植物学家林奈创立了近现代意义上的植物分类学,后来成为许多学科分类学的基础参照。

3. 现代的文物分类

现代各国博物馆与收藏家,都有文物藏品的分类,但也没有一个统一的文物藏品分类法。下面通过希腊和意大利文物法的规定,以窥现代外国博物馆文物藏品分类之一斑。两个法律所指出的,都不是要求博物馆执行的藏品分类法,但是含有文物藏品分类的意见。

1932 年希腊共和国的《古物法》第二条规定:"文物,应包括所有的建筑物、雕塑品、书画、刻印艺术以及其他一切艺术品,如各类大建筑物和建筑性古迹,建筑物的雕刻、地基、排水沟、道路、城墙、墓葬、石器、雕像、浅浮雕、人物塑像、铭文、图片、马赛克、艺术品、陶器、武器、装饰品以及其他任何材料做的一切制品,包括宝石和钱币。此外,属于基督教早期或希腊中世纪的物品亦包括在本法的范围之内。"[1]

1939 年意大利共和国的《关于保护艺术品和历史文化财产的法律》第一条规定:"下列具有艺术、历史、考古和民族学价值的不动物和可动物,系本法调整的对象:(1) 涉及古生物学、史前史和原始文明的物品;(2) 具有古钱币学价值的物品;(3) 具有珍奇特点的手稿、手迹、通信、重要文件、古书、典籍、印刷品和铭刻。具有艺术或历史价值的别墅、公园和花园也包括在上述物品之列。"[2]

三、我国现行的一些文物分类法

文物藏品分类法的设计,借鉴了自然科学的分类法,例如,地矿、动物、植物、古生物的分类,也借鉴了社会学、艺术学的一些分类。中国传统金石学中,就有相对粗疏的文物分类(参见知识链接 6 - 2)。我国现代文物藏品分类法的设计,起源于欧洲近代博物馆的藏品建设的发展。

在我国的博物馆工作中,曾经使用或正在使用的文物分类的方法很多,大致有以下几种正在使用的和文物学家、博物馆学家设计的。在国家文物局拟定的分类法颁布以后,各个博物馆传统的、习惯的分类法并没有终止,有的和国家局分类法并行使用着。

---

〔1〕　国家文物局法制处:《外国保护文化遗产法律文件选编》,紫禁城出版社 1995 年版,第 15—16 页。
〔2〕　国家文物局法制处:《外国保护文化遗产法律文件选编》,紫禁城出版社 1995 年版,第 49 页。

1. 时代分类法

将馆藏的某个时代的所有文物藏品划归一类,叫作"时代分类法"。例如:汉代的文物算一类,唐代的文物算另一类,等等。这种方法显然是不科学的,但在一些拥有文物藏品数量很少的小型的博物馆还在使用。此法具有的启发意义,是人们不能否认科学的文物分类法中,应当关照的时代要素。

2. 区域分类法

将某个行政区划内的文物藏品划归一类,叫作"区域分类法"。例如:类分为天津市文物、江苏省文物、甘肃省文物、广西壮族自治区文物,等等。行政区划的形成是一个历史的过程,是不断变化的,依据现有的行政区划分文物藏品的类别是不科学的,目前很少有博物馆还在使用。但是这种分类方法,在文物的国别、地区别等问题,产品现存地域的表达问题上可以给人们一定启发。

3. 质地分类法

以文物藏品的制作材料为标准,对文物进行归类的方法叫作"质地分类法"。例如:类分为石质文物、青铜文物、陶瓷文物、纸质文物,等等。这是目前国内外博物馆经常采用的方法。因为这个分类法贴近了"按质地保管"文物藏品的原则,因此有其方便适用之处。

文物是由一定的物质材料制作而成的文化遗物,由于所用物质材料的多样性,根据不同质地材料进行文物归类是质地分类法的基本依据。质地分类法的优越性较强,但亦存在一定的问题。某件文物若非由单一的材料制成,则存在质地判明的困难。同一质地的物体可能社会功用性质相差很大、甚至形体差别过大,例如,大石碑和小石斧。而某些功用联系紧密的文物又因质地不同可能会被割裂,例如,古建筑屋面的陶瓦、琉璃瓦、金属瓦、石瓦,等等。随着现代科学技术的发展,新材料在这个分类法中很难占有一席之地。

4. 功用分类法

以文物藏品原来的功用为标准,对文物进行归类的方法叫作"功用分类法"。文物作为社会生产、生活的历史遗存,意味着曾经为人们所利用过,曾经具有一定的功用。正因为如此,人们在对文物进行分类时,通过对其功用的研究,可以把功用相同或相似的文物聚为一类,形成不同的类别。

这种功用分类法的难点,在于对文物功用的理解,许多考古发掘出土的文物,其功用至今仍存在争议,例如:新石器时代石斧是工具还是武器? 即便是工具,是手工业的开木的工具,还是农耕工具? 即使是传世文物的某些功用,也存在争议,例如:古代玉璇玑,到底是天文观星仪器,还是纺织机构件? 在没有明确文物藏品原本功用的情况下,使用功用分类法容易造成不恰当的分类;并且,只是考虑实际的功用,不考虑时代、质地等因素显然是不恰当的,孤立地使用文物功用分类法的单位也不多见。这一分类法的设计,为正确的文物藏品分类法提供了必要的功用要素考虑。

5. 属性分类法

以文物的社会属性和物质属性为标准,对文物进行分类的方法叫作"属性分类法"。文物最直观的属性便是质地和功用,而按属性分类理应综合多方面的属性,不能按照单一属性来划分。在运用属性分类法的时候,必须首先研究文物的用途及深层含义,这样才能比较准确地把握它的性质。目前认为采用此法进行文物藏品分类的博物馆不多。

6. 来源分类法

以文物藏品的来源为标准,对文物进行分类的方法叫作"来源分类法"。这种方法往往适用于部分博物馆、纪念馆或文物保管机构等文物单位对文物藏品的分类工作。目前这些单位文物藏品的来源可以分为两大部分,一部分是考古学来源,一部分是非考古学来源。非考古学来源就其形式而言,有拨交、征集、拣选、交换、捐赠,等等。

文物藏品的来源和主体特性没有必然关系,例如:考古出土的两晋青瓷鸡首壶,和传世的同类文物,两者不应当由于来源不同而区分为两类(图6-4)。文物藏品的来源问题在区分其考古学、民族学、外国文物收藏上有一定意义,在广义的文物学分类上却没有绝对的意义,在设计文物分类中是可以作为附注表示的。

图6-4　东晋鸡首壶

7. 价值分类法

以文物价值为标准对文物进行分类的方法,叫作"价值分类法",由吴诗池在《文物学概论》中明确提出。[1]这实际上是将文物藏品按等级区分,再按照文物的历史、艺术、科学价值以及纪念价值对文物进行分类。按照中国文物法律法规,文物按照价值的高低,分为珍贵文物和一般文物,珍贵文物中又分为三个级别,这更多地涉及文物的分级管理,应当不属于分类法范畴。这种分类法在目前博物馆中极少见到。

8. 存在形态综合分类法

历史上遗留至今的文物都以一定的形态存在于世。根据《中华人民共和国文物保护法》,文物可分为不可移动文物和可移动文物两大类,而目前这种分类法也是在国家文物普查时常用的文物分类方法。

(1)不可移动文物。包括古文化遗址、古墓葬、古建筑、石窟寺、石刻、壁画、近现代重要史迹和代表性建筑,等等,这是相对于可移动文物而言的(图6-5)。根据它们的历史、艺术、科学价值,可以分别确定为全国重点文物保护单位、省级文物保护单位、市县级文物保护单位。

关于不可移动文物的分类,第三次全国文物普查按照《中华人民共和国文物保护法》的分类原则,将不可移动文物划分为六类,下设若干子类。一处不可移动文物只能归入一个文物类别,如果包含两类以上文物,则以

图6-5　不可移动文物:应县木塔

---

[1] 吴诗池:《文物学概论》,上海文艺出版社2002年版,第41页。

其主要文物内容归类。

（2）可移动文物。一般指馆藏文物（可收藏文物），包括各时代的器物、艺术品、手稿、图书资料、代表性实物等，分为珍贵文物和一般文物，珍贵文物中又可分为一级文物、二级文物和三级文物。

关于可移动文物的分类，《国有可移动文物普查——文物分类标准（试行）》中，又将可移动文物分为 31 类，具体分类标准见附录。

9. 国家文物局拟定的分类法

现行的国家文物局拟定推广使用的文物分类法，是建立在 1949 年之前的"中央博物院"的藏品分类法以及中国国家博物馆分类方法的基础之上，又加以整理修改而成的，它与以上第八条"存在形态综合分类法"有着密切关系，都属于官方定制。其藏品分类体系结构如下：

第一个层次：部。按来源划分为传世文物、考古发掘文物、自然标本。

第二个层次：类。以藏品质地为主，兼顾性质、功用的原则划分。

传世文物共分为 27 类。除此之外，民族文物按族别进行集中，外国文物按国别集中，考古发掘文物按地区、墓葬、遗址集中，自然标本按生物系统、自然区划成专题集中，均可参照 27 类传世文物的分类方法（参见附表 6 - 1）。

此外，关于分类表的使用，制订者提出了三个要求：

（1）藏品分类要简明，类与类之间应该界限分明。（2）藏品类目的多寡要从本馆的藏品实际出发，体现出各种类型博物馆特点，不能强求一致。（3）以质地为主，复合质地的藏品要考虑它主要的质地。凡是集品不宜分散，以保持其完整性。

人们应当意识到，想要单纯采用一种文物分类思路考虑，就能够把所有文物类别区分开来，是不太现实的。即使是考虑以上几种文物分类的方法要素，也需相互结合，综合使用。本教程针对上述三个要求，提出几点意见。

（1）文物藏品类与类之间应当界限分明的要求是正确的，但所列表中，有混淆不明之处。

（2）文物分类体系必须保持等级性，每一个等级要有表述上的一致性，要有共同的、互通的语言，科学的分类体系可以比作一个宾馆大厦，楼层、客房设计必须是合理的，尽管有的楼层、客房人较多，有的较少，有的甚至无人，但必须有一个整体的设计。

（3）所谓"集品"问题，考古出土来源的文物最为典型，但片面地强调集品的来源，对文物藏品按"质地管理"不利，所以还应考虑更为科学的分类，将出土的各项、各种质地的文物纳入不同"类"中；这些文物藏品凡需要集中展示或研究时，后续的计算机可以很便利地处理检索，后续只要按来源、按原始编号收集起来即可，这才叫"集品"。

第三节　文物分类法设计

关键词：分类法设计　层次　代码　整合应用

对"文物分类法"的研究，是和对文物藏品的认识密切相关的，前一节谈到某些不合理的分类设计,和脱离了文物藏品工作实践是有关系的。回顾我国的近现代百余年文物分类法的发展历程,从 1914 年张謇提出我国第一部藏品分类法(参见知识链接 6－3)到 20 世纪 80 年代计算机知识逐渐引入藏品管理行业,我国的文物分类法的发展一直处在不断的探索和实践当中。而随着现代科学技术的发展和文物研究领域的深入,文物分类法亦处在一个不断更新深化的进程当中,与时偕行。这也是世界文物界、博物馆界关注的重要问题。

文物藏品分类法,是一个社会人为行为,对于文物藏品群体,不分国别、不分时代、不分质地、不分数量、不分来源与收藏地、不分级别珍贵与否;科学的分类法指向文物藏品的科学分析、严细管理、合理利用。

本教程认为,当下在设计文物分类法时可以从层次、代码、整合与应用等几个方面予以考虑,涵盖面宏大,容易理解掌握,适用性简便,尤其要适合于电脑管理。

一、层　次

文物藏品分类法的设计首先应关注层次问题,可以分为主层次和副层次。主层次包含时间、质地、功用三个要素,质地即文物藏品的材质,时间即文物藏品的年代,功用即文物藏品的原本的功能或用途。主层次要随文物藏品、有关档案表达无缺。

副层次则包含国别(地区)、来源、收藏地、具体时间等四个要素,国别(地区)即文物所属的国家或地区,来源是指传世、考古发掘等文物的来历,收藏地即文物的入藏地点或场所,具体时间较主层次中的"文物的年代"更为细化,由于不同国家和地区的纪年存在差异且不宜强行统一,加入具体时间这一选项有利于国别文物分类工作。副层次不用表达在文物藏品、文物卡片上,可以存入电脑,某些项目如具体时间,可以空缺。

这一分类方式主要是由文物的社会功用造成的,当这个分类落实到每一个文物时,往往能够保持分类和具体文物藏品计量的唯一性。

二、代　码

文物藏品分类法的项目具体设计可以考虑采用代码形式,代码应包含质地、时间、功用、国别、收藏地、来源、具体时间等,可以用英文字母以及阿拉伯数字表达。以下,是具体设计尝试,仅供参考:

1. 主层次,文物藏品上必须表达,不能简略的层次,有三项:

(1) 时间。文物藏品以公元元年为原点,以正(＋)(从习惯,＋可以不标)、负(－)相区别,用阿拉伯数字表示。以每百年为具体单位,即代码 1＝100 年,例如－12,被视为公元前 12 世纪,8 被视为公元 8 世纪。一般不允许用时间区间来表示,即不用个位年、十位年表达。文物藏品本身有纪年的,在分类法的副层次中表达。

(2) 质地。编辑质地的代码要考虑文物藏品的"物质属性",由简单到复杂、由无机到有机、由单纯到合成。此外,质地代码必须是有限的,以大写英文字母为序,试举例:A＝

土，B＝石，C＝陶，D＝瓷，E＝玻璃，F＝金、银，G＝铜，H＝铁，I＝铅、其他金属，等等。凡工艺造成的文物藏品质地的复杂性，从其基本质地，如青铜鎏金器，表达为 G。凡复合质地文物藏品，从主要功用部分的质地，例如：带木柄石斧，表达为 B。上两例情况可以附加说明。

（3）功用。关于文物藏品功用的划分，是设计分类法时存在较多、较复杂问题之处，具体到每一件藏品的功用，需要仔细深入地讨论研究，人类的社会生产、生活终归还是能得出比较统一的科学序列的。本教程设计用阿拉伯数字为代码，分为前后两部：前部为大类，01＝工具，02＝武器，03＝交通用具，04＝建筑构件，05＝货币，06＝容器，07＝服御卫生器，08＝装饰品……10＝雕塑、俑、11＝平面画……；后部为细类，置于前部之下，01－01斧，01－02 锄、镬……，02－01 矛、枪刺，02－02 刀、匕首……06－01 碗、钵，06－02 罐、瓮，06－03 杯、盅……07－04 香薰，07－05 虎子、便器……10－01 神像，10－02 人像，10－03动物形象……

2. 副层次，在基本分类上，可以隐蔽不表达，在电脑管理时，可以加"副层次"项表达出来。目前设计有四项。

① 国别（地区）。关于文物藏品国别的表达，可以依照国际惯例，采用在括号内加英文代码的方式，例如：CHN＝中国，FRA＝法国，DEU＝德国，ITA＝意大利，JPN＝日本，EGY＝埃及，MEX＝墨西哥，等等。[1]

② 来源。关于来源的表达也可以在括号内加代码，例如：考古发掘＝K，收购＝G，拨交＝B，旧藏＝J，捐赠＝Z，等等来区分。

③ 收藏地。关于藏品目前的收藏地的表达同样可以采用在括号内加代码的方式。收藏地一般是指博物馆，包括国有和私营博物馆，理论上应该都有代码。而非博物馆（公、私）收藏则可以按收藏地的行政区划加以表达。

④ 具体时间。关于文物的具体时间记录应视情况而定，若有记载则可以在括号内具体填写，可以空缺。

3. 主层次的标识之后，可以标一个序号，用以标明某博物馆某类的第某件。如果到了全世界、全中国借助于计算机，都可以科学地实现应用统一的文物藏品分类法，并且到了标明藏品序号的这一步，那么全世界、全中国的馆藏文物的分类数量就知道了，延伸一下，全世界、全中国的馆藏文物的总数量也就知道了。

三、具体应用

1. 这个文物藏品分类体系是个比较大的工程，目前这是个框架设想，注意分类的准确详明，无余无失。在科研的基础上完成文物藏品分类，是个大体系，就具体博物馆而言，有的项目的藏品可能没有，允许项目闲置，让类项的分布等待藏品，不让有的藏品进不了分类。在分类号加序号之后，某件文物藏品就获得了永久、唯一的"身份证"号。

---

〔1〕　张洋主编：《英德汉常用科技缩写词大全》，同济大学出版社 2016 年版，第 478—479 页。

2.分类要形成"对译式"认读,即从分类号及代码的表达出发,就基本上知道它是什么文物藏品;反之,从什么文物藏品出发,就知道它应有的分类占位。参见以下的举例。

3.要尽早形成"国标",即文物藏品分类的国家标准,并且准备成为国际通用标准。

4.结合电脑编程,二维码管理等先进技术手段,把分类工作和文物藏品建档工作有机结合起来。参见本教程第七章。

四、整合与应用举例

本教程在这里设计了应用举例,所谓"整合与应用",即将文物藏品分类层次与代码整合,并根据所需要的实际情况进行应用。下面配合有关文物的名称举一些例子(有关代码见上面的各层次、各项,各项之间以":"号相隔,基本分类之后括号内为副层次。注意,举例之中文物名称、收藏地、编号,等等,皆为虚拟的,只是为了说明分类体系的使用方法):

例1:仰韶文化石斧,半坡博物馆,本类第131件藏品。

基本表达—32:B:01-01-131。

全面表达—32:B:01-01(CHN:K:Bpm)-131。

释读为公元前3200年段,石斧。(中国,考古收获,Bpm暂定为半坡博物馆代码)本类第131件藏品。

例2:东吴青瓷虎子(图6-6),中国国家博物馆,本类第23件藏品。

基本表达 3:D:07-05-23。

全面表达 3:D:07-05(CHN:K:Ccm:赤乌十四年即公元251年)-23。

释读为公元300年段,青瓷虎子。(中国,考古收获,Ccm暂定为中国国家博物馆代码,自铭有"赤乌十四年"即公元251年)本类第23件藏品。

图6-6　赤乌十四年青瓷虎子

例3:花岗岩门图姆哈特像,开罗埃及博物馆,本类第404件藏品。

基本表达－3：B：10－02－404。

全面表达－3：B：10－02(EGY：J：Kem)－404。

释读为公元前300年段，石质人像。(埃及，旧藏，Kem暂定为开罗埃及博物馆代码)本类第404件藏品。

例4：银质双耳杯，意大利那不勒斯国家考古博物馆，本类第64件藏品。

基本表达1：F：05－03－64。

全面表达1：F：05－03(ITA：K：Ilm)－64。

释读为公元100年段，银质杯。(意大利[罗马]，考古收获，Ilm暂定为意大利那不勒斯国家考古博物馆代码)本类第64件藏品。

知识链接

知识链接6-1

数字博物馆是互联网时代的产物，是在实体博物馆基础上的数字化构建和展示，需要图像处理技术(三维图像、特效)、成像技术(虚拟现实、增强现实、立体显示)、计算机网络技术、交互技术等现代高科技手段的综合支持，在5G环境下将有着更好的发展前景和用户体验。具体来说，就是将传统博物馆的藏品、环境、业务等转化为数字模型，借助互联网平台构筑博物馆大环境所需要的信息传播桥梁，观众通过虚拟式、交互式的参与，增强参观兴趣，获得良好的参观体验，从而使博物馆的教育、传播等职能得以充分实现。

故宫端门数字博物馆于2015年12月22日运行，观众通过登录故宫博物院官方网站预约报名的方式，可以在网络上欣赏紫禁城全貌。

附表6-1　文物分类表

文物分类表		
编号	类别	内容
1	石器	旧石器、新石器和商代以后历代的石制工具、器物等
2	石刻	碑碣、墓志、经幢
3	砖瓦	建筑砖瓦、墓砖、画像砖、空心砖
4	玉器	历代玉器、翡翠、玛瑙、水晶、珊瑚、宝石、青金石
5	陶器	历代陶器(包括唐、辽三彩)、陶范、紫砂
6	瓷器	历代瓷器及窑具
7	铜器	历代铜器、铜镜、铜兵器等

（续表）

文物分类表		
编号	类别	内容
8	铁器	历代铁器、铁兵器等
9	其他金属器	历代铜、铁以外的金、银、锡、铅等金属器
10	漆器	彩漆、填漆、雕漆
11	玻璃器	玻璃、料器
12	珐琅器	掐丝珐琅、画珐琅、铜烧蓝
13	织绣	丝、棉、毛织品，缂丝、各种绣品、服装、鞋、帽
14	皮革	各种皮革制品和工艺品
15	竹木器	竹器、木器、匏器
16	牙骨器	雕骨、象牙、牛角、犀牛角、玳瑁、蛤蚌
17	甲骨简牍	甲骨、竹木简、帛书
18	法书	写经及拓本、碑帖
19	绘画	历代帛画、水墨画、油画、壁画、水彩画、版画、玻璃画、素描、火笔画、通草画、舆图
20	雕塑	石雕泥塑等历代雕塑品
21	文献	文书、契约、书札、杂档、杂稿、日记、笔记
22	文具	纸、墨、笔、砚及其他文房用具
23	货币	各种贝币，铜、铁、金、银、纸币及钱范、钞版
24	印章	金、银、铜、铁、石、牙、玉、瓷、木、玛瑙等各种质地的印章、封泥
25	徽章	纪念章、奖章、证章
26	邮票	历代邮票、封袋、明信片、印花、税票
27	其他	不属于以上各类的文物，如成扇、仪器、盆景、化学制品

知识链接 6-2

传统金石学在器物的质地、材料基础上，主要根据器物的器型和功能进行分类，如《宣和博古图》将青铜器划分为鼎、尊、罍、彝、舟、匜、瓶、壶、爵、斝、觯、敦、簠、簋、鬲、甗及盘、钟、磬、镎于、杂器、镜鉴等门类。《古玉图》将玉器划分为璧、环、带、钩、珮、瑱、充耳、玲、璲等门类，也是采用此种划分方法。

知识链接 6-3

1905 年，张謇创办中国历史上第一座公共博物馆——南通博物苑。该馆秉持"导公益于文明，广知识于世界"的理念，兼备博物馆、植物园、动物园的特点，将藏品划分为天产（自然科学）、历史、美术、教育四部分。张謇撰写了《上南皮相国请京师建设帝室博览馆议》《上学部请设博览馆议》《博物苑观览简章》等文，为中国公共博物馆学建立了最初较为完备、科学的理论体系和藏品分类体系。

参考文献

1. 王宏钧:《中国博物馆学基础(修订本)》,上海古籍出版社 2010 年版。
2. 王巍总主编:《中国考古学大辞典》,上海辞书出版社 2014 年版。
3. 吴诗池:《文物学概论》,上海文艺出版社 1996 年版。

本章自测

1. 我国博物馆的统一文物分类标准如何建立?
2. 你认为按照文物价值对其进行分类合理吗? 为什么?
3. 你对文物分类法还有更好的建议吗?

第七章　文物的建档

文物藏品的档案是博物馆、收藏家藏品基本信息的重要载体，文物档案的建档过程包括对文物的静态描述与动态分析，是对文物的信息、价值、内涵等进行解析的过程，其重要性决定了建档工作必须专业、规范、客观、翔实而全面。

文物藏品档案的建立与管理是文物保护的基本工作，通过研究文物建档的要求以及规范，能够加强对文物的管理，降低失误率，提高文物信息使用效率，同时有针对性地加强对于文物的保护管理。

文物档案的核心内容是文物藏品登记卡，文物建档工作现在已经与计算机管理工作密切地结合起来了。

第一节　文物档案的定义

关键词：档案　文物档案　性质　定义

一、档案的定义

"凡具有查考使用价值，经过立卷归档集中保管的各种文件材料"[1]均称为档案。"档案是机关、组织和个人在社会活动中形成的，作为历史记录保存起来以备查考的，文字、图像、声音及其他各种方式和载体的文件资料。"[2]档案的本质属性是原始的记录性。

档案本身即有分门别类，[3]包括国家、地区、事业、企业、社会团体、个人等诸多范围。

一般来说，档案按照其保存期限可分为永久档案、长期档案和短期档案。按照其密级又可分为公开档案、短期保密、长期保密等。保密的档案到了一定时候可以由相关机构向大众公布，称为档案解密，而具体的解密时期则要由档案的保密程度决定。

在我国，档案的建立需要汉字系统的支持，其产生和管理的出现应当不晚于三代。在相当于夏的时代，成句式的文字就已经存在了，商代时汉字数量大幅度增加，汉字句式趋

---

〔1〕　中国社会科学院语言研究所词典编辑室编：《现代汉语词典》，商务印书馆 2005 年版，第 274 页。
〔2〕　陈兆祦、和宝荣：《对档案定义若干问题的探讨》，《档案学通讯》1982 年第 5 期。
〔3〕　档案的文字性重要但不唯一，之所以受重视是因为它能将信息交代得较为清楚。

向成熟完整。这时候档案的主要表现是各种质地的文书,如甲骨文、青铜器铭文、陶文、简牍帛书,以至后来的书册、簿本。

商代肯定存在档案管理的相关机构,因为考古发现商代的甲骨文在窖穴里呈现有规律的叠放,这是一种专门的档案库。从文献著录中可知,档案存放机构在周代有"天府",汉代有"兰台""东观",唐代有"史馆",宋元有"架阁库",明代有"皇史宬",清代有"内阁大库",现代则有档案馆。中国第一历史档案馆在北京,主要收藏明清时期档案;第二历史档案馆在南京,主要收藏民国时期档案(图7-1)。如今中国的档案机构比较完备,从中央、省级到县、区一级均有设置,在部队、学校、企业等也都设置有档案管理部门。

图7-1　中国第二历史档案馆

档案的历史十分久远,档案管理也成为一种特殊的收藏形式。应当指出,档案和文物之间有重叠的部分,如历史上的文字、图形、实物档案与文物直接重合,档案馆成为特殊的博物馆成员之一;此外,博物馆又收藏有大量的文字藏品以及重要的实物档案,这使得博物馆也成为人类文明最重要的档案库之一。当然,现代档案资料中也有不属于文物范畴的。

二、文物档案

从古代文物中的甲骨文、金文、石刻文字、简牍、印章、泥封,直至近现代的电文、会议记录、电话记录、技术文件、个人资料、财会簿册、出版物原稿、图表、照片、影像、印鉴,及其他具有保留价值的各种文字、图形、部分实物资料以及电子资料等,都可以视作档案。本节讨论的是围绕"文物运动"而专设的文物藏品档案。

1. 文物藏品档案的基本定义

2009年国家文物局在《文物藏品档案规范》中的定义:文物档案是在文物藏品征集、鉴定、入藏、编目、保管、保护、利用和研究等工作过程中形成有关文物本体属性、文物管理工作和其他相关事项的历史记录,形式有文字、图表、照片、拓片、摹本、电子文件等。

在《中华人民共和国文物保护法》中则将文物档案定义为"记载、记录和反映文物工作中直接形成的并具有保存价值的文字、卡片、图表、照片、录像、实物等的材料,它是进行文物考古、发掘、保护、修复和研究的依据和必要条件。"

《中国大百科全书》中对藏品档案的定义则是:藏品档案的主要部分是藏品档案册及藏品编目卡片,这是藏品经过鉴定后所编制的系统的藏品介绍材料。它包括对藏品名称、尺寸、重量、质地、现状、来源、器物的文字描述、专家鉴定意见、藏品流传经过的详实记录,以及藏品的照片、拓片和测绘图。[1]

李晓东在他的《文物学》一书中这样指出:"(文物保护单位的)记录档案是用各种方法或手段记载文物保护单位的科学资料,主要包括对文物保护单位本身的记录和有关文献史料。记录档案从性质和内容上,可分为科学技术资料和行政管理文件;从时间上,可分为当代和历史两部分;从形式上有文字、绘图、拓片、摹本、摄影(照片、幻灯片、影视胶片等)、计算机磁盘以及其他信息载体。"[2]

以上的几种定义,无疑都很有道理,正确地指出了多个方面。但是,也存在着共同的弱点、不足,即这些文字往往介绍了文物藏品的档案涵盖范围,却没有用简练的语言指出"文物档案"的精髓,使核心部分、本质把握表达不清。

本教程将"文物档案"定义为:"文物档案是关于文物的静态描述和动态记录"。其中,"静态描述"为基础,包括文物藏品的本体属性信息的全部,包括文物藏品的管理工作信息,等等。"动态记录"则是反映文物藏品被制作、使用、收藏、研究以及消亡的全过程,包括文物藏品的研究利用信息、保护修复信息,等等。显然,"静态描述"是文物藏品档案的最基本的部分,"动态记录"则是文物藏品档案的必要的、不断的延伸。文物档案是文物及文物运动的社会存在的必要实证。

文物分为"可移动文物"和"不可移动文物",上述定义对于这两类文物档案(文物藏品档案)都是适用的。文物档案定义对于已经成为藏品者适用,对于还没有成为藏品,即还没有收藏的文物也是适用的。

2. 文物藏品档案工作现状

文物档案的范围涵盖一切文物和文物运动。建档的过程不应为人的主观意识所左右,这个工作本身应当是有关存在的客观反映,文物的重要与否取决于人们认识的过程,所以不只有重要的文物需要档案,所有文物藏品都应该建档。文物档案的形式主要是图表、文字卡片和实物影像。

文物藏品档案是一种永久档案。各种文物一旦成为收藏品,就应当建档,即便某些文物藏品因各种原因后来调拨出去了、损毁了、消失了,其档案也应当继续存在。目前,我国文物档案工作的主要问题是标准不统一,部分单位的文物藏品档案未健全、建档水平较低或者管理混乱,但人为的档案散失情况还不多见。文物藏品档案的建档工作过程、建档有

---

[1] 中国大百科全书出版社编辑部:《中国大百科全书·文物　博物馆卷》,中国大百科全书出版社1992年版。

[2] 李晓东:《文物学》,学苑出版社 2005 年版,第 265 页。

关技术可以是短暂保密的,而文物藏品档案的静态描述结束之后,应为永久公开档案,应当效仿社会档案馆的公开开放的检索功能,此举有利于比对、补缺和交流,但是目前国内大部分的博物馆还做不到这样。

许多个人乃至社会的档案需要有文物藏品的支撑;许多个人、社会的历史档案本身就是文物(如文件、设计图纸、日记、合同、账表、地契、租约、影像记录,等等),但是当下的文物藏品档案本身不是文物。

早年制作的文物藏品档案经历了一个"文物化"的过程,例如,在抗日战争艰苦条件下,"中央研究院""中央博物院"的前辈们,在万里迁徙转移中,用粗糙的纸张,以蝇头小楷制作的一页页文物卡片,如今已成为宝贵的文物。动态记录是无限的,它记录着文物藏品的一切研究、展示、出版、修复,甚至消亡的"运动",因此,理论上说文物藏品档案是一个永远延续的记录的过程。

第二节　文物建档的作用

关键词：文物建档　作用

文物建档是承载和传承文物藏品信息和历史记忆的有效途径,《中华人民共和国文物保护法》《文物法实施条例》《博物馆管理办法》等法规都明确规定了文博单位应建立文物藏品档案,并应报所在省市、自治区、直辖市人民政府文物行政主管部门备案,而建立文物藏品档案对于文物的管理、保存、研究具有重要作用。

一、优化对文物的宏观管理

文物藏品的建档能够优化文博单位的主体业务的宏观管理。我国文物的种类和数量繁多,博物馆的体制、规模、隶属区划、专业等丰富多样,文物建档能够对每一件文物进行登记、分类和记录,从而形成文物自身独有的一个身份证,简化在文物整理时的冗乱程序。同时,又将每座博物馆的所有藏品联缀为一个体系,以便社会使用,并使有关的文物运动进入良性、科学的状态。

《中华人民共和国文物保护法》中规定:"文物收藏单位的法定代表人对馆藏文物的安全负责。国有文物收藏单位的法定代表人离任时应当按照馆藏文物档案办理馆藏文物移交手续。"文物藏品的建档使得文博单位内的每一件文物都有记录在案,方便了日后的追踪检索和宏观管理。

目前关于文物建档的宏观管理,在主流体系(即国有博物馆)方面的问题不大,主要是在小型或边远地区博物馆、民营博物馆、私人收藏、文物商业中存在着一定的问题,这需要进行大力指导,并配备必要的设备。虽然我国的文物拍卖行业中编有文物拍卖年鉴,但大量的文物仍然去向不明,这是文物档案建设中需要注意的新问题。

二、利于对文物的科学保管

文物建档涉及每一件具体文物,以及文物运动中的各个环节、各种动向,因此是文物保护管理工作的基础,离开了文物建档就谈不上文物的保护,更谈不上文物作用的发挥。

文物藏品档案既记录了文物自身的信息,包括材质、制作工艺、年代、有无铭文、纹饰等,又记载了从搜集、挖掘到收藏、研究的整个贯穿文物的过程。其于科学保管的作用主要有:为文物成为藏品后,在展示、研究、出版等活动中的提取做必要的准备;一旦文物遭遇损坏,对文物进行复原和修复时能够有据可依;在对文物制订保护方案时,可以参考先前的保护记录对症下药,防止不科学的“保护”;不同文物对环境的要求不同,参阅文物藏品档案有助于管理者设定文物最佳保存环境,最大化延长文物的寿命。

目前关于文物的科学保管,一个主要的问题在于复杂的文物运动没能被全面、仔细、无遗漏地记录到文物的档案中去。

三、减少风险

档案有助于体现文物本身及其运动中有什么脆弱的、易受伤害的地方,容易引起什么性质的问题等,有利于文物保管人员在保管、陈列、研究等环节对其进行预防性的、及时的风险规避。

四、便于开发利用

文物藏品的开发利用有不同的层次,最高层次是研究它在人类社会发展中起的作用,其次是研究其反映了什么历史事实,再次是研究涉及文物的商业活动,以及文物给人们带来的休息、娱乐、鉴赏等正面作用。透物见人,以物说史,以文物部分地恢复历史,当然体现了文物藏品的主要作用。还有所谓“玩”文物,是一种较低层次的开发利用,作为一种群众性的社会文化现象,不应当完全否定它,而应把这种行为向更高层次进行科学的、历史学的、艺术学的引导。文物藏品的建档工作,对文物的开发利用起到了积极的作用。

第三节 文物建档的内容及方法

关键词:文物藏品登记卡   计件   计量   文物登记账表

一、文物藏品登记卡

1.“文物藏品登记卡”是文物藏品的基本“身份证”,是文物藏品档案的最底线与最核心部分。一个博物馆的管理水平的高低,在展陈质量,在宣教水准,在硬件设备,但是这些都不是最核心的部分,最核心的部分在于博物馆的藏品管理,具体体现在藏品的"物、账、卡"是否结合得好,是否明白无误。"文物藏品登记卡"是"物、账、卡"管理的核心。民营和国有博物馆上应当执行统一的档案记录规范与标准,首先就是文物藏品登记卡的制作一致。

2. 一级藏品(一级文物)必须有"大卡",其他藏品必须有"小卡"。大卡和小卡在性质上是完全一致的,在栏目设置上是相同的。大卡和小卡只是在文字、图示的表达和信息量上的详略有所不同,大卡无非多一些图片和研究发表、具体使用的详细记录。

3. 一张比较全面的文物藏品登记卡中,应涵盖如下内容,本教程做比较详细的填制介绍,有的地方要讲些基本原理,要注意"不能不填""必须填"等表述(参见附表 7 - 1、附表 7 - 2):

(1)"总登记号"栏,不能不填。以收藏者为单位,是收藏者作为一个收藏法人单位存在的法制依据,通常不反映文物时代和质地,而只反映件数,其性质为国家的文物藏品财产账目。

登记方法是收藏者的代号加顺序号(从 1 号到无限号),但各个博物馆习惯上不写博物馆代号,因为各馆的名称在有关"总账"封面或电脑文件开端处已有表示。总登记号一经确立,即有法制上的意义,不能去除。即便文物调出、损毁、剔除、流失,它的总登记号也绝对不应被注销。对于有一定建馆历史的博物馆,总登记号往往大于存在文物藏品的数目,因为有的文物藏品因某种原因已经注销,但总账上的号码却依然保存。

(2)"分类号"栏,不能不填。这是依据科学的分类系统对所管辖藏品的分类编号,表示为分类体系的代码加顺序号。此号不具备法制意义,它是一个重要的工作用号而非财产号。它对于了解博物馆、收藏家的藏品构成、特色有重要意义,也适应于"按质地建库"的科学方针。有少数博物馆的管理者曾经认为本馆的藏品分类号相加,就等于本馆藏品的总号、甚至总数,这是混淆"账理"的一种错误认识。

藏品的总登记号与分类号是互相独立的,数值上前者除了各个账目的第 1 号之外,其他基本都会是藏品的总登记号的数值大于藏品分类号的数值,这两类号在标注文物藏品时的正确表述是"分类号/总登记号"。

(3)"原始号"栏,不能不填。这是指文物到达现任博物馆、收藏者之前曾经使用的号码,是追溯文物藏品来源的重要原始信息。可以使用原收藏单位的"总登记号"或者"分类号"(当遇到文物馆际拨交时);可以是考古工地出土物的登记号(又称为田野考古工地出土文物的"小件号");也可以是年度文物入藏"批次号"(形式为 3;18/2015,意思为 2015年第三批收藏的第 18 件文物),一批文物最少是一件,多则不限,等等。

(4)"方位"栏,不能不填。官方表格上是"方位号",但是不正确,很多文物藏品可以用"库号"加"架号"加"序号"的所谓"方位号"表达,但也有不少文物藏品,可以用具体的方位地点而不是号码表达,例如:陕北汉画像石"牛耕图",方位在石刻馆北窗下,就不是号码表达,文物档案的"方位"栏里应用简洁的文字表述这件文物存放在什么地方。

方位是指文物藏品长久固定放置的地方,对大多数藏品而言是指它在库房里的位置,有些文物是展示和存放合一的。如果文物正在展柜里展出,这就不是它的存放方位。考虑到文物存放条件的复杂性,因此,"方位"栏既可以用数字号码表达,也可以用文字表达,必须明晰准确。

(5)"名称"栏,即文物藏品的名称,必须填。方法参考本教程第五章"文物定名"的相关内容。

(6)"曾用名"栏,是指经过科学分析,又长期被人们熟识的曾用名,例如:毛公鼎,八大山人《游鱼图》,等等,可以填入登记卡。若文物藏品没有曾用名,此栏可以忽略不填。

(7)"级别"栏。凡是经过定级的文物藏品,一定要在此栏标明。一些不成熟的博物馆或私人藏家等,可能没有对相关文物藏品进行级别认定,此栏可以空缺,表示该文物藏品还未进行定级。

(8)"时代"栏,不能不填。这里的"时代"和分类中的时代不同,不只是体现统一的时代纵向轴,而是更具体地反映了一定的文化、国别、民族等因素。

藏品属于地质时代的需要写清其代、纪、世等信息。进入人类社会以后,以中国为例,对于原始社会(史前时代)一般写考古学年代,旧石器、新石器时代可以写文化类型,但在卡上不需要标注早、中、晚期。进入历史时代以后,一般用朝代名,特殊情况可以加以处理,例如"夏代"还是要和考古学文化结合起来,表达为"夏文化"。商代、两周的中原以外的边缘地区,也可以考虑文化名,例如:三星堆文化,滇文化,楚文化,吴文化,等等,仍然不做早、中、晚处理。在分裂的时代先写总名称,再写政权和朝代,例如:战国·赵,南北朝·西魏,等等。统一的时代直接用王朝名,如:西汉、唐、明、清,等等,不注"早、中、晚"。

时代表达要简洁明了,在此栏不写公元纪年,也不写文物上文字体现的纪年,这些信息可以填入"简述"栏。"近现代"这个说法不清晰,就一个具体地点、具体文化来说,往往还是按政权为轴。由于存在时代不清的文物藏品,故而"时代"栏的填写允许有较大跨度(参见知识链接7-1)。

(9)"质地"栏,不能不填,此栏填写文物藏品的基本材质。文物的基本构成要将科技型表达和习惯的传统方法相结合,不宜过细,如用"青铜"表达即可,不必表达为"锡青铜""铅青铜""铜锡合金",等等。如果藏品主要部分的质地和附属部分的质地有差异,则只填主要部分质地,附属部分的质地不填入,可以写入"简述"栏。

(10)"数量"栏,不能不填。文物藏品计"件"的问题比较复杂,在实际工作中不可不重视。

文物藏品登记卡坚持"一卡一件"的原则,但是,应当注意到这里卡上的"一件"不等于"一个"单体。"件"除了作为计量单位外,还指向了社会意义上的文物藏品"最小不可分割单位"。"数量"栏要比较准确地计取一件文物所含的具体数量,换言之,文物藏品计件,1件不等于1(个、只、枚、页……),很多文物藏品的计量要依据具体情况考虑。

例如:筷子、手套、鞋等以一双(两只)为存在形式,都视为一件。例如:铭文相连的编钟具有不可分割性,数枚一组作为一件(图7-2)。再举比较复杂之例:如果一个书画册页中的十余幅作品,作者是同一人,作画动机一致(内容、描写事物等),时间、用途(赠送、定制等)接近,就自然形成了一件;还是拿一册收有十位作者各一幅作品(如"扬州八怪"集册），作品之间没有什么关系，只是后人将这十位画家的作品装池为一册，这种册页只是文物的一种集中收藏保护的方式，其中收藏了多少"件"，就应当分开计量，称为一册十件文物藏品；假如这册页的每一幅都附有后人的收藏题跋，它只是表达一个收藏过程，只能作为附件（图 7 - 3）。

图 7 - 2　晋侯苏编钟

图 7 - 3　《砥柱铭》

　　由于某种原因，同一件青铜簋的器盖与器身分别藏于甲、乙两家博物馆，经过友好协商，甲馆将器盖调拨予乙馆与器身复合，就形成了"1＋1＝1"的效果，分属两馆的两件文物合并后，转化为一件文物。注意，文物的计量没有"半件"；失群的文物：一支筷子、一只靴子，都是半双，计件上还是"一件"；残半的文物：考古学出土的半个彩陶盆、半枚良渚文化玉璧，计件也是"一件"。而对于一些难以具体计量的如种子、碎块、液体，等等，则可以按其现在的包装作计量，一包算一件、一盒算一件、一瓶算一件。

　　（11）"附件"栏，必须填。附件指的是文物藏品本体的附属部分，而且必须已经成为文物在社会意义上不可分割的一部分。如果有附件，要写清楚是什么；如果没有，则要填写"无"。包装、辅助物如箱子、囊匣、器托、支架，等等，一般不作为附件。

　　有的附件本身也是文物，比如商代青铜瓿配有的明代底座。书画的问题比较复杂，后人题在画面上的，不能叫作附件，画面之外如诗堂所题，比如在卷轴外包首题签，玉或牙别子，手卷引首或拖尾处的题与跋，册页另面的跋，等等，可以算作是附件。还健在的人物之题与跋，不能作为附件。

"附件"栏能够写的文字不多，所以要精准表达。

（12）"计量"栏，这里内容比较复杂，十分重要，表达了文物藏品的空间存在，必须认真对待。文物藏品的计量一般包括三个量，分别是"重量、尺寸、容积或者体积"。

这种计量的表达，在大多数的考古学报告、大多数的文物学著录与论文中，都不够准确；这些文论的作者，都对文物做了仔细的测量，但是存在着起码四个问题：一、计量的基本要求不一，或简或繁，对文物的"基本计量"和所有的"细部计量"混淆，基本计量是文物藏品"量"的第一表达，细部计量是研究性的、进一步观察性的表达。二、计量单位不一，精确到什么程度没有交代或者混乱，在同一篇文论里、同一类文物上，甚至同一件器物上，有的是整数，有的小数点后还有表达，例如：西周青铜兽首觥，高 18 厘米、身长 21.2 厘米、身宽 8.65 厘米。三、计量的步骤位序不一致，例如，有的按长、宽、高，有的按高、宽、长，有的按宽、长、高，等等。四、对于一些不需要或者无法计量之处没有交代。这方面，应当做到严格的、规范化的要求。本教程在下面提出规范化的做法设计。

① "重量"，是指文物藏品的重量，也可以包括"附件"的重量。出土文物一般要清除附土，如果包含物比较重要不能清除，比如一件东周青铜鼎内有食物剩余——骨头，那么要说明附有骨头时的重量。重量一般以克（g）为"主单位"，精确到小数点后的一位，即便是整数，例如，50 克，也必须表达为 50.0 g，又例如，遇小数点后两位者，最后位按照"四舍五入"处理，例如，测出 50.07 g 表达为 50.1 g；比较大、重的文物，可以以千克（公斤，kg）为单位，同样精确到小数点后一位；用 g 或者 kg 都要加以标注。"计量"栏不可以空缺，但是遇到特别微小如一粒碳化的粟米等文物，原体测重没有博物馆收藏上的意义，又例如，面对特别巨大的文物如万里长城等，是没法做到称重的，那就填写"不计"，表示不做计量或无须计量。

从地下考古出土的文物，因为器身潮湿往往需要晾晒，因此文物在发掘出土时和进入收藏时的重量，可能会发生一定程度的变化，所以必须知道，登记卡上文物藏品的重量应当是在收藏地（不是出土地）一般的、不是抽真空的环境中，藏品自然相对干燥时的测重。

② "尺寸"，是指文物藏品的尺度，可以包括附件的度量。文物整体的尺寸是一个"三维问题"，简洁表述只包括长、宽、高，不牵涉到其他的量。假如一件具有明显凸出凹进的不规则器物，则记录本体最长、最宽、最高的最大值即可，这里表达的是文物可能占据的最大空间。如果的确需要附加一些其他部位的尺寸，应该在简述栏表达。测值以厘米（cm）为"主单位"，精确到小数点后一位，例如，测长 23 cm，表达为 23.0 cm，又例如，测长 23.24 cm，表达为 23.2 cm；比较长大的文物，可以以米（m）为单位，同样精确到小数点后一位；用 cm 或者 m 都要加以标注。至于液体、灰土状文物，无法测量，又例如，万里长城、大运河，等等超长文物，文物藏品卡很难精确表达，那就填写"不计"，表示不作计量或无需计量。

文物藏品尺寸计量，应当仿照考古学的方法与步骤。考古学的测量方法体现出土文物小件与一切迹象、标准点（原点）及探方的关系。考古学的探方原点在西南角，与探方壁（即南壁与西壁）的距离表述，东西向距离为 a，南北向距离为 b，到地面的垂直高度是 h。

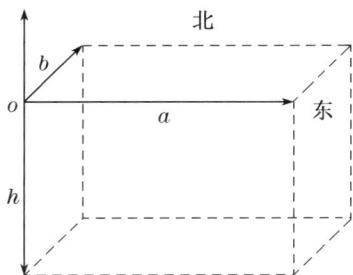

图 7-4　考古学测量方法示意图

探方中的每个物体都有其相应的三维值,表示为专业公式"$a \times b - h$",学术口语称为"西、南、深","$-h$"表示在原点向下的量;如遇到凸起于原点之上的情况,则要用"$+h$"表示,这种情况极为少见(图 7-4)。应用了考古学的测值,立即就知道小件的出土位置,房址、墓葬、灰坑的出土位置(取它们的标准点,再扩大到全遗迹单位)。

　　文物藏品尺寸的测量,也可以借鉴以上方法,使测量者能够立即按步骤地测量,掌握文物的基本大小。测量记录必须有一定次序,按照人们习惯面对文物的方向,其横宽为第一个量,纵长为第二个量,高度为第三个量,使用与考古学相近的表达为"文物测量公式":"$a \times b + h$","$+h$"指的是测桌以上的值;圆柱体表达为"$\varnothing + h$",这里"$\varnothing$"代表直径;球体只有一个量,就是直径,"$\varnothing$"直径也取最大量;不规则器物的三个值均按最大值测量。注意:考古学的公式只是个测量步骤说明,有明确空间指示,但是不能看作体积表达;同样道理,本教程介绍的公式,也是测量步骤,不是体积的表达。

　　出现整体未做精确计量或像书画厚度这种不需计量的情况,则在相关量值部位直接填写"不计",例如:明代沈周山水斗方,$33.2 \times 32.9 + $(不计)cm。计量与文物的放置方法有关,展示和存放方法不同,会出现两个以上量的互置,例如,立着放置时测到的"高",会成为倒着放置时的"长",因此,要将文物藏品的放置方式,作统一的规定,这样使得数据的性质一致。

　　③"容积或体积"的测量,是针对一些特殊的文物,如液体(如西汉铜钟里的存酒)、批量的古农作物种子、贵重金属器(不确定是否中空或有杂质),等等。测值以毫升(ml)为"主单位",精确到小数点后一位;需测容量比较大的文物,可以以升(l)为单位,同样精确到小数点后一位。通常情况下,对于一般的文物藏品,这个量并不经常使用,卡上可以不计(图 7-5)。

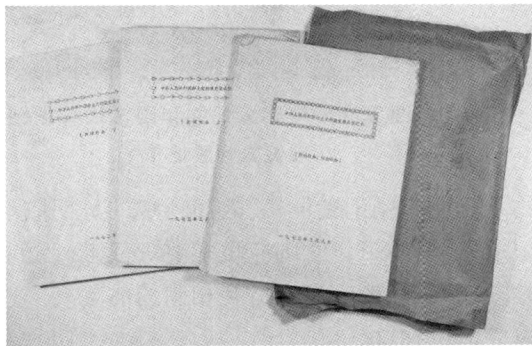

图 7-5　1973 年中华人民共和国出土文物展览展品登记卡

（13）"完残程度"栏，必须填。指的是文物藏品本身的完整或残破状态以及程度。绝大多数历史文物都是有伤有残的，所以应当慎用"完整""完好""全新"等词汇。此栏描述的关键之处在于对残损性质、部位和程度的表达，各种文物藏品的客观状态各不相同，目前对其残损程度的核定过于经验化，表达含糊不规范，缺乏标准难以把握。所以应当组织文物专家研究每一类文物藏品的残破标准表达，最终汇成文物藏品的伤残表达词典和保护修复的"国标"。

举个例子：关于绢帛、书画类文物藏品的残损核定问题，可以试着使用以下的方法：制作一个边长 20 厘米的框，以每厘米一格布置透明的格点，用它从文物的左下角向右上角方向移动量起，依照在文物表面形成的坐标，即可准确地确定残损的位置和面积，进一步判定残损的性质，如虫蛀、鼠咬、雨淋、霉变、火洞、腐烂、褶皱、后补，等等。这个方法可以应用在书画、壁画、纺织品等一切可以平面展开的文物上。立体文物的伤残表达，也可以参照这种思路，以仪器、经验、技术相结合，做好各类文物藏品完残检测标准化的工作。

这里牵涉到文物藏品的保护修复，包括针对文物的"始状"还是"原状"来进行修复。"始状"是文物作为人类的一种器用刚刚诞生时的状态，"原状"是文物藏品进入人们的收藏视野时的状态，"原状"可能是"始状"，但绝大多数时候不会是"始状"。同时，还要记录文物收藏之后各种自然、人为因素造成的伤害、残损。"完残程度"栏容纳有限，不可能用很多文字，因此，迫切需要专业、标准、准确、简略的文字表达。

（14）"铭文记录"栏，必须填。"铭文"包含文物藏品本身带有的一切文字。无论哪一类文物藏品，凡是铭文不足 40 字的应作全部记录，超过 40 字的应作摘要记录，并把铭文部位写清楚。凡是没有铭文的则要记录"无"，说明记录时未发现铭文，以后有没有再发现还很难说，例如：陕西历史博物馆收藏的战国秦"六斤"权，在收藏时只见"六斤"两字，后来在去锈过程中，陆续发现秦时浅刻的多个重要的文字。

（15）"来源记录"栏，必须填。每一件文物藏品对于博物馆、收藏者而言只能有一个来源，只有进入馆藏之前的那一次，至于它在之前的辗转流传，不要求计入，所以不必设更详细的分栏（图 7-6）。应按四个基本来源作简洁明了的记录，并说明原出土地、原藏家（博物馆或私人）、金额代换，等等（参见知识链接 7-2）。

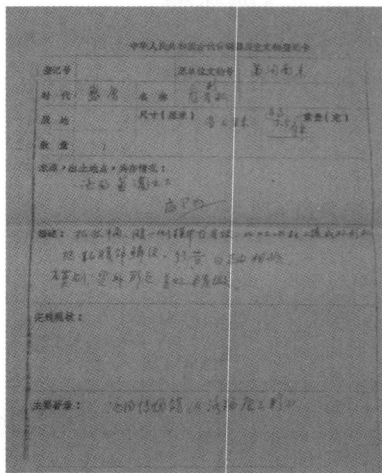

图 7-6　中华人民共和国古代青铜器展览文物登记卡

这栏里的日期是指入藏的时间，由于文物不可能先登记后征集，故而入藏的日期应不晚于制卡的日期。另外，必须要标明填写的记录人，集体工作时则应填主要责任人。记录人和制卡人可以是同一人，但和负责人不能是同一人，几者应当保持互相制约的关系。这是针对国有博物馆而言的，但成熟的收藏家也应该做到这一点。

（16）"简述"栏。以上各栏中对于本文物藏品不能表达清楚，又必须记录的信息可以记在"简述"栏中，无增加叙述者可以不填。填写的内容包括方位信息、多个曾用名、文物本身纪年、附件信息等，也可以有非常简略的时代讨论、对重要花纹纹样的描述、主要质地以外的质地表达、一些部位的增加尺寸表达，等等。此栏内容不要和上面栏目已经填写内容存在过多的重复。

（17）"照片号"栏，必须填。对于一些藏品数量比较少（少于一万件）的收藏单位和个人来说，文物藏品照片号可以使用总登记号，可以合并。对于收藏种类、数量比较多的收藏家和大、中型博物馆，照片号使用分类号则更便于使用。一件文物藏品可以有不止一张照片，故而照片号可以使用附号，如 379 - 1、379 - 2……但卡片上只放一张照片时，通常选择符合视觉习惯的正面照片，其他照片则放置在档案袋内。因为彩色照片会逐渐褪色，以前曾经要求第一张照片必须是黑白的，而现在数字存储技术解决了这一问题（参见知识链接 7 - 3）。

（18）"线图号"栏，如果有线图，就必须填；如果没有线图，就不填。文物藏品照片存在看不到壁厚和内部状态的情况，所以需要线图的补充。"线图"一般是指立体器物的解剖图，附件的连接图，特殊部位的细部图，等等；但是，也有部分文物无须附线图，例如，书画、书籍、液体，等等。线图号的处理方法，与照片号一致。有些文物藏品附有必要的拓片，则应在栏中标明"有拓片"并写入拓片号，拓片号与照片号、线图号等一致。

（19）"备注"栏。主要记录本文物藏品重要的展览陈列、使用、研究、损毁、修补、注销，等等信息。一些重要文物藏品的信息内容过多时，可续页并于栏内写明"有续记，见另纸"，续记放在档案袋中。凡是没有上述内容的可以不填备注栏。

除曾用名、级别、简略描述、线图号、备注等可以空缺不填，其他各栏一律不得空缺。

二、编目和主要账表

1. 文物藏品编目

"文物藏品登记卡"的完成，好像完成了以藏品"身份证"为代表的、基础的个体档案。当一个博物馆要体现出自己的藏品体系时，就应当进行进一步"文物藏品编目"工作，"文物藏品编目"是"物、账、卡"管理的完整化、体系化的重要一环。民营和国有博物馆应当执行统一的编目方法，建立性质一致的档案账表。

博物馆文物藏品建设，要注意收入"批次"的表达，即每一年收入了多少批次，账面表格上注为：批次/年度，例如：04/2020，表示在 2020 年收入的第四批文物（非文物博物馆则是第四批标本，注意，此时还没有成为"藏品"）。每一次年度的考古学收获，可以算作一次；每次科学征集的收获，例如，民族学、民俗学收获，可以算作一次；每次零星收获，也算作一次。显然，每一批次的文物数量最少为一件，最多如考古学收获就可以达到数量非常大了。每一批次之内的某一件文物或标本这样表达：04,12/2020，04 - 64/2020，表示在2020 年收入的第四批文物之中的第十二件以及第六十四件。

每一批次的记录不能跨年度，有些工作如考古发掘必须跨年度，那么博物馆收入文物时，可以用两个方法，一是一次较大型的考古工作，分为若干年、若干批次办理；二是待跨年度的田野工作结束,以博物馆收入文物的时间,为一个批次办理。

从理论上来看,每一批次之内文物或标本不会全部都成为"藏品",要经过科学的鉴选:有的批次,可以全部入藏;有的批次之中,有部分不能入藏;有的批次中有的文物或者标本,因为本馆性质而不宜入藏,可以介绍其他博物馆或者收藏家收藏。

经过科学鉴选,将可以作为"藏品"者进行"文物藏品登记卡"的登录,接着,进入博物馆藏品体系的"编目"过程。藏品编目最重要的工作,是填写、编制好"文物藏品总登记账"和"文物藏品分类账"等。

2. 文物藏品登记账表

文物鉴选完成,接着"文物藏品登记卡"的完成,这样就具有了"藏品"的"身份",和不宜纳入收藏的文物就有了质的区别。紧接着,凭着入藏批次顺序,进入文物藏品"编目建账"程序。

文物藏品登记账表实际上是"文物藏品登记卡"的"表格化"形式。每本 100 页,每页10 格(参见附表 7 - 3)。

文物登记账表包括"文物藏品总登记账"和"文物藏品分类账"等,这两种是文物藏品账目体系的骨干部分,是必填必存的账目、账本。这两种账本的封面,往往用不同的颜色加以区别。

"文物藏品总登记账"的性质是国家文化财产账本。"文物藏品总登记账"的文物藏品总登记号放在首位,其序号是顺的;注意其批次号也是顺的;文物藏品分类号放在次位,其序号不是顺的。

"文物藏品分类账"的性质是博物馆或收藏家重要的核心性工作用账本。"文物藏品分类账"则是文物藏品分类号放在首位,其序号是顺的;文物藏品总登记号放在次位,其序号不是顺的;其批次号不是顺的。

这两个账本上总登记号和分类号,与文物藏品登记卡上的编号完全一致。两本账上的其他内容彼此完全一致,但是比文物藏品登记卡上的记录有所简略。"名称"与文物藏品登记卡上的一致,曾用名一般不记录,十分必要的可在"备注"栏中表达;"时代""质地""数量""计量"信息均与卡上一致;"现状"的描述较卡上要简略,一般只写"完整"或"残破";从来源日期可以查找到来源账中的记录,两者可互相印证;"备注"栏填入文物重要的使用、残损、修复以及注销等信息,文物的级别也可以填在这里(未定级的不填);"方位"栏填写文物的具体位置,属于必填项;账上要有批次标注。

一般而言,绝大多数的表格都是按照这个形式制作,只有文物的修复登记表会在后面添加"部位""主要技术手段""负责人"等内容。此外,现在文物藏品登记与建账往往交由计算机来进行,因此,电子版页面与纸质页面应当完全一致。

3. 文物藏品的其他账表

博物馆和收藏家常用的账表还有:文物收入账(必须有,包括"文物收入批次登记")、文物藏品入库账(必须有)、一级藏品账(如有"一级藏品",本账必须有)、藏品提用账(必须有)、文物展陈账、藏品修复账、藏品借出借入账、藏品安全事故登记,还有藏品转移凭条,等等,这些都是有针对性的工作用账。这些账目的建立和栏目填写,完全参照"文物藏品总登记账"和"文物藏品分类账"。这些账目性质必须详明,不能重屋叠架、互相替换、彼此干扰。

这样,"文物藏品总登记账""文物藏品分类账"和以上各种账表一并形成了一个比较成熟的文物收藏单位的账表体系·它们围绕文物藏品这个核心,记录了"文物运动"和"博物馆运动"。

对有些专业性很强(专门收藏某类文物)或文物数量比较少的博物馆来说,如果没有完整的账表体系,至少要具备文物藏品总登记账、分类账以及以上标注的"必须有"账目。有一点值得注意,虽然现今的文物藏品账表可以通过计算机建立,但是仍然不能舍弃簿本的形式,以此防止电脑瘫痪、黑客入侵等意外出现。

4. 文物的收入和注销、统计

对于博物馆和收藏家而言,藏品的"收入和注销"反映了博物馆运动的常态,及时地统计是实行动态管理的手段,是一个经常性的工作。具体的内容反映在文物藏品登记卡和各种有关账目的修订上,并且经过统计、汇总反映在年度报告中。这项工作以每年的 12 月 30 日作为终点,须在原有文物藏品数量的基础之上,叠加统计当年的入藏和注销信息,形成新的数据。即使在当年实际数据不变的情况下,也要再做登记和认证。

关于博物馆的文物收入,可以参见本教程第五章的第一节。当确认所收入的文物,符合本单位性质,可以成为本单位藏品时,要及时登记编目入库,真正完成藏品入藏的"全过程"。

一件文物不再存在于某收藏单位或某位收藏家手中,就需要注销,这种注销往往是文物损毁、辨伪剔除、转让、卖出、捐出等造成的,这就是必要的藏品"筛汰"。在以往的买卖或捐赠中有所不妥的地方,现在必须退还给原卖主或捐赠人,也会形成藏品的注销。

注销完成以后,原博物馆或收藏者也就不再拥有该文物藏品。但是,本着销物不销号、不销账的原则,一定要在有关的卡和账的"备注"栏中,写清注销的原因、注销的日期、注销的批准机构、批准文件号和有关负责人,等等。

文物藏品的统计绝不能只依赖计算机手段,作为博物馆和收藏者而言,统计时一定要看到实物现状。新增文物依照年度·在"物、账、卡"全部核对无误之后,才能进入统计汇总的环节。

5. 卡片及账目记录方法

以下先介绍传统的做法。文物藏品的账、卡要有固定的规制。例如:有的博物馆将"文物藏品登记卡"用颜色区分,白色代表三级文物,淡绿色代表二级文物,红色代表一级文物。

纸本记录的钢笔必须使用不褪色的墨水,一般用碳素墨水,一定不要使用易褪色的纯蓝墨水(参见知识链接 7-4)。

红色墨水或印油有两个用途:一是用于制卡人盖章,特别是在修改过的地方要加盖印章,以示负责。二是在文物藏品被注销时,用红色墨水或印油在文物名称上打两条横杠。

任何一个博物馆的统计工作有了历史之后,文物藏品的号码会多于藏品的实存数量。"物、账、卡"的相符并不是追求数量、数值的持平,还包括空缺量的合理解释相符,即当文物藏品因为注销已经不存在时,仍有账、卡的记录。"在存藏品"数+"已注销藏品"数=

"文物藏品总登记账"的总数值。

文物藏品档案记录最重要的工具的延伸,反映在载体的重大变化上,在计算机应用时代,文物藏品的所有卡、账,所有档案的建置,都可以由电脑完成。在这里不讨论电脑语言和编程的具体问题。只是根据传统,提示一些方面,以供相关电脑语言和工作编程参考。

首先,文物藏品建卡、建账、建立档案,是建筑在人的理念和经验基础之上的,有很强的学术传统,要使用学术语言。第二,标准化,统一的文字、计数、计量的表达。第三,数字化和文字语言化顺利对接、对译的问题,使用者能够便捷掌握。第四,文物藏品内容的整体输入和单项、关键词便捷提取(输出)。第五,稳定性和修改权限问题,账款不经授权任何人无法修改文字。第六,网络化,国际共同享有、共同使用。

6. 文物藏品档案的载体与存放

以下先介绍传统的做法。每一件文物藏品的"文物藏品登记卡"档案都应入档案袋,袋里有繁卡和简卡。繁卡包括拓片、资料、重要发表信息等。简卡对于一个成熟的博物馆、收藏者来说,至少要一式三份,一份放在档案袋里,一份入库房,一份放在卡片阅览室。简卡要具备统一的规制,因其具有检索意义而必须建立,以利于对文物的管理。

纸本的"文物藏品总登记账"和"文物藏品分类账"应当至少有两份,同为正本,法人代表和文物保管部门各持一份。其他工作用账本的正本只需要一份,放置于文物保管部门账务室。"文物藏品总登记账"和"文物藏品分类账"的副本,和其他工作用账本的复本,根据需要可以设也可以不设。但是,不宜非工作性地随便流传。

本教程主张在文物藏品的档案管理中,积极应用先进的计算机电脑技术和手段,使人们更全面、更方便地拥有文物的信息资料,进而从多个方面了解文物、认识文物和研究文物。这些资料也能够帮助人们把对文物的认识从个体上升到群体,由局部上升到整体。

目前,许多博物馆和有关工作人员对先进的技术、手段还相对陌生,计算机针对文物建档的完整语言也尚未建立。虽说这类先进的载体会大大提升效率,但仍不能代替对传统载体的运用。现今博物馆资源的开发和利用问题仍没有得到很好的解决,希望能利用大型、超大型数据库来解决。一方面,人们要保护文物不被盗窃损坏;另一方面,也要确保文物资料被深层次地开放使用。虽然目前对于私人收藏还不能提这样的要求,但对国有博物馆必须做出相关规定。

第四节　藏品标注与专题目录

一、关于文物的标注

1. 文物标注小史

在古代器物上加以标注数字的现象,不晚于先秦三代时期,后代亦常见,例如:西周青铜器史兽鼎标有"豕鼎一、爵一"计件,秦陶质丽邑盘标有"八厨"编号,西汉青铜阳信家鼎

图 7-7　《史兽鼎》铭文

标有"第十二"编号,法门寺唐代地宫出土鎏金仙人驾鹤纹壶门座茶罗子外底部墨书"二"字,宋钧窑瓷器底部有数字编号。但是这些,都是实用器物的编号,有的是颁赐数量,有的是用器序号,有的是成套计数号,本质上和文物收藏的标注是有差异的;但是,也不排除在宫廷之中有用、藏不分的情况;这些在实用器物上的标注,对后来在文物藏品上的标注,至少在技术上是有所启发的。

在文物藏品身上加以标注,大致不晚于清代三大宫区的皇家收藏品,主要是针对清宫所收藏的古物、书画、文房用品、陈设件、戏衣道具,等等。一般是在文物(当时不称为"文物",但是都具有文物藏品性质)附件或包装上,用纸片(黄签)、绢帛片、木牌等形式,简略标注品名、放置地名,有的还有序数号,格式并不统一,远远不及现代的科学,不成整齐的规范,但是书写认真,开创了中国文物藏品标注的先河。[1]

中国近现代的文物藏品标注,直接起源有二者,一是中国最早的洋人办的博物馆在藏品上的标注;二是辛亥革命成功,亡清势力退出紫禁城之后,政府组织对清宫文物的清点工作。

2. 文物藏品的"标注"的意义

"标注"是指在文物藏品身上或贴近藏品身上的数码标示,是其成为藏品,然后供展陈、研究的重要识别记号。"标注"是为了便于藏品的查寻、放置、提取、展陈、归库,等等。标注在藏品身上或贴近藏品身上的基本要求是"易找、明晰、美观、隐蔽"。每一件文物藏品必须有标注。

文物藏品身上或贴近藏品身上的标注,往往表达为文物藏品总登记号和文物藏品分类号,一般模仿数学的分数表达:总登记号放置于分母部分、分类号放置于分子部分。目前,也有不少的博物馆只标注分类号。

3. 实体标注的方法

"实体标注"是指把有关数码写在文物藏品实体的身上,需要明确的是标注的部位,原则上为"下、底、右、内、背"等位置,在藏品的附加部分(修复部分)不加标注(图 7-8)。暗色的文物标注白色的字,或涂白块后再标黑字;浅色的文物上一般标黑字,如果有必要可以在字上增加一层封护。

传统的标注方法,是手工书写,尽量隐蔽、清晰而字迹很小,做起来相当吃力。有许多博物馆在展品上,可以清楚地看到"标注",有的字迹笔道粗劣,有的是在考古工地形成的,有的是博物馆文物藏品标注时的作为。所以,本教程建

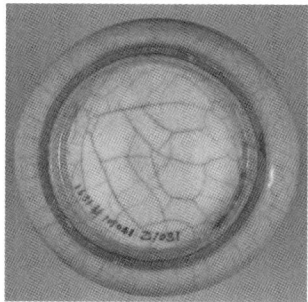

图 7-8　故宫藏龙泉窑青釉弦纹瓶的底部标注

〔1〕　故宫博物院编:《清代宫廷包装艺术》,紫禁城出版社 2002 年版。

议在文物藏品实体上,例如:陶瓷器、玉石器、金属器、骨角牙器,等等,使用喷墨标号的方式,做到标准、美观。

4. 非实体标注的方法

在文物藏品群体中,有一些是不适合在实体之上标注的,比如标注了会污染藏品质地的,还有标注了会阻挡藏品的主要内容的,于是,只有在贴近藏品身上用其他方法标注。举例于下:

一般的纺织品、衣物文物藏品,不宜做实体标注,往往用另外一块色彩有明显反差的纺织品四面加缝上,要用每厘米 2 个的大针眼缝缀,数码标注在这片纺织品之上。

古代的纸张文物藏品不能直接标注,写在另外的标注纸上。比如书画藏品(包括绢本),可以按照惯例在包首上已有的签条下面进行标号,如果有包装包袱或者匣子,其上也要再加标注。

凡粮食颗粒、液体、粉末状物体状的文物藏品,可以放在试管、大小三角瓶里,等等,号码写在试管、大小三角瓶的上部。

有些过于狭小的骨角牙器、铜钱等文物藏品,可以用标签系带、带上标注的方法,也可以用塑料袋法,在袋子上标注。

大型、超大型文物应立保护标志牌,正面上有名称、发布批次、建立单位、性质分类编号,等等;现在的保护标志牌的后面,常有文物保护的标志,其实,可以在保护标志牌的反面,简明记录保护内容、保护范围的四至。全国重点文物保护单位基本做到有此标志,有国家的统一标准;但是,全国在牌志的数量、尺寸、规格、字迹、放置方法,等等方面,还不尽一致,不够标准和严肃。至于省、市、区一级的文保单位尚存在没有保护牌志以及牌志规格很不统一的问题。即使是省、市、区一级的文保单位的保护牌志,也要有国家规定的统一标准(参见知识链接 7-5)。

5. 现代技术与"标注"

本教程认为文物藏品标注是必须的,但是手工标注确实是落后了,不够标准,也不够美观。在现在,应当提出用计算机做成条形码或二维码进行标注,应当把这种科学方法进行推广。

做这样的工作,同时要考虑解决几个方面的问题:一是二维码、条形码本身必须占一定面积,有些文物条件可能不太具备,要研究二维码最小面积,以便隐蔽保存。二是二维码、条形码的附着问题,要不脱、耐磨,这是材料的问题。三是需要考虑配备扫码器,以方便直接读取信息。四是文物藏品登记卡片以及账本栏目上的可以普遍采用二维码或者条形码技术,同样这个问题也要做到"物、账、卡"的完全一致。

二、文物藏品专题目录

1. 文物藏品专题目录的性质

文物藏品的"专题目录",即博物馆或者收藏家根据文物藏品研究的各个专题制订出来,并供给社会使用的目录。"专题目录"是成熟的博物馆或者收藏家对自身收藏的认识,和文物藏品研究的水平深化的表现，是博物馆服务社会的标志之一。应该注意的是，文物分类是一种专题目录，但是专题目录又不同于分类。"专题目录"不是文物藏品账目，对于藏品管理没有什么直接影响。

2. 文物藏品专题目录的形式

文物藏品的专题目录是多种多样的，目前实际上很难完全列举。以下列举一些：

博物馆文物展览介绍说明书，直到大型的文物藏品著录，就是一种"专题目录"，由围绕展览的主题的文物藏品组合而成。（图7-9）

图7-9　《花舞大唐春—何家村遗宝精粹》

图7-10　鄂君启节

作为博物馆和收藏家的经常性工作，可以做出各类"专题目录"，这样可以为进一步的科研、展览等服务。每一件文物藏品，完全可以入不同的专题目录。例如：安徽省博物馆收藏的"鄂君启节"（图7-10），可以入：（1）《安徽省博物馆藏（都冠此头，下略）青铜器专题目录》（2）《古文字专题目录》（3）《古代交通文物专题目录》（4）《楚文化专题目录》（5）《东周文物专题目录》（6）《长江流域历史地理专题目录》（7）《古矿冶专题目录》，等等。

"专题目录"至少一个专题有一件文物藏品；只要符合专题，其包含的文物藏品数量可以达到很大。对于博物馆，它所有的"专题目录"要成为一个完整的体系，借助于计算机技术，使这个系统成为科学的、开放的、互联互通的、共有共享的体系。

专题目录的设计和制作，对于任何一个博物馆或收藏者来说，都是近乎无限的工作。而目前人们对此认识还比较肤浅，以许多博物馆专题展览说明书为代表的"专题目录"的研究太过粗浅，至于馆的专题目录体系还远远没有形成。这是一项有着巨大潜力，有着丰富科技含量的工作。

知识链接

知识链接 7-1

国家文物局的相关规定中对文物的时代表示方法要求如下：

"藏品蕴含的年代信息，可用以下方式表示：地质纪年、中国考古学年代、中国历史学年代（历史年表）、公元纪年和少数民族政权纪年等。

历史纪年应先填写朝代，同时在括弧内注明公元纪年。

少数民族政权纪年应先填写中央政权年号，然后在括弧内填写少数民族政权年号，同时注明公元纪年。

近现代文物和外国文物年代可直接填写公元纪年。

起止年代之间用'～'表示。"[1]

知识链接 7－2

国家文物局制定的《文物藏品档案规范》中"来源单位或个人"款将文物的来源释义为：

"现收藏单位获得藏品的来源单位名称或个人姓名。

搜集方式为'旧藏'的，来源单位是指原收藏单位。如，天津市历史博物馆接收原河北第一博物院的藏品，'河北第一博物院'即为藏品的来源单位。

搜集方式为'拨交'的，是指经主管部门批准调拨或主管部门指定其他单位拨交，来源单位是指原拨交单位。

搜集方式为'移交'的，来源单位是指原移交部门。

搜集方式为'交换'的，是指收藏单位之间的藏品交换，来源单位是指与本馆交换藏品的单位。

搜集方式为'拣选'的，是指银行、冶炼厂、造纸厂以及废旧物资回收单位将拣选的文物、标本移交给主管部门指定的博物馆，来源单位是指原移交单位。

搜集方式为'捐赠'的，来源单位或来源人是指原捐赠单位或捐赠人。

搜集方式为'收购'的，来源单位或来源人是指原出售的单位或个人。

搜集方式为'拍卖'的，来源单位或来源人是指拍卖公司和个人（持有者或委托人）。

搜集方式为'征集'的，来源单位或来源人是指提供文物、标本的单位或个人。

搜集方式为'采集'的，来源单位或来源人是指采集文物、标本的单位或个人。

搜集方式为'发掘'的，来源单位或来源人是指发掘文物、标本的单位或个人。"[2]

知识链接 7－3

"文物藏品档案中的照片要求文物藏品档案应收录文物藏品的全貌和重要局部特征照片，藏品本体发生重大变化前后对比照片，修复前后对比照片。

文物藏品档案还宜收录文物藏品的重要纹饰、印记、款识、铭文等局部照片，残损部位照片，保护监测记录照片，与藏品有关的重大活动照片等。"[3]

---

[1] 国家文物局：《文物藏品档案规范》附录 A.2.12 款"年代"，2009 年 2 月 16 日。

[2] 国家文物局：《文物藏品档案规范》附录 A.2.20 款"来源单位或个人"，2009 年 2 月 16 日。

[3] 国家文物局：《文物藏品档案规范》4.2.3 款"照片"，2009 年 2 月 16 日。

知识链接 7 - 4

　　"纸质档案建档的书写材料及工具,制作档案的书写材料及工具,应符合耐久性要求,不应使用热敏纸、复写纸、铅笔、圆珠笔、红墨水、纯蓝墨水等。"[1]

知识链接 7 - 5

　　国家文物局《全国重点文物保护单位保护范围、标志说明、记录档案和保管机构工作规范(试行)》第三章"树立标志说明牌":

　　第六条　标志须标示该文物保护单位的级别、名称、公布机关、公布日期、树标机关以及树立日期等。树标机关为省、自治区、直辖市人民政府。

　　第七条　标志形式采用横匾式,自左至右书写。标志牌比例为横三竖二。标志牌最小为 60×40 厘米,最大为 150×100 厘米,可根据文物保护单位的具体情况选择比例适宜的尺度。除文物保护单位的名称可用仿宋字体或楷书、隶书等外,其余一律用仿宋字体。

　　第八条　保护标志应采用石材等坚固耐久材料,颜色要庄重朴素、显明协调。

　　第九条　全国重点文物保护单位的说明可书写在标志牌的背面,也可另立说明牌。说明文字为简要介绍文物保护单位名称、时代、性质、内容、价值和保护范围等,其内容应经省、自治区、直辖市文物行政管理部门审定。

　　第十条　民族自治地方应同时树立用当地少数民族文字书写的标志牌和说明牌。

　　第十一条　全国重点文物保护单位范围较大或文物分布点多线长的,可设置若干分标志。

　　第十二条　对保护范围及建设控制地带可视实际需要设置坚固耐久的保护界桩。

---

〔1〕　国家文物局:《文物藏品档案规范》5.2.4 款,2009 年 2 月 16 日。

附表 7－1　文物登记卡(正面)

文物登记卡

年　　月　　日　　　　　制卡人：　　　　　负责人：

总登记号		分类号		原始号		方位	
名称				曾用名		级别	
时代		质地					
数量		附件			来 源 记 录		
计量		g,　　cm,					
完残程度							
铭文记录					记录人： 　　　　年　　月　　日		
简述							

附表 7－2　文物登记卡(背面)

照片号： 　　＊如果是单位较小的部门,就用总登记号,反之则可使用分类号	线图号： 　　＊每件文物都有照片,但不是每件文物都有线图 　　附有拓片的,"拓片号"也放在这里
备 注	
其他记录 (有,无)	

附表 7－3   文物总登记表

文物总登记表

总登记号	分类号	名称	时代	质地	数量	计量	现状	来源日期	备注	方位

参考文献

1. 国家文物局:《文物藏品档案规范》,2009 年 2 月 16 日。

2. 国家文物局:《国有可移动文物普查建档备案工作规范(试行)》,2012 年 3 月 12 日。

3. 李晓东:《文物学》,学苑出版社 2005 年版。

本章自测

1. 文物价值与档案价值不是相互包含的关系,而更多是相互交叉的关系,文物价值与档案价值二者的异同何在?

2. 本节中提到了文物的原状和始状的概念,现在提倡的"修旧如旧"是指恢复文物的原状还是始状呢?

3. 本章中提到了文物档案所具有的历史价值、社会价值、科学价值等,也提到了文物档案的电子化。新兴电子档案与传统纸质档案的价值之间是否存在异同? 电子档案在多年后是否也会文物化?

4. 长久以来,文物档案的保密性影响了文化部门之间的信息互通,同时也许会影响全社会对于这一类信息的共享和效益利用。在目前数字化、网络化的背景下,如何打破壁垒,实现资源共享,并加强考古、文物和档案部门之间的联系与合作?

第八章 文物的鉴定

文物鉴定是所有文物工作即"文物运动"中，最令社会大众瞩目的一项，甚至被认为是文物事业的重中之重，这是一种误解。文物鉴定是文物研究的结果，不是文物研究的根本，是研究的下游，不是渊源。这不是否定文物鉴定的重要性，反之，是不要让鉴定工作成为无本之木或无源之水。

文物鉴定是对文物的价值、时代、做法和相对真假的认识、评价。对于专业的研习者而言，文物鉴定反映的是一个日常经验积累的过程，包括对理化、生物等手段认识的过程。科学的文物鉴定，能够为文物群体的研究或其他学科利用文物研究提供可信的资料。

文物鉴定是一门专门学问，是文物学的重要分支学科之一，任何一件（一处）文物，都产生于一定的历史时代和环境，能够说明某个方面的问题，成为历史真实的、形象的见证。但是，许多文物的价值隐藏于实物遗存的深层结构之中，所以，鉴定又是揭示文物价值的重要手段之一。文物鉴定学，又被一些研究者称为"鉴藏学"[1]。

第一节 为什么要鉴定

关键词：必要性 鉴定对象 "真伪" "赝鼎"

一、文物鉴定范围

1. 可移动文物

文物鉴定工作的主要对象，一是可移动文物，即大量的文物藏品和传世文物，如古代的石器、玉器、陶器、瓷器、铜器、金器、银器、铁器、铅锌器、珐琅器、漆器、竹木器、骨角牙器、书画、古籍善本、近现代文物、馆藏民族文物、馆藏外国文物，等等都是文物鉴定的对象。

对藏品和传世文物的鉴定，自古以来就是文物鉴定的重点，古代金石学家和书画鉴藏家在鉴定、著录方面做了大量工作，积累了大量的经验教训，出现了大量与鉴定有关的著

---

〔1〕 沈厚鋆、赵宇泽：《鉴藏学概论》，文物出版社 2008 年版。

作(图 8-1)，也在青铜器、瓷器、书画、玉石器等方面形成了不同的流派。

图 8-1　《中国历代书画真伪对照图录》

图 8-2　南京栖霞山舍利塔

2. 不可移动文物

文物鉴定工作的主要对象，也包括不可移动文物，即以古建筑为代表的文化史迹(图 8-2)。这种鉴定要比可移动文物更复杂，牵涉到环境、始建、使用、改造、迁建、不同时代合建、材料区别、整体、构件，等等。有些不可移动文物的鉴定受到相关条件的限制，例如，地下、基础一些鉴定工作难度较高，只能是大体的、局部的鉴定，评定的价值更是相对的。

3. 关于考古出土文物的鉴定

社会公众乃至文物学界、考古学界、博物馆界，都存在一种议论："考古出土的文物不用鉴定"，其实这种说法是错误的。

实际上，田野考古发掘中，无论是对待遗址还是墓葬，都要和以前的发掘收获、研究工作，作认真比对，才可能得到比较正确的有关时代的、性质的、级别的、互有联系的种种考古学认识，这种比对和认识过程，也就是鉴定。再则，古代墓葬、某些遗址单位里的东西，可能和墓葬、遗址存在时代一致的问题，例如：江苏西汉诸侯王墓中出土东周鹰座玉琮，就是经过文物鉴定的确认(图 8-3)。考古学的田野发现是有限的发现，有关遗迹、遗物出土之后的整理、分类与制作卡片等工作本身就包含着进一步的、多学科研究鉴定的要求，其中文物学鉴定是很重要的方面。

图 8-3　鹰座玉琮

二、文物的"真伪"问题

1. 动物性诈伪和人类作伪

一些昆虫、鱼类、鸟类、哺乳动物，因为引诱、求偶、觅食、拒敌、宣告活动范围，等等原因，用身体变幻出与平常不一样的如体形外貌、体积大小、色泽图案、声音气味，或假寐装死种种表现，这是求生避死的生命本能表现，是一些动物与生俱来的"诈伪"行为。至于更为高级一些的，例如，狐狸会在雪地上退步行进，以诱敌走向相反方向；一些啮齿类动物，会刨出几处疑穴，以保护真正的储藏食物的洞穴。但是，尚不知道有动物会利用物质资料，有意识地模仿、制造出过去的或者美好的东西。

对于历史遗物或美好事物的模仿、再制造，是人类的特殊行为。人类此种行为的目的大体分为两个方面：一、有的是艺术鉴赏和再鉴赏，有的是作为历史学和艺术史学的教具，这些本身是具有正面作用的；二、有的在旅游场合、古代艺术品交流场合牟利，这就是起到负面的作用了。它们一旦满足"三个下限"，在将来也会成为"真的"文物，可是论价值，前者即发挥着正面作用的模仿品、再制造品要高一些。

2. 文物的"真伪"是个相对的问题

需要注意的是，社会上一般认为，鉴定解决文物的真假问题，是个绝对的问题，"非真即假"，这种认识是有偏颇的。

作为人类社会的遗物，文物的"真假"是一个相对概念，起码包含三个方面的分析：一是文物自身实际应有时间和试图"表达"出来的时间的差距，例如：北宋仿西周青铜爵，经鉴定，当然它是真的北宋时代文物，可是它又是假的"西周青铜爵"（图8-4）。二是文物自身实际的工艺技术和试图"表达"出来的工艺技术的差距，例如：宋代非神垕镇八卦洞窑产类似钧釉瓷器，被视为钧瓷贡品，经鉴定，这是宋代受钧瓷技术影响的瓷器，是真的宋代文物，但是硬要指认为钧瓷贡品只能给予"不真"

图8-4　宋代仿制西周青铜爵

的评价。三是文物自身实际应有的作者水平和试图"表达"出来的作者水平的差距，例如：印款"时大彬制"明代紫砂壶，经鉴定，为同时代人仿制，是真的明代文物，但又是"时大彬壶"伪品。

对于科学的鉴定者而言，只要求真实地揭示"被鉴定物"正确的制造时间、正确的制作方法、作伪的真实原因即可，不必拘泥于"真"或者"假"的表达。文物的相对的"真假"，当然和它的"四大价值"有必然的关系，鉴定，就是要使人们达到期望和实际的一致性，即实事求是，不虚承应，不说假话，真正把文物鉴定工作作为一个科学实验工作。

三、为什么需要鉴定

1. 辨别文物"真伪"的需要

人们在文物上的"作伪"不出乎两个目的，一是对历史、艺术的热爱，二是谋求经济利益。不晚于东周时代，人们就已经开始对文物进行仿制、复制甚至伪造，文物作伪的历史可谓悠久。在《韩非子·说林下》中有一则记载："齐伐鲁，索谗鼎，鲁以其雁往。齐人曰：'雁也。'鲁人曰：'真也。'齐曰：'使乐正子春来，吾将听子。'鲁君请乐正子春，乐正子春曰：'胡不以其真往也？'"[1]这既是我国有关文物作伪的最早的文献记载，也是最早的对于文

---

〔1〕　［清］王先慎撰：《韩非子集解》，中华书局1998年版，第194页。

物真伪鉴定的史料记载,随着社会经济、文化的发展,在利益的驱动下,文物作伪的手段不断翻新,传统的文物鉴定技术,反而是被花样百出的作伪技术倒逼着向前发展。

宋人赵希鹄的《洞天清禄集》、明人吕震的《宣德鼎彝谱》、明人高濂的《遵生八笺》等诸多著录中,都有对于古代铜器作伪手段的大量详细记载(参见知识链接8-1);明清之后,一些书画名家的作品甚至在他们在世之时,就已有大量赝品出现。如今用高科技手段的"作伪",更是让文物的真伪扑朔迷离。文物鉴定工作,就是要通过准确辨别文物的真假来还原文物本真的面貌。

2. 确认文物价值的需要

文物鉴定的工作不仅仅是辨别"真伪",刻意伪造的古代文物终究只是一部分,大量的存世文物所面临的问题不仅在于绝对的"真伪",还在于年代、产地、质地、技法、作者,等等属性信息的缺失、无知或误判。例如:在历史的长河中,由于自然和人为的原因,一些存世文物的年代不明,其历史价值就未能准确显现;例如:对于曾侯乙墓出土的精美的青铜鉴,在铸造时是否应用了"失蜡法",至今尚有争论,需要进一步的鉴定(图8-5);例如:对于上海博物馆收藏的《雪竹图》的时代,有五代、宋、元的疑问,对于其作者是否徐熙的疑问,当代最重要的书画鉴定家徐邦达、谢稚柳两人的意见严重分歧,成为中国书画鉴定中的一个"大案",直接影响了有关作品艺术价值的判断(图8-6)。

图8-5 曾侯乙青铜鉴

图8-6 《雪竹图》

以上这类案例,当然也会影响到文物藏品的特殊商品价值的评判。

3. 文物保护与保管、陈列工作的需要

通过鉴定,弄清楚质地,获得了准确的定级,这样才能使文物藏品"分级保管"这一重要原则得以落实。

博物馆文物展陈,是将"文物藏品"作为"展品",这在性质上是有一定区别的。展品面向公众说话,是可见的实物教材。于是,就严格要求"展品教材"的真实性、准确性,故而展品必须是经过鉴定的。

总而言之,文物如果不经鉴定,会造成历史研究、艺术审美、经济价值的认知差异和误判。

第二节　鉴定的基本原则

关键词:"质形文"　鉴定流派　基本要求

一、鉴定的基本原则

1. 基本素养

学习文物鉴定,要有历史学、艺术学修养,有的要突出时代或艺术门类的针对性,例如:鉴定秦汉文物,要有秦汉史的线索和对事件的基本把握;鉴定青铜器、陶瓷器、玉石器,要有一定的雕塑学修养。学习文物鉴定,首先要大量地占有、接触有关类别的文物实物资料,接触得越多,值得鉴定关注的要素、信息就掌握得越全;但是在文物鉴定上,对于多种的文物门类"求精不求杂",至少在进门之时,主攻一类,兼及其他。

2. 基础扎实

在学习文物鉴定过程中,应由一般到特殊,所有特殊文物都有着一般的要素,大量的一般文物倒不会具有特殊文物的某些要素,文物鉴定不要搞成"屠龙之术"。文物鉴定最好从破碎到完整,这样易于了解文物的内部结构、整体成因和细部特点。学习文物鉴定,要掌握有关门类的基本手工技法。例如:学习青铜器、金属货币鉴定,要有合金冶铸知识;学习陶瓷器鉴定,要懂得窑制和烧窑的过程(图8-7);学习玉器鉴定,要知道治玉技术;学习书画鉴定要复杂一些,要大致知道文房四宝知识,要会使用毛笔进行书画创作。

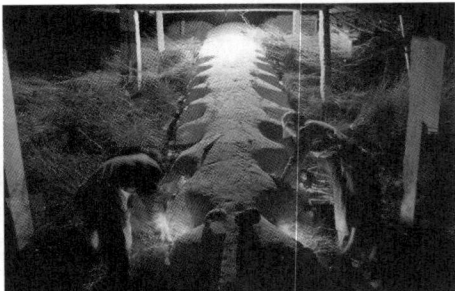

图8-7　龙窑

3. 最晚因素

鉴定时应当寻找文物所包含的"最晚因素",最晚因素包括材料、工艺、表现内容、经手人物,等等多个方面。一般来说,铜、陶、瓷,等等这些基本上是一次成形的文物,它们的最晚因素就应当是制造成品的年代,而不是材料的时代;玉器、石器,就材料而言极为古老了,要结合它们的工艺特征来确定匠人雕琢它的时代,而非它在自然界生成的年代。另外,一些多次成形的文物就很复杂了,如书画,纸墨的时代、主体作品的时代、后人题跋的时代、装裱收藏的时代,等等都可能不尽相同,甚至相差很大,所以在鉴定时就要鞭辟入里,面面俱到,一件文物就可能包含多个时代因素,主画心的时代只有一个,但用纸可能大大早于画心创作时代,而一些重要题跋有可能大大晚于画心的时代,要有条不紊地说清楚并不容易。

4. 三个方面

本教程认为,有一些基本的原则,是适用于一切时代、国家和地区的,各种品类、质地的文物鉴定工作的,即在下面介绍的从"质、形、文"三方面切入进行文物鉴定的原则。

（1）质

"质"是指文物本体的物质构成,不同的物质属性会有不同的"质"的表现,除了在理化测试表达外,也可以从感观接受上体现出来。通过质地分析可以看出它的时代选材特征、制造工艺。

图 8 - 8 齐家文化青铜镜

有些质地牵涉到文物的明确时代特征,例如:青铜器在新石器时代后期出现(图 8 - 8),不得超前;宣纸在五代出现,不得超前。有的是和"质"的直接加工工艺有关,例如,玉石砣制工艺,应当是在成熟的青铜时代发展起来的,不得超前。以此可以断定有关文物的"上限"。

有些由于质地、环境的复杂化也会造成直观上的区别,例如,铜器在不同的埋藏条件下会生成不同性质的锈,那么同一时代的铜器,在外观上就产生了明显的区别,例如,陕西西安长安区西部出土的西周青铜器锈蚀比较严重,但是陕西宝鸡市几个县出土的西周青铜器锈非常薄,有的甚至闪亮如新;玉器的"沁色"也有类似问题。以此可以断定有关文物的产地。

如果对于"质"的判定结果是准确的,一般会指向文物的"质"的上限规定。同一个时代的"同质"文物,也会因为不同地区工艺特点,在"质"上留有的痕迹而呈现差别性,这样可以考虑地区和工艺的作用关系。对于某些文物的鉴定,"质"和文物的时代会产生一些差异,最典型的是用前代的纸在后代作画,这就要求鉴定者更加全面地考量。

（2）形

"形"一般是指目力可以直接触及的外形,包括立体的和平面的,整体的和有孔、耳、錾的,等等。对于目力难以观察的部分(图 8 - 9),例如,小口陶罋的下腹部壁的厚薄走向,对"形"的掌握要凭借其他的感觉,如掂重量等。

"形"反映了一个时代的文物所表现的审美和功用,青铜器、陶瓷器、骨角牙器、竹木漆器等大多如此;在书画文物上则表达为成熟作品的形式,如立轴、扇面、屏条、手卷,等等;在服饰上则表达为基本形式风格。

图 8 - 9 大汶口文化陶鬶

在实际鉴定中,社会学派更加过细地关注"形",说是一种"气""风""味道",等等,从"形"上可以比较准确地判断文物的时代风格、工艺特点、功用特征等。其实,应当认真琢磨考古学"器物形态学"的原理的实践,以对古代器物的形包括附件有更加深刻的把握,通过对"形"的鉴定判断文物能达到很高的准确率。

要注意"形"的出谱、突变、怪异、借用、复古,等等例外的情形,认真分析、辨别清楚是一个时代的巧匠奇思,还是后代人的肆意妄为。后时代作品对前时代作品的模仿,往往在"形"上下功夫。但是大多情况是只能作某种追求和模仿,完全逼真是极为困难的。

(3)文

"文"指的是纹样和文字,具体包括纹饰、图案、标记、徽记、文字,等等,在有的文物身上比较显性,有的表现比较隐性;它们的时代特征、工艺特征乃至艺术家个人风格都比较突出。

要关注主题纹样的时代变化,例如:中国龙的形象,自新石器时代出现,混合了爬行类、昆虫幼虫——蚕、猪、犬、马,等等形象;"夏"商周时期,进一步整合,以饕餮形象为导引,角部突出,面部如虎,整体向爬行类(鳄)类靠拢;东周时期,有的似游蛇盘绕,有的在水如舟,楚地有生翅;秦汉时期,戴角披鳞条状爬虫身基本定型,翅与云带有的缠绕纠结;魏晋南北朝隋唐时期,蛇身、鹿角、马首、鲤须、鱼鳞、鸡爪完全定型,有的蝠状翅可能受域外影响,有飞龙和走龙;宋代,庄严厚重;辽、西夏、金朝的比较刚健硬朗,龙、火焰宝珠、海水搭配渐渐固定;元代,凶猛狰狞,不可一世(图8-10);明代,盘蟒正面龙多见,"比目鱼"龙、眼镜龙、花

图8-10   元代蓝釉龙纹梅瓶

草龙等滑稽形象出现,附会龙生九子的传说,出现龙龟、龙禽、龙蝠、麒麟龙合体的形象;清代,明显呈现老相,老发纷披,酒糟鼻暴露,眼惊惧大瞪,龙生九子形象普及,游龙增多。试想,如果将龙形变化规律搞清楚,甚至细化到每五十年分为一小节观察,那么鉴定的文物对象上若有龙纹,何愁不得正确的解释,以助于这件文物的准确断代。中国传统文化中此类主题纹样还有如牡丹、凤凰,等等,都可以分时段细致分析,以有利于文物鉴定工作。

要关注文物身上文字种类、表现及内容的时代变化,大略分为几点:① 非汉字内容,就明代以前文物看,其中有西域文字、印度次大陆文字、阿拉伯文字、印度支那地区文字,等等,这些结合发现的地点和时代,比较容易鉴定;已经消失了的,在我国古代使用过的文字,其中包括原始社会文字符号、老彝文、西夏文字(图8-11)、东巴文字,等等,依据这些也比较容易鉴定;现行用的民族文字,它们在文物上的表现大多在宋元之后,作为鉴定依据也不困难。② 汉字内容、文章,用汉字鉴定文物,首先看其内容、文章,凡是与时代不合者,皆可以否定,例如:所谓宋金时期磁州窑枕头上,出现岳飞《满江红》部分词句,基本上可以断其为"伪作";在宋以后的文物中(包括古籍版本),要注意字词的时代性,注意当时的避讳问题。③ 汉字书体、书风内容方面,文字的出现至少有万年之久,最早的汉字出现要早于"夏文化",以后没有中断,形成一条完整的历史发展的脉络(图8-12),从古文字系统的甲骨文、金文、六国文字、小篆,到今文字系统的隶书、楷书,还有行书、草书,形成了完整的字体发展链;在汉字向艺术发展的道路上,至迟到了东汉时期,个人书风形成,名家辈出(图8-13);以书体和书风对身附有汉字的文物进行鉴定断代,是可靠的。

图 8‑11 西夏文字文物

图 8‑12 陶寺扁壶朱书"文"

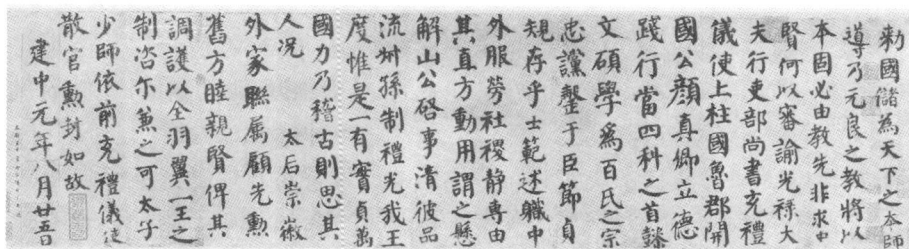

图 8‑13 颜真卿告身书法

"文"包括装饰纹样和文字符号,是人类对客观世界和社会生产、生活对象的艺术表达,不同时代、不同民族和国家的范式存在一定区别,有历史纵向的联系和网络状横向延伸。纹样的制成有"硬法",即雕刻、堆塑、镂空等装饰手段;又有"软法",包括施釉、赋彩、着色、用墨等,主要用毛笔、刷子等工具敷抹。在有些文物上,"文"的标准是压倒一切的,比如书画从内容、文字、笔法上看,其中的时代特色和个人特色都极为强烈。

"质、形、文"三者是鉴定所有文物的切入点,换言之,对待所有文物的所有鉴定法,都不出这三个范畴;但是要注意,在这每一个范畴之内,又会包含种种具体的、有针对性的鉴定方法。依照"质、形、文"的鉴定是个综合的过程,具体鉴定的时候要把质、形、文分解成自己能够掌握的单元,当质、形、文中有一个不符合该文物表达的时代特征时,就可对其做出否定判断,这就是文物鉴定中的"一票否决"。

文物鉴定往往是"辨伪易,认真难";即根据鉴定对象已经露出的"马脚",否定一件藏品是不太困难的;而当一件鉴定对象几乎看不出破绽时,对于其鉴定就要慎之又慎,需要极其仔细地对待,调动一切思路和以多方面的切入点反复鉴定,极其慎重地表态。

二、文物鉴定的两个基本流派

在文物鉴定工作中,实际上存在两个基本流派,他们的意见有时一致,有时相左,左右着我国目前的文物鉴定工作。现在,用理化手段进行鉴定虽然普遍,但还没有形成主导性流派。下面简要评点一下两个基本流派,使人们在鉴定文物时,能够注意鉴定家的学科背景和工作特点。

1. 学院派

"学院派"是一个科学的鉴定学派,成员一般为高等院校、研究院所、博物馆的教员或研究人员,他们的学科背景以历史学、文物学和考古学知识作为基础,知识比较全面、扎实,有系统性的学术传承。相比"社会派"主张专注一行,学院派更趋向于广泛涉猎,但是也有专攻一类的专家。学院派能够通过多方理论的梳理和材料的比对,高屋建瓴,眼界比较宽,学院派有论著、教材、杂志等理论阵地。同时,学院派学者的逻辑和语言比较清晰。出于教育部门的原因,学院派可以一班接一班地、课堂式地培养鉴定人才。

一般来说,学院派的实战能力较差,这是个致命的弱点。在鉴定实践中学院派一般无法兼顾或尊重社会派,本身存在露怯甚至失误的现象。

2. 社会派

"社会派"也是一个科学的鉴定学派,历史比较悠久,成员成分很复杂,鱼龙混杂。因为和自己的生计直接关联,所以真正的专家是有的,功力深厚,眼力精准,他们的"眼力"包括手工、掂重、鼻嗅、舌舔,等等感受。1949 年以后,多所博物馆的文物鉴定工作骨干,往往来自社会派,这是一个重要的史实和对于他们的高度评价。社会派具有强烈的行帮气息,习惯于"师傅带徒弟",相信经验、怀疑书本;近半个多世纪以来也有向书本、向考古学学习的趋向。社会派所用的语言过于模糊、不规范,"只可意会,不可言传",人为增加了神秘色彩。社会派许多鉴定方法都有着科学道理,例如,"青铜器压手的可能是假的",看似简单的经验判断,其实是青铜器经过千年流传,物质产生流失的结果;而作伪者很难注意这一青铜器质量上的变化,造成同类的新仿器物相对而言会有"压手"过重的感觉。又例如,"熟坑"玉器包浆"温润哑光"的问题,实际是由人们把玩过久,人手的弱酸性油脂对于玉器的微腐蚀作用的结果。

"社会派"高手在文物鉴定的针对性、精准性,往往令"学院派"惊叹;但是"社会派"也受到四点因素的制约:一是很难寻找到一种表达清晰的、系统的科学语言,二是基本上缺乏定量、定性的表述,三是对鉴定意见没有科学的总结,四是传承不易延续、时有中断。

3. 取长补短,协作鉴定

所谓"学院派"和"社会派",在人群中的划分并不绝对化,"社会派"成员有大学艺术学科、理工科出身,只是没有在文物考古学科就学;"学院派"成员(一般指高校教师、博物馆专业人员)也有认认真真拜"社会派"为师的,帮着他们总结提高。

这两个学派在文物鉴定中,应当互相协作、取长补短,在学术问题上都要谦虚谨慎、相互尊重。要做到将理论付之于实践、将经验升华为理论,真正地将文物鉴定作为一种科学实验型的事业来对待,以期在中国文物鉴定的理论和实践上都达到更高水准。

三、文物鉴定的基本要求

文物鉴定是一项严肃科学、复杂细致的工作,这是由文物种类繁多、内涵丰富及真伪难辨的客观状况所决定的。文物鉴定是博物馆、艺术馆建立科学的藏品体系的需要,是文物成为藏品的身份验证。文物鉴定要为人文科学、社会科学、艺术科学、自然科学和技术工程学等相关学科提供可靠的、科学的文物资料，鉴定需力求准确，一旦鉴定出错，就会产生跨学科的误导。文物鉴定还是一项政策性很强的工作，是多项执法工作的基础要素之一，是配合海关、司法部门主动保护祖国文物的需要。以上种种，决定了文物鉴定学具有自身的特点和要求——科学、具体、细致、严密、求实。

对文物鉴定的基本要求强调如下几点：

1. 爱国守法的立场

通过文物鉴定工作，把"真的""好的"文物经鉴定成为国家博物馆的藏品充实国家收藏，一部分成为收藏者合法的收藏；把不允许出境的文物坚决留在国门之内，以鉴定工作打击违法犯罪，遏制文物犯罪的上升趋势；通过文物鉴定的认真区分，协助打击腐败和黑恶势力。文物鉴定者应当具备高度的现代法制观念，严格遵守国家的一系列法律法规，在工作中牢记重任在身，将国家利益放在首位，树立保护国家文化财产的使命感。

2. 实事求是的精神

文物鉴定工作涉及的社会方方面面很广，在鉴定之时，只对受鉴定的物品说话，不接受个人托付，不听无来由的故事，不受书本、画册影响，不受领导或其他专家意见左右。对文物是否入藏、准确时代、伤残与否、珍稀程度、质量定级，等等意见，有一说一，有二说二，不虚美，不隐恶，坚持"实事求是"的精神。

3. 谦虚谨慎的态度

文物鉴定工作是一个来不得骄傲和虚荣的工作，鉴定者要向专家学习、向社会学习，说到底是向文物学习；要有自知之明，知道自己的知识死角在何处。无论是对于"学院派"还是"社会派"的多种意见，礼贤下士，兼听则明，虚心求教。文物鉴定是一个学无止境的事业，坚持："深入看、多倾听、勤比对、反复想、慎发言、留余地。"力戒贸然表态，少用"大开门""决假无疑""绝真""一望可知"等粗糙简单性的结论性语言，做到真正客观地叙述鉴定对象的时代、质地、名称、性质、工艺、作者，等等方面。

4. 科学系统的手段

文物鉴定工作要坚持实践第一，有关人员应当具备广博的知识储备、理论准备、历史知识和鉴定技法等，系统地掌握传统的文物鉴定方法，争取了解掌握现代科学技术分析鉴定方法，要从全面的角度解释文物"真"在哪里，要从需求和技术的角度解析赝品"假"在哪里。了解哪些文物容易成为赝品商品，赝品的作伪手段有哪些，赝品技法本身的时间特征，赝品的制作地、集中流散地、最后走向，甚至赝品的流派、作者、师承，等等。应当注意，文物藏品的复制、仿制，让其作为工艺美术品在市场流通并不违法，但在客观上确实扰乱了文物市场，给文物藏品的鉴定工作增加了麻烦。

5. 忠实客观的记录

无论是个人鉴定，还是集体鉴定，无论是鉴定博物馆文物藏品，还是鉴定社会收藏，都应当认真、完整地做好鉴定的记录工作，作为重要的文物档案。文物鉴定中，经常会有不同的意见，有的是局部分歧，有的是全面对立，只要是体现了科学态度、负责精神，都应当把各方面的意见记录下来，这样，也为后续的工作保存完好的资料。在这方面，我国有着优良的传统,20 世纪 80 年代,国家文物局成立了中国古代书画鉴定组,谢稚柳任组长,启功任副组长,成员包括徐邦达、杨仁恺、刘九庵、傅熹年等书画鉴定领域顶级的专家,鉴定组历时 8 年,行程数万里,搜寻并鉴定中国古代书画 8 万余件,并编辑出版了书画鉴定学界空前的巨著《中国古代书画图目》,为中国书画的鉴定提供了深博扎实的考鉴依据,就在这部巨著中(图 8-14),忠实地保留了不少他们的不同意见,这为今后的文物鉴定工作树立了榜样。

图 8-14　《中国古代书画图目》

第三节　鉴定的基本方法

关键词: 历史记录　实物　资料库　科技手段

关于文物鉴定工作,掌握正确的方法非常重要,在本章的前两节已经涉及一些。文物是社会历史的物质化的"百科全书",因此,文物鉴定的任务也就庞大而复杂,不拘一格,"有原则,无定法",本节后部的举例说明了这一点。本节只是试图提出一些启发性的意见。

一、参考相关文献

与文物相关的文献是鉴定的基本出发点之一,内容包括各种文字文献,如:儒释道经典、诸子、正史、方志、民族志、笔记、游记、碑记,各代的金石学著作、文物学著作,考古学资料也应当被纳入其中(图 8-15)。

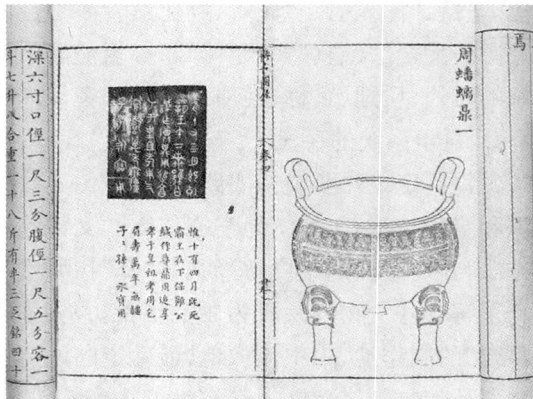

图 8-15　《宣和博古图》书影

对于与文物相关的历史文献记录,应该"进得去、出得来",不信和尽信都是不可取的。优秀的鉴定家对前人文献的态度总是在取舍之间、信疑之间,这一点对锻炼鉴定素质非常重要。

二、尽量多看实物

为了做好文物鉴定工作,要尽量多看实物资料。

1. 在考古工地上,在民间收藏家处,在文物拍卖会、交流会上,人们都有机会直接手触文物实物。人们不要只是得意于可以将文物"上手"的机会,而要多注意观察细部、破碎处、工艺暴露处,注意实实在在的"手感",实物在"质、形、文"三方面都会给人以语言无法完全传达的感受。要注意特别敏感的部位、附件和连接处。当有条件接触实物时,对于瓷器、玉器、铜器等的鉴定,除了眼睛观察即"目验",甚至还要调动手感、嗅觉、味觉等感官反应。文物的作伪技术可谓"道高一尺、魔高一丈",鉴定时一定要寻找可能出现问题的蛛丝马迹并综合判断,对于有问题的文物敢于一票否决。鉴定的起步最好从纪年器出发,因为它是有时间意义的典型器,可以作为标杆使用。

2. 多去博物馆,在展柜前,获得直接的感受,这是仅次于直接将标本"上手"的际遇。国内外博物馆展出的,大部分是文物精品,或者在某个方面具有代表性价值的藏品,它们往往是一个时代工艺水平最高的产品,其中的"典型器"则具备了其所属的文物类型中最一般的鉴定要点。比如,鉴定书画要结合时代风格和个人风格,博物馆的书画展陈会提供明确的时代风格信息,会看到某书画家的代表作明确地传递出的用笔、用墨、赋彩、经营位置、气韵等个人风格信息(图 8 - 16)。看文物展览的时候,要多多关注隐蔽的、常被一般观众忽略的细节,可以带望远镜,仔细观察如青铜器的铸痕、陶瓷器的底部、书画的落款、玉器的砣痕,等等,它们不一定是展示的艺术性的重点,但在细节中蕴含着鉴定的关键点。

图 8 - 16　顾闳中《韩熙载夜宴图》

3. 仔细阅读文物照片,包括各种著录、插图、画册、展出宣传品、明信片,等等,这是在无法"上手",博物馆又没有展出的部分,或者即使展出,却看不到关键部位时,一种必要的补充,可以作为接触实物的特殊方法。看图片可以掌握文物的基本外形,在装饰纹样上也

图 8 - 17　陈璋圆壶

会有一定启发,又能起到重要文物研究的目录索引作用。例如,战国青铜重器"陈璋圆壶",就是研究者看了宣传年画,才"按图索骥",重新做出正确论证的(图 8 - 17)。但是,几乎所有图录上的颜色都是不可尽信的,一方面,色差在印刷工艺中是难以消除的;另一方面,在很多为了追求视觉效果的图录中,光和环境的利用给予文物一定的"美颜效果"。在图录里一般得不到真实的文物质感,甚至书画也是如此,"笔墨"无法从印刷品画面掌握。简单言之,文物图片是重要的,但是仅仅依靠图片培养不出鉴定大家。

三、建立个人资料库，加强个人修养

1. 一个人研究、鉴定文物藏品，不可能在每个方面都是专家。应该结合自己的兴趣、专长、专业，先确定自己的主攻方向，以一门为主建立自己的资料库。同时要学会"举一反三"，例如，鉴定铜器、瓷器、玉器，它们的造型、质地、纹饰、文字，等等皆有时代的表现共性，又有沿着时代发展的同步性，即所谓的文物的"同一律"，因此，同类之间、异类之间可以相互借鉴。文物是一个时代的实用物和欣赏物，会随着时代变化而变化。比如，洪武年间的瓷器上的龙纹，因为没有标准器可以参照，也没有纪年款，于是带来鉴定上的困难，但是同时期的琉璃砖、铁旗杆座上有龙纹装饰，可以用来与洪武瓷器上的龙纹相互比照，从而帮助确定年代，建起标准。因此要善于联想到其他器物上的共同特征，同一律在把玩、供养器上也有所体现，但情况要复杂一些，目前研究得还不够。一般来说，实用物如果超出了、打破了"同一律"，而且找不出合适的原因予以支撑，那么就基本可以给予否定的意见。

2. 要以动态的眼光看待文物，文物鉴定重在把握形态的变化，所以考古的类型学、地层学的成果也能起到参考作用。鉴定就是把时代风格和工艺、审美、个人风格相结合，把握一种"时代精神"。这种"时代精神"是文物个体的、文物群体平面的、静止的；从一类文物或者文物群体发展看，又是前行的、动态的。本教程认为文物器物形态的演变规律，存在着因时代发展带来的于功能上和审美上的差异性，一般表现为五十年一大变，二十多年一小变。这就如同五十岁的人与二十岁的人之间存在认知的代沟，前者获得了更多的经验教训，偏重于肯定和总结；后者积蓄更多的创新能量，表现出更强的创造力。鉴定者要清楚文物的形态、质地、装饰为什么变化，变化是如何呈现的，变化的程度如何，等等，这就是动态的表达。

3. 个人在资料库越丰富、越扎实，在鉴定中"胜算"的可能性就越大。同时，资料库越全面、越科学，个人在文物鉴定中就越大度冷静。多思少言，虚心慎断，文物鉴定工作能够充分表现出一位鉴定者的修养。

四、运用科技手段方法

本章以上所谈到的，基本上属于传统文物鉴定的发展和延长，一般被称为"眼学"，现代科技手段在文物鉴定中的应用，在一定意义上打破了"眼学"的一统天下。现代科技手段，从原则到理论都是正确的，而且是一种未来的文物鉴定的方向，但是，从目前的实践来说，无论国内国外，不成功的例子比较多，基本原因有两个，一是考虑复杂的影响要素不完整，哪些是负面干扰要素，以及如何排除，都显得不成熟；二是正确的数据库还没有建立起来，数据的确切含义有待正确解读。

例如：对于古代含碳标本，进行碳十四测年加树木年轮校正，尤其是采用了加速器处理之后，已经是非常成熟的技术；但是，对动物测年一般不用这种方法，因为动物和外部的碳同位素代换途径更加复杂，实践证明利用碳十四对肉食性动物的测年更加缺乏准确性；

对木材测年时,检测年轮最外圈的部分,最接近应当知道的年代,但对文物用材来说,获用边材的可能性很小,一般用芯材,而芯材与边材的时间是难以确知的;况且还有用陈年材料制作器具的情况,有的陈年材料会相差千年之久,因此,测年虽然能测出材料的时代,但未必等同于文物制成的时代;还有在考古工地上,有的早年木材出现在晚期地层中,所测出的年代也不可信。用碳十四测年最准的应是一年生的水稻、小麦等农作物,但是也不能排除存在的"陈粮"问题。

例如,针对黏土制品测年的热释光技术,也是比较成熟的技术了,可是面对检测陶瓷建材、陶瓷俑类、瓷器等文物,在它们成器之后,隔了许多年再次或多次遭遇大火,其测出的数据也就偏晚了,不能采信。

目前,文物鉴定还是以调动感观认知的所谓"眼学"为主,以结合使用考古学、文物学的最新收获证据为主,而现代科技手段,可以成为一种很好的辅助手段(参见知识链接8-2)。同时,现代科技手段通过在文物鉴定工作中的应用,也会不断提高测值的精度。

五、鉴定举例

以下,本教程对书画、青铜器、陶瓷器、玉器、古钱币等项文物举例,实际是从各门必要的学术储备开端,从"质、形、文"三个基本方面的必要切入分解,简述一些鉴定的要点实例。

1. 书画

(1)必要的学术储备。中国古代书画收藏是极为"高大上"的文化活动,举世所推重,在中国文物鉴定工作之中,亦号称"难中之难"。在这里将提及一些入门的书目(以下青铜器、陶瓷、玉器、印章、钱币,亦同此),挂一漏万,仅供参考。中国古代书画研究的专门论著出现在魏晋南北朝时期,至唐以前大多散佚,由后人部分辑佚。唐代张彦远有《历代名画记》《法书要录》;宋代比较多,可以举《宣和书谱》《宣和画谱》;元代有周密的《云烟过眼录》;明代有曹昭《格古要论》,高濂《遵生八笺》,文震亨《长物志》(这三本书都为综合类文物学著作,亦适用于以下几类学用,下简称"明三书");清代是书画著录、研究的高峰期,著作很多,仅举康熙年间奉敕辑录的《佩文斋书画谱》一种。近现代以来书画鉴定著作数量达到高峰,初学者可以关心张珩、吴湖帆、谢稚柳、启功、徐邦达、刘九庵等人的著作,亦可以从杨仁恺《中国书画》一书入门。

(2)看时代风格。遇到一件法书或者绘画,应当感知其所属的时代风格,这种时代风格可以从笔法、构图、造型等方面进行考察。各种描法、皴法均有其出现和流行的特定时期,山水画构图也有从全景到部分取景的大趋势变化,院体画、文人画等的流行尽管造成绘画的面貌一变再变,但仍有明显的规律性(图8-18)。熟知书画发展的历史,对各个时代的特殊风貌有所了解,是鉴定书画的初步。

(3)看个人风格。确认时代风格后,可以尝试识别作品中蕴含的个人风格。通过大量观看与仔细体味,鉴定者便能够把握某位创作者自身独特的风格,找到其专属的印迹、名款,甚至能够区分其创作生涯中不同阶段的特征。譬如宋四家,虽然他们都处在"尚意"

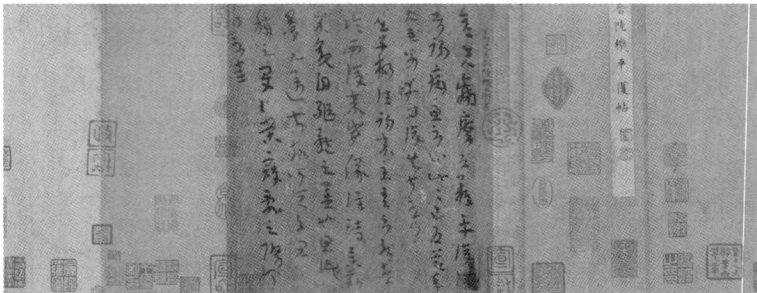

图 8-18　陆机《平复帖》

的时代,但是各自具有强烈的个人风格。苏轼用笔丰腴跌宕,用墨浓厚,有天真烂漫之趣味;黄庭坚书风纵横捭阖,用笔生涩老辣,善作战掣之笔;米芾书风痛快淋漓,奇正相生,人称"集古字";蔡襄书风浑厚端庄、淳淡婉美,恪守晋唐法度。个人风格可与时代风格相互印证,对书画进行进一步的判断(图 8-19)。

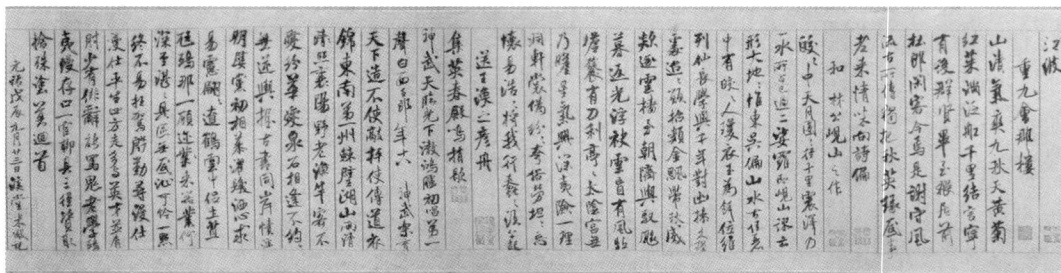

图 8-19　米芾书法《蜀素帖》

　　(4) 重点看笔墨。整个书画鉴定中起决定作用的,"笔墨"几乎始终是绝对的标准(图 8-20)。中国书画是笔与墨的艺术,一件书法或绘画是否能够流传后世、是否能够归入名家之手,其判断依据就是笔法、墨法的好坏。如果一件所谓的"名家大作"中出现了软弱无力甚至丑恶无度的用笔或滞涩刻板的用墨,此时采用一票否决是完全可以的。没有高质量的笔墨就无从谈起个人乃至时代的风格。

　　除以上三点外,书画中的具体内容,例如:人物形态、衣着装饰、制度习俗、建筑风物、落款题跋、用印钤记,等等;还包括使用的纸张、绢帛、墨质,等等,均可以成为判断作品时代的重要依据,前人的著录流传也给考定提供了相当的证据,在此不做详述。

　　2. 陶瓷器

　　(1) 必要的学术储备。陶瓷器在中国文物藏品中占有很大比重,其中瓷器是鉴定的重点。不同于书画鉴定,20

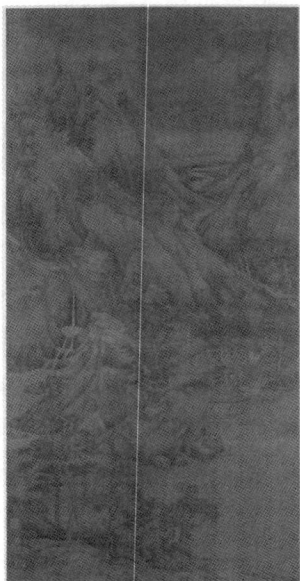

图 8-20　董源《溪岸图》

世纪 50 年代以来出土的大量瓷片标本,为陶瓷数据库的建立提供了可能。鉴定时,一要借助考古发掘的有明确地点、地层的标准器物进行判断,二要对传世瓷器从典型风格和基本特征入手,相互印证。唐代以前,中国陶瓷的记载比较稀少,唐代陆羽《茶经》中一段系统的记载是瓷器文物研究的开篇之作;宋代有蒋祁《陶记》;明代有宋应星《天工开物》,"明三书";清《南窑笔记》,蓝浦《景德镇陶录》,朱琰《陶说》;熊寥《中国陶瓷古籍集成》。现代有中国硅酸盐学会编《中国陶瓷史》,《中国出土瓷器全集》(科学出版社),《中国陶瓷全集》(上海人民美术出版社),等等,要注意孙瀛洲、耿宝昌、叶喆民、汪庆正、张浦生等人的著作,亦可以从冯先铭《中国陶瓷》一书入门。

(2)看造型。瓷器的造型是鉴别真伪的重要依据。造型特征、制作工艺、烧造技术及各种器形所表现出的不同时代的生活习惯、风俗及审美标准等构成了瓷器的时代风格。例如:唐代在烧造工艺上普遍使用匣钵装烧后,瓷器制作工艺和造型发生了很大变化,胎壁从厚重趋向轻薄,底足由平底变为玉璧底(图 8-21),造型由笨拙粗重变为轻巧精美。看造型,要深入局部,以瓷罐为例,可以分解为口、颈、腹、底、耳、盖等具体的部分,看出真伪、时代、工艺等方面的问题。

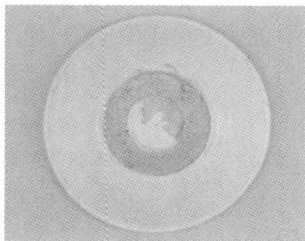

图 8-21　唐代邢窑碗的玉璧底

图 8-22　宋代钧窑瓷器釉面的"蚯蚓走泥纹"

(3)看胎釉。"胎为瓷器骨,釉是瓷器衣",胎釉构成了瓷器的主体。因此在瓷器鉴别中,胎釉的变化是重要依据之一。不同时期、不同地区的瓷器原料成分和烧造工艺都有明显的不同,形成了不同的风格特点。在目鉴中,适当使用放大镜等工具,可以清晰辨别胎质的粗细、釉质的釉色光泽等。若要在胎质和釉质方面做到得心应手,就必须熟记各时代、各地区瓷器胎质和釉质特点,并勤于观察实物(图 8-22)。

(4)看纹饰。它和瓷器造型、釉色一样,富有时代特色。由于不同时代和地区采用绘瓷原料和技术不同,所选题材和内容不同等,所绘纹饰也有明显的时代特点,从而成为瓷器断代的重要依据(图 8-23)。

(5)看款识。瓷器中的款识特别是明清瓷器款识内容相当丰富。依据款识断代或辨伪是瓷器鉴定中的手段之一,因此鉴定者要了解不同时代的款识特征及运笔技法(图 8-24)。

总而言之,在瓷器鉴定中,只要能够认真对比器物的造型、胎釉、纹饰、款识,用心揣摩异同与联系,并加以综合分析,那么准确地断定瓷器的真伪、窑口与年代也就并非难事。

图 8‑23　元青花上的龙纹

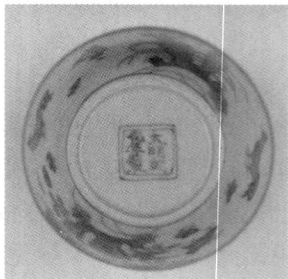

图 8‑24　成化官窑瓷器的底足款

3. 青铜器

（1）必要的学术储备。中国古代青铜器著作较多，有一些和金文研究同列，例如：宋张抡《绍兴内府古器评》，宋薛尚功《历代钟鼎彝器款识法帖》，宋王黼《宣和博古图》，清《西清四鉴》，清方濬益《缀遗斋彝器款识考释》，清阮元《积古斋钟鼎彝器款识》，清吴云《两罍轩彝器图释》，清吴大澂《愙斋集古录》，罗振玉《三代吉金文存》，郭沫若《两周金文辞大系》，容庚《商周彝器通考》，于省吾《双剑誃吉金图录》，中国青铜器全集编委会《中国青铜器全集》，中国社会科学院考古所《殷周金文集成》，等等，要注意唐兰、徐中舒、陈梦家、李学勤、李伯谦、吴镇烽、朱凤瀚、张懋镕等人的著作，亦可以从马承源《中国青铜器》一书入门。

（2）看造型。中国古代青铜器有着丰富的造型，它是鉴定真伪的重要依据。这是因为各类器型的出现和演变多能确切表现时代的礼仪制度、审美标准、风俗面貌和技术条件。若能熟悉并善于识别其形状和特色，就掌握了一种比较可靠的鉴定方法。对于各代的典型器物特别是知名器物，应将其器型烂熟于心，掌握"典型器"概念，更好地体会各时代的不同风格和特色，如此便可识破那些低劣的赝品。在掌握不同器型特征及时代风貌的同时，应侧重对形制的轻薄、厚重、粗糙、华丽、朴素、繁复等不同因素进行研究，分析其演变规律，例如："夏"青铜器器小体薄，加之品种较少，后仿者寥寥无几；商代青铜器种类明显增多且制作绝精；西周铜器兼有简朴与典雅，在商器的基础上又有创新，礼器成套；东周的器型有了许多新变化，器物和纹样精美繁复，诸如铜镜、玺印、兵器等也在此时得到极大发展，纷纷进入高峰期。

（3）看纹饰。青铜器上的纹饰具有鲜明的时代特征，由于青铜器铸造工艺的不断丰富和改进，无论在题材内容还是表现手法方面，不同时期的纹饰均有不同的风格和特点，为青铜器断代和辨伪提供了有力证据。例如："夏"青铜器一般平素无纹饰（图 8‑25）。商代早期青铜器的纹饰还没有衬地的花纹，即所谓地纹，纹饰大多呈带状，并常见弦纹、兽面纹和夔龙纹；商代中晚期纹饰内容丰富，变化突出，不但流行通体满花，大多数使用云雷纹作为地纹以填充主题纹饰外的空间，还出现在图案上面叠加花纹的"三层花"现象（图 8‑26），此期动物纹样增加，最典型的是具有神秘色彩的饕餮纹，其形状多变，一般尾部下卷、鼻额突出、阔口巨目。西周青铜器纹饰渐趋简朴，带状纹饰又流行起来，以大小分尾鸟纹、顾首夔纹、窃曲纹为主；早期常见的蝉纹、蚕纹、象纹等写实的动物纹样已经绝迹，复杂的饕餮纹变得浑朴简小,由器身的主体位置退居足部。春秋时期,在装饰方面兴起了蕴含新趣味、观念、标准和理想的青铜艺术,构图细密、呈网状布局的蟠螭纹出现。战国时期,除了蟠螭纹继续流行外,还多用勾连雷纹、贝纹等,出现了大量几何形云纹;嵌错金、银、铜、松石及细线刻镂等先进工艺的应用孕育了大量图案丰富写实的精彩器物。

图 8-25　夏晚期青铜束腰斝

图 8-26　商妇好青铜鸮尊

(4) 看铭文。商周是金文的鼎盛期,铭文成为器物断代的关键因素,细致观察铭文字体和内容也是断代和鉴别中必不可少的一环。在判别伪作时,运用铭文特征能及时剥去伪装。不同时期、地区在文字结构、遣词用句和铭文内容上都有比较显著的差别,可代表当时的时代风格。鉴别铭文时,可从铭文的内容来观察,注意字数的多少与内容结构。商

图 8-27　利簋及其铭文

代早期青铜器上开始有了仅几个字的、以象形为特征的族名金文;到了商代晚期青铜器普遍出现铭文,多数铭文都简短,虽少有文例比附,但多数可以在甲骨文方国名、地名、人名中找到同形字,其中有文献中的古国名或家族名。西周的金文一改商代铭文简略的做法,许多青铜器上都带有长篇的铭文,内容丰富,涉及社会政治、军事、文化、经济等诸多方面,甚至可以补史证史(图 8-27),同时,西周铭文注重文字的谋篇布局,长铭文多见于内底。东周的铭文书体受地域文化的影响呈现丰富的特征,内容较西周简略,"物勒工名"的思想反映在种种器铭上,刻铭成为此时的主要做法,字体风格以瘦硬、草率为主。

4. 古代玉器

(1) 必要的学术储备。玉器在我国有着悠久的历史。一般可分为新石器时期、夏商周至秦汉三国两晋时期、隋唐五代至宋辽金时期、明清时期等几个阶段。"玉"是指"石之美者",我国主要的玉器原料有和阗玉(产自新疆)、岫岩玉(产自辽宁)、南阳玉(产自河南)、蓝田玉(产自陕西)等。明清以后翡翠也成为主要的原料。宋代以前关于玉器的记载很多,但是有关专著不见,宋代吕大临的《考古图》有论及,元代朱德润《古玉图》是第一部古玉专著,以后有"明三书",清代关于鉴赏、收藏玉器的著作以陈原心的《玉纪》和刘心白的《玉纪补》最为重要,其中著录了关于古玉的色彩、质地、制作工艺、鉴别方法等内容,也

形成了完整的时代划分序列。杨伯达主编的《中国玉器全集》和陆建芳主编的《中国玉器通史》可以作为学习玉器鉴定的必备工具书,应当注意傅忠谟、傅熹年、薛贵笙、常素霞、吴棠海、云希正、张永昌、刘云辉等人的著作。

（2）要将出土玉器与可靠传世玉器作为标准器,归纳总结各个时代玉器的材质、沁色、器型、纹饰、工艺、款识等风格特征与演变序列,形成一个对照体系。(图8-28)古代手工与半自动化加工留下的砣机工艺与近代电动砣具留下的工艺痕迹截然不同。例如:古玉凹陷纹饰边缘光滑,没有磕边现象,这是由于古代工具行进速度慢造成的。再例如:古玉的钻孔多为喇叭形,孔壁可见粗细不等的螺旋纹,孔道光滑,正反两面孔位置洞往往不能对应,这一点在新石器时期玉器上最为明显。现代仿品孔壁规整,螺旋纹均等,且不够光滑。

图8-28　商代妇好墓出土玉器

（3）氧化辨伪。玉石在不同的自然环境下与其他物质接触会形成氧化现象。一般是钙化形成程度不一的鸡骨状氧化,严重的直接成粉末状。玉器薄弱的地方氧化会比较严重,其他地方会呈现深浅不一的白斑或小孔洞。现代仿制的玉器通常会在表面形成一层薄薄的粉状氧化,没有深度与层次感。

（4）包浆辨伪。传世品上的污垢、土壤中可溶性的矿物质凝结物、墓土或腐烂杂质都会在玉器表面形成似蜡似油的一层,可以称为古玉上的"包浆"。鉴定时可通过放大镜观察、闻气味等方式来辨别。伪作或存在包浆松散,或者因为用胶加固过于坚硬,均与自然形成的斑驳状包浆有所差别。

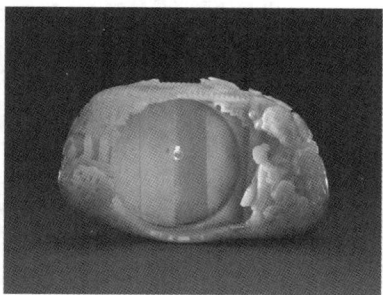

图8-29　清乾隆玉器

（5）风格辨伪。在中国古代玉器工艺史上,不同时期的玉器均呈现出鲜明的时代风格,到了明清之后,又出现了作坊和名匠风格,各具艺术特色(图8-29)。器型、纹饰、沁色等均可以通过技术手段作伪,但艺术水准却是最难仿制的。例如:新石器时代玉器的高古新异,商代的雄浑庄重,汉代玉马、玉人作品中饱满、流畅的线条,迄今为止,也鲜有能仿制出神韵者。制作难度大、器型纹饰复杂的器物比较容易鉴定,因为技术难度太高,容易留下破绽。而器型简单、艺术水平较低的作品仿制容易,鉴定存在难度,这就对鉴定者的综合能力有一定的要求。

5. 古代印章

（1）必要的学术储备。中国从商代以来的实用玺印,从宋代以来的艺术流派印章,都是重要的文物遗存或艺术品。文献上从先秦以来就有玺印的记录,汉代以来在历朝官方文献中,都有关于公印的制度规定,这对于鉴定非常有用。至于印谱,宋代金石学著作中已经见到,明代以后直至今天有着大量的版本,可以分为古代玺印和艺术流派印章两大类,这些谱录和序跋,对于鉴定用处很大。元代吾衍《学古编》,明代甘旸《印章集说》,清代周亮工、汪启淑《印人传》和《广印人传》,陈介祺《十钟山房印举》,陈介祺、吴式芬《封泥考略》,罗福颐《古玺印概论》,沙孟海《印学史》,等等都是必读书,应当注意王仁聪、叶其峰、曹锦炎、孙慰祖、吴振武、萧高红、杨广泰、陈松长等人的著作、论文,亦可以从周晓陆《考古印史》一书入门。

(2)看用材。各时代的印章用材均有一定的规律,凡违背者则伪,如金印始见于战国楚、秦等地,宋以后才出现瓷印,赤铜为印属于明清时代的做法;印文仿汉"大司马印""别部司马印"的,不应是金质、玉质,而只能是铜质。

(3)看锈蚀。凡传世久远的青铜玺印的锈色沉着自然,与胎骨浸润无间;传世久远的玉石印章,受土壤、地下水等因素影响蚀变自然,有鸡骨白、血沁、尸古、焦土等多种沁色。

(4)看制法。金属材质的印章大多数是用翻砂法铸造的,印体上难免留下范缝的痕迹。魏晋南北朝以前,古代玺印的印面文字大多数是刻凿而成(图 8-30),有一刀刻(始见于战国)、双刀刻(始见于战国)、多刀刻(始见于西汉)三种。

(5)看纽式。古代公印的纽式与制度相关,例如,龟纽最早见于战国秦,汉代出现了使用龟纽的制度规定,历代沿袭并且可以看到变化;驼、羊纽用于汉晋时的民族地区首领官长印(图 8-31),如在汉地"公印"上出现则可判定为赝品;碑形纽在唐代出现,块纽在宋代出现,佛教法器造型的纽到元代才见使用。

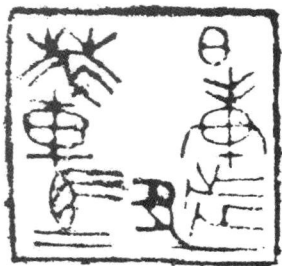

图 8-30　战国"日庚都萃车马"印

图 8-31　西晋羊纽"晋率善氐佰长"印

(6)看印面。例如,"旁凸印"是战国齐公玺的一种特色面形,或上或下只有各一凸,个别上下都有一凸,左右有凸或者凸起较多者都不可靠。例如,方形是中国玺印印面的基本形,秦汉"方寸玺"的印面长宽约 2.3 厘米,不合尺寸的疑伪。

(7)看印体。包括印体的高矮尺寸和形状,印体高过 4 厘米的"汉印"、印体做成台状的"汉印"均疑伪。

(8)看制度。涵盖的内容很广泛,以上谈及的均牵涉到用印制度,首先要熟悉历代玺印的制度规定,也要熟悉考古出土资料;既要看到大多数公印符合制度,也要看到极个别"出格"的例子。

(9)看文字。从文字入手鉴定是很可靠的,中国古代印文字可分出古文字系统、今文字系统、民族文字三种,均包含许多字体,而每种字体又有其所属的时代风格,如南北朝晚期开始出现的"蟠条篆",在隋唐公印上相当常见;"悬针篆"见于魏晋私印,行、草书入印始于唐代,满文印在明代已经出现,等等。玺印文字的鉴定既是重点,也是难点(图8-32)。

(10) 看画印的印面图案。有具象刻画与抽象图案两种,前一种起源很早,战国秦汉时期有各种形象的画像印,还有在印文四周加上四神图像的做法;后一种的代表是宋元时代的押印,尤以元押为特别。

图8-32　清九叠篆"文县守御所"印

(11) 看内容。有的伪印的内容往往于史无证,出于杂凑杜撰,故作"惊人之语";又如所谓的"王莽信印",银印龟纽,大小超过一般公印,属于典型的借用名头的欺世伪品。

6. 古代钱币

(1) 必要的学术储备。古钱币时代长达两千余年,品类繁多,鉴定应建立科学的认知体系。钱谱是中国古代研究古钱的专著,一般采用文图并重的形式。最早的钱谱是南朝萧梁时顾烜《钱谱》,现存最早的钱谱是宋代洪遵《泉志》,清人李竹朋《古泉汇》以及他与鲍康合撰的《续泉汇》,近人丁福保《古钱大辞典》,刘巨成主编《中国古钱谱》都是必不可少的资料。应当注意朱活、杜维善、马定祥、汪庆正、耿宗仁等人的著作、论文,亦可以从唐石父《中国古钱币》一书入门。

(2) 看类别。钱币是研究古代经济发展史的重要资料,中国古代钱币除去早期的贝币外,分为金属铸币和纸币两种。金属币又分为铜币、铁币、铅币、金币、银币。古代钱币用于官府和民间的交换贸易,更有作为国君赏赐馈赠之用。此外,还有压胜钱这类铸成钱币形式的吉利品或辟邪品。纸币自北宋始,是利用钞版与纸印刷的货币。

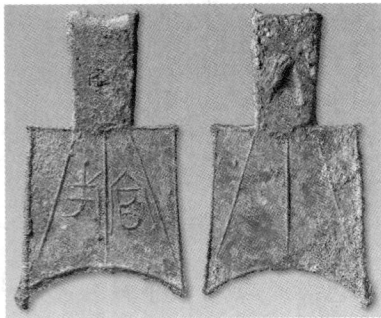

图8-33　春秋空首布

(3) 看形态。在先秦时期变化较多:布币起源于青铜农具镈,形似小铲,首部空的叫"空首布"(图8-33),后来多"平首布",主要流通于三晋地区;齐国、燕国、赵国则是刀币流通的主要地区;楚国有印着"郢爰""陈爰"等字样的金版或金饼,以及"蚁鼻钱"等;战国时三晋、周出现了圆孔圆钱,后在齐、燕、秦也出现圆钱,改圆孔为方孔。铜质方孔圆钱自此至清,成为我国主要的古代钱币形制,并影响日本、越南、朝鲜等地。王莽新朝出现金匮钅刀、刀、布等钱形,铸造很精,但流传时间很短。

(4) 看钱文。古钱分正反面,正面简称面,一般铸有文字,称面文或钱文。战国时期钱币上开始出现国号,先秦时期三晋和燕的布币上多铸有城邑名;东晋时期出现年号钱纹,秦统一全国后,方孔圆钱上有钱文"半两"(图8-34);汉武帝元狩五年始铸行"五铢钱";唐高祖武德四年始铸"开元通宝",此后钱币上不再标明两、铢等重量单位,而代之以年号为主、兼有国号,并缀加通宝、元宝之类的名称。钱文根据其读法分为旋读和对读两种。钱的背面简称背,有的钱背后有文字称"背文"。内容有纪年、纪地、纪干支、纪监(层)、纪数等。还有其他纹饰如横纹、竖纹、星、月、祥云等。

(5)看铸造。我国古代铸造铜钱的方法,基本为手工铸造,从先秦至隋唐采用范铸法,自唐开始用翻砂法,文献记载有失蜡法,清光绪九年起出现机制铜圆。古代钱币作伪常见有"后铸""改刻""嵌补""臆造"等方式。"后铸"是指采用一般的古钱币熔化后铸造稀缺品种;"改刻"则是在普品上用刀将原有钱文重新刻制,或缺笔

图 8-34 秦半两

或加文;"嵌补"是采用其他材料在古钱币上添加笔画或者钱文,冒充高级品;"臆造"则是凭空铸造出从未有过的钱币品种。另外应注意利用现代科技如腐蚀、打印等作伪问题。古钱价值的判定主要根据钱币的年代、存世量(稀有程度)、钱文等,评价其历史、艺术、科学价值。钱币工艺成熟时间较早,漫长的发展过程中造就了不同时期的不同风格,鉴定时应根据钱币的发色、重量、外形、钱文内容及书体等多种要素综合判断。

7. 古代建筑

(1)必要的学术储备。视为文物的古建筑实物资料,包括了不可移动文物和可移动文物,前者以遗址、地下墓葬、地面建筑实体为代表,有时代跨度大、体量庞大、结构复杂、构件众多等特点;后者以瓦当、古砖、柱础等散落构件为代表。鉴定古建年代是基本工作,然而作为不可移动文物,往往经过初建和后代反复修建、使用的过程,因此对古建筑年代的甄别,要比其他文物来得复杂。古建文物鉴定,要建立在材料、类型、结构、重修、装饰等认知的基础上。北宋李诫《营造法式》是官方颁布的古代第一部古建筑规范类书,上承隋唐,下启明清,对选材、规格、尺寸、加工、安装方式等制定规范,并附建筑图样;明计成《园冶》,清《清式营造则例》《工部工程做法》,近人梁思成《图像中国建筑史》(图 8-35),刘敦桢《中国建筑史》,祁英涛《怎样鉴定古建筑》等都是必不可少的资料。应当注意陈明达、杨鸿勋、傅

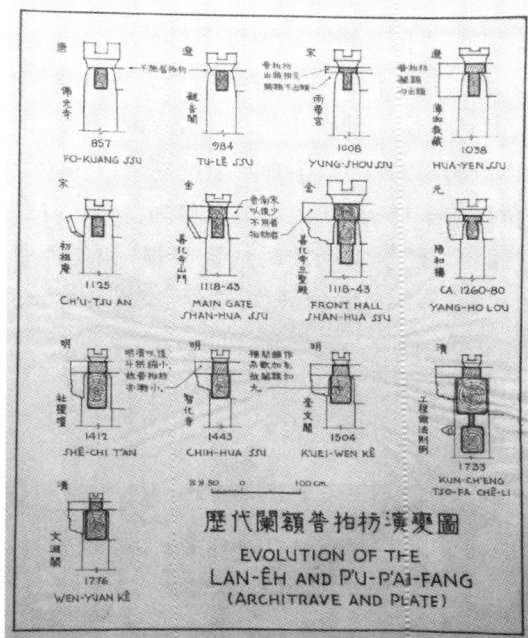

图 8-35 梁思成古建筑手稿

熹年、刘叙杰、王贵祥、马炳坚、刘大可、周学鹰等人的著作、论文,亦可以从罗哲文《中国古代建筑》一书入门。

(2)看类别。古建筑不可移动部分可以分为:建筑基址、民居、宫殿、宗法、园林(图 8-36)、陵墓、城市、设施性、其他等若干大类;古建筑可移动部分可以分为:金属、竹木、石

陶(图 8-37)等质地的各种已脱离建筑本体的构件,包括未使用过的备件,也可以包括与古建相关的文字、图稿文物。注意古建的地域特征、民族宗教风格、外来因素影响,等等。对不可移动古建筑的鉴定,比较可行的方法是"两查""两比"。"两查"之一,是在现场室内外,调查建筑物的现存情况,仔细察看其结构及各部特征,及时做好记录、登记、拍照、测绘等工作;之二,查找相关文字记录资料,包括石碑、经幢、供器上的文字;木构建筑柱、梁、檩上的题记;古代文献以及各种方志、游人的题记等,重要的应全录,有些可摘录、分类整理。"两比",第一,将现存结构与已知年代的建筑相比;第二,和《营造法式》等文献进行对比。对于古建筑可移动文物,一要说清楚它们在古建实体上的作用及部位,二要使用相同质地的其他文物共通的鉴定方法。

图 8-36　苏州园林

图 8-37　战国鹿纹瓦当

(3) 看建造和装饰。不同时代的古建筑,其造型和结构特征均有明显差异。木结构,应以现存整体梁架为主要依据,砖石结构应以其整体结构式样(雕刻、砌筑方式、用料规格等)为主要依据,其他装修、瓦件、彩绘、塑像、家具等作为辅助依据。木结构中屋顶、梁柱和斗拱等是鉴定的关键部位,其中斗拱是变化最明显的部分,调查时应特别予以注意。砖石结构,则应先注意整体外形,如塔的轮廓、桥拱的式样等,其次为细部雕刻、材料规格等。现存最早的木构建筑实例是唐代建筑(图 8-38)。建筑装饰的时代性很强,和各种质地手段相结合,大体可分立体圆雕、浮雕、镂空、立粉、彩绘(图 8-39)、书画、家具布置、环境绿植,等等十分复杂的状况,要考虑时代因素、建筑级别、工匠流派、再次装饰等要点。

图 8-38　五台山佛光寺东大殿唐代柱头铺作

图 8-39　颐和园长廊彩绘

第四节 文物鉴定评价和记录

关键词:"真精新" 记录 科学性

一、鉴定评价

文物鉴定工作告一段落,自然要对鉴定对象给予一定的评价。首先,是根据文物的去向,看它是否合乎一个博物馆的收藏标准(国有、民营博物馆都如此),合标准就成为藏品,不合标准就进行不予入藏的筛汰处理。

对文物、对藏品也会阶段性地进行鉴定,那么对于比较重要的、成为藏品的文物,有怎样的评价表达呢? 这一工作可以借用书画鉴定的标准术语,即一件比较重要的文物藏品的理想标准是"真、精、新"。

1."真"

本教程前面多次指出,"真"首先是指"时代真",指器物时代上的相对真假,例如,有些所谓的传世西周铜器,实际是宋人仿制,属于宋代文物。其次是指"产品真",也指同一时代、同一类别、相近工艺的"真假"之分,例如:商代晚期青铜器有安阳殷墟所产,也有山东所产,山东的质量远不如安阳;同时代的宋金磁州窑系瓷器(图 8 - 40),即使是在其中心产地,也有观台、彭城两个窑口的不同,换言之,真观台就不能是真彭城,真彭城也不可能是真观台,更不要说内蒙古、宁夏、陕西、河南等地受磁州窑系影响的产品,不能看作观台或彭城的"真品"。第三是指"作者真",例如:书画的同时代仿制问题,例如:所谓"苏州片""扬州片"

图 8 - 40 宋磁州窑瓷器

"后门造"问题,倒不太难解决,可是画家有意识的代笔,如明代周臣和唐寅师徒之间复杂的代笔,在鉴定时就很费脑筋了,这种情况近现代也能够见到,有些代笔,即使画家自己认"真",也不可靠。

2."精"

"精"的标准,当然是在"真"的基础之上的,没有"真",谈"精"则没有意义。"精"是指各个时代精品,品种、工艺或名家的代表作,这些例子很多。例如:同是马家窑文化彩陶,有精粗之分;同时代青铜爵,有至精和粗糙之分(图 8 - 41)。又例如:齐白石画了许多鸡雏,不能说每幅都是精品,可是《他日相呼》一幅,充满了人文情趣,是他的精品代表作(图8 - 42)。代表作、精品的评价,也就是文物的四大价值评估,是有差距的,因此,做鉴定工作的人员,心中要有精品标准,无论是青铜器、陶瓷器、书画、玉器、杂项,都是如此。

图 8-41　商代青铜爵

图 8-42　齐白石《他日相呼》

3. "新"

"新"的标准,也是在"真"的基础之上的,没有"真",谈"新"也没有意义。"新"不是指时间意义上的新旧早晚,而是指文物的"完残程度"。同时代、同类、同品种的文物,一般是越完整越好。可是"新"的标准也有讲究,例如:西周青铜罍,只剩盖子,身子不见,罍的主体是器身,这件是否算"新"? 齐白石在画梅时,有把一大树梅花裁成几部分,每一部分再加上题跋、名款、印信,那么这具体的一部分,算不算"新"? 这些都值得讨论。

4. 三者的综合考量

"真精新"的标准,也都具有相对性,关键在于实践中的合理解读。比如断臂的维纳斯(图 8-43),不符合"新"的标准,但仍然是希腊文化的精品。例如,在某个博物馆收藏起步时,不一定一开始就收到"精品",那么就从一般品起步。从以上例子可以看出:如果文物具有唯一性符合了"精",可以不必苛求完整即"新";如果本馆收藏数量很少,也不必求"精";但是,必须坚持对"真"的要求,如果不"真",就不能成为收藏对象了。这里,还要注意的是典型器、精品的关系,精品有其精绝之处,但是只是偶见,未必典型;典型器未必精绝,要有普遍的鉴定标识作用。

图 8-43　断臂的维纳斯

文物鉴定工作受一定条件的制约,如鉴定水平、鉴定手段、鉴定的时代段等,因此,每次鉴定都只是阶段性工作,文物的鉴定工作不会穷尽。从发展规律上讲,未来的鉴定一定会比过去和现在更为准确,科学性也更强。鉴定绝不只是讲一件东西的相对真伪,更多地指向它的历史价值、艺术价值、科技价值或者各种价值的总和,如果把它的三大价值鉴定完成,可能在现实生活中的第四大价值即特殊商品价值也就凸显了。

二、鉴定记录

文物鉴定工作中，正确的记录是十分重要的。记录中表达了是否入藏的意见，定级的意见，入藏若干年后再研究的意见，也包括与文物有关司法行政的意见，包括文物牵涉到金融活动的意见。每一次文物鉴定、藏品鉴定都事关博物馆、收藏家藏品建设战略。文物鉴定记录，要注意以下几个要素。

1. 对象、场所

对象指鉴定什么文物（包括尚未入藏者）、藏品，数量多少，是否成套，大致完残状况。场所指在何处鉴定，如：直接获取地、原收藏家住地、文物商店或其他文物交流场所，博物馆内，其他机构内。

2. 时间、次数

次数指针对所鉴定的对象，是首次鉴定，还是因为某种需要而再一次鉴定。如遇到再次或多次鉴定，要追述首次与前几次的鉴定工作。所谓时间，要记清楚年、月、日、时。

3. 人员、方法

人员包括专家组长、专家、原收藏方、现收藏方、记录者（比较重要的鉴定，可安排两人以上鉴定）、文物搬运工作者、其他人员。方法如是"目验"，要注明用的主要工具书、图录，主要工具如：灯光、放大镜、显微镜、度量衡具、记录笔、电脑，等等。如果是理化手段鉴定，要记清楚学科、仪器、如何取样及具体方法，等等。

4. 记录、存档

要求充分发言，记录不同意见，专家组长在鉴定时，发言只是自己的意见。具体鉴定结束，鉴定专家组要有集体意见作为工作结论，仍然要保留重要的不同意见。鉴定记录一定要全面、忠实，记录好鉴定的过程、结果等，还要注意鉴定人的情绪、身体状况等各种细节，文字记录一定要经专家组核对。有时专家的语言有一定的随意性、文学性，这就要分析寻找其间可能的科学要素。鉴定记录要完整存档，可以存入电脑，要有副本，科学编号，便于查找。

知识链接

知识链接 8 - 1

明代高濂撰《遵生八笺·论新铸伪造》中对青铜器伪造的记载：

"其伪制法：铸出，剔磨光净，或以刀刻纹理，缺处方用井花水调泥矾，浸一伏时，取起烘热，再浸再烘，三度为止，名作脚色，候干，以硇砂、胆矾、寒水石、硼砂、金丝矾各为末，以青盐水化，净笔蘸刷三两度，候一二日洗去，干又洗之。全在调停颜色、水洗功夫，须三五度方定。次掘一地坑，以炭火烧红令遍，将醋醋泼下坑中，放铜器入内，仍以醋糟罨之，加土覆实，窖藏三日取看，即生各色古斑，用蜡擦之。要色深者，用竹叶烧烟熏之。其点缀颜色,有寒温二法,均用明乳香,令人口嚼涩味去尽,方配白蜡熔和。其色青,以石青投入蜡内。绿用四支绿,红用朱砂。温用蜡多,寒则乳蜡相半,以此调成,作点缀凸起颜色。其堆叠用卤锈针砂,其水银色以水银砂锡涂抹鼎彝边角上,以法蜡颜色罩盖,隐露些少,以愚隶家。"[1]

知识链接 8-2

现代科技在文物鉴定中被逐渐运用,有些成为重要的辅助方法。

1. 微观文物特性,提升传统鉴定精准度

电子、超景深视频显微技术,可在文物鉴定中对其微观部分予以放大(几十倍～上万倍),便于对文物构造的清晰展现,能够弥补肉眼鉴定、传统显微镜鉴定所带来的局限,即以超高分辨率、图像实时保存的方式,对文物予以鉴定,促进其精准度的提升。例如:陶瓷胎釉、纹饰与烧结工艺;青铜器铭文纹饰、铸造工艺和锻造特点;书画印章、墨迹以及纸张等纹路;丝质品纺织工艺等。上述内容作为文物微观特征,具有独有性特点,虽然造假者能够在文物外在形态中达到以假乱真的仿制效果,却无法对其微观特征予以仿造,这也是赝品"形似无神"特征的体现。譬如:古罗马、古希腊大理石雕刻并非肉眼所见的白色,而是彩色。

2. 取样少、无损鉴定

现代科技在文物鉴定中的广泛应用,关键在于其自身取样少、无损鉴定的优势。例如:光谱分析法以灵敏度高与分析快的特点,可针对微量元素(约为百万分之几)予以鉴定,多数在陶瓷与金属等文物鉴定中得以运用,其取样量仅为 3～7 毫克。X 荧光分析法文物鉴定深度仅为几微米,可通过表面浅层分析的方式,破坏度相对较低,如瓷釉元素成分的鉴定,无须化学制样与取样等手段,就可实现文物鉴定工作。

3. 多元化文物鉴定

多元化文物鉴定,即单一现代科技可用于诸多文物鉴定,相同文物适用于多种鉴定方法。例如:X 射线成像可通过对文物加工工艺的检测,结合对比分析的手段,对其真伪进行判定,如青铜器锈蚀处铭文纹饰、修补痕迹等。而在针对相同文物鉴定工作中,可选用交叉鉴定。譬如:早期陶瓷,作为人工制品的典型代表,若要精准分析其制作地点是否相同,则可选用光谱分析法和电子探针显微法、电子显微镜法与 X 射线分析法等多元化现代科技鉴定手段,对其微量元素予以组合分析,并实现陶瓷产地的探讨。

4. 真伪、年代合并鉴定,达至最佳鉴定效果

骨化石含量测年法,通过对骨化石年代的判断,实现其真伪鉴别。例如:轰动一时的英国"Piltdown 造假案"。于 1900 年,Charles Dawson 于英国南部的旧石器早期遗址中发现了人类头盖骨和似猿牙齿、下颌骨等,声称已掌握人类进化过程中重要的"缺环"。随后,英国政府将其命名为"Piltdown 人",并通过教科书快速传播。直至 20 世纪中期,英

---

[1]　[明]高濂著,王大淳校:《遵生八笺》卷十四《燕闲清赏笺上》"清赏诸论"条《论新铸伪造》,巴蜀书社 1992 年版,第 451 页。

国博物馆对头盖骨、牙齿与下颌骨实施 F(氟)、U(铀)、N(氮)元素含量鉴定,结果显示三个标本隶属于不同年代,且无相关属性,即人头盖骨距今仅为 600 余年,而下颌骨则来源于猩猩,属于科技嫁接产物,造假者为体现骨骼的共存性与年代性,对其施以重铬酸钾处理。该造假案的揭示,充分体现了现代科技在文物鉴定中的重要性。[1]

参考文献

1. 张珩:《怎样鉴定书画》,浙江人民美术出版社 2015 年版。
2. 徐邦达:《古书画鉴定概论》,文物出版社 1982 年版。
3. 中国硅酸盐学会主编:《中国陶瓷史》,文物出版社 2004 年版。
4. 耿宝昌:《明清瓷器鉴定》,紫禁城出版社 1993 年版。
5. 刘敦桢:《中国古代建筑史》,中国建筑工业出版社 2008 年版。
6. 马承源主编:《中国青铜器》,上海古籍出版社 2003 年版。
7. 周晓陆:《考古印史》,中华书局 2020 年版。
8. 沈厚垫、赵宇泽:《鉴藏学概论》,文物出版社 2008 年版。

本章自测

1. 结合第 4 章的内容,谈谈文物学与考古学有何关系?

2. 科技鉴定目前在哪些领域有较大的成就? 有哪些文物的鉴定目前还无法依靠科技手段实现?

3. 简谈文物鉴定的主要依据有哪些。

---

[1]　来守英等:《现代科技在文物鉴定中的运用探讨》,《文物鉴定与鉴赏》,2017 年第 7 期。

第九章　文物保管与修复

文物保管工作事关文物的最终归宿,20世纪80年代博物馆保管工作会议提出过"鉴定明确、编目详明,账目清楚、制度健全,保管科学、查用方便"的工作指导方针。对文物的保管是要利用人为手段使其"延年益寿",彻底排除恶劣的保管因素,营造最佳的文物保管条件。恶劣的条件包括战争、地震、水火等各种天灾人祸,应当针对各类文物的不同物质属性,使不同文物都能够受到最佳保管,尽量避免正面的、直接的破坏,减小损失。

文物藏品的修复是为藏品"疗伤养病",要做到"科学细致、精准实施,详尽记录、可以追述,恢复旧貌、整洁美观。"

能够提供最佳保管条件和修复手段的还是国家文物收藏单位,而私人收藏则会因诸多不确定因素出现保管的漏洞。本教程提出的一些问题直接针对国家博物馆的文物保管,应当也适用于民营博物馆和收藏家。

第一节　保管的要求

关键词:征集　保管　各部门　文物库房

一、机构设置

文物藏品保管工作的特点,要求博物馆的文物保管部门应该更加专业化。保管部门机构设置有三个原则:一是根据保管工作需要,从藏品质与量实际出发;二是要人员精干、分工合理、职责分明、动作协调、配合默契;三是科技投入、精准服务。博物馆一般应设立保管部,下设:一、前沿部位:社会调查和征集部门;二、主体部位:编目、总账、仓库保管;三、延伸部位:技术修复、摄影绘图等岗位;在中、大型博物馆,前沿部位和延伸部位往往另设部门。

对于小型博物馆,如缺乏健全专门保管机构的条件,应设专职藏品保管人员且人数不得少于两人,其中一人负责账册,一人专管藏品,决不能由一人兼管账与物。藏品保管人员不能由他职兼任,不得与其他业务或行政部门合并,应直接由馆长领导。

1. 社会调查和征集部门

社会调查和征集部门是藏品保管部门的一个专门机构,有的博物馆独立设部。所谓

"社会调查"是为了了解本博物馆性质,了解本馆藏品的数量、质量和本馆性质是否相符,了解相关藏品的社会存量。协助制定全馆藏品建设战略规划,制定文物征集计划,依照文物政策积极主动地开展文物征集工作,做好文物入藏之前的必要档案记录,积极为馆藏"拾遗补缺"。在主要以考古出土文物为藏品的博物馆,考古部门就是特殊的文物征集部门。

2. 总账室

总账室是藏品档案包括藏品总登记账、各项账目和藏品登记卡的保管机构。根据总账管理人员不能兼管藏品的工作原则,总账管理人员应负责藏品接收时入馆文物核对、标本清册的填写和保管;藏品总登记账的填写和保管;藏品档案的收集和保管;各种账册的核对和季度、年终有关藏品报表的统计填写等工作。有些博物馆工作人员较少,至少要设专职总账人员一人,应保证账册的专人专室保管。总账室要成为计算机管理中枢。

3. 库房藏品保管人员和编目人员

图 9 - 1　台北故宫博物院库房

主要工作是负责藏品的保管、接收制卡、藏品排架、日常管理和提取工作。可以参与对藏品的鉴选、定级和编目等工作(图 9 - 1)。库房保管人员的人数依据库房的设置情况和藏品数量及分类情况而定。有条件的博物馆可分类较多较细,人员配备也较多。库房保管人员因工作性质要求,一般应相对稳定,不宜轻易变动。

参与编目的人员,要具备一定的藏品鉴定能力和较高的文字水平才能胜任。在大型博物馆,编目人员可以设专职,可独立设置藏品搜集和编目组;一般博物馆,总账管理人员、征集人员和保管员也可以做编目工作。编目工作都需要加强电脑技术的运用。

4. 藏品修复技术部门

修复技术部门是藏品保管部门的一个专门机构,有的博物馆独立设部。主要负责以下几项工作:一、进行藏品保管环境的监测、清洁、防控;二、对于文物入藏之前的清洁、消毒、初步修整;三、经常性藏品的修复、复制和标本的制作工作;四、制定藏品科学保护的规划和实施计划;五、负责现代科技手段在文物和博物馆中的应用、实验。

5. 摄影绘图部门

摄影室是藏品保管部门的一个专门机构,有的博物馆独立设部,还有的和修复技术部门合为一体。主要负责以下几项工作:一、负责对接收入藏文物、标本的拍照、绘图、传拓等工作;二、负责藏品修复、陈列提用、科研出版所需照片的拍摄工作,图表的制作工作;三、博物馆活动的留影工作。

二、保管制度

对于博物馆藏品的保管,存在着一系列严格的制度,譬如征集、入藏、登记、定级、编目、库房管理、注销统计、保养修复等,文物库房是保管藏品的地方,为了确保藏品的安全,制度的制订应从多个方面考虑。这里着重介绍与保管关系最密切的一些管理制度(参见知识链接 9 - 1)。

1. 对文物库房建筑结构与安全防范设施做出要求规定。这要根据国家有关文物库房的规范标准以及本馆藏品种类、质地来制定,按质地保管建库、至少按质地保管建柜。

2. 对藏品库房柜架以及藏品排架做出要求规定,这要根据本馆藏品的数量、种类、质地、级别等实际情况而定。

3. 对藏品出入库管理做出要求,这方面的规定应更加细致与严谨,文物藏品入库要有严格的接收手续,明确具体内容与操作方式(文物藏品利用、不同级别的藏品的审批和交接、藏品在利用过程中的保护措施与安全责任等)。

4. 以"库务日记"为中心,对藏品保管员日常库务活动做出要求规定。如藏品管理的内容、藏品库房卫生打扫的要求、藏品库房安全管理的要求等,尤其是库房防火、防盗、温湿度情况的规定,要明确检查时间、记录方式以及遇到情况如何汇报与处置(遇到突发情况的应急方案)。

5. 库房藏品数量、伤残情况的周期盘点规定。藏品保管员更换时,盘库的手续等都要明确规定。

第二节　存放的要求

关键词:大区域　小空间　十防

一、存放场所

文物藏品的保管存放,应符合"大区域,小空间"的要求。"大区域"指统一完整的文物藏品保管区域,其中应该留有防火消防通道,留有保管人员的出入与逃生通道。库房的环境、设施要设计得科学合理,避免造成误操作而导致安全事故。"小空间"指严格按藏品质地存放的分区,一级藏品纵然珍贵,也应当在其所属质地的分区中设置单独的藏品柜,不可以有不同质地的文物藏品混放的现象。同时,"小空间"内也应该配备电脑的终端,接入智能检测调控设备。

"大区域"和"小空间"的通风、除尘及温度、湿度设备要统筹安装,避免设备不足带来的文物损伤;也要考虑各类设施设备的系统性、整合性,避免造成重复浪费;在设计时应考虑到藏品增加和文物进出的空间问题,为文物藏品的发展留有余地。

无论是"大区域"还是"小空间",库房电路都应该有独立体系,与博物馆其他功用电路分开布置,藏品保管部门要有不间断电源,交流电电源和直流电电源都要有,条件允许的情况下可以安排太阳能电源,以确保环境的恒温、恒湿和重要设备的不间断运转,照明设施随时启用。

二、功能要求

国家对于博物馆文物藏品要求具备所谓的"十防环境",即博物馆藏品库房必须具有防震、防雷、防火、防水、防盗、防虫菌、防潮、防干、防光、防尘、防污染,等等的功能。这是对藏品库房建筑、环境的最重要也是最基本的要求,其中防潮、防火、防水、防盗尤为重要。馆藏文物的安全防护应遵照国家制定、颁布的规定来执行,结合各馆的规模、类型、级别分别确定风险等级和需要采取的相应防护措施。

1. 防震

地震属于不可抗拒的自然灾害,强震具有很大的破坏力,可以对藏品库房及藏品造成摧毁性的后果,因此藏品库房必须具备较强的抗震能力。在修建藏品库房前,必须按照相应的国家法律、法规及标准的要求,向地质勘探部门咨询并申请做地质灾害评估报告,根据科学的报告结果、按照博物馆藏品保护的要求选择应有的防震标准。如在地震活动区域内建库,必须按当地震级的防范标准修建藏品库房。此外,库房周边轨道交通、开矿等震动因素也要考虑在内。

具体到每一件文物,无论何种质地,也要有囊箱、软垫、网隔,等等微小环境的防震要求。

2. 防雷

无论大型馆、中型馆还是小型馆,其库房建筑均应该有防雷设备和防雷击措施。对雷击频率高的地区,如海南年平均雷日约 120 天,广西年平均雷日约 90 天,其各级博物馆均应执行一级防雷标准。古建被雷击起火的情况屡见不鲜,应给予足够重视,在古建和藏品库房建筑上装设避雷针(图 9 - 2)。

图 9 - 2　古建筑屋顶上的避雷针

3. 防火

藏品库房内相对密集地存放着数量较大的珍贵文物,一旦发生火灾将会带来灾难性的损失。因此,藏品库房建筑必须要有预防、报警、灭火的体系完备的功能系统,并与博物馆的其他建筑部分按独立的防火分区进行设计。藏品库房的防火应贯彻"预防为主,消防结合"的方针。

存放丝织品、纸制品、竹木牙角制品等有机质地及质地较脆弱藏品的库房,必须安装气体灭火装置。库房通道应为水喷淋灭火装置,既节约资金,又能解决火灾时保管员的求生问题。库房的地面应设置有盖地漏,方便消防用水及时排出,防止二次灾害。藏品库房及其周围的功能区,在建筑方面必须按照国家一级耐火建筑等级来执行;库房及其周围的功能区的建筑内壁需要采用防火涂料,藏品库房与邻近建筑物联结处或接近处及固定装修应选用非燃烧体或阻燃材料。在库房及功能区的每个开间、通道等独立的空间内,必须配备烟火自动报警设备和灭火消防设备。库房内的配电室、机器设备用房等处则只能安装气体灭火装置。对于某些特殊的易燃藏品应独立设专门的库房保存,不要与其他库房相连。对于易爆藏品应该做相应的科学处理,杜绝发生危险变化的任何可能性之后,再入库收藏。藏品库房以及库房周围的功能区均须严格禁止一切明火。藏品库房周边不能有存放易燃易爆物品的建筑场所,如工厂、食堂等。

4. 防水

藏品库房一定要注意防水问题。库房上层要做防水处理,必要时库房内屋顶及墙壁应涂防水层,规避建筑问题带来的意外水灾害风险。库房内除消防水源、必要的藏品处理水源之外,不应有其他给水系统设置。博物馆的其他供水管道也不能经过藏品库区,注意相关区域地下水水位、流向。

5. 防盗

防盗是博物馆安全保卫工作的重点,也是藏品库房功能中最重要的部分之一,对藏品库房的防盗问题应当十分重视。从基本建筑到库房配备的设备各方面,都应设有专为防盗功能而安排的工作系统。博物馆应当尽量运用摄像记录等现代化手段,加强对重点部位的监控,藏品库区可采用变焦式摄像机、红外线夜视摄像机等设备。报警系统可采用红外报警、视频报警、微波报警、压敏报警、玻璃破损报警等。若条件许可,重点部位宜安装三种以上不同类型的系统,消灭死角,以便互为补充,确保安全。

6. 防虫、霉

博物馆文物藏品中有很多为有机质地,如纸制品、丝毛棉麻织品、皮毛制品、竹木牙角制品,等等。这些藏品的组成物质含有蛋白质、淀粉、脂肪、植物或动物纤维等易为害虫吸食的成分(图9-3)。一旦温度、湿度适宜,这些藏品上还比较容易滋生霉菌、放线菌。虫害和霉变,会对某些藏品造成毁灭性的破坏,所以藏品库房建筑必须有相应的防虫、防霉功能设计。库房通风要达标。对较易感染或已经感染的藏品,在入库收藏前必须进行药物、冷冻、射线,等

图9-3　被虫蛀的犀角杯

等手段的消毒处理。有条件的博物馆可以将藏品柜做成钢木结构,选用樟木板做天然驱虫材料,这样既驱虫又环保。

7. 防光

光和各种射线(如紫外线、红外线)会对藏品造成危害,这一点应充分引起注意。日光对纤维质的文物破坏性极大,使聚合物的分子断裂。紫外线有光化和光解作用,照射在藏品上会致其变色、变脆和加速老化。红外线光会使分子活化和分解。因此,藏品库房的窗户绝不能过多、过大,在非工作时间必须保持库内的无光照环境,文物藏品最好储存在没有光源的暗室中,这就对库房建筑提出了防光要求。藏品陈列时的防光问题,也绝不可以忽视,可以在照明亮度、外来光源两个方面加强防范。

8. 防尘、防污染

空气的灰尘中有各种微生物,会对各种文物造成不同程度的伤害。灰尘积在文物藏品的裂缝中,会因吸水使裂缝撑大。空气尘埃的成分十分复杂,其中可能含有煤烟灰尘、

金属粉尘、光化学烟雾、微生物、霉菌孢子和虫卵,等等,因此对于有害气体和尘埃的防治十分重要。目前,许多新建博物馆的库房都在地下形成封闭的区域,以大大减少尘埃;同时,通风和新鲜空气的输入也是非常重要的,科学的新风系统和达标的通风设备,也是解决有害气体和尘埃的必要手段。建议博物馆的新风口要远离污染和尘土区。库区外的功能区要配备工作人员更衣室,更换干净的工作服及工作鞋之后方可入库工作,以杜绝可能带来的污染。

9. 防潮、防干

无论空气的过干或过潮,均会对文物藏品产生不利的影响。因此,在藏品库房必须具备稳定的温度和湿度,这就需要灵敏高效的相关调控设备支持。有效地防潮和防干、调控温湿度,是对博物馆藏品库房最核心的要求之一。保存环境的温湿度及其变化对文物的影响极深且直接,如铁器、铜器、银器及其合金器物需要保存在干燥而温度稳定的环境中,纤维质文物普遍需要相对较适宜的湿度。有条件的博物馆可以对库房按质地分别设计温度和湿度控制标准,对没有条件安装恒温、恒湿设备的库房,在库内湿度过高时应及时使用吸湿机、干燥剂来降低湿度;库内过于干燥时可放置盛水器以增加室内湿度,亦可以用喷水器或加湿器在库内定时喷洒。

中国地大物博,各个地方都有其具体气候、水文环境,任何文物藏品因为展览交流由甲地到乙地时,都有可能出现"水土不服"的问题,严重时会造成文物藏品的损害。这方面可以借鉴美国的处置方式,即设立文物过渡室,采取不开箱存放其中 48 小时的防护措施,使其有个过渡缓冲的过程。

以上所谈到的"十防"主要针对文物藏品库房,但是其他如陈列、研究、转运等一切与文物有关的场合,也都要首先考虑"十防"要素。

第三节　保护修复要求与方法

关键词:修复　分类保护　最佳保管条件

一、博物馆藏品保护原则

根据 1949 年以来近 40 余年博物馆工作的经验总结,针对藏品保护确定了较成熟的原则。

1. 预防为主,防治结合

博物馆藏品保护,必须以预防为主,为文物藏品创造"绿色"的"十防"环境,用积极主动的办法阻止和延缓文物的质地劣化变坏。而文物藏品修复是被动的,是藏品受损之后不得已而采取的"救治"手段,要想使藏品得到长久保护的最有效办法就是把预防放在首位。要做到预防为主则要研究构成藏品的不同材料,因为文物藏品的自然损坏,始于材料的劣化。要维护藏品质量、对抗自然力的破坏,首先要掌握构成藏品材料的元素组成、化学结构和物理性能。对古代材料的研究,可探索藏品质变的内因规律,从而采取技术手段对抗劣化变质。保护藏品的实质在一定意义上就是保护材料,"预防为主"也就是采取积极手段预防材料劣化。

2. "修旧如旧",保持藏品原有价值

构成藏品的原材料、制作工艺、形制、纹饰等都具有珍贵的历史、艺术和科学价值,而这些信息都是通过实物藏品这个载体来体现的,文物藏品的保护修复工作面向的就是这些信息。因此,藏品保护必须依据"修旧如旧"的原则,不能改变藏品原貌,否则就会造成"保护性破坏"。这个"旧",是将这件文物定位藏品时的、简单清洁后的"原貌",不是这件文物在古代刚刚被生产出来的"始貌",这个认识很重要,可以避免人为"出新"而造成的对于文物藏品的进一步伤害。

3. 传统与现代文物保护技术相结合

我国的文物保护技术历史悠久,经过长期的经验积累,形成了优秀的传统保护修复技术。不仅保护了大量的有形文化遗产,成熟的技术本身还形成了珍贵的非物质文化遗产,即各类文物修复技术和保养方法。对传统的文物保护修复技术要系统地发掘、筛选、继承,同时随着科学技术的发展,将新技术、新工艺、新材料引进文物保护修复领域。传统技术与现代技术的结合应是文物保护修复的正确发展方向。在贯彻实施传统技术与现代技术相结合的原则时还必须注意:在修复藏品时要以原材料为主,分析检测手段应采用现代先进的测试设备,以无损文物藏品为标准;对新材料、新工艺、新技术的采用应采取审慎态度,经过一段时间的检验被证明可行的材料、工艺和技术,方可应用于藏品保护修复。

以上这三条原则不仅仅适用于可移动文物,也可以应用于范围更广阔的不可移动文物的保护。

二、考古现场的文物保护

由于目前许多博物馆的藏品主要来自考古出土,所以,田野考古发掘现场是文物保护的第一现场。在田野考古实践中,就有着针对出土文物的保护要求。根据 2009 年制订的《田野考古工作规程》,对考古发掘中的文物保护有如下四点要求:

(1)考古发掘位置的选择应考虑文物保护的需要;(2)考古发掘前必须制订文物保护预案、防灾预案和安全预案,并根据考古发掘情况及时调整,重要考古发掘项目必须配备专业文物保护人员;(3)重要迹象必须慎重处置,做好相关记录,采取相应的保护措施;(4)遇有重要发现,及时上报文物行政部门。根据这些要求,田野考古发掘现场的文物保护一般要在发掘前、发掘中、发掘后采取相应的措施。

1. 发掘前做好准备工作

发掘之前要对准备发掘的对象、过程、结果有一定的预判,根据发掘环境、发掘对象的保存状况、发掘过程和结果做出相应的保护规划,充分准备与现场保护相关的物资,配备相应技术人员,制订针对性强的预案。

2. 考古发掘现场环境的控制

首先是建造相关设施，力求达到现场保护的最佳效果；其次是环境的控制方法，即对可能出现的干湿度、污染、微生物等问题制定相应的解决方法。

3. 文物的清理

严格按照《田野考古工作规程》及相关要求，依照堆积形成的相反顺序逐一按堆积单位清理。

4. 出土文物的稳定性处理与科学提取

稳定性处理是指针对有机质文物和无机质文物的装饰、彩绘等采取稳定性保护的措施，为提取等后续工作做好准备。一般常用的、成熟的提取方法包括箱取法（又称套箱法）、插板法、拖网法、灌注成形法、冷冻法等。在提取水下文物（如大型沉船）时还会采用一些独特的方法以便其顺利出水（图9-4）。出土文物提取质量的好坏对后期保护和考古学研究有着重要的影响，故而提取工作的开展在必要时也应结合实验室考古的力量，力求全面、完整甚至无损地提取，并第一时间对文物采取保护措施。

图9-4　"南海一号"南宋沉船的整体打捞

三、文物的修复

出于还原文物本来的内容和价值、为进一步保护延长时间并便于保护、陈列展览和考古研究等的需要，文物必须进行科学的修复，而不是按照艺术的标准，"出精""出彩"地修复。1949年以前的文物修复是师傅带徒弟的手艺活，1950年代之后对于文物修复逐渐有了理论上的要求，有些修复工作也形成了有地方特色的流派，如书画修复就有"京派"和"苏派"之分，他们的很多差别还是产生于地域问题（图9-5）。

修复时所使用的物质材料，对于文物而言应当是可逆的，无论是"水解""温解"还是"药解"，都不能伤及文物本体，而且为日后更高水平的修复预留空间。除有特殊要求以外，对于文物因修复而改变的部分，修复者应该对其颜色和质地进行明确标示。书画文物则要详细记录，用照相的方法记录修复前修复后的区别，防止以讹传讹。

修复过程中的记录最为重要，要记录文物的时代、修复的时间、使用的方法和材料及主持修复的人员等。

文物修复时应遵循不改变原状的基本原则，采取最小干预手段，力求做到"修旧如旧"，不加入个人臆想或随意修改。

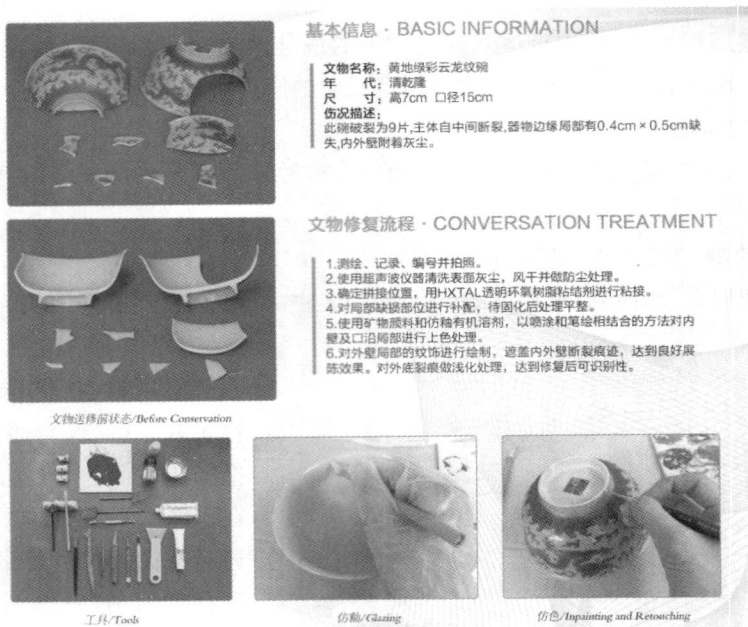

图 9-5 故宫工作人员对瓷器进行修复

四、文物保护方法举例

一般来说,无论是可移动文物还是不可移动文物,对它们的保护就是创造"最佳保管条件",前面讲到的"十防",就是普遍的原则要求,此外,各种质地的文物藏品有着针对性的要求。

1. 古建筑、石刻

建议在长城、运河、栈道、烽燧等超大型文物保护范围内设立哨位,由专人保护,并定期报告情况。大运河目前依然在使用中,但受到的破坏相当大,半坡博物馆、兵马俑博物馆等一些遗址正在进行现场陈列,保护问题也没有得到根本解决,建议使用以上方法。

古建筑文物应避免开发性的伤害,尽量规避开发旅游后可能对它造成的人为伤害。暴露在地面上的古建筑还有很多问题亟待针对性解决。埋在地下的古建筑应该采取保守的方法,尽量保持它原来的环境,因为我国目前尚缺乏足够的文保技术力量。

大型石质文物在进行必要的灌浆修复和加固后,还必须进一步采取相应的保护措施以延长石质文物的寿命,减缓风化的过程。这些措施包括:

(1)改善周围环境。文物保护的重要原则之一是防治结合,既要清除影响文物寿命的病变,又要防止或延缓各种有害因素对文物的损害。以处于露天自然环境的石质文物——石窟为例(图 9-6),为阻断大量雨水从石窟顶岩流过,可在石窟后壁以外修筑各种排水沟;为防止雨水及地下水从砂岩孔隙渗入石窟表面,可绕石窟后壁及两侧周围挖一坑道,道底与石窟地面同一水平或低于石窟底面;在窟顶上清除积土、杂草、树木,洗刷干

图 9 - 6　严重受损的六朝石刻表面

净后用水泥砂浆打一道防水墙,以除去各种生物因素对石质的破坏。

(2) 清洗表面。在对石质文物进行封护保护之前,应注意对其表面进行清洗,包括除去表面的杂草、尘土以及某些黑色沉积物;如果石质文物中含有大量盐分,可用纸浆提取法或用蒸馏水、去离子水清洗;对表面脏而坚硬的石刻,还可用尼龙软刷蘸去离子水刷洗。

石质文物,特别是石窟的保护是一项复杂的综合治理工程。它涉及岩体地质研究及雕刻品的加固、风化的治理研究(防止雨水冲淋、溶蚀雕刻品以减缓雕刻品受损)、洞窟漏水的治理研究、资料(记录、测绘图等)存储与长期保护的工作,等等,这方面需要做的工作还很多。

2. 陶器

这类文物藏品对保管环境的温湿度要求不是太高,但其本身易碎,对震动很敏感,在这方面通行的方法是采用对藏品进行泡沫塑料加固、注塑等。

泥土、陶器放置的温度在 0 ℃到 40 ℃之间对文物本身造成的影响都不大,但要防止温度剧烈的变动,一天之内的温差不能超过 10 ℃。如果其内外含水,则不能放置在温度零下的环境内,以防结冰带来的损伤。它们对适宜湿度的要求也相对比较宽松,20%～100%的湿度都能承受,但一天的湿度差不能超过 20%,否则会造成开裂等损伤。目前许多收藏机构会用去湿机强行去湿,快速的干湿变化会对文物造成一定影响,这是不可取的。

陶制品所吸附的可溶性盐类,可以用蒸馏水浸泡的方法溶除。对于覆盖于陶制品表面的不溶性盐类形成的硬壳也要去除。陶制品上的有机污染物如油脂等,可以用热水、乙醇等溶剂软化溶除。对于质地酥粉的陶体要采取加固措施,对于破碎的陶制品要用有机高分子化合物黏结剂进行拼合、黏结。对于陶制品上的残缺部分可以采用翻模补配、充填补配、雕塑补配等方法进行补配,一定要遵循文物原状,切忌任意发挥(图 9 - 7)。

图 9 - 7　褪色的兵马俑

3. 瓷器

瓷器藏品都是易碎品,在保存时应注意防震、防挤压、防碰撞。瓶、罐、尊等瓷器一般是由下而上两段拼接烧造而成,因此移动时不能一只手提物件上部的脖子,正确的方法是一手拿住脖子,一手托住底。有的瓶、罐、尊装饰有双耳,在取放时不能仅提双耳,以免折断或损坏。薄胎器皿胎薄、质轻、娇气,移动、安放时更要小心,要双手捧底(忌用单手),尤其是底足小、体型较长的瓶件,摆放时要防止倾斜。对于破碎后经修复的瓷器更要谨慎对待。

瓷制品的清洗是保护的关键步骤。瓷制品的污垢一般用清水洗即可,当用水洗刷不净时,可用中性洗涤剂或碱性溶液洗涤,并可用软布或棉球轻擦,绝不可用硬物打磨,以免瓷制品的釉面出现擦痕影响光亮度。覆盖于瓷制品上的不溶性凝结物是出土瓷器常见的物质,必须去除。灰尘对瓷器的伤害是非常直接的,用普通抹布或鸡毛掸去打扫,会伤及瓷器釉部,在表面形成"毛道",因此要慎重。瓷器的釉层其实很脆弱,对碰撞、温湿度过大等反差变化敏感,湿度差过大时,瓷器会发生釉面脱落(图9-8)。

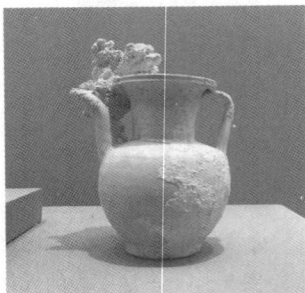

图9-8　打捞出水的瓷器

另外,瓷器的某些品种(如五彩瓷器、烧造不精的青花瓷等)和琉璃器对光线敏感,应当注意避免光线照射。

4. 玻璃器

玻璃器藏品要存放在干燥低温的环境中,严防挤压、碰撞等机械损伤。保护的相对环境湿度应该在40％以下,避免水分过大造成的化学侵蚀。修复时要清洗去污,清除出土古玻璃器表面由碱性物质构成的白霜混浊层、"流泪玻璃"上碱性极强的碳酸钾"水珠"等(图9-9)。

5. 金属器

金属器藏品除了惧怕碰撞,还要担心锈蚀的问题。如果是很稳定的锈(如金银器表面的哑光锈),不可轻易去除,

图9-9　北魏玻璃壶

因为这种锈蚀本身就起了保护作用。再例如,商周青铜器器身的无须锈蚀是无须去除的,只有在妨碍到铭文和重要纹样的时候才会被局部去除(图9-10)。在金属器中,铁器最容易受到腐蚀,其有害锈一般和环境共同起作用,潮湿的环境使铁锈膨胀,内部进入了灰尘,吸水后更加膨胀,形成不断的恶性循环过程,所以除锈的关键在于中断这个过程(参见知识链接9-2,9-3)。

图9-10　商代青铜器表面的锈层

对于有害锈(以青铜器的粉状锈为代表),一般采取挖补和封闭的方法。金属器对环境的湿度很敏感,湿度一般不能超过50％。但是在过分干燥(湿度30％以下)的情况下,锈蚀严重的金属器会进一步受到伤害,因为其内部还有一定水分,过分干燥会使之断裂。

一些特殊的金属器藏品要防止低温,如当气温低于-18℃时,锡器文物就会有变态消失的趋势。一些特殊的金属器对于保管器皿也有特殊要求,如橡木中渗透出的鞣酸就会对铅器文物产生腐蚀作用,用于保存铅器的木材需充分干燥并涂上抗腐蚀漆。

6. 竹、木、漆器

竹器、木器、漆器文物的保护首先要做的是脱水工作,如果脱水不当,对它们造成的伤害是不可逆的。这是个世界性难题,我国南方一些地方的技术是在世界领先的。竹器、木器、漆器文物的最佳保护温度在14℃～18℃之间为宜,单日温度变化控制在2℃～5℃;相对湿度应控制在50%～65%之间。

竹木器藏品在保管过程中要防范一些微生物和白蚁、老鼠等动物对它造成伤害。入馆收藏的漆器应特别注意其保存环境,并应经常养护,阻止或缓解其变质过程,尽力保持漆器的健康原貌。漆器的变质就外表观察有变褐色、发脆、失去光泽、干缩、变形、起皮等,这主要是环境气候、光线辐射、空气污染等作用的结果。漆器在库藏和陈列过程中,都要维持一个良好的保存环境。漆器具有干缩、湿胀的特点,每当相对湿度升高,器物吸收水分会使木质纤维和漆皮溶胀,致使漆皮破裂;当相对湿度下降、温度升高时,水分蒸发使得木胎收缩,引起漆皮皱折、翘曲、脱落。因此,调控恒温、恒湿的环境是保护漆器的重要因素。光线辐射给漆器带来的损害不可低估,故要绝对避免强光源的照射。已脱水的漆器要放在囊匣内保存,与外界隔离。漆器的漆皮对胎骨起着保护作用,故需对漆器经常检查,发现漆皮上开裂、翘曲、脱落者,应及时修复,免得木胎外露受潮进一步吸水。漆器的裂纹可用漆片或其他材料堵住封闭,残断者可用环氧树脂粘接,并用生漆补色。漆皮脱落、镶嵌物脱落的,可用黏合剂粘贴。漆器的断裂、残破部位,可用生漆和由生漆、瓦灰、糯米粉混合制成的黏结剂,进行黏结修复(图9-11)。

图9-11　朱然墓出土漆盘

7. 骨、角、牙、贝、皮革器

作为有机物,这些文物藏品的保管要求比漆、木器低一些,而比金属器高一些,对于防磨损的要求则比其他文物高。蚌器、贝器会一层层地脱落,要提前固化保护。除了小昆虫,一些细菌对这类文物藏品的伤害也会非常明显。最佳温、湿度条件可参照漆、木器保护要求。

皮制品保护的关键在于防治生物裂化,严防霉烂、虫蛀,所以要采用低温的保存环境。在雨季前也要检查皮制品有无霉菌斑点并及时晾晒,要注意避免阳光直射。在干燥时节,要用甘油等油脂对皮制品进行鞣革保养维护。

温湿度的剧烈变化是皮、角、骨、象牙材料发生翘曲、开裂的主要因素,风吹日晒和空气污染也会促使其老化变脆,颜色变深、发黄。出土的角、骨、象牙制品,长期遭受水土微生物及各种盐类的侵蚀,骨蛋白等有机物逐渐分解,质地疏松,出现脱层或表面酥粉等情况,极易折断和破碎,有的上面还附有一层碳酸盐类的锈壳或霉斑,对这类文物需要进行化学加固并清除锈壳和霉斑,避免病害继续发展(图9-12)。

图9-12　鲍天成款犀角雕螭纹执壶

8. 纺织品

纺织品文物藏品（含丝、毛、棉、麻等的古代纺织品）属有机物品，是较不易保护的对象（图9-13）。往往会因自身材料、染料结构和性质不稳定等内因及受到外界光（阳光、灯光）、湿度、温度、微生物等外因的影响，而导致强度的降低或褪色。保护实践表明，以创造低温和干燥的环境加以保护为最佳。因而对其保护措施主要是：第一，控制温、湿度。对

图9-13　马王堆出土西汉素纱禅衣

于收藏纺织品的文物库房或陈列用的展柜的温度，以控制在14℃～18℃之间为宜，夏季不高于25℃，其温度变化控制在2℃～5℃；相对湿度应控制在50%～65%之间，变化不应超过3%～5%，因过于干燥会引起干裂、脆化。第二，防止阳光直射，尽量避免外界光的影响。收藏纺织品的文物库房或陈列的展室，要防止采光中光线直射，尽可能降低光照度及减少曝光时间；珍贵的纺织品文物不宜拍照，若确需拍照则要严格控制照

明度，禁用闪光灯。第三，防虫蛀和霉菌的侵害，进行科学的灭虫、灭菌处理。第四，在条件允许的情况下，还要对纺织品进行加固，亦可采用裱托法加固，即按装裱书画的方式裱托纺织品。

修复对于纺织品的保护和研究都是至关重要的一步。目前纺织品的修复在国内外均主要采用以针线为主的加固修复，这种修复虽然方法简单，却是一种可逆的修复，十分符合国际上的修复原则，因此被广泛采纳。

9. 书画

纸张文物同纺织品一样，是文物藏品里最娇贵的（图9-14）。一天内的湿度差不能超过10%，温度差不能超过5℃。从基本的化学角度来看，纸中的酸具有腐蚀作用，解决方法自然就是把酸去除。脱酸要把纸张在弱碱性溶液中浸泡洗涤，例如，氢氧化钙、碳酸氢钙或是碳酸氢镁溶液。这样做有两个好处：首先，在水中浸泡再干燥可以重建氢键，使纸张恢复一些强度；其次，纸张中的酸被中和，留下的碱还可以抵御未来的酸化。当然，这个工艺无疑需要

图9-14　唐敦煌纸本坐佛像

非常小心，纸张可能会在操作中破裂、泡烂，或者上面的字画内容会在浸泡时消失，脆弱的材料通常需要放在筛网上小心碱洗。尽管存在风险，这仍然是保护纸张免受酸侵害的主要方法。

在无机物文物中，玉石器最为稳定（图9-15），之后依次是陶瓷器、金属器；有机物中稳定性由高到低是骨角牙器、漆器、木器、纸张和纺织品。因而在文物的保管收藏中，必须

根据文物质地选择不同的保管环境,切忌将不同质地的文物混放。另外,不可移动文物如壁画等的病害原因更为复杂(参见知识链接9-4),也需要专业性的保护措施。

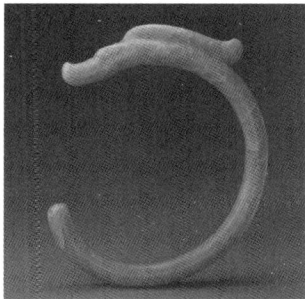

图9-15　红山文化大玉龙

第四节　新技术新材料的应用

关键词:保护技术　新材料　专家系统

一、文物保护新技术

文物保护技术在中国有着悠久的历史。在唐代就有了用木楔拨正歪斜古建筑梁架的记录,保护书画的揭裱技术也相当成熟。"漆粘石头,鳔粘木"是修复石质和木质文物的有效的传统技艺。宋代李诫的《营造法式》和清工部《工部做法则例》等既是当时对新建筑的技术规范要求,也是后代人们维修古建筑的技术依据。近代以来,随着科学技术的发展,又逐渐把现代科学技术引入文物保护领域,并取得了重大成果。因此,从时代来区分,可以把古代流传下来的技术称为传统技术,把现代科学技术在文物保护等领域里的应用称为新技术。从保护某一类文物,或某一质地文物所采用的技术来分又可分为若干专门技术。从目的区分,又可分为防护技术(保护技术)、维修技术和检测技术,防范技术,等等。

目前自然科学的分析技术在文物保护中的应用,主要是从文物材料的成分分析和结构分析两方面入手。

1. 材料成分分析方法

文物藏品材料成分分析的方法比较多,如原子发射光谱法(AES),主要用于分析金属成分、壁画颜料和制作材料成分、石质文物成分等。原子吸收光谱法(AAS)在金属文物保护研究中较为常用,具有灵敏度高、选择性强、分析速度快、范围广等优点。X射线荧光光谱分析(XRF)常用于研究陶瓷的釉层成分,在壁画保护中可分析地质环境样品等。中子活化分析(NAA)可定量和定性分析样品中的各种元素,例如,测定金属文物中的氧元素等。

2. 材料结构分析方法

文物藏品材料结构分析的方法包括:X射线衍射分析法(XRD),可通过分析衍射图谱确定晶体的原子和分子结构,从而将样品的组成定性为某种已知物质,对于毛发、牙齿、骨骼、釉质、岩画与壁画的颜料均可做相关分析。分光光度分析可进行物质的定性或定量分析,主要用于金属文物腐蚀物的分析、金属文物缓蚀剂的筛选和缓蚀原理的研究,以及古代颜料和颜料胶结材料的研究等色谱分析(层析法),常用来鉴定古代染料、壁画颜料中的胶结剂、文物保护环境中微量有害成分等。质谱分析(MS)通过对样品离子的质量和强度测定,来进行物质材料成分和结构分析,常用于文物保护环境中空气污染物的分析等。核磁共振光谱分析(NMR)在金属材料文物的研究中应用较多,可用于材料缺陷、电子结构、金属相变等的研究。

此外,X 光透视法、超声波探伤技术、热分析法、电化学分析法等都是应用广泛的科技分析法,针对文物的不同性质,合理运用这些方法能够让文物的保护工作事半功倍(图 9－16)。

无论是以传统技术,还是新技术保护、维修文物,都必须坚持保护文物"原状"的原则。1964 年 5 月,在意大利威尼斯举行的第二届历史古迹建筑师及技师国际会议通过的《国际古迹保护与修复宪章》(《威尼斯宪

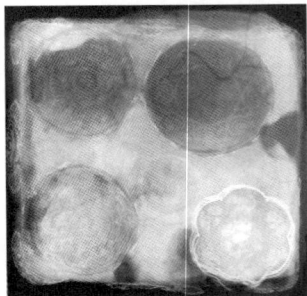

图 9－16　光照射下的漆盒透视图

章》)中,对保护、修复古迹的原则和要求等,均做出了明确规定。2000 年 10 月,国际古迹遗址理事会中国国家委员会制定,后经国家文物局推荐的《中国文物古迹保护准则》,是在中国文物保护法规体系的框架下,对文物古迹保护工作进行指导的行业规则和评价工作成果的主要标准。

二、文物保护新材料

新技术、新材料用在文物藏品本体上之前,要用材质相近的现代工艺品反复进行试验。需要指出的是,无限地加固文物藏品的要求是错误的。新技术、新材料会越来越发达,但并不能完全代替传统技术、传统材料。

涉及文物保护的材料有很多,类别也很丰富,这里仅以有机石质文物加固材料为例进行说明(参见知识链接 9-5)。有机加固剂用于石质文物和古建筑保护可分为小分子化合物和聚合物两类。

1. 小分子化合物

这类化合物包括硅酸酯、硅氧烷等。国内外经常采用德国产的 Remmers300 来加固砂岩、砖瓦、黏土类文物,例如,我国曾运用此材料,采用贴敷法对重庆大足北山的五百罗汉进行了加固处理,效果良好。Remmers300 是一种无色透明、渗透性很好的加固剂,它的主要化学成分是硅酸乙酯,可对软弱松散、风化严重的岩石起到有效的黏接、加固作用。

2. 聚合物

在石质文物和古建筑的加固、封护中应用极其普遍,主要有环氧树脂、丙烯酸树脂和有机硅树脂等。

（1）环氧树脂。环氧树脂类加固剂由主剂、稀释剂、固化剂、增韧剂、填料等部分组成，主剂有二酚基丙烷环氧树脂、酚醛环氧树脂、甘油环氧树脂等。由于二酚基丙烷环氧树脂用途最广，在文物保护领域中目前说到的环氧树脂，一般是指二酚基丙烷环氧树脂。环氧树脂在建筑物和石质文物加固方面应用极其广泛，龙门石窟、云冈石窟、麦积山石窟、大足石窟等许多石窟都采用了环氧树脂加固。目前，环氧树脂不仅是我国使用最广泛的加固材料，在其他国家如瑞士、日本、美国、意大利等都曾被用作加固剂。

图 9-17　云冈石窟表面污染物

（2）丙烯酸树脂。由于具有良好的化学稳定性、耐热性等特点而广泛用于涂料工业，但其耐水性较差，因而限制了在石质文物保护中的应用。我国最早将该类材料用于石窟寺加固是在 1961 年云冈石窟加固工作中（图 9-17）。对于室内风化酥粉十分严重的石质艺术品，通常用 4%～5% 的丙烯酯类溶液接触渗吸法加固。因其酥粉严重，既不能喷涂，也不能刷涂，故而只能用毛笔或软毛刷蘸饱加固剂轻微接触文物表面，使加固剂渗吸入文物中，直到不再吸渗为止。

（3）有机硅树脂。经常用于保护石质文物的有机聚合物中，有机硅树脂的渗透性、疏水性和耐候性相对比较好，不仅具有加固作用，还具有防水性能。印度学者采用二甲基、二苯基聚硅氧烷、二甲基聚硅氧烷和硅油处理了被酸雨侵蚀、失去胶结物的石碑，使其机械强度和胶接性能得以改善，同时具有一定的疏水性。[1]

三、文物的信息化

文物藏品的数字化、信息化建设是以数字形式，对实体文物和文化遗产各方面信息进行采集和管理，实现文物资源的永久保存，并可以通过互联网提供数字化的展示、教育和研究等多种服务的信息系统的建设。它采用计算机网络技术、数据库技术、多媒体技术、虚拟现实技术、人工智能技术、人机交互技术等构造出分布式的数字信息资源系统，为文物及文化遗产提供永久的数字化保存、管理和传播手段。它突破了时空限制，扩大了服务对象的数量，提高了文物及文化遗产的展出和利用率，提高了服务质量，改善了展示效果。通过数字化、信息化建设，实现文物和文化遗产的数字化典藏、数字化展示和远程教学，并最终实现文物资源的共享和个性化服务。

"元数据"是数据的数据，是对信息资源的结构化描述，为各种形态的数字化信息单元和资源集合提供规范、普遍的描述方法和检索工具，是建设数据库、数字图书馆、数字文物博物馆的基础。博物馆文物信息资源的保存、管理和利用需要用到"元数据"这一管理工

---

〔1〕　王丽琴、党高潮等：《加固材料在石质文物保护中应用的研究进展》，《材料科学与工程学报》，2004
年第 5 期。

具，需要对元数据建立统一规范的方案，即"元数据标准"。国外元数据的研究起步较早，发展也很迅速，到目前为止，已有相当数量有影响力的元数据标准出现，有利于数字文物博物馆的文物元数据及其资源集合的规范和统一。通过对文物信息资源的分类，将文物信息资源元数据分为文物基本信息、文物局部信息、相关历史文化脉络信息、相关视觉文献信息、展览信息和记录管理信息等模型，再利用模型进行分类设计和描述。

以文物藏品基本信息元数据模型为例，它描述了文物的基本属性信息，可分为 15 类，要完整地描述一件文物作品的信息则需要多达 45 类的数据项，这使得元数据的模型变得较为复杂。而一般的浏览或检索只需文物的最基本信息，由是应建立一种简、繁结合的元数据表示模型，即根据文物的最基本信息构造精简的元数据表示，即"核心元数据"，扩展元数据模型表示文物的完整信息。"核心元数据"包括类别、名称、尺寸、形式简要描述、创作者姓名、识别资料、时代起讫、典藏单位、典藏位置、识别号码等。"核心元数据"可在浏览和检索时结合二维码使用，使实际操作更加便利。

这样一种计算机文物藏品管理系统，是以文物藏品档案为基础建立起来的一个立体信息系统，它不仅是藏品账、卡和藏品档案内容的集中体现，同时也将藏品的动态信息囊括在内。其理想目标是针对藏品的不同属性，任意排列组合地自由查询，使用者可以随时打印屏幕中所显示的信息，免去了纷繁的文书工作，这体现了文物收藏事业的社会效益。

由于传统的藏品档案和计算机藏品管理系统所使用的信息载体不同，它们的工作重点也不同。藏品档案工作的重点在于资料的搜集、分析和整理，注重资料的"原始性"。如藏品征集过程中藏品的原始状况、征集者、访问者的签名、出入馆凭证、调拨手续、鉴定证明，等等，都具有不可替代性。而计算机藏品管理系统的重点在于综合信息查询的方便、快捷和"资源共享"。如果说藏品档案面对的是大量烦琐的文字工作的话，那么计算机藏品管理系统面对的难题则是藏品定名、分类、数据采集的规范化问题，两者作为博物馆的藏品资料系统形成优势互补、互相依存的关系，共同服务于博物馆的藏品研究工作及各项业务活动。

基于数据库和动态网页的数字博物馆建设，故宫博物院一直以来一枝独秀，近些年来，国家博物馆、上海博物馆、南京博物院等一些大型博物馆的网站也自发性增加了数据库的点播成分。大学博物馆的数字化建设也取得了很大成就，实现了包括多馆协同的信息检索与服务技术、数字藏品的版权管理技术、面向藏品的知识问答系统、面向数字博物馆的网络技术、有关藏品的三维技术（数据获取技术、建模技术、动态展现技术）、基于虚拟现实的数字博物馆的展现技术等的合理运用及资源整合与共享平台建设。

在博物馆文创产品的设计和制作中，以本博物馆有特色的文物藏品为基点，可以利用计算机技术，包括 3D 打印技术，获得更大的开发空间的可能。

计算机对于文物藏品的管理，是博物馆电脑化管理的核心，是现代博物馆存在的必须，也是博物馆深层次发展的必须。在未来的数字博物馆和博物馆资源整合中，这种计算机技术背景下的分类设计应用或将得到更好的发展。

知识链接

知识链接 9-1

故宫博物院关于文物管理处的职责规定如下：

文物管理处是故宫博物院负责藏品综合管理、账目信息管理和业务协调工作的部门。

1. 协助院领导制定全院藏品管理工作目标，任务、要求及关键岗位设置的论证核定，并负责监督、检查和落实，制定与院藏品管理工作相关的规章制度和规范并组织贯彻执行；

2. 负责全院《藏品总登记账》及其辅助账的登记、修订及保管，文物管理信息系统底账信息的录入和相关信息的核定与修改，院藏品管理有关档案资料的整理和保存；

3. 了解各业务部门的藏品管理情况，汇总统计全院藏品相关数据，掌握藏品动态，根据工作需要向院长、院长办公会汇报，为院有关工作决策提供依据；

4. 统筹全院藏品库房工作，组织检查各业务部门的藏品库房，对藏品管理工作进行监督、指导；

5. 负责国内文博机构借用院藏文物的组织协调，经院审批并授权后签署协议；

6. 负责国内外展览目录的审核与估价；

7. 办理藏品（含借用院外藏品）出入库、院和点交、查收的相关手续，负责藏品流通过程中相关环节的审批和藏品出入库的验放；

8. 负责有关藏品征集的组织、联络、协调工作，组织必要的鉴定工作，接待、回复有关文物方面的来访、来函；

9. 协调处理各业务部门间的藏品管理工作事宜，协助院领导召集院内藏品管理工作的会议，发布有关藏品管理工作的通告；

10. 完成上级主管部门及院领导交办的其他工作。

知识链接 9-2

金属类器物的腐蚀产物可分为两大类——"无害锈"和"有害锈"，这里的"有""无"是相对而言的。"无害锈"往往本身相当稳定，是不参与或促进进一步的腐蚀过程的锈蚀，比如一些不再锈蚀的致密层会对器物有一定的保护作用，而且与器物蕴含的历史感更加吻合。铁器上的磷酸铁、磁铁矿、铬酸铁化合物，铅器上的硫酸铅和青铜器上的碱式碳酸铜等基本是"无害锈"。"有害锈"是对金属类器物持续造成伤害的锈蚀，对青铜器而言，"有害锈"发挥主要作用的是其中的氯化物、硫化物等。如氯化亚铜、氯铜矿、副氯铜矿、水氯铜矿、羟氯铜矿、氯磷钠铜矿和铜氯结合物等在一定的条件下会产生氯离子，造成对青铜器进一步的腐蚀。

知识链接 9-3

　　黑漆古是对一种皮壳漆黑发亮、有莹润质感的青铜器的俗称,也可理解为对皮壳状态的称谓。一般认为是在青铜器表面生成的一层极稳定的保护薄膜,构成物质主要为碱式硫酸铜(橄榄绿色),还包括氧化铜(黑色)、硫化亚铜(黑色)及氧化亚锡(棕黑色)等。关于其成因学术界有多种说法,有的学者认为是埋藏条件下腐殖物质作用的结果,还有的学者认为是磨抛后镀锡的结果,目前尚无定论。

知识链接 9-4

　　壁画的病害包括:

　　一、壁画地仗层大面积脱落或崩塌

　　在敦煌石窟中,因围岩崩塌而造成壁画大面积毁坏的现象是比较常见的。

　　二、壁画发生空膨、剥落和酥碱

　　空膨是指在壁画的灰泥层和墙体之间因粘结不牢而剥离。剥落是指空膨区域不断扩大或者许多小空膨区连成片时,由于灰泥层的重力作用导致壁画大块脱落,甚至整幅壁脱落。酥碱通常发生在靠近地面的部位,因潮湿、通风不良和可溶性盐类的运动而造成。酥碱部分泥层酥松,类似粉化,极易碎毁。

　　三、壁画起甲、起泡、变色、褪色

　　这是画层材料的不稳定性引起的病变。起甲也称龟裂起甲,主要表现为画层碎裂,形状似鳞甲,多呈卷翘状,稍有震动就会成片地脱落。这一般是由于胶料的用量不当所致,是壁画中常见的一种病变。起泡是指底子(介于画层和灰泥层之间)形成的含有微量粉末的凸起小泡,它可使底子剥离和脱层。这是由于底子中的黏合介质容易变质,使它与灰泥层的结合力减弱所致。变色或褪色是指壁画颜料由于光照、氧化、潮湿发生物理和化学作用所引起的变化现象。

　　四、其他因素造成的画面污染

　　如烟熏变黑、壁画产生霉菌等。[1]

知识链接 9-5

　　敦煌研究院文物保护研究所研制了一种用于砂岩加固的无机材料——高模数硅酸钾,代号 PS。加固机制是:PS 渗到岩体的内部与砂岩的泥质胶结物中的蒙脱石、绿泥石等黏土矿物及其风化产物起作用形成难溶的硅酸盐,这是一种含二氧化硅骨架的复杂物质。最初为凝胶,然后逐渐形成固态的、纤维状的无机复合体,岩石的物理强度、抗风化能力比以前都有所提高。岩体强度较低的砂岩、砂砾岩石窟的加固砂岩、砂砾岩灌浆一般使用 PS-C(PS 为高模数硅酸钾水溶液,C 为黏土)。采用 PS-C 对甘肃麦积山、敦煌石窟等石窟裂隙灌浆,其结果表明 PS-C 对多孔、强度低、孔隙率大的砂岩是一种理想的灌浆

---

[1]　徐毓明:《关于敦煌壁画保护方法的评价》,《文物》1982 年第 12 期。

材料。PS-C 稳定性好,强度接近且略高于砂岩、砂砾岩的强度,具有对砂、砾岩强粘接性以及透水、透气、耐腐蚀性强、成本低、操作方便等优点,是一种对砂、砾岩石裂隙灌浆和粘接复原加固很有发展前途的保护材料。[1]

参考文献

1. 吴诗池:《文物学概论》,上海文艺出版社 1996 年版。
2. 李晓东:《文物学》,学苑出版社 2005 年版。
3. 王蕙贞编著:《文物保护学》,文物出版社 2009 年版。
4. 张承志:《文物保藏学原理》,科学出版社 2010 年版。
5. 北京博物馆学会编:《博物馆藏品保管工作指引》,中国书籍出版社 2012 年版。
6. 杨璐、黄建华:《文物保存环境基础》,科学出版社 2015 版。
7. [意]切萨雷·布兰迪:《修复理论》,同济大学出版社 2017 年版。

本章自测

1. 还有哪些新技术、新材料正在应用于文物保护?
2. 古建筑的保护和利用之间有冲突吗?
3. 艺术品修复与文物修复有何异同?
4. 文物的最佳保管条件是什么?

---

[1] 赵海英、李最雄、王旭东等:《西北干旱区石窟遗址保护》,《中国地质灾害与防治学报》2007 年第 2 期。

第十章　文物法制、行政、教育、商业

　　针对中国现代文物工作,国家提出"保护为主、抢救第一、合理利用、加强管理"的 16 字方针。落实这 16 字方针,应该从行政、法规、经济、教育、技术,等等方面综合考虑、统筹兼顾。与文物有关的法制、行政、教育、商业反映了文物在现实社会中的存在,是"文物运动"的重要方向。它们的长期存在对文物本体及文物事业不断地产生着直接或间接的影响。人们应当重视对有关法制、行政、教育与商业的研究。

第一节　文物保护法与文物法制

关键词:文物保护法　有关法规　文物法制

一、我国文物保护法历史沿革

　　1. 盗墓是违反人伦,也是破坏文物的恶劣现象,古代中国从维护纲常伦理和保持社会安定的统治需要出发,历代王朝都有严禁盗墓的律令。汉高祖十二年(前 195)十二月,皇帝诏令,"秦始皇帝、楚隐王陈涉、魏安釐(僖)王、齐缗王、赵悼襄王皆绝无后,予守冢各十家,秦皇帝二十家,魏公子无忌五家。"[1]此后,历代的开国之初多有类似的诏令。除名人冢墓外,汉代对于一般的墓葬也严令禁止盗发,"天下县官法曰:'发墓者诛,窃盗者刑'"[2]。《唐律疏议》规定:"诸发冢者,加役流;发彻即坐。招魂而葬,亦是。已开棺椁者,绞;发而未彻者,徒三年。其冢先穿及未殡而盗尸柩者,徒二年半;盗衣服者,减一等;器物、砖、版者,以凡盗论。"[3]《大清律例》中的有关律令规定得更为详细:"凡发掘见棺者,杖一百,流三千里。已开棺见尸者,绞。发而未至棺者,杖一百,徒三年。若冢先穿陷及未殡埋而盗尸柩者,杖九十,徒二年半;开棺椁见尸者,亦绞。其盗取器物砖石者,计赃准凡盗论,免刺。"[4]历代官府对于一些非因盗墓而出土的特殊古器物往往也设收藏禁

〔1〕　[汉]司马迁:《史记》卷八,中华书局 1982 年版,第 487 页。
〔2〕　何宁:《淮南子集释》,中华书局 1998 年版,第 976 页。
〔3〕　刘俊文点校:《唐律疏议》卷十九,法律出版社 1999 年版,第 383 页。
〔4〕　田涛、郑秦点校:《大清律例》卷二十五,法律出版社 1999 年版,第 408 页。

限。如《大明律》规定："若于官私地内掘得埋藏之物者，并听收用；若有古器、钟鼎、符印异常之物，限三十日内送官，违者杖八十，其物入官。"[1]《大明律》"集解"注释云："异常之物非民间宜有，故送官；若金银、首饰、铜钱，并听收用。"中国古代这些法律条令，虽有对盗墓等行为的惩治，客观上起到了保护文物的作用，但文物事业本身并无"法制"可言。

2. 1909年，清朝的民政部拟定了《保护古迹推广章程》，并报请清廷批准颁行。这虽然还不是法律性质的文件，但体现了近代文物保护意识，因此具有重要开创意义。

民国十七年（1928），南京国民政府成立了"中央古物保管委员会"，这是中国第一个专门的中央政府文物管理机构，并于民国十九年（1930）颁布了《古物保存法》共十四条，涉及私有、公有古物的区别；中央、地方古物保护；地下古物的发掘以及古物的研究与流通等方面。[2]这是我国第一部针对文物事业的立法，这部文物保护法即使放在全世界的文物保护法制的历史进程来看，也不算太晚。

民国二十年（1931）至民国二十四年（1935），为了配合《古物保存法》，国民政府制定了一系列配套的规定，如《古物保存法实施细则》《采掘古物规则》《"中央古物保存委员会"组织条例》等。民国二十四年（1935），当时的北平市政府也颁布了《旧都文物略》。民国时期虽然颁布了许多文物保护与文物管理的法规，但是由于国家动荡不安，内忧外患不断，同时国民政府也缺乏强有力的立法机构、司法机构和执行机构，这些文物保护的法规常常得不到有效施行。

中国共产党所领导的解放区在文物工作上也做过一些努力。1940年代后期，一些根据地得到巩固后，有的文物工作者提出的一些建议也成为现在文物学的基础。1947年，山东省民主政府成立了解放区第一个文物保护管理机构——胶东文物管理委员会。同年9月，山东省成立了省级文物管理委员会，也提出了一些关于文物保护的意见。[3]

3. 1949年之后，中国文物法制有了长足进步。为了打击文物走私和不法分子对文物的破坏，1950年5月24日，中央人民政府政务院制定了新中国第一个保护文物的法令《禁止珍贵文物图书出口暂行办法》。《办法》将禁止出口的文物分为革命文献及其实物、古生物、史前遗物、建筑物、绘画、雕塑、铭刻、图书、货币、舆服、器具等11类，并确定了出口的标准、范围和一些其他相关规定。1950年还颁布了《古文化遗址及古墓葬之调查发掘暂行办法》，打击不法分子盗掘古墓、破坏文物的犯罪活动。同年随之颁布了一系列保护文物的法律法规，如《古迹、珍贵文物、图书及稀有生物保护办法》等，主要针对新中国成立初期文物流失和破坏的现象。1953年，政务院颁布了《关于在基本建设工程中保护历史及革命文物的指示》，明确指出在基本建设工程中，保护文物是文化部门和基本建设部门的共同任务。

1958年，国家文物局制定了《一九五八年工作规划》和《文物和博物馆事业五年发展纲要》，但是，其中有许多指标是脱离实际情况的。1961年，国务院颁布了《文物保护管理

---

〔1〕　雷梦麟：《读律琐言》，法律出版社2000年版，第199页。

〔2〕　李晓东：《民国文物法规史评》，文物出版社2013年版，第110页。

〔3〕　俄军：《文物法学概论》，兰州大学出版社2006年版，第16页。

暂行条例》，这是新中国第一个内容较为全面的综合性文物行政法规，为以后文物保护管理、考古发掘、博物馆建设等文物行政规章的制订提供了指导。除此之外，这一时期还颁布了一系列重要规定，如 1961 年颁布的《国务院关于公布第一批全国重点文物保护单位名单的通知》、1963 年颁布的《文化部关于文物保护单位保护管理暂行办法》等，促进了考古文物保护和博物馆事业的发展。

4. 1982 年，第五届全国人民代表大会常务委员会第 25 次会议通过了《中华人民共和国文物保护法》，这部法律弥补了 1961 年国务院颁布的《文物保护管理暂行条例》中关于考古的条目比较少、关于馆藏文物涉及比较少，和其他一些具有历史局限的缺陷，标志着我国的文物法制保护工作进入了一个新的阶段。此后在 1991 年、2002 年、2007 年、2013 年、2017 年，全国人民代表大会常务委员会对这部文物保护法进行了多次修订，不断针对新的问题进行修正完善。

二、我国文物法律法规

我国现行的法律法规中对文物保护、管理都有明确规定，法律中包括宪法、基本法、专门法等。《中华人民共和国宪法》第二十二条规定"国家保护名胜古迹、珍贵文物和其他重要的历史文化遗产。"这一条是我国制定文物保护相关法律法规的重要依据。《中华人民共和国刑法》分则第六章"妨碍社会管理秩序罪"第四节"妨碍文物管理罪"中对盗掘古墓、破坏文物、倒卖国家禁止经营的文物等行为进行了定罪，除此之外，在其他章节规定的盗窃罪、走私罪中也对文物保护有所涉及，这为打击文物犯罪活动，保护文物安全提供了重要的法律保障。《中华人民共和国民法通则》中也有关于文物管理、保护的相关条目，如第七十九条规定"所有人不明的埋藏物、隐藏物，归国家所有。接收单位应当对上缴的单位或者个人，给予表扬或者物质奖励。"

我国现行的《中华人民共和国文物保护法》（图 10-1）2017 年修订通过，当年 11 月 5 日起实行。全文共分为八章八十个条目。

第一章"总则"，共十二条，对于文物保护法的立法宗旨、文物保护的对象、文物保护单位、可移动文物的分级、文物工作的方针、国有文物的定义、非国有文物受法律保护、各级政府及其行政主管部门和有关部门保护文物的职责等做出了说明和规定。

图 10-1　《中华人民共和国文物保护法》

第二章"不可移动文物"，共十四条，对全国重点文物保护单位的划定，历史文化名城的划定，文物保护单位范围的划定、建档、使用、修缮、重建，和城乡规划、工程建设的关系等内容做出了具体说明。

第三章"考古发掘"，共九条，主要规定了一切考古发掘必须经过批准，任何单位和个人不得私自发掘，因基本建设工程进行考古调查勘探发掘，所需费用列入建设工程预算，发掘中任何单位或个人发现文物需要立刻上报，文物归国家所有，考古发掘的结果也应当上报国家，中外合作考古的相关规定以及发掘文物的保管和移交管理等内容。

第四章"馆藏文物"，共十四条，对馆藏文物的获得、建档、保护、管理、调拨、交换、借用、修复、损毁、遗失等方面进行了说明。

第五章"民间收藏文物"，共十条，对民间收藏文物的获得，不得买卖文物的划定，民间文物的捐赠、出借，文物商店的设立和管理，文物拍卖企业须获得许可证，禁止参与文物拍卖的企业和个人的划定等有关民间收藏和文物拍卖的具体事项进行了说明。

第六章"文物出境进境"，共四条，对禁止出境文物、文物出入境的规定和手续等进行了说明。

第七章"法律责任"，共十六条，对各种违反文物保护法律法规的行为进行了法律责任的认定，其中包含行政法律责任、刑事法律责任、民事法律责任等。

第八章"附则"，共一条，说明了法律施行的时间。

通过以上介绍，可以看出国家十分重视文物保护工作，也随着时代的变化根据实际情况中出现的问题进行了文物法律修订。

文物行政法规是国务院根据宪法等法律规定和文物保护管理工作的需要，同时根据文物保护管理工作实践的经验和规律，按照《行政法规制定程序条例》和法定程序制定的规范性文件，不得与宪法和法律相抵触。文物行政法规也是文物法律体系的不可或缺的重要部分。我国现行的相关行政法规有《博物馆条例》(2015)，《中华人民共和国水下文物保护管理条例》(2011 年修订)、《考古发掘管理办法》(1998)，等等。

地方性文物法规，是根据各地文物管理与保护的具体需要，由地方立法机关制定或认可的，只能在地方区域内发生法律效力的规范性法律文件。地方性文物法规具有原则性和灵活性，其原则性体现在须与《文物保护法》等法律以及《文物保护法实施条例》等行政法规保持一致，灵活性体现在坚持从本地情况出发，针对当地文物具体情况制定。至今大多数省、自治区、直辖市人大常委会制定和颁布了综合的地方性文物法规，如《江苏省文物保护条例》(2017 年修正)、《甘肃省敦煌莫高窟保护条例》(2002)等。

文物规章是根据宪法法律、行政法规和文物工作的需要，就文物保护和文物管理等方面制定的专门或者专项规定，在整个法律体系里，效力位于宪法法律、行政法规、地方性法规之下的具有一定法律效力的规范性文件，也是文物法律体系的重要组成部分。比之法律法规更为详细，易于具体执行。如《关于加强文物保护利用改革的若干意见》(2018)、《田野考古工作规程》(1984)、《国家文物局关于博物馆一级藏品鉴选标准(试行)》(1978)，等等。

这些法律法规都反映了国家和社会对于文物保护、文物管理的重视，是打击文物犯罪活动和保护、管理文物的有力法律武器。

本教程认为我国与文物相关法律法规虽然已经相对完善，但是仍存在一些问题，有修改和完善的需要。一是文物法律法规操作执行性还需加强，二是上下级法律法规的配套性仍需加强。如文物保护法的司法性质究竟属于刑法还是民法，性质要明确，如何增强法律文件的操作性，文物作为遗产如何与将来的遗产法以及金融关系相接轨，都是值得进一步深入思考的问题。此外，要关注和留意国外文物法制的建设与发展，取长补短，提高我国的文物法制水平。

第二节 文物的行政管理

关键词：文物管理机构 文物保护 文物普查

一、文物管理的内容和手段

1. 管理内容

文物的宏观管理的内容主要有法规管理、行政管理、技术管理和专项管理等。

（1）法规管理

即运用我国与文物保护相关的法律法规管理文物，是文物保护管理的重要内容。主要包括国家法律、省级权力机关指定的地方性文物法规，各级政府和文化行政管理部门制定的保护管理文物的法规，以及文化（文物）行政管理部门制定的重要规章制度。其中法律包括宪法、民法、刑法、诉讼法和专门法律，其中都有文物保护的相关内容。此外，还包括了中国参加的保护文物的国际公约，如联合国教科文组织的《保护世界文化和自然遗产公约》等。

图 10－2 联合国教科文组织

（2）行政管理

行政管理机构的主要任务，是研究制定文物保护管理规划和各项计划，以行政手段指导管理工作和文物事业健康有序发展。如文物调查计划、古建筑的保护与维修计划、文物宣传计划、文物藏品保护技术发展计划、文物人才培养计划、文物事业发展计划和近期与长远规划等。

（3）技术管理

是指运用科学技术对文物进行保护，是文物管理的重要内容，它主要包括制定或执行有关文物保护技术的方针、政策，确定文物保护科技发展方向，组织文物保护技术培训和信息交流，审定与组织实施文物保护技术方案，评审文物科技研究项目课题，审定文物科技研究成果等。是利用现代科学技术检测、修复文物，也是防止文物遭受自然因素损坏，延长文物"寿命"的管理手段。

（4）专项管理

指的是对大类别的文物，根据其类别所具有的特殊性，实行有针对性、计划性的系统管理，如对文物保护单位的管理等。文物专项管理的方面较多，包括历史文化名城管理、考古发掘审批检查管理、文物藏品管理、文物出入境管理等。例如，为了加强近现代工业遗产的保护和利用，我国于 2017 年 12 月首次认定了一批工业遗产，并于 2018 年 10 月公示了第二批工业遗产名单，内容包括厂房、矿区、码头、设备、办公用具，等等；包括国营738 厂、北京卫星制造厂、秦皇岛港西港等单位。

2. 管理手段

在实行文物管理的过程中,要贯彻"保护为主、抢救第一、合理利用、加强管理"的方针,在实践中则需要一些具体的管理手段,主要有:法律法规手段、行政手段、经济手段、技术手段和教育手段。

（1）法律法规手段

是利用法律、法规文件对文物进行保护的手段,它们所规范的是保护管理文物的行为,调整的是与文物保护管理工作有关的各种社会关系,将文物保护的工作规范化、程序化。在文物法律体系中,法律、行政法规、地方性法规和规章从不同层次对文物保护管理做出了明确规定。

（2）行政手段

通过行政手段干预保护和管理文物,在文物保护管理工作中经常使用。一方面,行政手段就是通过行政力量贯彻执行法律法规,对文物实施有效的保护;另一方面,国家行政机关根据法律赋予的职权,制定文物保护管理的方针、政策、计划、措施并组织贯彻执行。我国的文物行政管理机构框架为国务院下设的国家文物局、省市级人民政府下设的文物局（有的并入文化厅,成为一个处级单位;有的和旅游局合并为文物旅游局）、

图 10-3　江苏省文物局

地方的文物管理所和文物保护所,从中央到地方层层递进地管理和保护文物。

（3）经济手段

是通过经济途径开展文物保护管理的重要手段。文物保护事业作为公益性事业,不仅需要国家的投入,也需要社会的参与。根据相关法律法规规定,文物事业单位的收入专门用于文物保护,同时国家鼓励企业、个人对包含文物事业在内的文化事业进行捐赠。除此之外,还包括国家设立文物保护专项补助经费,奖励为保护文物做出成绩和贡献的单位和个人,同时,对违反文物保护法律法规的单位和个人给予经济制裁等。

（4）技术手段

是指利用科技方法防止自然力对文物的破坏,同时对损坏的文物进行科技保护与修复的手段。在利用技术手段时,既要重视传统技术,又要大力研究近现代科技并推广其成果,同时也要严格防范和控制使用新工艺、新材料可能造成的保护性、修复性破坏。

（5）教育手段

包括人才培养、在职干部教育和对公众宣传教育等方面。文物保护管理的专业性十分强,要求从业人员不仅需要具有文物、考古、艺术史等文物方面的知识,还需要有科技、法律、财会、管理等知识背景;需要加强高校文物专业的教育,为文物保护管理提供具有复合专业背景的人才;在职干部教育包括举办干部培训班等,随着文保事业发展和科学技术

进步,需要对干部职工进行再教育,提高知识水平以应对工作需要;向公众宣传文物知识也是教育手段的一个重要部分,普及文物和文物保护知识、文物相关法律法规,从而加强公民的文物保护意识,提高公民素质,为文物保护管理提供良好的社会环境。

二、文物调查与普查

1. 文物调查

"文物调查"是文物行政管理部门和文物科研机构的经常性工作,是对文物进行保护、管理、研究的前提。除此之外,文物调查过程也是了解和研究文物资源的过程。在文物调查过程中既要征集、采集文物标本,为文物研究和保护管理做好资料的准备,同时也要宣传我国文物法规,普及文物知识。

文物调查的对象,包括 2017 年修订的《中华人民共和国文物保护法》中规定的受国家保护的各类文物(参见知识链接 10-1)。

根据不同的目的和要求,文物调查也会采取不同的形式,大致可以分为日常性调查、重点勘察、配合工程调查、文物复查、文物考古试掘、文物普查,等等。在调查之前要做好准备工作,在组织培训队伍、设定调查计划、资料搜集和调查用具等方面都要做好准备。文物调查的基本要求是要进行实地调查,实地了解文物情况,也要征集文物和采集文物、标本,在准备、搜集资料之后及时对资料进行整理。

2. 文物普查

"文物普查"是一项帮助了解我国文物情况的全国规模的文物调查工作,为研究和发挥文物的价值,并对其进行科学保护提供了详实的资料。截至目前,中国文物行政部门已经组织开展了三次全国范围的文物普查工作,以及一次全国可移动文物的普查工作。

为了了解全国各地文物的保存数量及状况,以便更好地规划文物工作,中国文物行政部门于 1956 年至 1959 年在全国范围内进行了第一次大规模的全国文物普查工作,调查对象包括古建筑、纪念建筑、石窟寺、石刻、古遗址、古墓葬、革命遗址以及流散文物,等等。通过此次普查,文物行政部门对全国各地文物的基本情况有了一个较为全面的了解,也为确定区分文物等级的标准提供了依据。

随着文物工作持续的开展和相关经验的积累,我国在 1981 年至 1985 年进行了第二次全国文物普查和文物复查工作,就覆盖的范围和调查的结果来看,都远远超过第一次,然而受到资金、技术等条件的限制,第二次文物普查并未达到预期的效果。

随着经济、社会、科技等方面的发展,为了适应新形势下文物工作的需要,我国在 2007 年至 2011 年 12 月进行了第三次全国文物普查工作。此次文物普查的重点对象是中国境内(不包含港澳台地区)地上、地下、水下的不可移动文物,范围总共六大类,包括古遗址、古墓葬、古建筑、石窟寺及石刻、近现代重要史迹及代表建筑及其他。此次文物普查中,保护对象和保护范围改变较大,以往并不认为是文物的一些老厂房、村落民居等工业遗产、乡土建筑等首次进入了文物普查的范畴。除了传统的文物调查的方法以外,第三次文物普查中还充分运用了许多新技术,如信息网络、遥感、地理信息系统和全球卫星定位系统等，首次建立了全国不可移动文物基础数据库和电子地图，成果颇丰。通过第三次文物普查工作，文物行政部门全面掌握了中国不可移动文物的基本情况及其生存状态，为更好地开展文物保护工作和构建系统、科学、高效的文化遗产保护体系提供了充足的数据信息。

继第三次全国文物普查（不可移动文物部分）之后，为了对我国可移动文物进行全面调查登记，于 2012 年至 2016 年，在国务院领导下，首次对全国范围内的可移动文物开展了普查（参见知识链接 10－2）。

图 10－4　第一次全国可移动文物普查数据公报

三、文物保护单位管理

1. 文物保护单位的原则、性质

我国对"文物保护单位"的管理是文物管理的重要内容，不仅仅保护文物本身，也要保护文物周边的环境不被破坏。《中华人民共和国文物保护法》第二章"不可移动文物"中对文物保护单位的管理做出了详细说明，主要内容有：对全国重点文物保护单位的划定；对各级文物保护单位保护范围、标志说明、建档、管理的规定；把文物保护单位纳入城乡规划；在进行工程选址和设计时，应该与文化行政管理部门确定保护措施；对文物保护单位修缮、保养、迁移、重建的规定，等等。

我国在 20 世纪 50 年代已经开始了对国家文物保护单位的管理，1956 年，各省、自治区、直辖市根据国务院通知要求，公布了一批重点文物保护单位，同时也开始了对文物保护单位的管理工作。1961 年 3 月 4 日，国务院颁布了《文物保护管理暂行条例》（现在由于《中华人民共和国文物保护法》的颁布而废止），其中规定各级文化行政管理部门需要选择重要文物，并报人民政府核定为文物保护单位。同期，公布了第一批全国重点文物保护单位共计 180 处。截至 2019 年，国务院已经先后公布了八批全国重点文物保护单位，共计达到 5058 处。除此以外,各省级、市县级政府也多次公布了地方性文物保护单位。1991 年 3 月 25 日,国家文物局颁发了《全国重点文物保护单位保护范围、标志说明、记录档案和保管机构工作规范(试行)》,为文物保护单位的具体管理工作提供了操作说明和规范标准。

2. 文物保护单位的分类和分级

国家文物保护单位分为六大类:革命遗址和革命纪念建筑、石窟寺、古建筑和历史纪念建筑、石刻和其他、古遗址、古墓葬。

文物保护单位按照级别分为县级和市级文物保护单位、省级文物保护单位和全国文物保护单位。省级文物保护单位由省、自治区、直辖市人民政府核定公布,并报国务院备案。市级和县级文物保护单位分别由设区的市、自治州和县级人民政府核定公布,并报省、自治区、直辖市人民政府备案。国务院文物行政部门在省级、市县级文物保护单位中选择具有重大历史、艺术、科学价值的确定为全国重点文物保护单位,或者直接确定为全国重点文物保护单位,报国务院核定公布。由于我国目前行政区划的实际情况,省、市(含县级市)、县(区)、镇、乡等级文物保护单位存在一定管理紊乱的状况。

3. 划定文物保护范围

保护范围是对文物保护单位本体及周边一定范围实施重点保护的区域。保护范围根据文物保护单位的类别、规模、内容及周围环境的历史与现实情况合理划定。确定保护范围的原则是:保证系列文物的完整性,并在文物保护单位本体之外保持一定的安全距离。全国重点文物保护单位占地面积较大或情况复杂的,可以根据实际需要在保护范围内划分重点保护区和一般保护区。

4. 竖立标志说明牌

这里主要指全国重点文物保护单位,标志须标示该文物保护单位的级别、名称、公布机关、公布日期、树标机关以及树立日期等。树标机关为省、自治区、直辖市人民政府;标志形式采用横匾式,自左至右书写,除文物保护单位的名称外的内容可用仿宋字体或楷书、隶书等。标志牌比例为横三竖二,最小为 60 厘米×40 厘米,最大为 150 厘米×100 厘米,可根据文物保护单位的具体情况选择比例适宜的尺度;全国重点文物保护单位的说明可书写在标志牌的背面,也可另立说明牌,说明文字为简要介绍文物保护单位的名称、时代、性质、内容、价值和保护范围等;说明牌应采用石质坚固材料,竖立在醒目处(图 10-5)。

图 10-5　南京萧融墓说明牌

5. 建立记录档案

记录建档是文物保护单位的基础工作之一，有利于对文物保护单位更好地管理、保护、研究。包括对文物保护单位本身的记录和有关文献史料，内容分为科学技术资料和行政管理文件，形式有文字、摄影（照片、幻灯片）、摄像、绘图、拓片、摹本、计算机磁盘及其他信息载体，内容必须准确、翔实。这项工作在目前全国重点文物保护单位做得比较好，而其他级别的文物保护单位档案工作就详略不一了。

6. 建立健全保护机构

根据《中华人民共和国文物保护法》的规定，对于文物保护单位的管理，应"区别情况分别设立专门机构或者专人负责管理"。目前，有的文物保护单位已经设立专门保管机构，也有的设专人负责管理。专门保管机构负责对该处文物保护单位进行调查、保护、管理、保管、宣传陈列、科学研究等，如开展文物调查，对古建筑进行养护修缮等。

四、考古发掘管理

1. 原则和内容

"考古发掘管理"是加强地下文物（古遗址、古墓葬）、水下文物保护管理的重要方面。国际上有许多有关考古发掘管理的公约，如联合国教科文组织大会第九届会议通过的《关于适用于考古发掘的国际原则的建议》（1956）、欧洲理事会颁布的《保护考古遗产的欧洲公约》（1969）、国际古迹遗址理事会全体大会第九届会议通过的《考古遗产保护与管理宪章》（1990），等等。我国的文物保护法中也对考古发掘管理做出了明确的规定，其中许多基本原则是一致的。我国田野考古发掘最基本的原则是依照国家的法律法规和科学规程，保证田野考古的科学性的同时，避免破坏文化遗存（图 10 - 6）。

图 10 - 6　考古发掘现场

根据田野考古发掘不同的目的可以划分为多种类型，主要包括：为科学研究进行的发掘、配合建设工程进行的发掘、抢救性发掘和特许发掘。无论类型如何,任何考古发掘都必须按照法定程序申报批准。申请考古发掘项目需要填写《中华人民共和国考古发掘申请书》,经过国家文物局按照法定程序批准后,考古发掘单位才可以进行发掘工作。

2. 为科学研究进行的考古发掘管理

为科学研究进行的考古发掘又称为"主动发掘",其目的是解决某项学术问题或者专业教学实习,有利于学科发展和提高,主动发掘之申报、批准控制得较为严格。文物机构、高等院校和其他研究单位在因科研需要和教学实习需要进行发掘时,需要在申请之前征求发掘项目所在的省级文化(物)行政管理部门的意见。

3. 配合建设工程进行的考古发掘管理

20世纪50年代我国就提出了"重点保护、重点发掘,既对基本建设有利,又对文物保护有利"的"两重两利"方针;20世纪90年代又提出了"保护为主,抢救第一"的方针,使得配合建设工程进行的考古发掘管理,成为文物保护工作的重要方面。《中华人民共和国文物保护法》第二十九条和第三十条分别规定"进行大型基本建设工程,建设单位应当事先报请省、自治区、直辖市人民政府文物行政部门组织从事考古发掘的单位在工程范围内有可能埋藏文物的地方进行考古调查、勘探"。"需要配合建设工程进行的考古发掘工作,应当由省、自治区、直辖市文物行政部门在勘探工作的基础上提出发掘计划,报国务院文物行政部门批准"。在调查过程中一旦发现重要文物,建设单位应与文化(文物)行政管理部门具体商定包括发掘在内的保护措施,并列入设计任务书。

4. 抢救性发掘管理

"抢救性发掘"是指古遗址或古墓葬因为自然或者人为原因面临危险时,为了避免埋藏文物遭到进一步毁坏而进行的发掘。《文物保护法》第三十条规定"确因建设工期紧迫或者有自然破坏危险,对古文化遗址、古墓葬急需进行抢救发掘的,由省、自治区、直辖市人民政府文物行政部门组织发掘,并同时补办审批手续"。

5. 特许发掘管理

"特许发掘"是根据中国法律、法规的规定,经过国务院特别许可的外国人或者外国团体在中国境内进行的考古发掘。《文物保护法》第三十三条规定"非经国务院文物行政部门报国务院特别许可,任何外国人或者外国团体不得在中华人民共和国境内进行考古调查、勘探、发掘"。随着中国文物考古视野的发展以及中国改革开放的深入,中国文物越来越引起外国考古工作者的兴趣,要求来华合作进行考古。1991年2月22日,国家文物局公布实施了国务院批准的《中华人民共和国考古涉外工作管理办法》,并在2011年和2016年进行了修订。

6. 考古出土文物归属

考古发掘所获得的出土文物,属于国家所有,是国家文化财产的重要组成部分。考古发掘中出土的文物应当全部采集,表明单位,绘制器物图,编制器物卡片,填写各种登记表和编制出土文物清单,以助于进一步管理和研究。《文物保护法》第三十四条规定:"考古发掘的文物,任何单位或者个人不得侵占。考古发掘的文物,应当登记造册,妥善保管,按照国家有关规定移交给由省、自治区、直辖市人民政府文物行政部门或者国务院文物行政部门指定的国有博物馆、图书馆或者其他国有收藏文物的单位收藏。经省、自治区、直辖市人民政府文物行政部门批准,从事考古发掘的单位可以保留少量出土文物作为科研标本。"从事考古发掘的单位须在考古发掘完成后的规定期限内,向文物行政主管部门和国务院文物行政主管部门提交结项报告和考古发掘报告。

五、馆藏文物管理

《文物保护法》第四章对馆藏文物的获得、建档保护、管理、调拨、交换、借用、修复、损毁、遗失等方面进行了规定。2015 年 3 月 20 日颁布的《博物馆条例》也对博物馆藏品的获得、建档、管理等做出了具体规定。

1. 文物藏品的获得

《文物保护法》规定文物收藏单位可以通过下列方式取得文物:

(1) 购买;(2) 接受捐赠;(3) 依法交换;(4) 法律、行政法规规定的其他方式。

国有文物收藏单位还可以通过文物行政部门指定保管或者调拨方式取得文物。

2. 文物藏品的分级与保管

区分文物藏品等级,是做好文物藏品科学保管的前提。本教程在第五章也有所讨论。

3. 文物藏品库房管理

文物收藏单位应设有固定、专用的文物库房,并由专人保管。本教程在第九章已有所涉及。

4. 文物藏品的调拨与交换

为了进行科学研究,充分发挥文物的作用,同时保证文物藏品和国有文化财产的安全,国有博物馆等文物收藏单位的文物藏品可以进行调拨、交换,互通有无。调拨、交换、借用文物藏品均须列出清单,写出报告,经文化(文物)行政管理部门批准或备案后方可进行。

5. 文物藏品禁止出售和私自馈赠

国有博物馆、图书馆等单位收藏的文物藏品是国家重要的文化财产,其所有权归属于国家,并受到法律保护,国有博物馆、纪念馆、图书馆和文物机构对自己保管的文物藏品有利用和因利用获得收益的权力,但其所保管的文物藏品的归属权并不属于收藏单位,本单位没有处分权,因此没有出售和私自馈赠文物藏品的权力(图 10 - 7)。

图 10 - 7 南京博物院

六、民间收藏文物管理

1. 民间收藏传统与性质

我国历史上有民间收藏的传统。自古迄今,私人收藏、著录不断,许多珍贵的文物也因为私人收藏的缘故得以留存至今,民间力量在收集和保护祖国文物上是有功的,同时民间收藏为现在的文物研究工作提供了大量资料。现代的民间收藏是国家的重要社会文化生活之一。

民间收藏行为具有分散性和不稳定性的特点。分散性表现在收藏者来源于不同的阶层和地域,远没有国有收藏机构来源集中。不稳定性是由于收藏者的经济条件、收藏目的、文化素养等各有不同,在收藏文物的品种、数量、价值(历史、艺术、科技、特殊商品价值)等方面也大不相同。分散性和不稳定性决定了对民间收藏文物管理的复杂性。

2. 民间收藏的来源

《文物保护法》第五十条规定了民间文物收藏的合法来源。文物收藏单位以外的公民、法人和其他组织可以收藏通过下列方式取得的文物:

(1) 依法继承或者接受赠予;(2) 从文物商店购买;(3) 从经营文物拍卖的拍卖企业购买;(4) 公民个人合法所有的文物相互交换或者依法转让;(5) 国家规定的其他合法方式。

3. 民间收藏文物的保管和利用

《文物保护法》第六条规定:"属于集体所有和私人所有的纪念建筑物、古建筑和祖传文物以及依法取得的其他文物,其所有权受法律保护。"国家鼓励私人收藏者在自愿的基础上,向文物(文化)行政管理部门登记自己的藏品以便于文物部门提供鉴定、保管、修复等方面的咨询。公民个人等民间收藏的文物,收藏者有权合理利用,对文物的利用,不能破坏文物的外形、实质,不能改变文物的性能。收藏者在利用方面,有权将其作为研究资料或对象,对其进行研究,撰写文章,编写专著,公开发表或出版。文物所有者利用文物所获取的合法收益,应受到法律保护。

4. 公民个人收藏文物所有权的转移

公民个人等民间收藏文物的所有权,在转移时受到国家法律的一定限制。私人收藏的文物馈赠亲友或者捐献给国家,这种所有权的转移是合法的。《文物保护法》第五十二条规定:"国家鼓励文物收藏单位以外的公民、法人和其他组织将其收藏的文物捐赠给国有文物收藏单位或者出借给文物收藏单位展览和研究。"民间收藏者有权出售自己收藏的文物,出售是所有权的转移,为了防止国家文化财产的流失和私自买卖,国家法律限制了销售渠道。《文物保护法》还规定:"国家禁止出境的文物,不得转让、出租、质押给外国人。"

七、文物出入境管理

1. 文物出境管理工作性质和制度

"文物出境管理"指的是对国家批准或允许运出国门的文物进行的管理,即对文物出口、个人携带文物出境和因国家政府或文化行政管理部门批准的赴其他国家展览的文物的管理。

国家对历史文化财产出境实行许可证制度,是国际间公认和通行的做法,许多国家通过立法和行政手段限制了文物出境。联合国教科文组织为了打击国际间文物非法进出口的活动,制定并通过了《关于禁止和防止非法进出口文化财产和非法转让其所有权的方法的公约》,中国政府 1989 年参加该公约。在我国的文物保护法中,也对文物出境的性质、原则、渠道、方法等做出了规定,为文物出境管理提供了法律依据。

2. 文物出境审核机构与鉴定标准

为了防止国际间文物走私买卖,保护我国文化遗产,文物出境必须经过国家专门设立的文物审核机构依据国家制定的文物出境界限和鉴定标准进行鉴定审核,方可决定是否允许出境。国家文物局颁布了《文物出境审核标准》,其中对各个门类的禁止出境的文物以时间为划分标准进行了详细的规定(参见知识链接 10-3)。

3. 文物出境鉴定审核

文物出境鉴定审核的对象有三类,包括文物商店申报出境文物、公民个人所有并申报携运出境文物以及暂时进出境的文物。文物出境的性质和方式不同,鉴定审核的程序与要求也不同,需要严格按照《文物出境鉴定管理办法》等有关规定执行。

4. 出境文物的核查与监管

出境文物的核查与监管是国家禁止出境文物外流的最后把关工作。核查和监管工作由海关实施,文物部门可根据需要予以配合(图 10-8)。

图 10-8 2006 年宁波海关截获 200 余件出境文物

八、文物市场管理

1. 文物市场管理工作性质

"文物市场的管理"是指对销售文物的国有商店、个体古玩商、文物拍卖会、旧货市场的管理。文物市场管理主要是制定文物市场法规和依照法规管理文物经营的具体措施。

2. 文物市场现状

近年来,大众对收藏鉴赏的需求不断提高,民间收藏活动日趋活跃,文物交易持续增长,促进了文物发挥作用,也促进了文物的保护和利用,是我国健康的群众社会文化生活的积极反映。

同时,也有一些不法分子为追求高额利润,违法从事文物经营活动,买卖国家禁止买卖的文物,或者售卖赝品,欺骗消费者,危害文物安全,扰乱文物市场秩序。1987年,中华人民共和国国务院发布的《关于进一步加强文物工作的通知》中指出:"文物遭受破坏的情况还相当严重,特别是文物走私和投机倒把活动还十分猖獗,盗窃文物,私掘古墓等事件时有发生,屡禁不止。"因此,要"加强流散文物的管理,制止文物的非法出口……文物商店要端正业务方向,改进经营管理,积极收购和保护文物,组织好文物的合理流通。"1987年,我国又颁布了《关于打击盗掘和走私文物活动的通知》,其中第二条规定:"文物购销由文物部门经营,国内外人士不得私自买卖文物。未经省级和省级以上文化主管部门委托并经工商行政管理部门许可,任何单位和个人不得经营文物。"同年,中华人民共和国最高人民法院、最高人民检察院发布的《关于办理盗窃、盗掘、非法经营和走私文物的案件具体应用法律的若干问题的解释》中也指出:"文物不能再生产,它的历史、艺术、科学价值,是不能以一般财务的'数额较大''数额巨大'来计算的。"并且指出涉及文物犯罪应当参考刑法和文物保护法等法律定罪量刑。

在1992年,针对非法的文物交易屡禁不止和文物走私、盗掘古墓、盗窃博物馆文物等猖獗的犯罪现象,国家文物局、国家工商行政管理局、公安部、海关总署联合发布了《关于加强文物市场管理的通知》,对允许交易的文物和文物市场相关的行政管理做出了具体规定。2017年国家工商行政管理总局和国家文物局发布了《关于联合开展文物流通市场专项整顿行动的通知》,规范整顿文物市场。此外,各地也颁布了自己的文物市场管理条例,确保文物市场的安全秩序(图10-9)。

图10-9　北京潘家园旧货市场的古玩摊位

第三节　文物教育

关键词:文物教育　师生　文物教程

本节主要介绍了三种现行的、主流的文物学教育方式。

一、高校文物教育

高校开设的文物学专业的学习是最科学化、规范化、体系化的一种,也是在今后应当继续发展的。随着文物学的重建,国内许多高校都在本科和硕士、博士阶段专门开设了文物学相关的专业,如南京大学历史学院开设的文物鉴定专业,南开大学、吉林大学、复旦大学、西北大学、陕西师范大学、南京师范大学等高校开设的文物与博物馆学专业,南京艺术学院开设的文物鉴赏与修复专业,有的文物学内容在高校的考古学、博物馆学、历史学教育中体现。

图 10 - 10　南京大学历史学院

以南京大学历史学院 2008 年开始开设的文物鉴定专业为例(图 10 - 10),从本科到博士阶段都有很完善的课程设置和人才培养体系,兼顾了理论和实践,步步深入。就本科阶段而言,专业课程的内容设置由浅入深,学生在本科低年级阶段接受通识性质的历史学、考古学课程教育,打下历史学、考古学的框架基础。二年级以后主要依照文物学不同的门类学习专业知识,课堂的理论教学与田野实践、博物馆的实践教学兼顾。在硕士、博士阶段,学生会选择一个具体的文物学专题,在导师指导下展开深入的探究学习。整个文物学教学是一个由浅入深,并且愈加专门化的过程。

文物学在整个现代高等教育体系里仍然算是新兴学科,比起开设较早的历史学专业和考古学专业,尚且处于起步阶段。目前我国高校开设的文物学专业还存在着一些问题。许多高校设有考古专业,没有文物专业,即便是设有文物学专业的高校也往往将文物学与博物馆学结合在一起。

教学实践存在困难。文物学教学是一门理论和实践要求都很高的学科,在学习的过程中,需要大量文物标本让学生上手和观察,一般的高校都没有专门的文物学教学实验室,缺乏文物标本。

学制安排上存在着矛盾。文物学涵盖的内容较为丰富,光凭四年的本科阶段教学确实无法满足,如何安排各个阶段文物学课程的内容,如何安排专业课程之间的比重,如何较好地衔接本科、硕士与博士阶段的学习,都是值得深入讨论的话题。

二、各级文物行政部门文物教育

我国文物研究与管理人才队伍总体状况比较弱势,无法从根本上满足文博工作的需求。针对这种情况,各级文物行政部门举办了大量有目的性和针对性的培训班,旨在扩大文博人才总量,提高文博人才的素质。

各级文物行政部门在文物知识、技能方面进行的教育推广,是文物教育事业的重要组成部分,其分布面很广。就举办单位而言,从国家文物局到各省、市级文物行政部门都有开展,亦有文物行政部门主办,各地博物馆或者文物机构承办的。就其培训对象而言,涵盖文物行政部门管理人员、博物馆从业人员、考古发掘专业人员等各个领域。就其培训内容而言,针对不同的培训对象开展丰富的培训课程。根据《全国文博人才发展中长期规划纲要(2014—2020)》,国家文物局每年都会公布国家文物局年度培训计划,以《2017 年国家文物局年度培训计划》为例,共计划有 51 个财政经费支持的培训项目,参训对象(含工作人员)总计 2813 人,培训地点遍布北京、成都、西安、敦煌、扬州等全国多个城市。

与高校的长期体系化的文物教育不同,培训班目的性和操作性强,时间一般不长,短则若干日,长则一至两个月,成效较快,这种短期文物教育能在较短时间内快速提高文物行政部门工作人员、博物馆从业人员的专业素质,间接推动我国文物工作的有序高效进行。

就其分类而言,有技能人员培训班,如考古绘图培训班、壁画保护修复技术培训班、宋元书画鉴定培训班等;有专业技术人才培训班,如现代分析技术在文物保护中的应用培训班、文化创意产品开发与经营培训班、文物保护工程施工一级资质单位负责人培训班等;有复合管理人才培训班,如全国重点文物保护单位负责人培训班、年度舆论应对与新闻宣传媒体培训班、年度全国文物行政执法骨干人员培训班,等等(图 10 - 11)。

图 10 - 11　各级文物行政部门组织的教育培训

三、社会文物教育

　　高校的文物教育和文物行政部门举办的培训，虽然专业化程度较深，而且初步取得了较好的成效，但其培训对象与整个社会需求相比，覆盖到的仅仅是相当小一部分受众。社会普及性质的文物教育，是目前受众面最大的文物教育，内容涵盖广泛，形式多种多样，兼顾文物的知识性和趣味性以及参与互动性，既有博物馆组织的面向公众的各项活动，也有介绍文物知识的影视、书籍，以及文物交流中知识的私相授受，等等。

图 10 - 12　上海博物馆公众号界面

　　转型时期的博物馆越来越重视其公众教育功能，开设了让观众参与体验的区域，并且定期举办一些文物科普性质的讲座等，开展多种多样的社会教育活动、文化活动，有些活动还特别面向青少年儿童（参见知识链接 10 - 4）。活动一般会在博物馆的公众号中定期推送，以便社会大众提前掌握信息（图 10 - 12）。一般来说，为了确保活动质量，博物馆对外开放的社会教育活动会限定参与的名额，需要提前报名。

　　随着国民素质的提升，公众对于中国历史和考古文物的兴趣和热情越来越浓，许多电视节目都把目光投向了文博领域。如 2016 年播出的中央电视台出品的一部三集的纪录片《我在故宫修文物》，重点记录和讲述故宫书画、青铜器、宫廷钟表、木器、陶瓷、漆器、百宝镶嵌、宫廷织绣等领域的珍稀文物的修复过程和修复者的生活故事，获得了多项纪录片奖项，并随后推出了同名电影和图书。2017年中央电视台播出的《国家宝藏》（图 10 - 13），结合了纪录片和综艺两种拍摄方法，并与故宫博物院、上海博物馆、南京博物院等九家国家级重点博物馆合作，让更多观众走进博物馆，不仅欣赏文

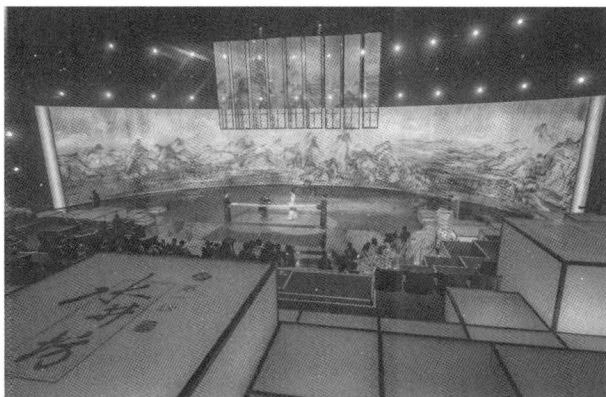

图 10 - 13　社会文物教育：中央电视台《国家宝藏》节目

物之美，也了解文物背后的故事，唤起大众的文物保护意识。

　　目前，市面上可以见到大量介绍文物的书籍，既有科普性质的文物知识浅说，也有大

量精美的文物图册,还有大家著述的关于文物鉴定的经验之作,种类繁多,但质量良莠不齐,读者在选用之时应该注意鉴别。

收藏者的经验总结,收藏者之间文物知识的交流,收藏者或者鉴定者的师徒相承等都会帮助增长文物鉴定的眼光和经验。即便现在有了很多先进的科技手段,实际上文物鉴定还是一门非常讲求实战经验的技能。

总而言之,高校的文物教育更加科学化、长期化、体系化,培养出人才的专业素质较强;文物行政部门的文物教育短期、高效、面广,能够切实提高文博行业从业人员素质;社会文物教育覆盖面更广,有助于培养大众对文物的兴趣以及提高文物保护意识。本教程认为,各种文物教育的方式最终应当过渡到高校更为体系化的文物教育上来,并辅助以社会教育。文物教育不仅要注重科学理论性,也应当注重循序渐进并与国际接轨,最终实现提高国民整体文物意识的目的。

四、国际文物交流

国际间的交流是文物教育事业的重要组成部分。一方面,外国文物要被"请进来",有利于让我国的人民群众不必负担高昂的国际旅费,能够近距离接触到不同文明、不同国家的珍贵文物,了解其他国家的历史文化,开阔视野,理解并尊重文化多样性,从而能够以客观的角度重新审视自己民族的文化;另一方面,中国文物要"走出去",以我国珍贵历史文物为载体,更好地向世界讲述中国历史、中国故事,让更多的国际观众看到我国丰富多样、悠久而厚重的文化符号。我国十分重视国际间的文物交流,早在1971年,就成立了出土文物国外展览的筹备小组,这就是中国文物交流中心(Art Exhibition China)的前身。主要负责组织、协调和承办文物出境(含港澳台地区)展览和境外来华文物展览,并组织各项文化遗产国际合作交流项目,承办和开展文物、博物馆工作的国际合作、学术交流、业务考察等。自从中心1971年成立以来,在国家文物局的领导和全国各个文博单位的配合下,承担了一系列重大文物展览任务,到目前为止已经举办了145个文物展览,其中外展139个,遍布世界五大洲29个国家和港澳台地区,观众超过3800万人次。这些展览中,早至1940年代初赴法国、英国、澳大利亚、日本等15个国家(地区)的"中华人民共和国出土文物展览";1980年代赴美国的"伟大青铜时代展""天子——中国古代帝王艺术"展,赴丹麦、瑞士、联邦德国、比利时的"中国古代艺术珍宝展览";上世纪90年代赴台湾的"兵马俑与金缕玉衣"展,赴日本的"秦始皇及其时代"展,赴美国的"中国帝王陵墓"展、"考古黄金时代"展,赴德国、瑞士、英国、丹麦的"中国古代人与神"展;一直到近年来在美国、日本、中国香港举办的"走向盛唐"展,赴卡塔尔的"华夏瑰宝"展,赴英国的"明:皇朝盛世五十年(1400—1450)"展,等等。除了我国文物的外展以外,近年来许多博物馆都加强与国外博物馆的合作,引入了许多国际展览。如中国国家博物馆举办的"无问西东:从丝绸之路到文艺复兴"展(图10-14),整合意大利21家博物馆与国内17家博物馆的200余件(套)精品,讲述13至16世纪中国与意大利文化艺术交流的故事;中国国家博物馆和上海博物馆举办的"大英博物馆百物展:浓缩的世界史",通过100件大英博物馆的藏品讲述200万年的人类文明史；南京博物院和加拿大皇家安大略博物馆共同举办的"法老·王——古埃及文明和中国汉代文明的故事"展，通过对双方博物馆的各 150 件藏品的对比展示，让观众感受古埃及文明和汉帝国文明的文化碰撞。

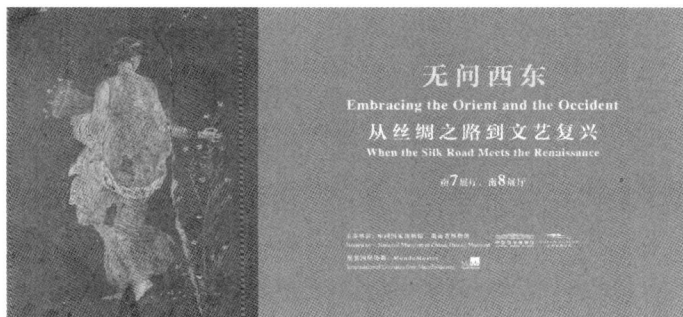

图 10 - 14　"无问西东：从丝绸之路到文艺复兴"展

第四节　文物商业

关键词：文物商店　民间文物流通　拍卖

1. 文物商业小史

文物交易即文物商业在我国有悠久的传统。中国文物收藏的起点最早可以追溯至旧石器时代晚期，随着个人收藏的不断发展，收藏者之间的文物交易就开始了，后来形成了规模化并且以利益为目标的文物交易，即文物商业。不仅仅在国内，对外的文物商业也开始得相当早，从汉代的丝绸之路开始，历代中国政府一直与亚欧等国进行丝织品、瓷器等的贸易，到宋代和清代就更加活跃。1949 年以后，广泛的民间收藏及文物商业都受到限制，却从未中断。由于某种原因，国家批准由文物商店向国外售卖文物，"少出高汇，细水长流"成为当时的基本原则。

近年来，随着社会经济的发展，文物商业也蓬勃发展起来，既有积极作用，又有消极作用。合法有序的文物商业有利于文物保护和征集，同时也有利于发展文化创意经济，但无序的缺乏法律束缚的文物商业和文物市场容易导致多头经营、价格不一、市场混乱。

目前，文物商业大致可分为国营文物商店经营、民间文物流通（包括门市、摊点、交流等形式）、拍卖业三种形式。

2. 国营文物商店

国营文物商店是国家设立的文物事业单位，其主要任务是通过商业手段，搜集流散在社会上的文物并使之得到保护，为博物馆（院）和有关科研部门提供藏品和资料，同时，将一般不需要由国家收藏的文物投放市场，满足国内文物爱好者的需要，或为国家创造较高的外汇收入（图 10 - 15）。

图 10-15　上海文物商店

图 10-16　北京潘家园旧货市场

3. 民间文物流通

民间文物收藏与流通是一个面大量广、社会关注度高、争议也很大的问题。应当在鼓励合法的民间文物流通、拓宽流通渠道的同时,规范和完善其进入市场的机制,并提供可靠的鉴定服务,为民间文物流通创造一个安全有序的环境(图 10-16)(参见知识链接 10-5)。

4. 拍卖业

拍卖业流通即"从经营文物拍卖的拍卖企业购买"。拍卖是指以竞价的形式,将特定物品或财产权利转让给最高应价者的买卖方式(图 10-17)。我国有多家经营文物拍卖的企业,如中国嘉德国际拍卖有限公司、北京保利国际拍卖有限公司等,每年都有一定数量的文物在拍卖行成交,如 2017 年嘉德春季拍卖会成交总额高达 29.39 亿人民币。为了规范拍卖行的经营,我国 1996 年颁布并于 1997 年实施了《中华人民共和国拍卖法》,2015年进行了第二次修正。

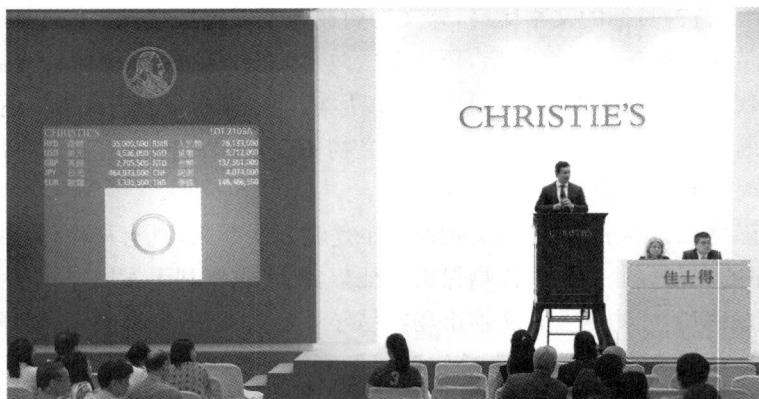

图 10-17　佳士得拍卖现场

要想激发文物市场的活力,充分发挥文物商业的积极作用,同时又保证文物交易活动的有序进行,就要进一步推行文物法制化建设,并且依法加强对文物市场的管理。一方面要承认文物市场和文物特殊商品价值的地位,鼓励文物的民间收藏、流通;另一方面也要加强对文物走私、盗掘、系统内参与文物经营等违法行为的惩罚力度,防止有不法之徒为获利破坏文物,扰乱文物市场的正常秩序。只有加强文物商业的法制化和文物市场的规范管理,才能充分激发文物市场活力,实现双赢。

知识链接

知识链接 10-1

《中华人民共和国文物保护法》中规定的受保护对象,也是文物调查的对象。

"(一) 具有历史、艺术、科学价值的古文化遗址、古墓葬、古建筑、石窟寺和石刻、壁画;

(二) 与重大历史事件、革命运动或者著名人物有关的以及具有重要纪念意义、教育意义或者史料价值的近代现代重要史迹、实物、代表性建筑;

(三) 历史上各时代珍贵的艺术品、工艺美术品;

(四) 历史上各时代重要的文献资料以及具有历史、艺术、科学价值的手稿和图书资料等;

(五) 反映历史上各时代、各民族社会制度、社会生产、社会生活的代表性实物。

文物认定的标准和办法由国务院文物行政部门制定,并报国务院批准。

具有科学价值的古脊椎动物化石和古人类化石同文物一样受国家保护。"[1]

知识链接 10-2

2013 年 12 月 31 日开始的第一次全国可移动文物普查过程中,重点普查各国有企业所属博物馆、纪念馆、美术馆,以及档案室、图书资料室等机构所保管的藏品。普查内容包括文物名称、类别、级别、年代、质地、外形尺寸、质量、完残程度、保存状态、包含数量、来源方式、入藏时间、藏品编号、收藏单位名称等 14 项基本指标项,11 类附录信息以及照片影像资料,收藏单位基本情况,此次对可移动文物普查的目的主要是全面掌握中国现存国有可移动文物的数量分布、保存状况、保管权属和使用管理等情况;总体评价可移动文物保护现状,为科学制定保护政策和规划提供依据;建立、完善可移动文物认定体系;建立、完善可移动文物档案和可移动文物名录;建立、完善给予现代信息技术的可移动文物信息管理平台,为标准化、动态化管理创造基础条件;建立可移动文物信息的知识产权保护制度,实现文物信息资源的整合与合理应月。"截至 2016 年 10 月 31 日,普查全国可移动文物共计 108 154 907 件/套。其中,按照普查统一标准登录文物完整信息的为 26 610 907 件/套(实际数量 64 073 178 件),全国各级综合档案馆馆藏纸质历史档案 81 544 000 卷/件。"[2]

---

[1] 《中华人民共和国文物保护法》第一章"总则"第二条,2017 年 11 月 4 日。
[2] 国家文物局:《第一次全国可移动文物普查数据公报》首页,2017 年 4 月 7 日。

知识链接 10-3

国家文物局《文物出境审核标准》中规定的禁止出境文物包括:

"凡在 1949 年以前(含 1949 年)生产、制作的具有一定历史、艺术、科学价值的文物,原则上禁止出境。其中,1911 年以前(含 1911 年)生产、制作的文物一律禁止出境。

少数民族文物以 1966 年为主要标准线。凡在 1966 年以前(含 1966 年)生产、制作的有代表性的少数民族文物禁止出境。

现存我国境内的外国文物、图书,与我国的文物、图书一样,分类执行本标准。

凡有损国家、民族利益,或者有可能引起不良社会影响的文物,不论年限,一律禁止出境。

未列入本标准范围之内的文物,如经文物进出境审核机构审核,确有重大历史、艺术、科学价值的,应禁止出境。"[1]

《文物保护法》第六十条规定"国有文物、非国有文物中的珍贵文物和国家规定禁止出境的其他文物,不得出境;但是依照本法规定出境展览或者因特殊需要经国务院批准出境的除外"。[2] 运往国外展览的文物是暂时出境,其文物所有权仍旧归属于中国,在选择展品时应当严格依照相关规定,由国家文物行政管理部门归口管理,未经批准,任何单位和个人不得事先做出承诺。

知识链接 10-4

上海博物馆近期推出的"SmartMuse Journey"的文化考察活动,带领参观者前往名胜古迹参观,并全程伴有专家讲解,针对儿童也开设有"SmartMuse Kids 游学"活动,报名者也将跟随老师参观各类博物馆并现场考察古迹,并参与博物馆互动工作坊实践。

知识链接 10-5

2018 年 3 月 3 日,在北京召开的中国全国政协十三届一次会议上,国家文物局局长刘玉珠谈到民间文物问题时表示:"一是要出台鼓励民间文物,包括办馆、捐赠、办展等相关政策,更好地实现民间收藏文物的资源共享;第二个方面就是要完善民间文物进入市场的机制,要探索建立文物'一库一目录一平台和一警示'制度,开展民间收藏文物的登记试点工作;第三个方面就是放宽文物经营主体准入,拓展民间收藏文物的流通渠道,比如说降低文物经营主体的准入条件,增加合法文物经营主体的数量;第四个方面就是优化民间文物鉴定服务,培育市场的第三方文物鉴定评估机构。最后就是要营造一个良好的文物交流的环境,切实保障民间收藏文物进入市场后能够有序和健康,我们要加大对市场的监

---

[1] 国家文物局:《文物出境审核标准》"说明"之三、四、五、六、七款,2007 年 4 月 3 日。
[2] 《中华人民共和国文物保护法》第六章"文物出境进境",第六十条,2017 年 11 月 4 日。

管，营造一个诚实守信稳定的文物市场。"[1]

参考文献

1. 《中华人民共和国文物保护法》，中国法制出版社 2018 年版。

2. 《中华人民共和国文物保护法实施条例》，法律出版社 2003 年版。

3. 中华人民共和国国务院：《博物馆条例》，中国法制出版社 2015 年版。

4. 《中华人民共和国拍卖法》，法律出版社 2015 年版。

5. 国家文物局：《文物商店工作条例（试行）》，1981 年 7 月 17 日。

6. 李晓东：《文物学》，学苑出版社 2005 年版。

7. 吴诗池：《文物学概论》，上海文艺出版社 2002 年版。

8. 陈岱：《我国近代最早文物保护法》，载于《人民政坛》1996 年第 12 期。

9. 第三次全国文物普查领导办公小组办公室：《第三次全国文物普查实施方案及相关标准、规范》，2007 年 6 月。

10. 《国务院关于开展第一次全国可移动文物普查的通知》（国发〔2012〕54 号），载于国家文物局：《第一次全国可移动文物普查工作手册》，文物出版社 2013 年版。

11. ［汉］司马迁：《史记》卷八"高祖本纪"，中华书局 1959 年版。

12. ［汉］刘安：《淮南子》卷一三"论调"，何宁《〈淮南子〉集释》本，中华书局 1998 年版。

13. ［唐］长孙无忌等：《唐律疏议》卷一九"贼盗·发冢"，刘俊文《〈唐律疏议〉笺解》本，中华书局 1996 年版。

14. 张荣铮等点校：《大清律例》卷二五"刑律·贼盗下·发冢"，天津古籍出版社 1993 年版。

本章自测

1. 你的家乡有哪些全国重点文物保护单位？它们的现状如何？

2. 调查身边不同等级或者相同等级文物保护标志牌之间的差异，可以注意它们的尺寸、材质、字体、署名等内容。

3. 如何看待现行的《中华人民共和国文物保护法》？试找出一两处不足。

4. 你知道哪些国家的文物保护法？它们对我国的文物保护法有什么借鉴意义？

---

[1]　侯英珊：《国家文物局局长：发挥文物资源独特优势　增强民族凝聚力》，《国际在线》2018 年 3 月 14 日。

附录 1　中国历史年代表

社会形态	朝代		时间	
原始社会	五帝		前 3077—前 2037	
奴隶社会	夏朝		前 2037—前 1559	
	商朝		前 1559—前 1046	
	西周王朝		前 1046—前 771(275 年)	
	东周王朝	春秋	前 770—前 221(549 年)	前 770—前 476(295 年)
		战国		前 475—前 221(254 年)
封建社会	秦朝		前 221—前 206(16 年)	
	西楚王朝		前 206—前 202(5 年)	
	西汉王朝		前 202—8 年 11 月(210 年)	
	新朝		8 年 12 月—23 年 10 月(16 年)	
	玄汉王朝		23 年 10 月—25(2 年)	
	东汉王朝		25—220(195 年)	
	三国	魏	220—280(60 年)	220—265(45 年)
		蜀		221—263(42 年)
		吴		222—280(58 年)
	晋朝	西晋	265—420	265—316(51 年)
		东晋		317—420(103 年)
	十六国		前赵(汉赵) 成汉 前凉 后赵 前燕 前秦 后秦 后燕 西秦 后凉 南凉 南燕	304—439(135 年)

（续表）

社会形态	朝代		时间	
			西凉 胡夏 北燕 北凉 冉魏 西燕 西蜀（后蜀）	
	南北朝	南朝·宋	420—589（169 年）	420—479（59 年）
		南朝·齐		479—502（23 年）
		南朝·梁		502—557（55 年）
		南朝·陈		557—589（32 年）
		北朝·北魏		386—534（148 年）
		北朝·东魏		534—550（16 年）
		北朝·西魏		535—557（22 年）
		北朝·北齐		550—577（27 年）
		北朝·北周		557—581（24 年）
	隋朝		581—619（38 年）	
	唐朝前期 （武周） 唐朝中后期		618—690（72 年） 690—705（15 年） 705—907（202 年）	
	五代十国		后梁 后唐 后晋 后汉 后周 前蜀 后蜀 杨吴 南唐 吴越 闽国 马楚 南汉 南平 北汉 891—979（89 年）	
	宋朝	北宋	960—1279（320 年）	960—1127（167 年）
		南宋		1127—1279（152 年）
	辽朝 西辽		916—1125（210 年） 1124—1218（94 年）	

社会形态	朝代		时间	
	西夏王朝		1038—1227（190 年）	
	金朝		1115—1234（120 年）	
	大理国	前大理 后大理	937—1094,1096—1253（316 年）	地方政权
	大蒙古国 元 北元		1206—1271（66 年） 1271—1368（98 年） 1368—1402（35 年）	
	明 南明		1368—1644（277 年） 1644—1662（19 年）	
	后金 清前期		1616—1636（21 年） 1636—1840（205 年）	
半殖民地半封 建社会	清末		1840—1912 年（73 年）	
	中华民国 （资本主义社会）		1912—1949 年（38 年）	

附录 2 文物学大事年表

距今 2.8 万年 峙峪文化出现用石墨穿孔制作的装饰品。

距今 1.8 万年 山顶洞人开始用兽牙、海蚶，以及磨光的石坠、石珠钻孔制作饰品。中国迄今所知的最早墓葬也在这一时期出现。

距今 8200 年 兴隆洼文化出现玉制品。辽宁兴隆洼遗址出土玉玦是迄今国内发现时代最早的玉器。

距今 8000 年 老官台文化出现一定数量的彩陶。陕西、甘肃地区遗址均有发现。

距今 7000 年 河姆渡文化出现漆器。浙江河姆渡遗址中发现朱漆碗，是中国现知最早的漆器。这一时期还出现了榫卯结构，被河姆渡人运用于干栏式木质建筑上。

距今 5300 年 仰韶文化出现丝织品。河南荥阳市汪沟遗址发现的桑蚕丝残留物，是目前国内遗址年代最早的丝织品，比之前认为最早的良渚文化钱山漾遗址出土丝织品还要早近 1000 年左右。

距今 5000 年 仰韶文化晚期出现烧结砖。陕西蓝田新街遗址出土的烧结砖块是迄今国内发现最早的烧结砖。

距今 4100 年 齐家文化出现数量较多的纯铜和青铜器。甘肃齐家坪遗址出现迄今国内已知年代最早的铜镜。

距今 4000 年 瓦的出现，山西陶寺文化陶寺遗址出土的板瓦，甘肃齐家文化桥镇遗址出土板瓦、筒瓦是目前所知国内最早瓦的代表。

距今 4000 年 龙山文化晚期瓷器出现，山西夏县东下冯遗址发现了已知年代最早的青瓷。

距今 3500 年 寺洼文化出现冶铁技术，甘肃磨沟墓葬遗址中发现"块炼渗碳钢"锻打而成的铁条。

前 15—前 11 世纪 商代中期以后有铭青铜器出现。玺印出现。

前 10 世纪 西周中期列鼎制度成熟。瓦当出现，陕西扶风召陈遗址出土的半瓦当是目前发现的年代最早瓦当。

前 6 世纪 孔子观鲁恒公太庙，研究欹器，每事问。

前 361 年 魏国铸最早圜钱。

前 221 年（秦始皇二十六年） 秦始皇统一六国，统一六国文字、货币、度量衡。第二年开始修筑秦驰道。

前 219 年（秦始皇二十八年） 秦始皇过彭城，使千人泗水捞周鼎。

前 214 年(秦始皇三十三年)　秦在战国秦、赵、燕三国长城基础上筑秦长城。

前 212 年(秦始皇三十五年)　秦直道开始修建。

前 202 年(汉高祖五年)　汉长安城开始营建,经过西汉时期不断建设逐渐完备。

前 1 世纪　司马迁旅途中考察文物古迹,上会稽,探禹穴,窥九嶷,完成《史记》。

前 2 世纪　纸的出现,甘肃天水放马滩 5 号墓中出土的纸质地图是目前已发现的最早的纸,时代为西汉初。经过东汉改良,纸在西晋以后成为较为普遍的书写材料。

3 世纪　东汉中晚期,越窑开始生产。

204 年(东汉建安九年)　曹魏邺城始建。

281 年(西晋太康二年)　汲冢竹书的发现。汲郡(今河南汲县)的战国魏襄王墓中发现包括《竹书纪年》在内的一批竹简。

366 年(前秦建元二年)　敦煌莫高窟始建。

5 世纪　东晋晚期至南朝时期丰城窑开始使用匣钵烧制瓷器。

6 世纪　北方白瓷出现,目前所知最早的北方白瓷是河南安阳北齐武平六年(575)范粹墓出土白瓷。

581 年(隋开皇元年)　隋大兴城始建。唐代相沿,改名长安城。

675 年(唐上元二年)　石鼓被发现于凤翔府陈仓境内的陈仓山(今陕西省宝鸡市石鼓山)。

7 世纪　唐三彩盛行,天宝年间(742—756)逐渐衰落。唐青花发展,中晚唐后逐渐成熟。

1056—1063 年(北宋嘉祐年间)　刘敞作《先秦古器记》,提出研究古器物的方法,是最早的古器物学著录。

1092 年(北宋元祐七年)　吕大临完成《考古图》,书中收录 37 家所藏古铜器 211 件,玉器 13 件,为现存最早的系统的古器图录。南宋绍兴三十二年(1162)赵九成在此基础上作《续考古图》。

1107 年(北宋大观元年)　王黼编写完成《宣和博古图》,收录御府收藏古器 839 件,分作 20 类,对器物的分类和定名做出较大的贡献。

1127 年(南宋靖康二年)　翟耆年作《籀史》,记录金石学兴起原委。

14 世纪　元代景德镇青花瓷器的制作达到相当成熟的程度。

1459 年(明天顺三年)　曹昭完成《格古要论》。全书分三卷十三论,承袭南宋古物著录的传统,结合作者见闻对各类古物分别进行详致介绍,是明代存世最早的文物鉴定、鉴赏专著。

18 世纪　乾隆以后清代金石学进入鼎盛时期。

1822 年(清道光二年)　封泥在四川地区被首先发现。

1843 年(清道光二十三年)　毛公鼎出土于陕西岐山(今宝鸡市岐山县),共有铭文 497 字,为目前所见青铜器中铭文最长的。

1890 年(清光绪十六年)　瑞典人斯文·赫定开始帕米尔、新疆、西藏和甘肃等地的"探险"活动,劫掠大批文物。1899 年到达罗布泊北面,在古楼兰国遗址发现汉晋木牍 120 余枚和其他文物多件。

1899 年(清光绪二十五年)　甲骨文的发现,王懿荣鉴定、购藏甲骨文。

1900 年(清光绪二十六年)　敦煌莫高窟藏经洞的发现。1907 年英国人斯坦因从王圆箓处骗取大量藏经洞文物,长卷 3000 余卷,残卷 6000 余卷,以及 20 余箱古籍、佛画。

1903 年(清光绪二十九年)　刘鹗编撰完成《铁云藏龟》,是第一部甲骨著录。

1904 年(清光绪三十年)　孙诒让撰写完成《契文举例》,是第一部研究甲骨的专著。

1905 年　张謇创办江苏南通博物苑,是我国第一个公共博物馆。

1913 年　罗振玉根据伯希和提供和劫掠的敦煌遗书照片,整理、校勘完成《鸣沙石室佚书》,收书 18 种。之后又出版了《鸣沙石室佚书续编》(1917),收书 4 种;《鸣沙石室古籍丛残》(1917),收书 30 种。为国内敦煌遗书的研究打下基础。

1921 年　安特生在河南渑池仰韶村发现以彩陶为特征的新石器时代遗址,并进行首次发掘,进而提出"仰韶文化"的命名。

1928 年—1937 年　中央研究院历史语言研究所考古学组开始对河南安阳殷墟的发掘,先后进行 15 次。共发掘面积达 46 000 平方米,发现有字甲骨 22 000 余片。

1929 年　中国营造学社成立,是研究古代建筑的专业学术团体。之后开展了一系列古建筑实地调查研究和文献资料的收集整理工作。

1930 年　杭州乌龟山南宋官窑郊坛下窑址首次发现。

1930 年　居延汉简的发现。西北科学考察团在内蒙古自治区额济纳旗和甘肃省金塔县境内烽燧遗址中发现汉简 1.02 万枚。

1930—1931 年　李济、梁思永先后主持发掘山东历城县龙山镇附近城子崖新石器时代遗址,并将其命名为"龙山文化"。1934 年发掘成果由梁思永主持编写为《城子崖》一书,是中国第一部大型田野考古报告。

1931 年　河南安阳后岗遗址"三叠层"的发现,第一次从地层上确定了仰韶文化、龙山文化以及商代文化的先后关系。

1950 年　河南宝丰清凉寺汝窑窑址由陈万里首先发现。

1956 年　第一次全国文物普查。

1965 年　侯马盟书发现于山西侯马市秦村西北晋国盟誓遗址。遗址共出土了玉、石质盟书、卜筮 5000 余件。

1972—1974 年　湖南长沙市马三堆汉墓的发现与发掘。出土帛画、帛书、丝织品、漆棺等文物 3000 余件。

1974 年　秦始皇陵兵马俑发现于陕西省西安市临潼区。

1976 年　利簋出土于陕西西安市临潼区零口镇,铭文记载"武王征商"的历史事件。

1982 年　《中华人民共和国文物保护法》立法通过。

1987 年　陕西宝鸡市法门寺地宫的发现与发掘。地宫中出土大量佛教用具和金银制品,通过出土《物帐碑》,确定地宫中发现的越窑青瓷为唐代"秘色瓷"标准器。

1996—2001 年　杭州市文物考古所对浙江杭州九华山南宋官窑老虎洞窑址先后进行了 3 次发掘。

附录 3　中国文物大事记

许振平编

公元	中国纪年	大事
距今 250 万年	旧石器时代早期	重庆巫山龙骨坡有古人类生活居住,并就地取材,以砸或砍的方式制作工具。
距今约 180 万年	旧石器时代早期	山西省芮城县西侯度遗址发现烧过的骨头。
距今 176 万年—120 万年	旧石器时代早期	河北泥河湾盆地马圈沟遗址出现具有明显进步性的石制品。
距今 170 万年	旧石器时代早期	在中国早期直立人元谋人化石地点,发现一些炭屑。
距今 70 万—20 万年	旧石器时代早期	北京猿人已经学会保存火种的方法,其遗址发现用火遗迹。
距今 3.4 万—2.7 万年	旧石器时代晚期	山顶洞人埋葬死者时,在死者尸体上和周围撒赤铁矿粉。同时该遗址发现了骨针。
距今 2.4 万—1.6 万年	旧石器时代晚期	山西省沁水县下川镇下川文化出现石磨盘。
距今 2 万—1.9 万年	新石器时代	江西万年县仙人洞遗址出现中国最早陶器,距今两万年。
距今约 1.2 万年	新石器时代	广西临桂大岩遗址,发现了目前中国岭南地区出土的最原始的陶器。
距今约 10 500—9700 年	新石器时代	河北省徐水县南庄头遗址,出现新石器时代最早的石磨盘和磨棒。
距今 10 000 年前后	新石器时代	中国出现磨制石器,这是人类手工技术的重要进步。
距今 8200 年	新石器时代中期	辽宁兴隆洼文化出现国内迄今所知年代最早玉器,其代表性器类为玉玦。
距今 8000—7000 年	新石器时代	甘肃大地湾文化出现彩陶。
距今 7000—6000 年	新石器时代	长江下游一带的建筑出现榫卯结构,浙江余姚河姆渡遗址,发现带有榫卯的木构件以及石凿、骨凿等加工卯口的工具。
距今约 7000 年	新石器时代	河姆渡文化出现陶埙。
距今 7000—6800 年	新石器时代	出现轮制陶器。
距今约 5500—4900 年	新石器时代	裴李岗文化出现我国最早陶窑。
距今 5500—5000 年	新石器时代	红山文化晚期已经步入初级文明社会。
距今 5500 年左右	新石器时代	河南荥阳仰韶文化出现丝绸,为当前发现的中国最早的丝绸。

(续表)

公元	中国纪年	大事
距今 5000 年	新石器时代	大地湾第四期文化出现举行盛大活动和议事之用的大会堂性质建筑。
距今 5000 年	新石器时代	大地湾第四期文化房址出现"地画"。
距今 4100 年	新石器时代	齐家文化出现数量较多的纯铜和青铜器。甘肃齐家坪遗址出现迄今国内已知年代最早的铜镜。
距今 4000 年	新石器时代	山西省襄汾县陶寺遗址板瓦的发现,将中国古代陶瓦出现的时期提到新石器时代晚期。
距今 4000—3500 年	新石器晚期—商周时期	辽西地区夏家店下层文化出现青铜制品,大型城址到小型聚落普遍突出防御功能,出现了超大规模的祭祀遗址群。
前 3280—前 2740 年	相当于黄河中游仰韶晚期	甘肃东乡林家马家窑类型出现青铜刀。
前 2300—前 1800 年	新石器时代晚期	石峁遗址,与周围其他中小型聚落共同构成了四级聚落结构。
距今 3500 年		寺洼文化出现冶铁技术。
前 1900—前 1500 年		二里头文化三期出现了宫城。二里头遗址是唯一发现用块范法生产青铜礼器证据的遗址。
前 18 世纪末—前 14 世纪中期	夏代中期—商代中期	福建永春苦寨坑出现早期青瓷窑址,是我国目前已知最早烧造青瓷的窑址。
前 15—前 13 世纪	商代中期	有铭青铜器出现。玺印出现。
前 1046—前 771 年	西周	列鼎制度成熟。瓦当出现,陕西扶风召陈遗址出土的半瓦当是目前发现的年代最早瓦当。
前 6 世纪	春秋	孔子观鲁恒公太庙,研究欹器,每事问。
前 361 年后	战国中晚期	魏国铸最早圜钱。
前 350 年	秦孝公十二年	陕西咸阳秦咸阳宫始建。秦孝公十三年迁都于此。
前 221 年	始皇二十六年	秦始皇统一六国,统一六国文字、货币、度量衡。
前 219 年	始皇二十八年	琅琊刻石刻于山东胶南琅琊台。
前 219 年	始皇二十八年	秦始皇巡狩,刻石泰山顶。
前 219 年	始皇二十八年	秦在战国秦、赵、燕三国长城基础上筑秦长城。
前 212 年	始皇三十五年	秦直道开始修建。
前 2 世纪	西汉初	甘肃天水放马滩 5 号墓中出土纸质地图是目前发现的最早的纸。
前 202 年	高祖五年	汉长安城开始营建,经过西汉时期不断建设逐渐完备。
前 1 世纪	武帝征和二年前后	司马迁完成《史记》。
前 117 年	元狩六年	"马踏匈奴"石刻立于霍去病墓。

(续表)

公元	中国纪年	大事
4 年	汉平帝元始四年	西汉明堂辟雍始建。
281 年	西晋太康二年	汲郡(今河南汲县)的战国魏襄王墓中发现包括《竹书纪年》在内的一批竹简。(竹简出土时间有争议。有四种说法:咸宁五年(279,《晋书·武帝纪》)、太康元年(280,《春秋左传集解·后序》)、太康二年(《晋书·束晳传》)及太康八年(《尚书·咸有一德正义》)。)
366 年	前秦建元二年	敦煌莫高窟始建。
413—418 年	十六国时期	大夏国都统万城建成。是十六国时期匈奴族建立大夏国留下的唯一都城遗址。
516 年	北魏熙平元年	河南洛阳北魏永宁寺塔始建。
7 世纪	唐	唐三彩盛行,唐青花发展,中晚唐后逐渐成熟。
675 年	上元二年	石鼓被发现于凤翔府陈仓境内的陈仓山(今陕西宝鸡石鼓山)。
68 年	东汉永平十一年	白马寺始建。
118 年	安帝元初五年	嵩山立"太室阙"。
156 年	永寿二年	《礼器碑》刻立。
169 年	建宁二年	《史晨碑》刻立。
175—183 年	嘉平四年至光和六年间	《汉石经》刻立。
185 年	中平二年	《曹全碑》刻立。
约 3 世纪		克孜尔石窟开凿,位于拜城县克孜尔乡东南七公里木扎提河北岸却勒塔格山对面的断崖上,是我国开凿最早的大型石窟群。
4 世纪		森木塞姆石窟开凿。位于新疆维吾尔自治区库车县东北约四十公里的牙哈乡克日西村北却勒塔格山口,距苏巴什佛寺仅15 千米。这是龟兹境内现存位置最东、开凿时代较早、延续时间较长的一处石窟群。
366 年	前秦建元二年	敦煌莫高窟始凿。莫高窟亦称"千佛洞"。北魏至元代佛教石窟。全国重点文物保护单位。位于甘肃敦煌东南 25 千米鸣沙山东麓。
距今 1600 年	后秦	麦积山石窟始凿。麦积山石窟是北魏至明代佛教石窟,位于甘肃天水东南 45 千米麦积山。
493 年	北魏太和十七年	龙门石窟始凿。龙门石窟亦称"伊阙石窟",北魏至唐佛教石窟。位于河南洛阳城南 13 千米的龙门口。
5—7 世纪		克孜尔尕哈石窟开凿。位于库车县西北 12 公里的盐水沟旁的却勒塔格山脉的丘陵地带。距离洞窟约 1 公里的沟口,耸立着高达 40 多米的克孜尔尕哈烽燧遗址。

（续表）

公元	中国纪年	大事
约 550—559 年	北齐文宣帝高洋时期	河北邯郸响堂山石窟始凿。
581 年	隋开皇元年	隋大兴城始建。
595—605 年	开皇至大业年间	工匠李春创建安济桥,亦称"赵州桥""大石桥",位于河北赵县城南洨河之上。
605 年	大业元年	隋炀帝开始修建"隋唐大运河"。
632 年	唐贞观六年	《九成宫醴泉铭碑》刻立。被后世誉为"天下第一楷书"或"天下第一正书"。
636 年	贞观十年	昭陵六骏石像雕造。
652 年	永徽三年	大慈恩寺建大雁塔。
687 年	垂拱三年	孙过庭《书谱》成书。
8 世纪		"秘色瓷"出现。
782 年	建中三年	南禅寺大殿始建。
833—837 年	文宗太和七年至开成二年	《开成石经》刻立。
	五代后周	明代文献记载此时"柴窑"烧造。
10 世纪		中国的起居方式完成由"席地坐"向"垂足坐"的演变,家具类型转变为高体家具。
1056 年	辽清宁二年	山西应县佛宫寺释迦塔始建。
1063 年	北宋嘉祐八年	欧阳修撰《集古录》十卷成书。集古录亦称"集古录跋尾",是现存最早研究金石铭刻的著作。
1087 年	元祐二年	西安碑林创建。现收藏自汉代至今的碑石、墓志 4000 余件,时间跨度达 2000 多年。
1092 年	元祐七年	金石学家吕大临撰《考古图》,是中国现存最早、较有系统的古器物图录。南宋赵九成在此基础上作《续考古图》。
12 世纪	北宋中晚期	汝窑烧造。汝窑的烧造时间应在政和元年(1111)至宣和末年(1125),前后不足 20 年。
1123 年	宣和五年	赵佶、王黼编纂《宣和博古图》完成,著录宣和殿所藏商至唐代的 839 件铜器,对器物的分类和定名做出较大的贡献。
1125 年	宣和七年	赵明诚撰《金石录》,全书共 30 卷,是中国现存最早的碑刻目录和研究专著之一。
1127 年	南宋靖康二年	翟耆年作《籀史》,记录金石学兴起原委。
1167 年	乾道三年	宋代洪适所著《隶释》和《隶续》作为真正意义的画像石著述,并首次编辑出版了图录。
13—14 世纪	元代	景德镇烧造青花瓷。采用金属"钴"为原料、采用"二元配方"烧造的釉下高温白底蓝花器物。

（续表）

公元	中国纪年	大事
1388 年	明洪武二十一年	曹昭撰《格古要论》成书，是中国现存最早的文物鉴定专论。明景泰、天顺间王佐增补此书为十三卷，名《新增格古要论》。明万历间胡文焕刻《格致丛书》，内有五卷本《格古要论》，但编排异于前两书。
15 世纪	宣德年间	《宣德鼎彝谱》成书。首次将"柴、汝、官、哥、均、定"诸窑口作为整体提出。
1406 年	永乐年间	景德镇瓷器款识开始大规模采用年号引入款识。
1567—1572 年	隆庆年间	黄大成著《髹饰录》，为我国现存唯一的一部古代漆工专著。
1593 年	万历二十一年	留园始建。
16 世纪初	正德初年	拙政园始建。
16 世纪	明代中晚期	"明式家具"出现。是采用花梨、紫檀等硬木为原料，表面不加髹漆装饰的家具类型。
17 世纪	明代晚期	"款彩漆器"出现。其特点是花纹低于地子表面，有类似木刻版画的效果。又称为"款彩"或"大雕填"。是我国重要漆器种类中最后出现的一个品种。
1602 年	万历三十年	荷兰东印度公司在海上捕获一艘葡萄牙商船——"克拉克号"，船上装有大量来自中国的青花瓷器，欧洲人称之为"克拉克瓷"。
1625 年	天启五年	唐代《大秦景教流行中国碑》出土。
1709 年	清康熙四十八年	圆明园始建。
1734 年	雍正十二年	清工部颁布《工程做法则例》。
18 世纪	乾隆年间	清乾隆的书房"三希堂"中收藏了王羲之《快雪时晴帖》、王献之《中秋帖》和王珣《伯远帖》。
1774 年	乾隆三十九年	朱琰著《陶说》，是中国第一部陶瓷史专著。
1786 年	乾隆五十一年	武氏祠画像石大约从宋代开始被当时的金石学家收录，元、明时期，嘉祥所在的济宁地区属于黄河淤积处，加之黄河多次改道，武氏祠石室终于淤埋于地下。被重新发现及发掘于清乾隆五十一年(1786)，黄易考察了武氏祠堂淤没情况及现状，其后进行发掘，共计得到 28 块汉画像石、一对石阙、武斑碑一通、武家林一石柱，并出资购地、建房予以保护。乾隆五十四年(1789)，金石学家李克正等人在修建保管室时，在武氏祠左侧发掘 8 块画像石；村民用作桥石的 1 块画像石被收回。光绪六年(1880)，发现带有"王陵母"铭文的画像石。 1961 年，"嘉祥武氏墓群石刻"被国务院公布为第一批全国重点文物保护单位(180 处)之一。1962 年，石阙、石狮按原来位置被提升到现在的地坪以上，建立石阙保护室。被历史学家称为"汉代历史的百科全书"的武氏祠汉画像石得到较好保护。

（续表）

公元	中国纪年	大事
1804 年	嘉庆九年	《积古斋钟鼎彝器款识》刊行。
1805 年	嘉庆十年	王昶撰《金石萃编》成书,共一百六十卷。罗振玉于 1918 年刊印《金石萃编未刻稿》三卷,为王氏未竟之作。
1822 年	道光二年	泥封在四川地区被首先发现。
1843 年	道光二十三年	陕西岐山(今宝鸡岐山)出土西周晚期毛公所铸青铜器毛公鼎,共有铭文 497 字,为目前所见青铜器中铭文最长的。
1860 年 10 月	咸丰十年	圆明园被烧毁。
1864 年	同治三年	刘铭传从陈坤书府中得"虢季子白盘"。
1877 年	光绪三年	汉代中国和中亚南部、西部以及印度之间的以丝绸贸易为主的交通路线正式被称作"丝绸之路"。
1893 年	光绪十九年	河北易县燕下都遗址出土的"齐侯四器"。
1896 年	光绪二十二年	发掘了丹丹乌里克遗址、喀拉墩遗址。
1899 年	光绪二十五年	发现甲骨文。
20 世纪初		河北易县睒子洞辽三彩罗汉像被盗运海外。
1900 年	光绪二十六年	发现并发掘古楼兰遗址。
1900 年 6 月 22 日	光绪二十六年	甘肃敦煌莫高窟发现藏经洞,掀起敦煌文书研究的热潮,1930 年正式提出"敦煌学"的概念。
1901 年	光绪二十七年	发现汉晋时期精绝国故址——尼雅遗址。
1903 年	光绪二十九年	刘鹗编撰完成《铁云藏龟》,是第一部甲骨著录。
1904 年	光绪三十年	文字学家孙诒让撰写完成《契文举例》二卷。
1905 年	光绪三十一年	创办我国第一个公共博物馆:江苏南通博物苑。
1906 年	光绪三十二年	清政府设立民政部拟定《保存古物推广办法》,并通令各省执行。
1908 年	光绪三十四年	颁布《城镇乡地方自治章程》,是我国历史上最早涉及古物、古迹保存的法律。
1912 年	民国元年	民国教育部决定在北京设立的历史博物馆,是第一个由政府设立并管理的国家博物馆。
1914 年		古物陈列所成立,其所展示的文物均为皇室收藏,开皇宫社会化的先例。
1916 年		北洋政府内务部颁发《为切实保存前代文物古迹致各省民政长训令》。并颁发了《保存古物暂行办法》,为我国第一部由政府颁发的具有法律效力的文物保护法规。
1921 年		甘肃天水出土秦公簋,为秦景公作以奉祀其西垂宗庙的祭器。
1921 年		北京历史博物馆发掘直隶(今河北)巨鹿宋代故城遗址,出土了北宋时期一桌一椅。

公元	中国纪年	大事
1921 年 8 月		北京周口店发掘龙骨山遗址,发现"北京猿人"遗址,发掘出第一颗北京人牙齿化石。
1921 年		发掘河南渑池仰韶遗址,命名为"仰韶文化"。
1922 年		北京大学考古文博学院成立,是我国高等院校中设立的第一个考古学教学研究机构。
1922 年		发掘萨拉乌苏遗址,获得一批旧石器和一颗人类牙齿化石;而后在甘肃灵武县(今宁夏灵武)发现水洞沟旧石器时代晚期遗址,并命名为"河套文化"。
1923 年		河南新郑李家楼郑公大墓出土春秋莲鹤方壶等。
1923 年		发掘了水洞沟遗址,成为中国最早发现、发掘和进行系统研究的旧石器时代晚期文化遗址。
1925 年		故宫博物院成立并向社会开放。
1926 年		发掘山西夏县西阴村史前遗址,这是中国人自己主持的第一次田野考古发掘。
1926 年		发掘距今 6000—3000 年新石器时期的西阴遗址,发现半个人工切割的蚕茧标本。
1928 年		山东章丘龙山镇发现了新石器时代晚期的城子崖遗址。该遗址于 1930 年继续进行发掘,被命名为"龙山文化"。
1928 年		南京国民政府内政部颁布《名胜古迹古物保存条例》,同年设立中央古物保管委员会,是由政府设立的第一个专门负责文物管理的机构。
1928 年		前中央研究院史语所派团对河南安阳殷墟遗址进行第一次发掘。
1928 年		北京周口店遗址出土两件北京人下颌骨。
1929 年		在安阳殷墟遗址第三次发掘中,出土大龟四版、牛头刻辞和鹿头刻辞。
1929 年		中国营造学社在北京成立,开始了系统地运用现代科学方法研究中国古代建筑。
1929 年		中央古物保管委员会成立,隶属于大学院。大学院制结束后,改隶教育部。会址原设上海,1928 年设立北平分会、江苏分会、浙江分会等下属机构。1929 年迁至北平团城。
1929 年		河南偃师县城南辛家村发现东汉永元四年(92)的《汉司徒袁安碑》。
1929 年 12 月 2 日		北京周口店遗址发现了第一个完整的北京人头盖骨化石。
1929 年		发现带有至正十一年(1351)铭的青花云龙纹象耳瓶,确认元青花的存在。

（续表）

公元	中国纪年	大事
1930 年 4 月 27 日		发现"居延汉简"。
1930 年 4 月 27 日		"燕下都考研团"对燕下都遗址东北的老姆台进行了首次发掘。
1930 年 6 月		南京国民政府颁布《古物保存法》，是我国第一部正式的关于文物遗产的法律。
1931 年		殷墟第四次发掘，发现并确认殷代夯土建筑基址。
1931 年 4 月		第一次发掘河南安阳后岗遗址，首次发现龙山文化的白灰面和小屯与龙山文化年代关系的线索。
1931 年		发掘周口店遗址"鸽子堂"洞穴，首次发现大批人工打制的石器，继 1930 年后又发现人类用火遗迹，进一步确立直立人在人类进化序列中的地位。
1931 年		发掘山西万泉荆村仰韶文化遗址。
1931 年		发掘安阳高楼庄后岗时发现"后岗三叠层"，第一次从地层上确定了仰韶文化、龙山文化以及商代文化的先后关系。
1932 年		中央研究院与河南省政府合组河南古迹研究会，发掘河南浚县辛村西周时期卫国贵族墓地。
1932 年 6 月 18 日		国民政府行政院公布了《中央古物保管委员会组织条例》，规定了中央古物保管委员会的隶属关系、职权范围、工作内容和具体组织方法，并规定了人员编制及所司职责。确认该会按照《古物保存法》行使古物保管职权。
1932 年		殷墟七次发掘，确认小屯北地为殷代宗庙宫殿所在。
1932 年		中国营造学社调查山西大同云冈石窟。
1932 年		周口店遗址发掘，改革发掘方法，将漫掘作业改成探沟和探方发掘、记录出土物的考古发掘方法。
1932—1933 年		河南浚县辛村遗址的四次发掘，将所发掘的墓葬定为周代卫国墓地，开创了周代考古的先河。
1933 年		郭沫若现代甲骨学著作《卜辞通纂》出版。
1933 年		周口店遗址的发掘，发现比北京人年代更早的周口店和属旧石器时代晚期的山顶洞人及其葬地，出土 3 个完整的晚期智人头骨化石、部分躯干骨、少量石器和一批装饰品。
1933 年		殷墟第八次发掘，发现带两条墓道的大墓，大墓四隅发现殉葬人头 28 个，是首次发现殷代殉人遗迹，并首次了解到大墓填土通常被夯实。
1933 年		河南安阳殷墟出土商代晚期车，为已出土最早的古车。
1933 年		发掘渤海上京龙泉府遗址、顾乡屯地点，调查辽代帝陵。

公元	中国纪年	大事
1933 年		陕西关中地区调查周秦遗址,在宝鸡至长安地段内发现包括宝鸡斗鸡台遗址在内的 7 处遗址。
1933 年 2 月 5 日		故宫博物院约 1.3 万箱文物精品为防日寇劫毁,从神武门广场起运,装上两列火车,南行平汉线,经陇海线转入津浦线,开始了历时 10 余年的南迁北返历程。
1934 年		新疆罗布泊发现了小河墓地。
1934 年		殷墟第九次发掘,在小屯村北和侯家庄南地发掘夯土建筑基址,在侯家庄南地还发现墓葬和包括"大龟七版"的有字甲骨。
1934 年 10 月—1935 年 1 月		殷墟第十次发掘,确认了殷墟王陵的存在,这对研究殷墟布局及早期王陵制度提供了珍贵材料。
1934 年		发掘陕西宝鸡斗鸡台遗址,确立 45 座墓葬为西周或早于西周的周人墓。
1934 年		发掘陕西西安唐中书省遗址,发现宋代吕大防刻唐大明宫、兴庆宫图残石。
1935 年		"中央古物保管委员会"编辑出版了《古物保管委员会工作汇报》一册。
1935 年 11 月 9 日		立法院修正了《中央古物保管委员会组织条例》。
1935 年		殷墟进行第十一次发掘,在西北冈出土牛鼎和鹿鼎等大量器物。
1935 年		故宫藏品第一次出国展出,即 1935 至 1936 年的伦敦中国国际艺术展览会。
1936 年 3—6 月		殷墟第十三次发掘,出土甲骨文 17 096 片,其中出土完整龟甲 300 版。
1936 年 8 月		《田野考古报告》创刊。1947 年改名《中国考古学报》,1953 再改名《考古学报》。
1936 年		发掘河南永城造律台、黑孤堆龙山文化遗址。历史语言研究所考古学组与国立北平图书馆(今中国国家图书馆前身)合作,发掘洛阳石经。
1936 年 10—11 月		周口店遗址发掘,又发现 3 个北京人头骨化石。1937 年,周口店遗址发掘中断。发掘资料在 1941 年 12 月 7 日珍珠港事件爆发前后,下落不明。
1936 年 11 月		浙江余杭县(今杭州市余杭区)良渚镇附近发掘几处史前遗址,发现与龙山文化相似又有显著区别的新石器时代遗存,后被命名为"良渚文化"。
1937 年 7 月		山西五台豆村东北发现唐代建于唐大中十一年(857)的建筑佛光寺大殿。
1937 年		日本东亚考古学会发掘元上都遗址。

（续表）

公元	中国纪年	大事
1938 年		湖南省宁乡县月山铺出土商代晚期四羊方尊青铜酒器。
1938—1944 年		日本水野清一等人对云冈石窟进行最早考古发掘。
1939 年		河南安阳殷墟西北冈王陵区发现商代晚期青铜炊器司母戊鼎，是迄今所见形体最大的青铜器。
1941 年		北京人头盖骨失踪。
1941 年		容庚的现代青铜器研究著作《商周彝器通考》出版。
1941 年		张大千赴甘肃敦煌调查莫高窟、榆林窟，临摹壁画精品共 300 幅，撰《敦煌石室记》。
1942 年 9 月		湖南长沙子弹库楚墓被盗掘，出土楚帛书。此楚帛书是目前已知年代最早，也是现已发现唯一的战国帛书，中国最早的典籍意义上的古书。
1943 年		赵汝珍编述《古玩指南》出版，是一部从鉴赏角度介绍古代文物器玩的书。
1944 年		蔡季襄将湖南长沙子弹库楚墓帛书的研究成果印成书，名为《晚周缯书考证》。
1946 年		湖南长沙子弹库楚墓帛书流入美国，寄存在纽约的大都会博物馆，后经古董商出售，现存放在华盛顿的赛克勒美术馆。
1947 年		韩乐然赴新疆克孜尔石窟临摹壁画，记录洞窟，后在兰州举办"克孜尔千佛洞壁画展览"。
1948 年		河北景县北齐封氏墓群出土青瓷莲花尊。
1948—1958 年		王世襄完成《髹饰录解说》一书。
1949 年 2 月 22 日		海军运输舰"昆仑号"驶抵基隆港，故宫博物院南迁文物中的 2972 箱被运至台湾。
1950 年		中央人民政府政务院规定古迹、珍贵文物、图书及稀有生物保护办法，颁发《禁止珍贵文物图书出口暂行办法》《古文化遗址及古墓葬之调查发掘暂行办法》。
1950 年		文化部文物局资料室主编《文物参考资料》创刊，1959 年更名为《文物》，由《文物》编辑委员会编。
1950 年		河南宝丰清凉寺汝窑窑址由陈万里发现。
1950 年		黄作财、黄作梅兄弟以 6 万港币从吴蘅孙处购回《五牛图》。《五牛图》在 1900 年流失海外。
20 世纪 50 年代		前苏联及前德意志民主共和国先后将明代《永乐大典》60 多册赠还中国。
20 世纪 50—90 年代		陕西耀州窑址出土三彩器和瓷器。
1951 年 3 月		国家拨专款抢救文物，并成立香港"收购小组"，秘密进行文物收购。小组负责人徐伯郊从张大千处购回《韩熙载夜宴图》。

(续表)

公元	中国纪年	大事
1952 年		在河南禹县(今禹州)白沙水库,发掘战国至唐宋时期的墓葬。
1952 年		文化部文物局以 35 万港币,从香港购回"三希帖"中的"二希",即王献之《中秋帖》、王珣《伯远帖》。
1952 年		江苏徐州茅村发现一座东汉晚期的画像石墓,后在画像石上找到嘉平四年(175)的铭刻。
1953 年		山西勘察发现 37 处古迹,其中有山西运城永乐宫壁画(元)。
1953 年		在河南安阳大司空村(今属安阳殷都)发掘一批殷代小型墓葬。
1953 年		发掘洛阳烧沟汉墓,为中原地区汉墓的编年研究积累了丰富资料。
1953 年		湖南长沙市仰天湖清理一座保存较好的战国时期木椁墓,第一次发现"遣策"竹简。
1953 年		发现北宋初期木构建筑福州华林寺大殿。
1953 年		调查关中唐十八陵。历年来进行重点勘察的有献陵、昭陵、乾陵、桥陵、建陵。
1953 年		山西勘察发现 37 处古代建筑。其中有唐建中三年(782)所建五台南禅寺大殿,以及平通镇国寺大殿(五代)、永济永乐宫(元代)等多处重要古代建筑。
1954 年		发掘河北曲阳修德寺遗址,获得北魏至唐石刻造像 2200 躯,其中 247 躯有纪年铭。
1954 年 9 月		发掘山西襄汾丁村旧石器时代遗址,发现"丁村人"化石,并在多个地点发现旧石器。
1954 年		第三届考古工作人员训练班在陕西西安半坡遗址进行田野考古实习发掘,至 1957 年告一段落,第一次较为全面地揭露仰韶文化。
1954 年		郑州人民公园商代墓葬出土青釉尊。
1954 年		山东沂南出土东汉画像石。
1955 年		发掘兰州白道沟坪马家窑文化马厂期制陶窑场。
1955 年		陕西西安发掘距今 6800—6300 年新石器时期的仰韶文化半坡遗址,发现"人面鱼纹盆"。
1955 年		浙江余姚发现北宋木构建筑保国寺大殿。
1955 年		发掘京山屈家岭与天门石家河遗址,后来将两遗址代表的文化遗存分别命名为"屈家岭文化"和"石家河文化"。
1955 年		河南洛阳唐墓出土高士饮宴图螺钿镜,采用"加沙"工艺
1955 年		发掘兰州白道沟坪马家窑文化马厂期制陶窑场。

（续表）

公元	中国纪年	大事
1955 年		安徽寿县蔡侯墓出土春秋时期"吴王光鉴"青铜兵器。
1956 年		内蒙古乌兰察布市察右前旗土城子出土元代黑釉"葡萄酒瓶"文长瓶。
1956 年		河南三门峡上村岭西周虢季墓出土了一件玉柄铁剑,是中国内地最早的人工冶炼铁器。
1956 年		辽宁西丰西岔沟发现汉代匈奴或东胡族墓地,发掘墓葬 63 座,出土文物 1.3 万多件。
1956 年		孙瀛洲先生将明成化斗彩三秋杯捐赠给故宫博物院。
1956—1959 年		我国进行了第一次全国文物普查。
1956 年 2 月		第一次全国考古工作会议在北京召开,建议制定"文物普查保护管理办法"。4 月,国务院颁布《关于在农业生产建设中保护文物的通知》,首次提出进行全国范围内的文物普查。
1956 年 3 月		发掘吴兴钱山漾遗址。1958 年 2、3 月进行第二次发掘,发现包括稻谷、丝麻织物在内的大批良渚文化遗存。
1956 年 5 月		定陵地下宫殿进行考古发掘,其是明十三陵中唯一一座被发掘的帝王陵寝。
1956 年 9 月		河南陕县庙底沟遗址进行大规模发掘。据此提出"仰韶文化庙底沟类型"和"庙底沟二期文化"的命名。
1956 年 11 月		河南陕县上村岭西周晚期至春秋早期虢国贵族墓地进行考古发掘,包括虢太子墓。1957 年扩大发掘,共清理墓葬 200 多座。
1956 年		江苏苏州虎丘云岩寺塔地宫出土五代越窑莲花式碗及盏托。
1957 年		陕西西安隋大业四年(608)李静训墓出土白釉瓷器。
1957 年		河南禹州白沙发现仿木结构宋墓,壁画内容丰富,宿白编撰《白沙宋墓》。
1957 年		哈密、伊犁、焉耆、库车和阿克苏、喀什、和阗等地的 100 多处古城址和寺庙遗址得到科学调查,此后高昌故城、交河故城和北庭故城等古城址、古墓葬和寺庙遗址等的考古发掘,都逐步展开。
1957 年		四川成都出土汉代艺人说唱陶俑。
1957 年		对唐大明宫遗址进行勘察发掘,至 1959 年 5 月,基本判明大明宫宫城范围、城门位置,以及主要宫殿和池、渠分布情况,并且发掘麟德殿、玄武门、重玄门等遗址。
1957 年		河南信阳长台关 1 号战国墓出土黑漆床,是考古发掘中木床最早实例之一。
1957 年		发掘隋大业四年(608)李静训墓、唐开元十一年(728)鲜于庭海墓。

公元	中国纪年	大事
1957 年		开展余姚上林湖滨海地区瓷窑址调查。
1957 年		对虎丘云岩寺塔塔身进行清理,判明建塔时间为公元 959—961 年,发现五代吴越国所造金涂塔等佛教文物。
1957 年 3 月		信阳(今信阳平桥)长台关发掘两座规模较大的战国中期楚墓,出土大量漆木器。
1957—1964 年		因三峡水库蓄水,元代永乐宫被拆卸迁移至距离原址 20 多公里的芮城县城北郊龙泉村附近。
1958 年		发掘北宋至元磁州窑系的邯郸观台窑址。
1958 年		湖南长沙金盆岭出土西晋永宁二年(302)青釉校对人俑。
1958 年		第二次发掘吴兴钱山漾遗址,发现包括稻谷、丝麻织物在内的大批良渚文化遗存。
1958 年		陕西华县太平庄出土鹰鼎(仰韶文化庙底沟型)。
1958 年 6 月		发掘湖北蕲春毛家嘴西周木构建筑基址。
1958 年秋		甘肃天水地区秦安县发现仰韶文化遗存"大地湾遗址"。
1958 年		发掘唐长安兴庆宫遗址,至本年 12 月,发掘出宫城西南部城墙、勤政务本楼基址和其他建筑遗迹。
1958 年		发掘东晋颜氏族葬墓地。
1958 年		发掘北宋至元磁州窑系的邯郸观台窑址。
1958 年 10 月		汉长安城南郊礼制建筑群进行考古发掘,至 1961 年,共发掘 12 座排列有序、形制相同的方形建筑基址,据考订应为王莽所建"九庙"。
1958 年		发掘金代初期巨鹿郡王时立爱及其子时丰墓。
1959 年		发掘铜川县(今铜川耀州)黄堡镇附近唐宋耀州窑址,出土大量唐宋金元时期耀州窑遗物。
1959 年		山东泰安出土白陶鬶,为高岭土经 1200 ℃高温烧制。
1959 年		发掘河南洛阳烧沟汉墓。
1959 年		新疆民丰县尼雅遗址出土佉卢文简牍,为鄯善国精绝居民苏耆耶的契约文书。
1959 年		发掘武威磨嘴子西汉晚期墓葬,发现 3 本 9 篇《仪礼》简册及"王杖十简"。
1959 年 4—5 月		偃师二里头发现年代早于郑州二里冈文化、晚于河南龙山文化的大面积遗址,这种以二里头遗址为代表的遗存后被命名为"二里头文化"。
1959 年 6 月		对大汶口附近宁阳堡头村新石器时代墓地进行发掘,揭露墓葬 100 多座,后由此提出"大汶口文化"的命名。

（续表）

公元	中国纪年	大事
1959 年 7 月		发掘巫山大溪遗址,后将以此为代表的新石器时代遗存命名为"大溪文化"。
1959 年		对宁城辽中京遗址进行全面勘察和重点发掘。
1959 年		对陕西铜川县(今铜川耀州)黄堡镇附近唐宋耀州窑址进行考古发掘,出土大量唐宋金元时期耀州窑遗物。
1959 年		发掘山西侯马金大安二年(1210)董氏兄弟砖雕墓,发现的杂剧俑和戏台模型是中国古代戏曲史的重要资料。
1959—1960 年		对唐长安外郭城、宫城、皇城的范围、主要街道和里坊重新进行普探,并对东市和西市遗址做部分发掘。
1960 年		南京市西善桥宫山北麓发掘一座南朝大墓,在墓壁上发现嵌砌有以"竹林七贤"为题材的巨幅拼镶砖画。
1960 年		发掘密县(今河南新密)打虎亭两座相连的东汉大型画像石墓和壁画墓。
1960 年		南京西善桥宫山北麓一座南朝大墓出土竹林七贤与荣启期砖画。
1960 年		发掘韶关附近唐张九龄墓。
1960 年		发现张家坡西周铜器窖藏,出土铜器 53 件,其中有铭文的 11 种共 32 件。
1960 年 11 月 18 日		江苏南京富贵山发现晋恭帝玄宫石碣。
1960 年		对江西修水山背村附近进行调查,并试掘跑马岭遗址。后据此发现新石器时代遗存,提出"山背文化"的命名。
1960 年		对燕下都遗址进行全面勘察和重点试掘。
1960 年		进一步勘察隋唐洛阳城遗址。至 1963 年 6 月,对洛河南北两岸街道和里坊分布以及市场位置进行了全面探查,并对个别里坊作重点勘察。
1960—1962 年		对汉长安城遗址进一步勘察,探明城内主要干道的形制,长乐宫、未央宫、桂宫及城西建章宫的范围。
1960—1962 年		发掘唐乾陵陪葬永泰公主墓。
1960 年 9—11 月		发掘甘肃临夏马家湾遗址,首次发现马家窑文化马厂类型的住房基址。
1960 年 11 月		发掘上海青浦崧泽新石器时代遗址,发现一批墓葬,后由此提出"崧泽文化"的命名。
1961 年 3 月 4 日		国务院发布《文物保护管理暂行条例》,正式规定全国重点文物保护单位、省(自治区、直辖市)级文物保护单位、县(市)级文物保护单位三级保护管理体制。
1962 年 2 月		开展临潼秦始皇陵园的勘察工作。

（续表）

公元	中国纪年	大事
1961、1962 年		对西侯度遗址进行两次发掘，发现石制品及动物化石。
1962 年夏		对汉魏洛阳城址进行勘察工作，初步探明大城垣墙、门阙、街道、城壕的位置，宫城、金墉城、永宁寺及城南"三雍"遗址大致范围。
1962 年		英国人柯文南，将太平天国忠王李秀成的宝剑赠还中国。
1962 年		发掘武山石岭下遗址，后将其文化遗存作为马家窑文化早期阶段的"石岭下类型"。
1962 年秋		发掘曲阜西夏侯遗址，第一次从地层上明确大汶口文化的年代早于山东龙山文化。
1963 年		文化部颁布《文物保护单位保护管理暂行办法》《革命纪念建筑、历史纪念建筑、古建筑、石窟寺修缮暂行管理办法》。
1963 年		再次调查炳灵寺石窟，在第 169 窟第一次发现十六国时期西秦建弘元年(420)的墨书题记。
1963 年		汉魏洛阳故城南郊发掘东汉时期刑徒墓地。
1963 年		陕西宝鸡贾村塬出土"何尊"，为迄今所见西周最早的铜器。
1963 年冬		四川江油窦圌山云岩寺发现南宋淳熙八年(1181)所建飞天藏殿。
1963—1966 年、1984—1985 年		先后分四期对敦煌莫高窟 380 个洞窟进行了加固保护。
1965 年		山西大同石家寨北魏司马金龙墓出土彩绘漆屏风。
1965 年		辽宁省北票市北燕冯素弗墓(415)出土一对木芯鎏金铜马镫，以及琉璃器。
1965 年		发掘粟特地区撒马尔罕古城大使厅壁画，其中有武则天乘龙舟图、唐高宗猎豹图。
1965 年		赤峰夏家店遗址进行发掘，发现该遗址明显存在出土遗物各有特点的上、下两层堆积，分别命名为夏家店下层文化、夏家店上层文化。
1965 年		湖北江陵望山一号楚墓出土"越王勾践剑"。
1965 年 10 月		河北易县燕下都遗址出土钢质兵器，将史籍所载古人掌握"清火淬其锋"技术的时间提早了两个多世纪。
1965 年 12 月中旬		山西侯马晋国遗址出土首批侯马盟书。
1966 年 2 月		河北易县燕下都遗址老姆台东出土战国透雕龙凤纹铜铺首，是中国目前所发现的最大铜铺首。
1968 年		咸阳市狼家沟水渠旁发现玉质皇后之玺。
1968 年		发掘西汉满城中山靖王刘胜及其妻窦绾墓，出土两套完整的金缕玉衣、长信宫灯、错金博山炉等重要文物。

（续表）

公元	中国纪年	大事
1968 年		陕西彬县出土五代耀州窑青釉提梁倒注壶。
1969 年 10 月		甘肃武威雷台汉墓出土铜奔马、铜车马仪仗俑等珍贵文物。
1969 年		河北定县北宋"静志寺真身舍利塔""净众院舍利塔"塔基,出土彩绘壁画和珍贵文物。
1970 年起		实施对云冈石窟石雕及风化防治工程。
1970 年		北京后英房元代建筑遗址出土元代软螺钿广寒宫图漆盘残片。
1970 年		北京元大都遗址出土元青花凤纹扁执壶。
1970 年		北京西城区旧鼓楼大街元代窖藏出土元代青花碗及盏托。
1970 年		山东鲁荒王朱檀墓出土朱漆木桌、供案和明器家具模型,是明代早期家居生活用品的微缩。
1970 年 10 月		陕西西安南郊何家村发现唐代金银器窖藏,出土金银器皿205 件,是历年出土唐代金银器最多的一批。
1971 年		内蒙古翁牛特旗赛沁塔拉嘎查村发现了红山文化玉龙,是国内首次发现的"中华第一玉雕龙"。
1971 年		发掘唐代尉迟敬德墓、章怀太子墓、懿德太子墓,发现精美壁画和三彩俑。
1971 年		河南安阳北齐范粹墓出土黄釉瓷扁壶。
1971 年		辽宁北票水泉辽墓出土五代耀州窑青瓷飞鱼形水盂。
1971 年		目前所知最早的北齐武平六年(575)北方白瓷,出土于河南安阳范粹墓。
1971 年冬		殷墟小屯西地出土 10 块完整的刻辞牛肩胛骨。
1972 年		甘肃武威磨嘴子两座汉墓出土"史虎作""白马作"铭文毛笔。
1972 年		浙江上虞曹娥江两岸发现东汉至宋代陶瓷窑址。
1972 年		发掘唐长安外郭城南面正中的明德门遗址。
1972 年		景德镇陶瓷历史博物馆试掘五代至明末湖田窑址。
1972 年		发掘四川汉源县富林镇附近旧石器时代晚期遗址,后由此命名为"富林文化"。
1972—1979 年		发掘距今 6400—6600 年新石器时期的姜寨遗址,其陶器纹饰出现"蛙图"。并出土有石砚、石磨棒、水杯及赤铁矿颜料块一组用于绘画的工具。
1972—1979 年底		发掘临潼姜寨仰韶文化遗址,全面揭露出一座半坡类型聚落遗址。
1972—1974 年		考古发掘长沙马王堆汉墓,发现丝织衣物、帛书、帛画和漆棺等文物 3000 余件。其中,马王堆 1 号墓出土保存完好的西汉女尸。

（续表）

公元	中国纪年	大事
1972—1979 年		发掘甘肃漳县元代汪氏家族墓，出土蓝琉璃盏、盏托以及剔红漆案。
1973 年		江苏吴县草鞋山遗址第一次发现随葬玉琮、玉璧等大型玉礼器的良渚文化墓葬，良渚文化玉器从此为学界所知。
1973 年		江陵凤凰山西汉简牍出土。
1973 年		发掘河北禹县钧台及八卦洞附近宋代钧窑遗址。
1973 年		青海大通县出土马家窑文化马家窑型舞蹈纹彩陶盆。
1973 年		山东日照出土蛋壳黑陶高柄杯。
1973 年		发掘杭锦旗桃红巴拉战国早期匈奴墓。
1973 年		秦咸阳宫遗址进行大规模发掘。
1973 年秋		河南安阳殷墟遗址小屯南地发掘出 7000 多片卜骨和卜甲，其中有刻辞的甲骨 5041 片。
1973 年 5 月		重新发掘长沙旧城南郊子弹库楚墓，出土"人物御龙帛画"，是目前仅见的两幅战国帛画之一。
1973 年 10 月		西安青龙寺遗址西部发掘出一座殿堂遗址和一座塔基。
1973 年 11 月		浙江余姚河姆渡遗址发现年代接近公元前 5000 年的大片木构干栏式建筑遗迹、栽培稻遗存和大量特征鲜明的文化遗物，后命名为"河姆渡文化"。
1974 年		陕西省扶风县强家 1 号西周墓出土玉蚕。
1974 年		辽宁法库叶茂台 7 号辽墓出土木制"棺床小帐"及《深山会棋图》《竹雀双兔图》等珍贵文物。
1974 年		江苏吴县出土黑陶鳖形壶。
1974 年		商代早期饕餮纹铜爵，出土于湖北武汉黄陂盘龙城李家嘴 1 号墓。
1974 年 3 月		陕西临潼西杨村发现秦始皇陵兵马俑，发现通往地宫的甬道和陵墓东侧的兵马俑坑。
1974 年 4 月—1978 年		大规模发掘乐都柳湾墓地，共发掘墓葬 1500 座，其中半数以上属马家窑文化马厂类型，其次属半山类型和齐家文化，少数为辛店文化。
1974 年 11 月		考古发掘战国时期中山国晚期都城灵寿故址中山国墓葬，出土包括"中山王陵兆域图"铜版、"中山三器"在内的随葬品 1.9 万余件。
1974 年冬—1975 年春		发掘汉魏故城南郊汉晋时期灵台遗址。
1974—1975 年		北京大葆台 1 号大型汉墓发掘和发现保存完整的"黄肠题凑"结构。

（续表）

公元	中国纪年	大事
1975 年		汇陵凤凰山 168 号墓竹筒中,发现简牍、笔、砚、削刀等整套书写工具与材料。
1975 年		湖北云梦睡虎地秦始皇三十年墓(前 217)出土秦始皇时期法律竹简 1100 余枚。
1975 年		湖北江陵凤凰山 168 号汉墓出土西汉男尸。
1975 年秋		长乐、未央二宫之间武库遗址发现平面呈长方形的围墙和 7 座大型库房基址,其中有两座出土大量铁质兵器。
1975 年冬		安阳殷墟小屯村北发现 1 处殷代晚期商王室制造玉石器场所,且在涂有白灰面的墙皮上发现绘有红色花纹和黑圆点的壁画残片。
1976 年		在陕西岐山县凤雏村发现了一组大型西周四合院式建筑遗址,建造年代约公元前 12 世纪。
1976 年		安阳殷墟小屯村西北地发现妇好墓。发现巨型炊器妇好三联甗,铭文计有 10 处,均为"妇好"二字。
1976 年		陕西临潼(今西安临潼)段村发现一处西周铜器窖藏,其中利簋记载有"武王征商"的史实。
1976 年		墙盘,因"墙"在周朝做史官又被称作"史墙盘",底部铸有铭文 284 字,出土于陕西扶风(今宝鸡扶风)。
1976 年		微史家族青铜器窖藏,出土于陕西省扶风县法门乡庄白村,又称微氏家族铜器窖藏,或根据出土地点称之为庄白一号窖藏。
1976 年起		大规模整修保护承德避暑山庄及外八庙。
1977—1984 年		甘肃天水麦积山石窟实施并完成了加固保护工程。
1977 年		建阳芦花坪窑址出土了"供御"款垫饼。
1977 年		河南新郑发现裴李岗文化,是一处距今 8000 多年前的新石器时代早期文化遗址。
1977 年		距今 7000—6000 年新石器时期的河姆渡文化,发现厚木胎漆碗,红漆内调和有朱砂。
1977 年		发掘宝鸡凤翔秦公一号大墓,其出土的"黄肠题凑"椁具,是中国迄今发掘周、秦时代最高等级的葬具。
1977 年		发掘青海大通上孙家汉墓,出土"汉匈奴归义亲汉长"铜印。
1977 年		河北平山战国中山王墓出土嵌错龙凤方案。
1978 年		湖北随州擂鼓墩曾侯乙墓出土战国大型铜编钟等各类文物七千余件。
1978 年(至今)		发掘距今 4300—3900 年新石器时期的山西襄汾陶寺遗址,出土陶寺中期骨耜上刻有文字"辰"(农)字。陶寺早期王墓出土了带有龙的形象的龙盘。陶寺观象祭祀台,是中国范围内迄今考古发现最早的观象台。陶寺遗址的考古发现与研究,有助于诠释最初"中国"的概念。

（续表）

公元	中国纪年	大事
1979 年		山东莒县出土象形文字灰陶尊。
1980 年起		陕西彬县大佛寺石窟进行了长达十年的研究与保护。
1980 年 12 月		陕西临潼秦始皇陵封土西侧出土两乘大型彩绘铜车马,即秦陵一号铜车马、秦陵二号铜车马。
1980 年		国务院批转国家文物局、建委《关于加强古建筑和文物古迹保护管理工作的请示报告》,发布《关于加强历史文物保护工作的通知》等重要文件。
1980 年		河南临汝阎村出土新石器时代鹳鱼石斧图彩陶缸。
1980 年		陕西秦始皇陵西侧发掘一座大型陪葬坑,发现两乘二分之一比例的铜车马模型。
1980—1982 年		勘察发掘汉长安城未央宫遗址,初步探明未央宫前殿遗址范围和形制,勘探了天禄、石渠二阁和沧池遗址。出土百余枚汉代木简。对椒房殿遗址进行大规模发掘,这是中国考古学上首次发掘的皇后宫殿遗址。
1980 年		江西高安发现元代窖藏,出土器物 245 件,其中瓷器 238 件,内有元青花、釉里红珍品 23 件。
1980 年		河南鲁山段店窑出土唐代花釉羯鼓。
1980 年		发掘江西吉安宋元时代吉州窑遗址。
1980 年		河北临城、内丘二县交界磁窑沟等地发现唐代烧造白瓷的邢窑址。
1980 年		陕西秦汉栎阳城遗址进行钻探和试掘,判明城址的范围。
1980 年		发现平粮台遗址。该遗址是我国最早的、规划严整的高等级史前城址,开创城市建设规划的先河,还发现了中国最早的城市排水系统。
1981 年		陕西旬阳城东南出土独孤信多面球体印。
1981 年		辽宁朝阳境内发现牛河梁红山文化遗址,将中华文明史提前了 1000 多年。
1981—1985 年		我国进行了第二次全国文物普查和文物复查。
1982 年		全国人大常务委员会通过了《中华人民共和国文物保护法》,奠定了国家文物保护法律制度的基础,标志着我国文物保护制度的创立。
1982 年		国务院转批建委、城建总局、文物局《关于保护我国历史文化名城的请示的通知》,标志着"历史文化名城"制度的正式启动。
1982—1994 年		多次抢救性发掘御窑遗址,出土明代洪武至嘉靖时期的落选御用瓷片"竟有十数吨,若干亿片",修复了大量洪武、永乐、宣德、正统、成化时期的落选御用瓷器。

（续表）

公元	中国纪年	大事
1983 年		牛河梁红山文化遗址出土彩塑女神头像。
1983 年		湖南长沙窑窑址出土釉下褐彩"春水春池满"诗文壶。
1983 年		宁夏固原北周原州刺史李贤夫妇墓，出土彩绘壁画、波斯鎏金银壶等文物。
1983 年		广州象岗南越王墓出土西汉早期墨颗粒。
1984 年		曾侯乙编钟复制成功。9 月 7 日至 9 日，经过认真地检验测试，验收了全套（共 64 件）复制编钟。
1984 年		在西藏萨迦寺发现宣德款斗彩鸳鸯莲池纹靶杯。
1984 年		在巫山龙骨坡遗址发现的小种大熊猫化石，年代测定距今约 180 万年至 248 万年，是目前我国发现的最早的小种大熊猫化石。
1984 年起		邵逸夫资助敦煌莫高窟安装了通风、避光的窟门和壁画保护屏风，1987 年又全面进行了加固修缮工程。
1984 年		河北内丘邢窑窑址出土"盈"字款白瓷。
1984 年		安徽马鞍山东吴朱然墓，出土一批漆木器与瓷器，是目前发掘的东吴墓葬中，墓主身份最高的一座。
1984 年		陕西石泉发现汉代鎏金铜蚕。
1984 年		湖北郧县马坛山唐李徽墓出土唐代瓷辟雍砚。
1985 年		重庆巫山龙骨坡发现早期直立人下颌骨 1 段，牙齿 1 枚。
1985 年起		保护复原全国重点文物西安唐代大明宫麟德殿建筑基础。
1985 年 12 月		陕西铜川耀州窑发现"官"字款五代青釉瓷器。
1985 年		新疆龟兹研究院成立。
1986 年		陕西礼泉唐长乐公主墓出土白釉辟雍砚。
1986 年		国务院公布第二批国家级历史文化名城，明确了"历史文化保护区"的概念，提出编制历史文化名城保护规划的要求。
1986 年		陕西西安未央宫中央官署遗址出土，刻字骨签 5.7 万枚，记录有物品名称、数量和纪年、工官等内容。
1986 年		发掘耀州窑遗址，发现五代仿金银器、刻有"官"款的青瓷器。
1986—1987 年		湖北荆门出土秦家嘴楚简，内容主要为卜筮祭祷。
1986 年 5—7 月		浙江余杭反山良渚文化高台墓地出土施刻"神人兽面"纹、重达 6.5 公斤的大玉琮。
1986 年 6—8 月		内蒙古奈曼旗青龙山辽代陈国公主与其夫合葬墓，出土银丝网络、凤纹银冠、鎏金面罩等千余件契丹文物。
1986 年 7—9 月		四川三星堆遗址商时期早期蜀国两座祭祀坑出土金杖、金面罩、大型铜人立像、铜人头像、青铜龙虎尊、玉璋、象牙等珍贵文物近千件。

（续表）

公元	中国纪年	大事
1987 年		河南舞阳新石器时期贾湖遗址出土骨笛,距今 7800 到 9000 年。
1987 年		在甘肃敦煌安敦公路甜水井道班南侧发现西汉悬泉置遗址,是迄今为止我国发现的最早邮驿遗址。
1987 年起		德国巴伐利亚洲文物保护局投资 200 万欧元,与陕西省文物局合作,对秦俑彩绘文物进行研究保护。
1987 年		秦始皇陵(含兵马俑坑)被联合国教科文组织列入《中国遗产名录》。
1987 年		陕西宝鸡法门寺地宫出土秘色瓷器、以八重宝函为代表的金银器、琉璃器、丝绸、珠宝、杂项等,还有茶具和香具。
1987 年		广东南海川山群岛附近发现"南海Ⅰ号"南宋沉船,是我国迄今为止发现的年代较早、体量巨大、保存相对完整的沉船。
1987 年 3 月		发掘河北磁县观台镇磁州窑遗址。
1987 年 3—12 月		河北曲阳定窑遗址发现"尚药局""尚食局""龙""花""李小翁"等字样的瓷片。
1987 年 6 月		河南濮阳西水坡遗址发现仰韶文化蚌壳摆塑的 3 组龙虎等图案及完整人骨架等遗迹,翌年又发现 1 组蚌塑图案。
1987 年 7—11 月		河南宝丰清凉寺宋代汝官窑址出土 300 多件较完整瓷器,其中 20 余件为宫廷御用品。
1987 年 10 月—1988 年 5 月		陕西西安汉长安城未央宫第四号建筑遗址发现"汤官饮监章"泥封。
1987—1993 年		考古查清唐代扬州城圈范围,罗城和子城内街道、河流,发掘一段唐代大型木构排水沟。
1988 年 4 月底		秦陵一号铜车马修复结束,这是迄今已修复的出土青铜器中形体最大、结构最复杂、破损最严重的铜器。
1988 年		景德镇御窑遗址西墙、靠近东司岭巷一带发现了以青花云龙纹大缸残片为主要包含物的地层堆积。这是首次经考古确认的正统时期御窑瓷器遗存,改写了正统朝御窑已停止烧造的既往认识。
1988 年		山西太原金胜村发掘的赵卿墓,是迄今为止保存最好、规模最大的春秋时期晋国高级贵族墓葬。
1989 年		全国人大常务委员会颁布《城市规划法》,至此建立起由文物保护单位,历史文化街区和历史文化名城三个层次组成的中国遗产保护体系。
1989 年		国家文物局向美国索斯比拍卖公司追索回被盗湖北秭归屈原纪念馆藏铜敦。

（续表）

公元	中国纪年	大事
1989 年		唐代东都洛阳宫城应天门内残基中出土哀帝玉册。
1989—1994 年		国家投资 5500 万元及大量黄金、白银对西藏布达拉宫展开第一期抢救维修工程。
1990 年起		我国现存最古老的木结构楼阁蓟县独乐寺进行全面维修加固。
1990 年		发掘陕西西安北郊汉阳陵。
1990 年 7—9 月		宁夏贺兰宏佛塔天宫中发现彩塑佛像残件、西夏文木质雕版残块、丝织物胶漆彩画残片等罕见珍贵文物。
1990 年 7—9 月		浙江杭州半山石塘村出土战国水晶杯。
1990—1991 年		杭州南宋六和塔,完成了防火、防霉加固维修工程。
1991 年		上海博物馆从香港购回西周鼎,这是发现时代最早并铸有长篇铭文的西周晋国铜鼎。
1990 年冬—1992 年夏		甘肃敦煌悬泉置遗址发掘出土简牍文书 25 000 余枚,即悬泉汉简。该遗址出土的十余张有墨书的纸张,是迄今发现最早的书写纸。
1991—1998 年		调查和发掘辽宁元代绥中三道岗沉船,是中国独立展开的第一项水下考古。
1991—1999 年		重庆大足石刻北山治水工程和宝顶山观经变崖壁岩体加固工程等具有代表性的石窟保护工程针对石窟遗址的特点和要求,逐渐形成了一套科学的工作程序和规范要求,为建立以石窟遗址保护为主的岩土遗址保护学科建设打下了深厚的基础。
1992 年		山西曲沃晋侯墓地发现迄今为止西周时期等级最高的玉器。
1992 年—1993 年 1 月		浙江杭州南宋临安皇城址的发掘结果证实南宋《咸淳临安志》皇城图上所绘地形是正确的。
1992 年		上海博物馆从香港购回被盗卖的晋侯苏编钟中的 14 件。晋侯苏编钟全套为 16 件,2 件小钟未被盗。
1992 年		德国巴伐利亚文物保护局与陕西省文物局签署协议,就秦俑文物保护技术研究进行合作,主要包括秦俑坑土遗址加固、秦俑彩绘分析加固、石质铠甲修复技术以及秦俑修复技术改进 4 个方面。1997 年,抗皱剂和加固剂联合处理法在德国实验成功,即先用聚乙二醇和聚氨酯乳液混合液敷渗,再逐级提高溶液的聚乙二醇浓度敷渗处理方法。1999 年 4 月,首次采用抗皱剂和加固剂联合处理法保护了整体彩绘俑。随后,该项技术被应用于汉景帝阳陵、秦陵陪葬坑出土的彩绘陶俑的保护处理。
1992 年		河北泥河湾盆地发现马圈沟遗址,是东亚地区迄今发现最早的具有确切地层的旧石器时代遗址。

公元	中国纪年	大事
1992—1994 年		河南辉县孟庄遗址发现龙山文化、二里头文化、商代文化 3 座叠压的城址。
1992—1994 年		发掘河南永城汉梁孝王寝园。
1993 年 7 月		美国国际集团友邦保险公司创办人斯达先生的基金会出资 51 万 5 千美元从一位法国收藏家手中购得颐和园遗存文物铜窗，并无偿送还中国国家文物局。7 月 12 日，十扇铜窗安全运抵颐和园。
1993 年		上海博物馆在香港友好人士资助下，从香港购回战国竹简 1000 余枚。
1993 年		发掘宣化下八里辽代壁画墓群，其中张世卿墓墓顶的天文图将中国传统二十八宿记星法与西方古巴比伦黄道十二宫融合到一起，是我国至今发现的最早一幅中西合璧天文图。
1994 年		国家文物局组织全国 30 多家文物考古、古建筑、人类学等学科的 500 多名科研人员组成了三峡文物保护规划小组，对三峡地区文物开展了大规模的复查、调查和试掘工作。
1994 年		内蒙古阿鲁科尔沁旗宝山辽代早期契丹 2 号墓发现满绘壁画及诗词、题记，为辽早期绘画艺术的重要发现。
1994 年		江苏镇江发现三国时期所建铁瓮城南城墙，六朝造船工场遗址、唐代独木舟等。
1994 年 5 月		湖北荆门纪山楚墓出土距今已有 2300 余年的战国女尸，是迄今我国所发现的外形、皮肤、骨骼均保存最完整的最早的一具湿尸。
1995 年		新疆民丰尼雅遗址出土东汉"五星出东方利中国"护膊。
1995 年		春秋时期吴王夫差龙纹盉被何鸿章先生出资购得并捐赠给上海博物馆。
1995 年		建阳建瓯北苑御焙遗址进行考古发掘，是中国首次发掘的古代制茶遗址。
1995 年		发掘乾陵陵园乳峰双阙、朱雀门双阙，无字碑亭与述圣记亭基址。
1995 年 3 月		江苏徐州狮子山西汉楚王陵出土涉及楚王宫廷官员、属县官员及军队将军等人银质或铜质印章 150 余方。
1995 年 11 月 20 日		陕西西安北郊相家巷村发现一批高规格秦泥封，其中有代表秦代最高级别的孤品官印"右丞相印"泥封。
1996 年		故宫博物院以 880 万元收购了沈周《仿黄公望富春山居图》。
1996 年		浙江杭州钱氏墓葬群出土五代越窑瓷器。
1996 年 2—5 月		江苏徐州西汉刘和墓出土银缕玉衣。

公元	中国纪年	大事
1996 年 6 月		三峡库区文物保护规划组完成了《长江三峡工程淹没及迁建区文物保护规划报告》及分县保护规划报告,报告共 31 册、200 万字,确定地下文物点 829 处、地面文物点 453 处。
1996 年 7—9 月		考古发掘内蒙古元上都 1 号宫殿基址。
1996 年 7—12 月		发现湖南长沙走马楼三国吴简,共计 14 万余枚,超过中国历年出土简牍数量的总和。
1996 年 9—12 月		江苏镇江宋代"泥孩儿"作坊遗址出土一批儿童造型的"泥孩儿"杂剧或说唱故事中的人物,以及楼亭、工具与印模等泥塑文物。
1996—2001 年		浙江杭州九华山南宋官窑老虎洞窑址先后进行了 3 次发掘。
1997 年起		国家启动"三峡工程淹没区及迁建区文物抢救保护工作"。
1998 年		发现了黑石号沉船。出水中国长沙窑瓷器达 56 500 余件,另有越窑、邢窑、巩县窑及部分广州地区窑口的瓷器。
1998 年		北京颐和园发现元代贵族耶律铸夫妇合葬墓,出土卵白釉"王白"款高足碗。
1998 年		国家文物局向英国有关当局追索回了走私到英国的中国文物 3C00 余件。
1998 年 5—12 月		发掘浙江杭州老虎洞宋元时期窑址,推测其南宋窑址可能是修内司窑。
1998 年 9—12 月		浙江慈溪上林湖寺龙口越窑窑址首次发现南宋越窑龙窑窑炉和作坊遗迹,获得自唐末五代至南宋初期的各类瓷器 3 万余件(片)和大量窑具。
1998 年起		敦煌研究院与美国盖蒂保护研究所合作,对壁画病害防治进行研究,创造了科学的修复工艺,解决了敦煌壁画病害的治理问题。
1998—2001 年		在中国银行文化遗产信贷的框架下,意方提供了 170 万美元的无偿援助,用于重庆市、四川省文化遗产的战略规划及湖广会馆古建筑的维修。乐山大佛的治理工程也正在进行中。
1998—2002 年		美国中国文化遗址保护基金会通过运通公司资助约 18 万美元,对北京先农坛的具服殿、神厨的井亭和大门、庆成宫后殿进行维修。
1999 年		重庆丰都高家镇、烟墩堡发现多处旧石器时代遗址,将三峡地区的旧石器文化向前推了 5 万—10 万年。
1999 年		震旦集团董事长陈永泰先生,协助政府追寻山西灵石县资寿寺 18 尊明代罗汉头像,并斥巨资购齐并无偿赠还。
1999 年		香港特区政府将查获非法走私的中国内地文物 137 箱,移交给国家有关部门。

（续表）

公元	中国纪年	大事
1999 年 7 月		山西太原隋代虞弘墓出土汉白玉石椁。虞弘墓是中国第一座经过科学发掘、有准确纪年并有着完整丰富中亚图像资料的墓葬。
1999 年		陕西周原遗址发现一组西周时期大型宗庙建筑基址群。
1999 年夏		第 2 号秦俑坑清理出一批彩绘跪俑。
1999 年 5 月 8 日—6 月 15 日		秦始皇陵 9901 陪葬坑出土百戏俑,一同发现青铜鼎。
1999—2001 年		经国家文物局追索美国克里斯蒂拍卖公司拍品河北曲阳五代王处直墓的彩绘石雕武士像,归还我国。其间,美国收藏家安思远将所购王处直墓的另件彩绘石雕,无偿归还我国。
2000 年		再次找到小河墓地。
2000 年起		比利时杨森制药有限公司与秦兵马俑博物馆合作,比方投入 70 余万元,对防治秦俑文物微生物的危害进行研究与实验,同时又展开了国家“十五”科技攻关项目《古代纺织品的病害及其防治》与《古丝绸的病害调查及防治》课题的研究。
2000 年		故宫博物院以 3298.9 万元收购米芾《研山铭》。
2000 年		国际古迹遗址理事会中国国家委员会通过《中国文物古迹保护准则》,这个准则虽然不是法律规范,但是对于我国的文物古迹保护却起到了标准作用。
2000 年		新石器时代的浙江萧山跨湖桥遗址发现了盛有煎煮过草药的小陶釜,说明史前期人们早已认识到自然物材的药用价值。
2000 年		陕西西安郊区相家巷村南农田中发掘了一处秦遗址,并出土了泥封 1325 枚,涉及一百多个品种,其中有三枚泥封与乐府有关。
2000 年 5 月		保利集团将 100 多年前流失海外的三件圆明园国宝——牛首、猴首、虎首铜像抢救回国。2012 年为止,牛首、猴首、虎首、猪首和马首铜像已回归中国,收藏在保利艺术博物馆。
2000 年 5—7 月		陕西西安北周安伽墓出土彩绘贴金围屏石榻,该墓是目前发现的北朝时期唯一一座萨保墓,也是第一次在咸阳原以外发现的北周墓葬。
2000—2002 年		山西北齐徐显秀墓发现出土 300 余平方米彩绘壁画,是迄今为止保存最完好的南北朝时期壁画墓。
2001 年		山西襄汾陶寺遗址发现陶寺文化早期与中期两座城址,是已发现的公元前 2000 年以前规模最大的城址之一。
2001 年		成都金沙遗址发现金器、铜器、玉石器 2000 多件,象牙数以吨计,文化面貌与三星堆文化相同。
2001 年		发掘杭州南宋恭圣仁烈皇后宅遗址,全面揭露正房、后房、庭院、东西两庑和夹道,房屋开间与庭院中假山,规模宏大。

（续表）

公元	中国纪年	大事
2001 年		杭州老虎洞南宋官窑址,发现一大批宋代至元代完整或可复原的瓷器和窑具,尤其是南宋宫廷用具,为解决南宋修内司官窑问题提供了重要证据。
2001 年始		中法合作就法门寺丝绸揭展保护展开研究。美茵兹罗马——日耳曼中央博物馆出资 35 万马克,在西安建设"古代丝织和保护实验室",并对法门寺与出土的唐代丝织品的保护进行研究。
2001 年 7 月		杭州雷峰塔遗址和地宫出土包括鎏金铜坐像、纯银阿育王塔及其内装"佛螺髻发"金棺等珍贵文物,其塔基与地宫为五代吴越国末年遗存。
2001 年 9 月 8 日		三峡兴隆洞发现发掘清理出古人类牙齿、石器和大量哺乳动物化石,生物地层资料和铀系分析结果表明古人类在该遗址的生存行为至少发生在 12—15 万年之间。发现的 1 枚剑齿象门齿上,用石器刻划的线条图案,是迄今为止在中国范围内发现最早的带有原始艺术萌芽色彩的遗存。
2001 年 9—12 月		河南禹州神垕钧窑遗址发现北宋晚期至元代 8 座窑炉、3 座澄泥池,出土数千件完整或可复原的瓷器与窑具,首次在北方地区发现土洞式长形分室式窑炉。
2001—2002 年		安阳殷墟北徐家桥村北发现 1 处商代四合院式夯土建筑基址群,时代早于陕西周原凤雏遗址发现的"一颗印"式四合院建筑基址的年代。
2001—2002 年		昆明金刚塔完成了加固整体提升工程,塔基升高 0.9 米。
2001—2002 年		对汉魏时期洛阳故城宫城城门阊阖门遗址进行考古发掘,其发现的双阙是目前考古发掘所见最早的宫城门阙。
2002 年		对 1982 年通过的《中华人民共和国文物保护法》进行大幅度修改,在保留原法律基本原则和基本制度的基础上,增加条款,充实内容,使之更符合文物工作和社会经济发展的实际需要,更具有可操作性。
2002 年		江西李渡元代烧酒作坊遗址的发掘,证明了蒸馏酒的历史至少可以追溯到元代。
2002 年		浙江宁波元代庆元路永丰库遗址发现布局相对完整的宋元明时期大型衙署仓储机构遗址,是首次发现的我国古代地方城市的大型仓库遗址。
2002 年		发现东魏北齐邺南城南郭城区的赵彭城北朝佛寺遗迹。
2002 年 6—7 月		湖南湘西里耶古城 1 号井发现里耶秦简共 36 000 多枚,主要内容是秦洞庭郡迁陵县的档案。
2002—2003 年		发掘秦阿房宫遗址。

公元	中国纪年	大事
2003 年 1 月 19 日		陕西省眉县马家镇杨家村发现的青铜器窖藏,其中 27 件西周青铜器都铸有铭文,总字数约 4000 字。这批窖藏青铜器是西周最为著名的单氏家族所有。
2003 年		建设部公布《城市紫线管理办法》,紫线管理办法强调了对历史文化街区和历史建筑的风貌和特色完整性的保护。
2003 年		发掘汉长安城长乐宫遗址。
2003 年		陕西西安北周大象元年(579)凉州萨保史君墓出土了粟特文、汉文两种文字题记的石质葬具。
2003 年		唐昭陵北司马门遗址出土十四蕃君长和昭陵六骏残块,是唐代帝陵陵园建筑遗址中首次发掘的一组完整建筑群。
2003 年		上海博物馆斥资 450 万元从美国购回《淳化阁帖》。
2003 年		故宫博物院用 2200 万元购得隋人书《出师颂》。
2003 年		发掘圆明园长春园宫门区与含经堂遗址。
2003 年		在北京房山周口店田园洞遗址发现早期现代人类化石,年代为距今 4.2 万—3.85 万年,是迄今在欧亚大陆东部所测出的最早的现代人类遗骸。
2003 年起		陕西商洛发现崖墓点 722 处,崖墓 3936 座,其崖墓的年代最早约为东汉晚期,并历经两晋南北朝,一直延续到明清时仍有修建。
2003 年 6 月 16 日		发掘周口店田园洞,发现一些人类化石和大量哺乳动物化石,田园洞角砾层底部堆积物形成的年代极限距今 30 500—39 430 年。田园洞发现于 2001 年,是近几年来在周口店附近所发现的含化石最丰富和洞穴堆积保存最完好的晚更新世地点。
2003 年 4 月—2004 年 5 月		河南安阳殷墟孝民屯村旧址发掘了一处商代晚期铸铜遗址,总面积达 5 万平方米,这是殷墟迄今发现的最大一处青铜器铸造场所。
2004 年		首都博物馆以 4620 万元购得鲜于枢《石鼓歌》。
2004 年		新疆若羌罗布泊小河墓地发掘出土一批保存相对完整的古尸、服饰等遗存。
2004 年		偃师二里头遗址宫殿区发现宫城城墙以及大型夯土基址、车辙、绿松石器及其制造作坊等重要遗存,在宫殿区大路发现的车辙痕,是迄今所知我国最早的车辙遗迹,它的发现将我国双轮车的出现时间上推至二里头文化早期。
2004 年 12 月		景德镇御窑珠山北麓和珠山南麓两个区域,出土了大量明清时期御窑瓷片,建立起了明洪武时期至清晚期御窑瓷器的年代序列,并揭露了龙珠阁基址、墙基、明代窑炉和落选御窑瓷器掩埋坑等重要遗迹。

（续表）

公元	中国纪年	大事
2005 年		建设部发布《历史文化名城保护规范》。
2005 年		国际古迹遗址理事会第 15 届大会通过《西安宣言》,提出了文化遗产保护的新理念,将文化遗产的保护范围扩大到遗产周边环境以及环境所包含的一切历史的、社会的、精神的、习俗的、经济的和文化的活动。
2005 年		山西大同沙岭北魏壁画墓出土使用岁星纪年的铭记,是北魏建都平城时期已发现的年代最早的文字材料。
2005 年		湖南洪江高庙遗址出土了我国目前所见年代最早的装饰有凤鸟、兽面和八角星象等神像图案的陶器,距今约 7800 年左右。且出土了中国目前所见年代最早的白陶制品。
2005 年		福建浦城猫耳弄山商代窑群共发现商代窑炉 6 座,是迄今为止发现的早期窑炉中保存最为完整的。其中长条形窑炉估算其可一次烧成近百件陶器,是迄今为止所知年代最早、保存最完好的龙窑。
2005 年		内蒙古赤峰发现两处红山文化窑址,并首次发现用石板做窑箅。
2005 年		发掘山西绛县横水西周墓地一号墓,发现目前我国时代最早、保存最好、面积最大的荒帷。
2005 年		在泥河湾盆地马圈沟遗址第三文化层之下,又发现了第四、第五和第六文化层,将泥河湾盆地旧石器文化年代向前推进了 10 万年,为距今 176 万年。
2006 年		发掘上海志丹苑元代水闸遗址。
2006 年		河北易县燕下都遗址城南 2.5 公里处,发现 14 个用人头骨铺成的圆形夯土墩台,距今约有两千多年。
2007 年		发掘江西靖安李洲坳东周墓葬,是一坑多棺的墓葬。
2007—2011 年		我国进行第三次全国文物普查。
2008 年		国务院发布《历史文化名城名镇名村保护条例》。同年,国家文物局发布《全国重点文物保护单位保护规划编制要求》以及《全国重点文物保护单位保护规划审批办法》。
2008 年		寿光双王城水库盐业遗址群发现商周时期(有的晚至宋金)与制盐有关的卤水井、卤水沟、储卤坑、盐灶、灰坑等遗迹和大量煮盐用的陶盔形器,首次完整地揭露整个古代制盐作业。
2008 年 6 月		发掘陕西蓝田吕氏家族墓,出土一批耀州窑青瓷。
2008 年 12 月		抢救发掘位于西湖湾窑盆地中部的烽燧遗址,发现简牍和泥封。

公元	中国纪年	大事
2008 年 12 月— 2011 年 12 月		对江苏张家港黄泗浦遗址进行发掘,揭示了唐宋河道以及河道内大量的砖瓦瓷片堆积,并发现栈桥遗迹。同时出土较多与佛教相关遗迹遗物,证明黄泗浦遗址有唐宋时期的寺院,也为实证鉴真第六次从黄泗浦成功东渡提供了重要依据。
2009 年		证实江西万年县仙人洞遗址出土陶片是中国最早陶器,距今 19 000—20 000 年,比东亚和其他地区的陶器早了 2000—3000 年,且推测陶器在农业出现以前一万年甚至更早就被制造和使用了。
2009 年		浙江杭州南宋皇城遗址出土了一片曜变天目瓷器标本。
2009 年		浙江杭州南宋临安府治遗址发现书院厅堂、西厢房、庭院、天井和东回廊、七边形水井等遗迹,所反映的官府建筑式样非常独特。
2009 年		陕西富县发掘秦直道遗址,是直道全程中路段最长、遗存最典型的地区。
2009 年 1—6 月		陕西韩城盘乐宋代壁画墓出土中医实景图、佛祖涅槃图、杂剧图等。
2009 年 4 月		发掘内蒙古赤峰二道井子聚落遗址,该遗址属于公元前 2000 年至前 1500 年的青铜器时代,发现整齐规划、合理构造的城墙、环壕、院落、房屋等,是目前发现的保存最好的夏家店下层文化遗址。
2009 年 6 月		秦俑一号坑开始第三次正式发掘。
2009 年 9—12 月		发掘河北曲阳定窑遗址,发现并清理了从中晚唐到元代各个时期的地层,判定定窑的创烧时代在中晚唐,到元代依然有较大生产规模,元代后期成规模的瓷器生产宣告结束。
2009—2010 年初		福建蟹钳山窑址清理出斜坡式龙窑一座,出土了一批青瓷器,器类以碗、盏类为主。
2009—2010 年		陕西蓝田发掘距今 5000 年新石器时期的新街遗址,出土仰韶文化晚期烧结砖块。
2010 年		秦兵马俑一号坑第三次发掘中,发现了我国历史上最完整的"韬",即装弓箭的袋子。
2010 年		确认浙江湖州下菰城内城之中有丰富的堆积与遗迹存在,并可以初步判定下菰城开始使用的年代不会晚于商代。
2010 年		江苏南京大报恩寺遗址出土了以七宝阿育王塔为代表的一大批佛教珍贵文物,该遗址是国内首次发掘的明代皇家寺院。此次发掘还首次在塔基周围发现搭建"鹰架"的线索,揭示了明代宝塔的建筑方法。
2010 年		发掘湖南永顺老司城遗址,为历史上永顺宣慰司数百年的司治所在,也是湘鄂渝黔土家族地区规模最大、保存最好的土司城址。

（续表）

公元	中国纪年	大事
2010 年		发掘广东汕头"南澳 I 号"明代沉船遗址,是目前我国沿海经过正式调查和试掘的第一条明代沉船,也是保存最好的明代商贸沉船。
2010 年 4 月 17 日		漂泊 6 年多、重达 27 吨的唐敬陵贞顺皇后墓被盗石椁回国。4 月 30 日运回西安,6 月 17 日移交陕西历史博物馆。
2011 年		发掘江西南昌西汉海昏侯刘贺墓,迄今已出土的 1 万余件(套)文物,是中国迄今发现的保存最好、结构最完整、功能布局最清晰、拥有最完备祭祀体系的西汉列侯墓园。
2011 年		抢救性发掘山东定陶灵圣湖汉代大型"黄肠题凑"墓葬。
2011 年		对江西景德镇乐平市南窑村窑山为中心的周边区域进行深入调查,发现遗址分布面积超出 3 万平方米,在遗址本体的北面、西面散布有取土的白土塘、江湖塘,运输原料的无蚯塘、码头以及连通乐安河的溪坑,在窑山上至少分布有 12 条龙窑遗迹,初步勘探出 2 条龙窑遗迹。
2011 年 4 月		陕西黄陵县首次发现战国时期大型戎人墓地。
2011—2012 年		发现东魏北齐邺南城南郭城区赵彭城北朝佛寺遗址,并发掘了寺院中轴线北端的大型建筑基址、东南院中轴线大型建筑基址等。同时,在东魏北齐邺南城东郭城区北吴庄村附近,抢救发掘了一处佛教造像埋藏坑,出土了数以千计的佛教造像。
2012 年		发掘河南洛阳新安汉函谷关遗址,是我国考古界古代关隘的首次大规模发掘。
2012 年		首次在大汶口遗址中发现大片大汶口文化时期的居址。
2012 年		对河北内丘邢窑遗址进行再次考古发掘,发现以白瓷为主的大量邢窑早期遗物,首次发现了底部刻有"上"字和"高"字款的邢窑瓷器和隋三彩。
2012 年		河北临漳习文乡核桃园村附近发现一座隋墓,记有"葬于明堂园东庄严寺之所"等关于大庄严寺位置的重要信息,确认核桃园一号建筑基址属于邺城北齐大庄严寺佛塔。
2012 年		发掘陕西西安西汉长安城渭桥遗址,是目前中国发现的最大的木梁柱桥,也是丝绸之路从汉长安城出发后的第一座桥梁。
2012 年 1 月		河北临漳邺城遗址发现北吴庄佛教造像埋藏坑。
2012 年 5 月		内蒙古兴隆沟遗址发现目前为止最大、最完整的整身陶塑人像,年代为红山文化晚期。
2012 年 11 月以来		发掘湖北沙洋城河新石器时代遗址。其遗址发现的城垣、人工水系、大型建筑、祭祀遗存等重要遗迹,从内部聚落形态的角度揭示了屈家岭社会的发展。

公元	中国纪年	大事
2012—2016 年		贵州贵安新区牛坡洞遗址发现完整墓葬,首次在黔中地区建立了从旧石器时代晚期到春秋战国时期的年代序列。
2012 年 10 月—2016 年 12 月		我国进行第一次全国可移动文物普查,形成了覆盖万余家收藏单位、6400 万件可移动文物的数据库。
2013 年 2 月		景德镇兰田窑窑址考古发现 60 余处时代在晚唐、五代至北宋初期(9—10 世纪)的早期窑址,是景德镇制瓷历史中早期阶段的生产中心。在主要发掘点万窑坞发现的一号窑炉是迄今为止景德镇发现的最为完整的早期砖砌龙窑,时代可以早至晚唐、五代。
2013 年 3—11 月		景德镇南窑遗址发现清理一座长达 78.8 米的龙窑,是迄今为止我国考古发掘最长的唐代龙窑遗迹。南窑始烧于中唐,兴盛于中晚唐,衰落于晚唐,距今有 1200 多年的烧造历史,是景德镇境内已知最早的窑业遗存,它将景德镇制瓷历史向前推进了 200 年。
2013 年 4 月 26 日		法国皮诺家族在北京宣布,将归还鼠首与兔首给中国政府。6 月 25 日,两件兽首运抵北京。6 月 30 日,"皮诺先生捐赠圆明园青铜鼠首兔首仪式"在中国国家博物馆举行。
2014 年		景德镇御窑遗址珠山北麓发掘中,明确了明代正统、景泰、天顺时期(即空白期)考古地层。说明所谓空白期的瓷器生产没有停止。
2014 年		发掘陕西高陵杨官寨遗址墓葬区,是庙底沟文化时期墓地的首次确认。
2014 年 3 月		唐韩休墓发现山水题材壁画,是目前考古发现唐代最早的独屏山水画。
2014 年 3—12 月		周原遗址首次发现西周社祭建筑遗存,为社祭这种国家祀典提供了确凿的考古学证据。
2014 年 10—12 月		对景德镇明清御窑遗址进行考古发掘。本次发掘揭露出房基、墙基、灰坑、天井、路面等多处遗迹,出土了大量遗物,其中以正德瓷器埋藏坑出土的釉上彩半成品瓷器最为重要。根据遗迹、遗物初步判断,本次发掘区域应为明御窑遗址内的制瓷作坊遗址,并可能存在给釉上彩半成品上彩的作坊遗址。
2014 年 11 月		环太湖地区新石器时代晚期文化暨钱山漾遗址学术研讨会举行,将钱山漾一期遗存命名为"钱山漾文化"。兴盛时代不晚于公元前 2300 年,大致废弃于公元前 1800 年前后,是黄河中流地区龙山晚期至夏代早期之间的一个超大型中心聚落。
2014—2016 年		发掘湖北天门石家河遗址中印信台、谭家岭、三房湾等遗址。
2014 年 6 月—2017 年		发掘大上清宫遗址,是我国迄今为止发掘的宋代以来规模最大、等级最高、揭露地层关系最清晰、出土遗迹最丰富的具有皇家宫观特色的道教遗址。

（续表）

公元	中国纪年	大事
2015 年		重庆巫山龙骨坡最新发现了一些石器,其最新测年提早到 250 万年前,将巫山有古人类生活居住的历史提前了 36 万年。
2015 年		沅水下游发现青铜时代早期的贵家岗遗址。
2015 年		西汉海昏侯刘贺墓出土矩形铜镜"孔子衣镜"。
2015 年		陕西咸阳汉阳陵发现最古老茶叶。其茶叶几乎全部由茶芽制成,距今已有 2100 多年。
2015 年		发掘河南洛阳汉魏洛阳城太极殿遗址。
2015 年		河南淮阳平粮台遗址南城门附近发现车辙痕迹,绝对年代不晚于距今 4200 年。
2015 年 10—12 月		对长春园海晏堂蓄水楼遗址进行考古发掘,摸清了蓄水楼基础做法和海晏堂景区地下水循环系统。
2015 年 12 月		陕西西安长安区发现吐谷浑公主与丈夫合葬墓。
2015 年		陕西清涧辛庄遗址考古发现铸铜遗存,证明了陕北以往发现的大量晚商青铜器部分乃本地造,而且证明部分和殷墟一样的铜礼器也是本地造。
2015—2016 年		浙江慈溪上林湖后司岙出土大量唐五代秘色瓷器,产品种类相当丰富。2016 年发掘后司岙唐五代秘色瓷窑址,是晚唐五代时期烧造宫廷用瓷的主要窑场。
2015 年—2017 年		发掘陕西高陵杨官寨遗址,初步判断该批墓葬的年代为庙底沟文化时期,是国内首次确认的庙底沟文化大型成人墓地。
2015—2016 年、2018 年 5—11 月		对新疆尼勒克吉仁台沟口遗址进行考古发掘。考古发现吉仁台沟口遗址是目前新疆伊犁河谷发现的年代最早、规模最大的以青铜时代为主体的聚落遗址,也是迄今为止发现的中国最早使用燃煤的遗存。
2016 年		将乐县碗碟墩一号窑址发掘。该处窑址是闽西北著名的窑场,北宋中晚期以烧造白瓷为主,南宋时期以烧造青瓷为主,此外还烧造部分酱黑釉瓷,器型种类比较丰富。
2016 年		发掘重庆沙坪坝区江家嘴墓群。发现宋墓 2 座、明墓 1 座以及出土文物等。
2016 年		吉林安图金代长白山神庙遗址出土的"癸丑"(1193)纪年玉册,证实其为金代皇家修建的长白山神庙故址。
2016 年 1 月		陕西秦汉栎阳城遗址内首次出土了清晰的"栎阳"陶文,并首次确认发现"商鞅变法"的发生地"秦都"栎阳。
2016 年 1 月、2016 年 11—12 月		对 2015 年 12 月发现的福建永春苦寨坑早期青瓷窑址进行考古发掘。
2016 年 3 月		在敦煌榆林窟第 3 窟发现西夏《玄奘取经图》,当时位于瓜州境内,成画时间大约在唐代中晚期,是目前中国最早的玄奘取经图。

公元	中国纪年	大事
2016 年 6—9 月		发掘河北崇礼太子城城址,该遗址是近年以来发掘面积最大的金代高等级城址,规格仅次于金代都城,结合文献,推测为金章宗夏捺钵的泰和宫。
2016—2017 年		发掘河南新郑郑韩故城遗址。全面揭露了春秋战国时期城门的构造、16 条春秋至明清时期道路的走向。发现战国时期带有防御体系的瓮城城墙,属中原地区东周时期王城遗址首次发现。且在郑国三号车马坑内发现了一辆迄今为止郑韩故城内形制最大、装修最奢华的国君用车。首次发现带有彩席的马车。
2016—2017 年春夏		济南章丘区焦家遗址发现极为丰富的大汶口文化遗存,有夯土墙、壕沟、215 座墓葬、116 座房址等,随葬品常见玉钺、玉镯、陶高柄杯、白陶器和彩陶等,是目前发现的海岱地区年代最早的城址。
2016—2017 年		发掘新疆吉木乃县通天洞遗址。通天洞遗址是新疆境内发现的第一个旧石器时代洞穴遗址,也首次提供了本地区旧石器——铜石并用——青铜——早期铁器时代的连续地层剖面。
2016 年		泥河湾盆地发现李汪涧遗址,时间在旧石器中期到晚期过渡时期。
2016 年 12 月初		陕西省考古研究院对外发布,确认凤翔雍山血池遗址是首次发现由坛、墠、场、道路、建筑、祭祀坑等各类遗迹组合而成的"畤"文化遗存。畤后依附于山上封土圜丘坛场,圜丘封土遗址是目前国内发现的时代最早的天坛遗址。
2016 年 4 至 11 月、2017 年 3 至 12 月		宁波大榭遗址发现了目前我国最早的史前时期的海盐业遗存,年代在距今 4000 年以前。
2016—2018 年		广东英德青塘遗址发现晚更新世晚期至全新世早期连续的地层堆积,出土各类遗物一万余件,建立起距今约 2.5 万至 1 万年连续的地层与文化序列。其中出土距今约 13 500 年蹲踞葬人骨化石 1 具,是中国年代最早的可确认葬式的墓葬。
自 2016 年 2 月起		对景德镇市御窑博物馆(新馆)区域进行抢救性考古发掘,发掘出宋、元、明、清、民国等五个时期的窑业文化堆积,并获得大量瓷片、制瓷工具、窑具、铜钱等遗物。尤其是晚明遗物中还发现了一些外销瓷的踪迹,印证了明朝实行的"官搭民烧"制度。
2016 年 3、4 月		陕西澄城柳泉大队九沟抢救性发掘了 7 座西周早期墓葬,出土了一批青铜器、玉石器、金权杖、骨蚌器等,其中龙钮玉玺印为西周墓葬首次出土。
2016—2018 年		发掘陕西延安芦山峁新石器时代遗址。遗址核心区的多座人工台城及其上构建的规整院落,筒瓦和槽型板瓦的发现,将中国使用瓦的时间提前至庙底沟二期文化晚期。
2016—2018 年		考古发掘秦咸阳城府库建筑遗址。

（续表）

公元	中国纪年	大事
2017 年		河南永城黄土山一号汉墓出土"梁食官长"泥封 13 枚，该汉墓属于西汉梁国王陵墓群。
2017 年		河北泥河湾盆地西白马营遗址发现古人类生活面，既有用火遗迹，也发现了肢解、处理动物资源的场所，为探寻距今 2 至 5 万年人类生存模式提供了重要资料。
2017 年		发现发掘宁夏彭阳姚河塬商周遗址。
2017 年		浙江慈溪上林湖后司岙窑址首次发现"秘色"字样。在一件瓷质匣钵上发现了"罗湖师秘色椀"六个字，"秘色椀"三个字的出现，与法门寺地宫衣物帐碑的秘色瓷记载对应。
2017 年 2 月—2018 年		发掘陕西澄城刘家洼东周遗址，确定是一处芮国后期的都城遗址及墓地，大墓出土的三栏木床将我国使用床榻的历史提前到春秋早期。
2017 年 2 月 25 日		上林湖后司岙窑址被证明为秘色瓷烧造地。
2017 年 1 月 5 日—4 月 12 日		四川彭山江口沉银遗址水下考古发掘工作正式启动，初步发现直接与张献忠大西国相关的文物上千件，实证确认了"张献忠江口沉银"传说。
2017 年 8 月—2018 年 4 月		对重庆合川区钓鱼城范家堰南宋衙署遗址井巷第四次主动性考古发掘。
2017 年 6 月—2018 年 12 月		对山西闻喜酒务头商代墓地进行考古发掘。
2018 年		浙江余姚出土窖藏宋元青铜器。
2018 年		河北泥河湾盆地马圈沟遗址内新发现石制品 792 件、动物化石 1573 件。
2018 年		宁夏彭阳姚河塬商周遗址出土甲骨文，是目前中国境内商周遗址发现甲骨文最西北部的一处遗址。
2018 年至今		进行海昏侯刘贺墓园 2 号墓的发掘。
2018 年 4 月		陕西神木石峁遗址发现 4000 年前大型陶鹰。
2018 年 5 月起		山东宁阳于庄东南遗址发现刻符大口尊。
2018 年 7 月 3 日		湖南醴陵发现距今 1000 余年的五代十国时期古窑址。
自 2018 年 11 月以来		抢救性发掘陕西宝鸡旭光墓地。发掘表明龙山文化时期，旭光村一带就有人类活动，西周时是贵族的公共墓地，至秦依旧有生活痕迹。墓葬 2 发现的瓷瓶是目前陕西发现最早、最完整的一件，可能来自南方地区。
2018 年 3 月—2019 年 11 月		湖北枣树林春秋曾国贵族墓地新发现了一批组合完整的音乐考古材料，至此，金、石、土、革、丝、木、匏、竹的乐器八音组合在曾国高等级墓中均有发现。

（续表）

公元	中国纪年	大事
2018—2019 年		对位于陕西汉中南郑境内的疥疙洞遗址进行了抢救性考古发掘，发现的人类化石具有典型的早期现代人特征，是中国南北过渡地带秦岭地区首次发掘出土的早期现代人化石。
2019 年		西安马腾空遗址的一座房屋遗址内，发现了一处战国时期的青铜器窖藏，清理出鼎、盆、浴缶三件完整的青铜器。
2019 年		河南发现济源柴庄遗址，在遗址内发现大量墓葬及晚商祭祀遗存。
2019 年		河北泥河湾盆地西白马营遗址发现了几处古人类生活面，有两处明显用火遗迹，大型砾石砍砸器更是在泥河湾盆地首次发现。
2019 年		山西夏商冶铜遗址——西吴壁遗址，发现夏晚期制备冶铜燃料的木炭窑和商早期构筑冶铜炉时举行某种仪式所用的人牲。
2019 年 1 月		云南晋宁河泊所遗址出土"滇国相印"泥封，从实物史料上证实了古滇国的存在。
2019 年 5 月—10 月		山西吕梁市兴县北部魏家滩镇西磁窑沟瓷窑址，首次考古发现北宋"柿色彩"瓷器。西磁窑沟瓷窑址，其时代在北宋至金代初期。
2019 年 7 月 6 日 10 时 42 分		良渚古城遗址被列入《中国遗产名录》。
2019 年		山西德岗遗址发现一批距今约 5500 年仰韶中期的五边形房址，是截至目前国内发现最早的墙体明确呈弧度向上收拢的一类地穴式建筑。
2019 年		河南淮阳平粮台遗址发现目前国内年代最早、最为完备的城市排水系统。是我国最早的、规划严整的高等级史前城址，开创了中国城市建设规划的先河。
2019 年 11 月		湖南乌鸦山遗址发掘出 3 座战国晚期墓葬。1992 年和 2011 年，考古工作者先后两次在乌鸦山发现旧石器遗存，并将区域内类似遗址命名为"乌鸦山文化"，初步构建了湖南地区"澧水文化类群"旧石器时代的发展演变脉络。
2019 年 4 月底		湖南南县卢保山遗址发现湖南第四座史前城址。
2019 年 5 月至 10 月		对上京宫城中北部建筑基址进行了考古发掘。
2019 年 8 月至 12 月		对湖南平江福寿山发现宋代寺庙遗址——大湖坪遗址进行考古发掘，发现了宋元明时期的寺庙遗址、清初山寨遗存和晚清民国时期的造纸遗迹。
2019 年 12 月 3 日		中国丝绸博物馆、郑州市文物考古研究院在河南荥阳共同召开仰韶时代丝绸发现新闻发布会，公布在荥阳汪沟遗址瓮棺中发现目前中国最早丝绸。

（续表）

公元	中国纪年	大事
2019 年		在秦陵外城西侧的陵区一号墓葬出土了目前国内所见最早的单体金骆驼。
2019 年 12 月 30 日		秦始皇帝陵博物院公布 2009 年至 2019 年兵马俑一号坑第三次考古发掘成果，发掘找到了俑坑被扰时间的地层学依据，可确定为西汉早期甚至更早；首次提出陶俑制作存在缺陷和破损修补，以往所认为的"物勒工名"手工业管理制度，实际上并不适用于作为明器的陶俑生产；发现新的陶俑等级"下下级军吏俑"；在秦陵考古中首次发现秦盾遗迹；第一次明确了檠木的定名和弓弩的保存方法。
2019 年 10 月至 2020 年 1 月		对湖南常德澧县摩天岭旧石器遗址进行抢救性考古发掘。
2019 年 10 月— 2020 年 1 月		对湖南常德贺家岭遗址抢救性考古发掘。
2020 年		在内蒙古阿拉善左旗新发现一处岩画遗址点，发现制作年代从石器时代晚期至铁器时代的 172 幅岩画。
2020 年		河南洛阳一座西汉大墓出土葬器"温明"，是中原地区的首次发现。
2020 年		在阿拉善右旗阿拉腾敖包镇巴音陶海嘎查境内新发现布德日根呼都格岩画群遗址，共有岩画 11 幅。
2020 年 1 月		四川渠县城坝遗址发现距今 2000 多年前的"賨人"贵族船棺墓葬，并出土了包括龙纹玉佩、蜻蜓眼琉璃珠、金剑格柳叶形剑、编钟等高等级文物。
2020 年 3 月		经过对位于成都锦江区的琉璃厂窑址开展考古勘探和发掘，出土大量五代至宋元瓷器。此次发掘开始于 2018 年 5 月，发掘面积近 3000 平方米，清理出土窑炉、作坊建筑、水池、水井、挡墙、墓葬、灰坑等，以及瓷器、陶器、建筑材料、窑具等大量标本。 琉璃厂窑，又称"琉璃场窑""华阳窑"，始烧于五代，延续至明代，历时 700 余年，是成都平原著名的古瓷窑场之一。

　　本大事记以时间为经线，以内容为纬线，结合文物出现的时代以及发掘出土时间，按照年代顺序罗列，最终采用表格形式将重要文物的发展脉络呈现出来。在阅读时应当结合前文，相互对照，以求建构出一个更为准确的文物认知框架。编者能力有限，疏漏在所难免，本大事记也有待进一步完善。

附录 4 可移动文物分类

序号	类别	内容及举例
1	金银器	除货币、雕塑和造像以外的，以金银为主要材质的各种生产工具、生活用品及工艺制品等。
2	铜器	除货币、雕塑和造像以外的，以铜为主要材质的各种生产工具、生活用品及工艺制品等。
3	铁器	除货币、雕塑和造像以外的，以铁为主要材质的各种生产工具、生活用品及工艺制品等。
4	陶、泥器	彩陶、黑陶、红陶、灰陶、釉陶、白陶、紫砂、彩绘陶、珐花、生坯、泥金饼、泥丸等工艺制品及陶制建筑构件、陶制生产工具与生活用品等。
5	瓷器	彩绘、颜色釉等各类瓷质制品。
6	砖瓦	画像砖、城砖、砖雕、墓砖、影作、象眼、板瓦、筒瓦、瓦当等。
7	宝、玉石器	玉、碧玺、玛瑙、翡翠、各类宝石、珊瑚、琥珀、蜜蜡、钻石、芙蓉石、松石、石榴石、晶石、橄榄石等制品及原材料。
8	石器石刻	石质工具、碑刻、墓志、经幢、画像石、法帖原石等。
9	漆木竹器	各类漆制品、木质家具、竹藤质家具、生活用木器、木质工具、木刻板、牌匾、竹木简牍，以及竹、木、藤、草、核、匏质工艺品等。
10	绘画	各类民间美术平面作品、中国画、油画、版画、素描、速写、壁画、漆画、宗教画、织绣画、连环画、贴画、漫画、宣传画、剪纸、年画、纸编画等。
11	书法	创作作品、写经、对联等。
12	拓片	甲骨拓片、瓦当拓片、古币拓片、砚铭拓片、画像砖石拓片、铜器拓片、碑刻拓片等。
13	珐琅器	金属胎珐琅、瓷胎珐琅、玻璃胎珐琅等。
14	玻璃器	各种玻璃、琉璃等制品及料器等。
15	骨角牙器	卜甲、卜骨、犀角，其他兽角骨、象牙、其他兽牙，玳瑁、砗磲、螺钿制品及原材料等。
16	纺织（绣）品	各类棉、麻、丝、毛制品、缂丝、刺绣、堆绫等。
17	皮革	各类皮革制品。
18	玺印	各类质地的官印、玺、押、封泥、印章、印范等。
19	文具、乐器、法器	各类纸、墨、笔、砚等。乐器。法器。

（续表）

序号	类别	内容及举例
20	货 币	贝币、铜钱、纸币、钱范、钞版、金银铤锭、金银币、纪念币、其他金属货币、外国货币、电子货币卡等。
21	雕塑、造像	各种质地的立体雕塑和宗教造像等。
22	古代人类遗体遗骸	人类遗骨、遗体等。
23	文献图书	古籍、舆图、信札、奏折、诰命、契约文书、经卷、试卷、药方、剧本、歌本、报刊、历史档案、会议记录、讲稿、决定、日记笔记、合同文书、手稿、标语、题词、统计数据等。
24	徽章、证件	勋章、胸章、臂章、领章、帽徽、肩章、列章、像章、纪念章、证章、奖牌、奖杯、出生证、身份证、出入证、工作证、学生证、准考证、毕业证、通行证、购物证、护照、士兵证、军官证、聘书、代表证、结婚证、离婚证、死亡证等。
25	邮 品	邮票、实寄封、纪念封、明信片等。
26	票 据	门票、车船票、机票、供应证券、税票、发票、储蓄存单、存折、支票、彩票、奖券、金融券、单据等。
27	音像制品	原版照片、胶片、唱片、磁带以及珍贵拷贝等各种录音录像制品。
28	交通、运输工具	轿子、人力车、兽力车、汽车、船筏、飞机、摩托、火车等民用工具。
29	度量衡器	各类质地的尺、权、砝码、量器、秤等用于计量物体长短、容积、重量的器具。
30	武器装备、航天装备	各种兵器、弹药和军用车辆、机械、器具、地图、通信器材、防护器材、观测器材、医疗器械、被服等，及其他军用物品。火箭、宇宙飞船等航天装备。
31	古脊椎动物化石和古人类化石	古猿化石、古人类化石、与人类活动有关的第四纪古脊椎动物化石。
32	其他	未归入以上各类的通讯、生产、生活工具或用品，如钟表、仪仗、盆景、仪器、化学制品、建筑工具、纺织机械、照相机、放映机等。

图书在版编目(CIP)数据

中国文物学教程 / 周晓陆，殷洁，张晋政编著. ——
南京 ：南京大学出版社，2021.6
ISBN 978 - 7 - 305 - 24489 - 6

Ⅰ. ①中… Ⅱ. ①周… ②殷… ③张… Ⅲ. ①文物工
作－中国－高等学校－教材 Ⅳ. ①K870.4

中国版本图书馆 CIP 数据核字(2021)第 093385 号

出版发行　南京大学出版社
社　　址　南京市汉口路 22 号　　　　　邮　编　210093
出 版 人　金鑫荣
书　　名　中国文物学教程
编　著　周晓陆　殷　洁　张晋政
责任编辑　张　敏　　　　　　　　　编辑热线　025 - 83594071
照　　排　南京南琳图文制作有限公司
印　　刷　南京玉河印刷厂
开　　本　787×1092　1/16　印张 19.25　字数 450 千
版　　次　2021 年 6 月第 1 版　2021 年 6 月第 1 次印刷
ISBN 978 - 7 - 305 - 24489 - 6
定　　价　80.00 元

网址：http://www.njupco.com
官方微博：http://weibo.com/njupco
官方微信号：njupress
销售咨询热线：(025) 83594756